공간의 시학

Gaston Bachelard

La poétique de l'espace

공간의 시학

가스통 바슐라르

곽광수 옮김

東文選 文藝新書 183

차 례

바슐라르와 상징론사(象徵論史)

郭光秀

문학에 관한 바슐라르의 저서들은 이제 우리나라에 대부분 번역되어 있다. 그런데 적어도 나의 판단으로는 바슐라르의 문학 사상에서 가장 중요한 저서는 《공기와 꿈》과 《공간의 시학》이라고 여겨진다.

21세기로 접어든 지금, 프랑스 평단은 특히 이른바 탈구조주의 이후 너무나 다양해져서, 바슐라르 역시 결과적으로는 그 불씨의 하나가 되었던 1960년대의 신구비평 논쟁 당시의 평단 모습과는 먼 거리가 있다. 그러나 바슐라르를 이해하기 위해서는 그를 그 당시의 신구비평계의 여러 경향들 가운데 위치시키는 것이 편리할 것 같다. 19세기말부터 프랑스에서 문학 연구의 주류를 이루어 오고 있었던 전기적 비평이 이를테면 구비평이었다면, 그에 대한 반대 명제로 나타난 신비평은 정신분석적 비평, 마르크스주의적 비평, 구조주의적 비평, 실존주의적 비평, 테마 비평으로 나뉘어 파악될 수 있었다고 하겠다. 바슐라르의 문학 사상은 바로 테마 비평의 이론적 근거가 되었던 사상이다.

전기적 비평에 대한 반대 명제로서의 바슐라르의 문학 연구를 특징짓는다면, 전자가 작품을 작가의 전기적인 상황에 의해 결정되는 것으로 생각하는 결정론적인 입장인 반면, 후자는 작품을 창조한 작가의 상상력의 독자성을 강조함으로써 작품의 본질을 작가의 전기적인 상황에 초월적인 것으로 여기는 비결정론적인 입장이라고 하겠다. 이 점에 있어서 바슐라르의 입장은, 함께 신비평에 속하기는 해도 역시 결정론적인 입장인 정신분석적 비평과 마르크스주의적 비평에 대해서도 대립적이다. 그러므로 신비평의 이 두 경향이 전기적 비평에 대해 반대 명제적인 것은 바슐라르의 입장처럼 후자의 결정론적인 성격에 대해서가 아니다. 다같이 결정론에 속하는 그 두 경향과 전기적 비평이 대립되는 것은, 양쪽의 결정론적인 성격의 차이에 있는 것이다. 전기적 비평의 결정론이 작품과 작가의 전기적인 여건을 직접적인 등가관계인 유사관계analogie로 잇는다고 한다면, 정신분석적 비평 및 마르크스주의적 비평에 있어서는 그 두 항을 잇는 관계가 구조의 등가관계, 즉 상동관계homologie로 나타나, 한결 복잡하다. 어쨌든 《공간의 시학》에는 전기적 비평과 정신분석적 비평에 대한 비판이 약간의 아이러니와 더불어 끊임없이 나타나는데, 이것을 이해함은 바로 이 책 자체를 이해하는 단서가 된다. 그 비판은 바로 결정론적인 문학관에 대한 비판이고, 그로써 저자의 비결정론적인 문학관에 관한 설명이 되기 때문이다. 결정론적인 입장들 가운데 전기적 비평과 정신분석적 비평이 비판 대상이 된 것은, 바슐라르의 문학 사상이 본질적으로 상상력 이론이어서 문학에 있어서 특히 상상적인 것l'imaginaire 즉 이미지를 문제삼는데, 이 점에 있어서 그 두 경향과 연구의 공통 부분을 찾을 수 있기 때문이다.

상상력의 독자성, 절대성은 상상력의 소산인 이미지의 그것이 되는데, 그에 대한 주장은 바슐라르의 문학에 관한 저술에 있어서 초기 저서인 《불의 정신분석》의 결론에 이미 상당히 조직적인 표현을 얻는다. 그러나 《공간의 시학》에서 그것은 책 전체를 통해 가장 조직적이며, 가장 강력하게 표명된다. 그리고 그 주장을 함에 있어서 이 책에서 선택된 논증은 다름 아닌 시적 교감의 현상을 통한 것이다.[1] 이 시적 교감의 문제가 전기적 비평과 정신분석적 비평이 비판되는 계기를 이룬다. 전기적 비평과 정신분석적 비평에서는 시적 이미지를, 의식적인 것이든 무의식적인 것이든 작가의 생애의 한 요소, 즉 그가 경험한 어떤 것에 비추어 설명하려고 한다. 즉 여기에서 설명의 원리가 되어 있는 것은 인과성(因果性)이다: 작가의 생애의 한 요소가 원인이 되어, 그것에 대응되는 작품의 요소, 이 경우 시적 이미지가 그 결과로서 나타난다는 것이다. 이 인과적인 설명 원리야말로, 특히 19세기말에서 20세기초에 걸쳐 서구의 지배적인 사조였던 실증주의에 근거를 둔 전기적 비평이 스스로를 실증적인 문학 연구로, 따라서 가장 바람직한 연구로 내세우는 근거였다. 그러나 실제에 우리들 독자들이 구체적으로 하나의 문학 작품, 하나의 시적 이미지에서 감동을 느낀 독서 체험을 돌이켜보면, 그 감동은 정직하게 말해 작가의 생애에 관한 지식과는 무관하게 이루어졌음을 인정해야 한다. 즉 우리들은 작가의 생애를 전혀 모르고서도 작품에서 감동을 느끼는 것이다. 이 점을 솔직히 인정함으로써 바슐라르는 기실 시적 교감의 문제를 가장 정

---

[1] 상상력의 독자성에 대한 다른 방식의 논증이 또 있는데, 《공기와 꿈》에서 시도되고 있는 논증이다. 물질은 운동으로 변할 수 있어서, 상상력은 이른바 물질적 상상력의 물질적 결정성에서 운동의 상상력으로 해방될 수 있는데, 바로 이것이 상상력의 초월성, 즉 비결정성, 따라서 독자성을 보여주는 것이라는 것이다. 시적 교감에 의한 논증에 관해서는 졸저(拙著) 《가스통 바슐라르》(민음사)의 〈바슐라르와 상상력의 미학〉에서 〈④ (혼의) 울림과 문학적 상상력〉을, 그 가운데 특히 〈시적 이미지의 자주성: 그것의 환기력〉을 참조하고, 운동의 상상력에 의한 논증에 관해서는 〈⑤ 여가작용(與佳作用)〉을, 그 가운데 특히 〈제3단계〉를 참조할 것.

직하게 표명했던 문학연구가이다. 그는 이렇게 말한다: '시인이 제공하는 말의 행복, —— 시인의 생애의 드라마마저 뛰어넘는 그 말의 행복을 체험하기 위해 시인의 괴로움들을 살아 보아야 할 필요는 조금도 없는 것이다.'[2] 이와 같이 시적 이미지의 교감이 결정론적인 설명에서 벗어난다는 사실 자체가 바로, 그 이미지를 창조한 작가의 상상력 및 그 이미지를 떠올림으로써 감동의 정신적인 체험을 불러일으키는 독자의 상상력의 비결정적인 성격, 즉 독자성에 대한 증거가 된다. 바슐라르의 독창적인 점은, 그 이전까지 사람들이 상상력을, 단순히 외계의 대상들의 이미지를 기억하는 정신 기능으로 생각했던 데 반해, 그는 상상력이 외계의 대상들의 이미지와는 관계없이 독자적인 법칙에 의한 작용을 가지고 있다고 생각한 데 있다. 극단적으로 그는 '이미지를 가지지 않는 상상력'[3]의 존재를 가정하기까지 하는 것이다. 이와 같이 상상력을 경험론인 설명에서 완전히 벗어나게 하고 오직 우리들의 정신 차원에서만 가능케 함으로써, 그는 상상력을 '하나의 관념철학의 근본적인 원리'[4]로 정립시키기에 이른다. 바슐라르가 특히 《공간의 시학》에서 시적 이미지를 두고 존재론이라는 말을 빈번히 쓰고 있는 것은, 바로 이와 같은 독자적인 상상력의 소산인 이미지의 독자성을 강조하기 위한 것이다: 시적 이미지는 '그 자체의 존재와 그 자체의 힘'[5]을 가지므로 그 자체로서 파악되어야(어떤 원인의 결과로서가 아니라), 즉 존재론적으로 연구되어야 한다

---

2) 이 책, p.70.
3) 바슐라르, 《공기와 꿈 *L'Air et les songes*》, Jose Corti, 1943, p.195.
4) 위의 책, p.109.
5) 이 책, p.49.

는 것이다. 이 점을 더욱 강조하기 위해 그는 시적 이미지에 대한 연구를 '직접적인 존재론'[6]이라고까지 부른다. 그러나 바슐라르의 이와 같은 관념론적인 상상력 이론은 세 부분으로 나누어 볼 수 있다. 상상력의 독자적인 작용이 외계의 대상의 이미지에 어떻게 나타나는가, 달리 말하면 상상력의 독자적인 작용이 어떻게 외계의 대상의 이미지를 **변화**시키는가를 밝히는 사원소론(四元素論)이 그 첫째이고, 둘째는 상상력의 그 독자적인 작용 자체를 밝히는 이미지의 현상학이며, 셋째는 상상력의 궁극성을 밝히는 원형론이다. 하지만 이 세 부분은 서로 따로 독립될 수 있는 게 아니라, 하나의 전체로서의 상상 현상의 세 측면을 각각 조명하는 것에 지나지 않는다. 상상 현상의 그 세 측면을 한데 묶어 쉽게 말하면, 이렇게 될 것이다: 상상력은 외계의 대상의 이미지를 받아들여, 그것을 스스로 궁극적인 것 즉 이상적인 것으로 삼고 있는 상태로 변화시켜 가는데, 그 작용이 우리들의 외적인 삶이나 실용적인 목적이나 생리적인 욕망과는 전혀 관계없는 것이기에 독자적인 것이다.

《공간의 시학》은 바슐라르 스스로 이미지의 현상학을 행한다고 한 저서인데, 위에서 본 바대로 상상 현상의 세 측면을 동시에 염두에 두지 않으면 이해할 수 없다. 이 책에서 문제되어 있는 상상력의 궁극성은 요나 콤플렉스라고 하는 것인데, 그것은 우리들이 어머니의 태반 속에 있을 때에 우리들의 무의식 속에 형성된 이미지로서, 우리들이 **어떤 공간에 감싸이듯이** 들어 있을 때에 안온함과 평화로움을 느끼는 것은 이 요나 콤플렉스 때문이다. 이 책이 다루고 있는 이미지

---

6) 이 책, p.49. 강조, 바슐라르.

들은 그러므로 집, 서랍, 상자, 장롱, 새집, 조개껍질, 구석 등 내밀할 수 있는 공간의 이미지들 및 그 변양태들, 그리고 내밀하지는 않더라도 그런 이미지들과의 상관관계 밑에서라야 이해될 수 있는 이미지들이다. 말하자면 우리들의 상상력이 전자의 이미지들을 안온함과 평화로움을 느끼게 하는 내밀한 공간으로 파악하고 후자의 이미지들을 그런 공간의 내밀성의 가치에 비추어 파악하는 것이, 그것의 독자적인 작용인 것이다.

상상력의 독자성에 대한 논증으로서 이 책에 제시된 것이 시적 교감의 현상이라고 위에서 지적되었는데, 시적 교감은 또한 상상력의 보편성을 나타내는 것이기도 하다. 즉 외계의 대상의 이미지를 받아들여 그것을, 스스로 이상적인 것으로 삼고 있는 상태로 변화시켜 가는 상상력의 작용이, 시인과 독자 양쪽에서 같기 때문에 시적 교감이 가능해지는 것이다. 시적 교감을 들어 주장된 상상력의 독자성은 상상력이 시인 개인의 특이한 경험적일 삶—— 의식과 무의식을 포괄하여 ——에 대해 독자적인 것이라는 것이지, 그것이 개인마다 다르다는 뜻이 아니다. 오히려 상상력을 개인의 삶에 좌우되는 것으로 보는 결정론적인 입장에 설 때, 그것은 개인마다 달라질 것이다. 따라서 시인의 삶을 모르고서는 시적 교감이 이루어지지 않을 것이고, 이 점에서 결정론에 대한 바슐라르의 비판이 성립되는 것이다. 그러므로 개인의 특이한 경험적인 삶에 대해 상상력이 독자적인 것은 기실, 그것이 보편적이기 때문이다. 즉 상상력은 보편성을 가지고 있기 때문에, 개인마다 다른 경험적 삶의 개체성에 좌우되지 않는 독자성을 나타내는 것이다. 그러므로 우리는 여기서 다음과 같은 결론을 이끌어 낼 수 있다: 우리들 각자의 경험적인 삶의 집적체로서의 개아성(個我性)에 대립적인 보편적인 상상력이 우리들 각자의 내부에 존재한다. 다만 그 보편적인 상상력이 개아적인 우리들 각자의 내부에서 더욱 깊고 본원적(本源的)인 자아를 이루고 있다고 여겨질 따름이다. 원형이란 기실 이와 같은 상상력의 보편성을 보여주는, 한결 정확히 말해 상상력의 보편적인 궁극성을 표현하는 이미지이다. 즉 그것은 **우리들 모두가** 상상 가운데 가장 이상적인 것으로, 가장 **가치 있는** 것으로 그리는 것을 나타낸다. 이로써 상상력의 작용이 **보편적인 가치를 창조하는 것**으로 규정될 수 있고, 따라서 우리들이 한 시적 이미지를, 그것이 나 아닌 시인, 즉 타자의 상상력에 의해 창조된 것임에도 불구하고 **아름답다**고 느끼는 까닭이 이해된다. 그리고 여기에 바슐라르적 상상력의 역설이 있다: 상상력은 비결정적인 한에 있어서, 즉 그 작용이 독자적이고 절대적인 한에 있어서 전적으로 자유로운 것임에도 불구하고, 인류 전체가 그것에 부과한 질서를 벗어나지 않는다. 아니, 상상력이 비결정적인 것으로 될 수 있었던 것, 즉 상상력이 시공적으로 우연적인 개인의 삶에서 해방될 수 있었던 것이, 위에서 본 바대로 바로 그것의 보편성 때문이었음을 생각하면, 오히려 상상력의 자유 자체가 바로 인류의 보편적인 상상적 질서의 표현이라고 해야 할 것이다. '이미지는 무상적(無償的)인 것이 아니며, 상상력의 자유로운 작용은 무질서한 것이 아닌 것이다.'[7] 개인의 자유가 공동체적 필연에 이 경우만큼 갈등 없이 일치하는 것을 다시 찾아볼 수 없을지 모른다. 기실 모든 미적 가치는 그것이 개인을 넘어서는 한에 있어서 성립할 수 있다면, 이와 같은 자유와 필연의 일치를 전제해야 한다. 어쨌든 《공간의 시학》에서는 상상력과 이미

---

7) 이 책, p.176

지를 두고 빈번히 자유가 말해진다.

시적 교감은 이와 같이 독자적이고 보편적인 상상력의 창조적인 작용을 함축하고 있는데, 그 작용은 이미지가 상상 가운데 떠오르면서 이루어진다. 그러므로 시적 교감, ──달리 말해 시적 이미지가 느끼게 하는 아름다움, 감동을 설명하기 위해서는, 그 이미지를 나타나게 한 **원인**, 즉 그것의 **과거**를 조사할 게 아니라, 상상 가운데서 그것이 **목하**(目下) 창조적으로 **변화해 가는** 모습 그 자체를 묘사해야 한다. 이 것이 곧 바슐라르의 이미지의 현상학이다. 그러므로 이미지의 현상학은 기실 이미지의 존재론에서 필연적으로 요구되는 방법론이다. 이미지를 그 존재 자체에서 파악해야 한다는 이미지의 존재론이 주장된 것이, 특히 전기적 비평과 정신분석적 비평의 결정론적인 설명, 즉 인과적인 설명에 대한 비판에서 비롯되었다면, 이미지의 연구 방법은 따라서 상상 속에서의 이미지의 현상에 선행하는 일체의 것은 밀쳐 버리고 오직 그 현상 자체만을 추적해야 하는 데 있을 것은 당연하다.[8] 바슐라르가 '이미지의 시발(始發)'[9]을 고찰해야 하며 이미지를 '그 현행성(現行性)'[10]에서 파악해야 한다거나, 이미지는 상상력의 '직접적인 산물'[11]이며 '미래로 열려'[12] 있고 '생성'[13]한다고 말하는 것은 모두, 그와 같은 현상학적인 태도를 뜻하는 것이다: '상상력의 현상학[14]'이라는

---

8) 이 각주는 이 글의 말미(pp. 35-40)에 수록.

9) 이 책, p.52.

10) 이 책, p.51.

11) 이 책, p.51.

12) 이 책, p.77.

13) 이 책, p.59.

14) 바슐라르의 현상학에 있어서는 상상력의 현상학은 바로 이미지의 현상학이다.

말로써 우리가 뜻하려고 하는 것은 다음과 같은 것이다: 시적 이미지가 인간의 마음의, 영혼의, 존재의 직접적인 산물——그 현행성에서 파악된——로서 의식에 떠오를 때, 이미지의 현상을 연구하는 것.'[15] 또 '〔…〕 현상학——즉 개인적인 의식 속에서의 이미지의 시발에 대한 고찰〔…〕.'[16]

그러나 이미지의 현상학에 대한 이상의 모든 설명은 그 어려운 철학적 용어와 더불어, 아무래도 문학 작품에 대한 독자의 가장 소박한 태도,——작품에 선행적인 일체의 지식을 받아들이지 않고 작품 자체를 단순히 향수하는 그러한 태도를 가리키기에는 너무 어려운 내용이다. 기실 이미지의 현상학이란 아주 쉽게 말하자면 독자의 의식의 체험을 강조하는 것으로서, 시적 교감의 주관적인 느낌을, 즉 우리들 자신이 시적 이미지에서 아름다움, 감동을 가장 직접적으로 느낀 것을, 잘 묘사함에 있을 따름이다. 이를테면 독자는 소박하다면, '스스로 현상학자가 무엇인지 모르는 현상학자'[17]인 것이다.

그런데 우리들의 독서 체험을 되돌아보라. 우리들이 문학을 못 버리는 것은, 아직도 시인이 될 꿈을 못 버리는 것은, 우리들이 그토록 좋아했던 시 작품들이 우리들의 기억 속에서 여전히 그 최초의 신선한 감동으로 밤하늘의 별들처럼 빛나고 있기 때문이다. 여러분들은 그 최초의 감동들이 가져다 주던, 그 놀랍도록 신선하던 전율을 기억

각주 8)을, 특히 그 가운데서 헤겔의 현상학과 바슐라르의 현상학을 비교한 부분을 참조할 것.

15) 이 책, p.5ɪ.

16) 이 책, p.5ɜ.

17) 질베르 뒤랑(Gilbert Durand), 《상징적 상상력 *L'Imagination symbolique*》, PUF, 1968, p.7ɪ.

하는가? 독서의 체험도 실생활의 그것에 못지않게, 아니 그보다 더 깊게 우리들의 영혼에 자국을 남길 수 있는 것이다. 《공간의 시학》의 독창적인 점은 이미지의 현상학 그 자체에 있다기보다는, 차라리 이미지의 현상학의 이와 같은 깊은 정신적인 효과, 달리 말해 우리들의 독서체험의 영혼적인 깊이를 드러낸 데에 있다. 그 감동의 체험을 바슐라르는 '[혼의] 울림'이라고 하는데, 흔히 인용되는 다음의 말은 그것을 묘사한다: '반향은 세계 안에서의 우리들의 삶의 여러 상이한 측면으로 흩어지는 반면, 울림은 우리들로 하여금 우리들 자신의 존재의 심화에 이르게 한다. 반향 속에서 우리들이 시를 듣는다면, 울림 속에서는 우리들은 우리들 자신 시를 말한다. 그때에 시는 우리들 자신의 것이기 때문이다. 울림은 말하자면 존재의 전환을 이룩한다.'[18] 울림을 한결 평범한 표현으로 바꾼다면, 의식의 각성이라고 해도 좋겠다. 바슐라르 자신, '현상학적 검토'는 '원칙적으로 일체의 의식의 각성에 결부되어 있는 것으로 제시'될 수 있다고 말한 바 있다.[19] 우리들의 의식이 잠 깰 때, 우리들은 흔히 하는 말로 '사람이 달라진다.' 즉 울림, 달리 말해 한 편의 시 작품에서 얻는 감동이 우리들의 삶을 바꿔 놓을 수 있는 것이다. '시의 주된 기능은 우리들을 변화시키는 것'[20]이라는 것이다. 이것이 위 인용의 마지막 문장에서 표현된 '존재의 전환'이라고 하는 것이다. 이리하여 문학은 우리들의 존재를 생성케 하는 힘을 그 진정한 차원에 포함하고 있는 것이다: '[이미지는] 우리들 자신의 언어의 새로운 존재가 되고, 우리들을 그것이 표현하는 것으

---

18) 이 책, p.58.
19) 바슐라르, 《몽상의 시학 La Poétique de la rêverie》, PUF, 1968, p.129.
20) 바슐라르, 《로트레아몽 Lautréamont》, José Corti, 1939, p.105.

로 만듦으로써 우리들 자신을 표현하는 것이다. 달리 말하자면, 그것은 표현의 생성인 동시에 우리들의 존재의 생성이기도 하다. 이 경우 표현이 바로 존재를 창조하는 것이다.

위의 마지막 말은 우리가 지금 노력을 기울이고 있는 존재론의 차원을 정의해 주는 것이다. 우리는 우리의 일반적인 주장으로서, 인간에게 있어서 특별히 인간적인 일체의 것은 **로고스**(말)라고 생각한다. 언어에 앞서 있는 영역에서라면 우리들은 사유할 수 없을 것이다. 설사 이 주장이 존재의 깊은 차원을 거부하는 듯이 보일지라도, 사람들은 적어도, 우리가 시적 상상력에 대해서 계속해 나가고 있는 유형의 연구에 잘 맞춘 연구 가설로서 그것을 우리에게 용인해 줘야 한다.'[21]

따라서 위의 인용의 후반부에서 사용된 **존재론**이라는 말은《공간의 시학》의 다른 여러 곳에서와는 달리, 앞서 살펴본 바 있는, 이미지의 독자성을 가리키는 이미지의 존재론을 의미하는 게 아니라 인간 존재론을 가리키는 것이다.[22] 그러나 기실, 바슐라르가 존재론이라는

---

21) 이 책, pp.59-61.
22) 참고로 이런 뜻으로 존재론이라는 말이 쓰인 예를 하나 더 들기로 하자.《공간의 시학》의 〈제9장, 안과 밖의 변증법〉에서 바슐라르는 형이상학에서 기하학적인 직관의 명증이 얼마나 오류에 쉽게 빠지는지를, 인간 존재를 예로 들어 이렇게 말하고 있다: '형이상학은 기하학적인 직관에 속하는 명증의 특권을 불신해야 한다. 시각은 한꺼번에 너무 많은 것들을 말한다. 그런데 존재는 보이는 게 아니다. 아마 그것은 들리는 것일 것이다. [⋯] 그리고 우리들이 확정하려고 하는 것이 인간 존재라면, 우리들은 우리들 자신 속으로 '되들어감'으로써, 나선의 중심을 향해 감으로써 우리들 자신에 더 가까이 있게 된다고 결코 확신할 수 없다. 흔히, 바로 존재의 중심에서 존재는 방황하는 것이다. 때로 자신의 밖에 있으면서 존재는 확고함을 경험하기도 한다. [⋯] 만약 빛과 소리, 열과 한냉의 영역들에서 많은 이미지들을 취해 온다면, 우리는 한결 시간을 요하는 존재론을, 그러나 아마도 기하학적인 이미지들에 근거하는 **존재론**보다는 더 확실한 **존재론**을 마련하게 될 것이다'(이 책, pp.423-

말을 사용하고 있는 이 두 가지 경우는 필경 하나의 같은 것에 지나지 않는다고 할 수 있다. 왜냐하면 앞에서 지적된 대로, 이미지의 독자성, 즉 상상력의 독자성은 우리들 각자의 특이한 경험적인 삶이 나타내는 개아성에 대립적인 그것의 보편성을 가리키는 것이고, 그러면서도 그 보편적인 상상력이 개아적인 우리들 각자의 내부에서 더욱 깊고 본원적인 자아를 이루고 있기 때문이다. 즉 바슐라르가 《공기와 꿈》에서 인용하고 있는 윌리엄 블레이크의 말대로 '상상력은 하나의 상태가 아니라 인간 생존 그 자체'[23]이며, '몽상가〔상상하는 인간〕는 그의 이미지의 존재가 된다'[24]는 것이다. 결론적으로 말해, 바슐라르의 상상력 이론의 맥락에서는 상상력의 독자성, 이미지의 독자성을 표현하는 존재론이라는 말은, 그 스스로도 그것을 위의 인용에서 그런 뜻으로 사용하고 있듯이, 인간존재론이라는 뜻을 필연적으로 함축하게 된다. 위에서 언급된 대로 정녕 《공간의 시학》의 독창적인 점이 이미지의 현상학 그 자체에 있다기보다 우리들 존재 자체에까지 이르는 그것의 깊은 정신적인 효과를 드러낸 데에 있다고 할 수 있다면, 오히려 후자의 뜻의 존재론이 강조될 수 있을 것이다.[25]

4,5 강조, 인용자) 문맥으로 보아, **존재론**이라는 말이 인간존재론을 가리킴은 분명하다. 제9장, 제2절 전체를 참조할 것.

23) 바슐라르, 《공기와 꿈 *L'Air et les songes*》, pp.7-8에서 재인용.

24) 이 책, p.358.

25) 우리나라에 분석철학을 널리 소개한 한 철학자가 졸고 〈바슐라르와 상상력의 미학〉에 대한 서평을 하면서, 거기에서 이런 뜻으로 쓰인 존재론이라는 용어를 비판한 바 있다(박이문, 《하나만의 선택》, 문학과지성사, 1978, 〈자연과 의식의 변증법〉을 참조할 것. 이후 이 책은 출전 표시에서 《하나만의…》로 약칭함). 박 교수의 주장은 바로, 바슐라르가 《공간의 시학》에서 쓴 존재론이라는 용어는 이미지의 독자성, 상상력의 독자성을 가리킬 뿐이라는 것이다: '내가 알기로는 바슐라르가 가령 그의 《공간의 시

바슐라르가 인간의 존재 생성이라는 문맥에서, 즉 인간의 '존재의 전환'을 두고, 존재론이라는 말을 사용했다는 것, 달리 말해 인간 존재의 존재 구조를 생성에 있는 것으로 생각하고 있다는 것은, 그의 비결정론적인 상상력 이론의 입장에서는 필연적인 것이다. 상상력이 정녕 '인간의 생존 그 자체'라고 한다면, 상상력의 비결정적인 성격은 바로 인간 존재의 자유로운 변화 가능성을 가리키는 것에 지나지 않기 때문이다. 기실 바슐라르에게 있어서 인간의 참된 자유란 인간 존재의 생성으로서만 나타나는 것이다. 자유란 '(우리들의) 존재를 동시에 **피동체**(被動體)와 **동인**(動因)으로서, 동시에 동체와 동력으로서(…)

학)의 서문에서 시적 이미지가 하나의 존재학을 형성할 수 있고, 따라서 그가 연구하고자 하는 것이 그러한 존재학이라고 말한 이유는 (…) 시적 이미지, 따라서 그러한 것을 창조하는 상상력이 어떠한 종류의 존재, 즉 물리적 혹은 심리적인 존재로 환원될 수 없는 독자적인 존재라는 데 있을 뿐이 아닌가 생각된다.' (《하나만의…》, p.167) 상상력이 물리적 혹은 심리적인 존재로 환원될 수 없는 독자적인 존재라고 이해한 것은 옳다고 하겠으나, 그 독자성이 상상력의 보편성을 뜻하기도 함을 이해하지 못한 것은, 내 글을 제대로 읽지 않았기 때문이다. 원형으로 표상되는 그 상상력의 보편성이 개아적인 우리들 각자의 내부에서, 박 교수 자신의 표현으로는 '물리적 혹은 심리적인 존재' 내부에서 더욱 깊고 본원적인 자아를 이루고 있으므로, 상상력의 독자성을 나타내는 존재론이라는 용어가 인간존재론을 가리킬 수도 있음을, 따라서 박 교수는 이해하지 못했고, 위에서 예증한 대로 《공간의 시학》에서 바슐라르 스스로 인간존재론이라는 뜻으로도 존재론이라는 용어를 쓰고 있는 것도 주목하지 못한 것이다.

《공간의 시학》에서 존재론이라는 용어가 직접적으로 이미지와 상상력의 독자성을 가리키는 뜻으로 쓰인 경우가 압도적으로 많은 것은 사실이다. 한걸음 더 나아가, 설사 바슐라르 자신은 그것을 인간존재론이라는 뜻으로 쓴 적이 한번도 없더라도, 그를 논하는 연구자가 이미지와 상상력에 관한 그의 주장에서 인간존재론적인 측면을 발견하고 그것을 드러내어 보일 수도 있는 것이다.

박 교수의 서평 전체에 대한 상세한 반론은 졸역 민음사판 《공간의 시학》, p.38 의 각주 25)에 실려 있음.

구성하는 것'[26]이라는 것이다. 자유로운 움직임을 얻기 위해 스스로를 그 움직임의 힘으로 만든다는 것은, 바로 스스로를 연료로 하여 스스로를 불태워야 한다는 것, 즉 스스로를 변화시켜야 한다는 것이며, 한마디로 '스스로를 정녕, 자신의 내부에서 생성과 존재를 종합하는 동체로 구성'[27]한다는 것이다. 그러므로 자유란 기실 자유화이며, 이것은 달리 말해, 자유란 상황에 얽어매이지 않은 상태에서 수동적으로 주어지는 게 아니라, 상황에 얽어매인 상태에서 상황 자체를 변화시킴으로써 능동적으로 쟁취되는 것이라는 것이다. 이와 같은 사정 때문에 바슐라르의 인간관을 실존주의적이라고 할 수 있다. 다만 그에게 있어서는 상상력이 인간의 본원적인 존재를 이루고 있고, 또 상상력은 그것이 이상적인 것으로 삼고 있는 상태에 언제나 도달할 수 있는 것으로 여겨지므로 실존주의자들의 비극적인 빛깔이 없을 따름이다. 《공간의 시학》 여기저기에서 그는 세계에 '내던져진' 실존주의자들의 불안을, 반대로 세계에 '감싸'안긴 시인들의 이상적인 상태의 행복으로써 비판하고 있다. 어쨌든 그 자신이 바로 existentialisme〔실존성, 실존주의〕이라는 단어 자체를 쓰고 있기도 한데, 예컨대 내밀(內密)의 무한(無限)을 논하는 자리에서 무한에의 지향이 몽상(상상력)의 타고난 경향임을 말하면서 그 지향을 두고 '상상하는 존재의 그 실존성'[28]이라는 표현을 하고 있다. 여기서 실존주의를 익히 알고 있는 독자들에게는 하나의 의문이 일어날지 모른다. 실존주의의 인간관에서는 인간이란 우선적으로 실존하는 존재, 즉 우연적으로 내던져져 있는 존재

---

26) 《공기와 꿈 *L'Air et les songes*》, p.293.
27) 위의 책, p.294.
28) 이 책, p.376.

이며, 그가 죽음에 이르러 생성을 끝내기 전에는 본질을 못 가지는 존재로 파악되고 있는데, 어떻게 보편적인 상상력을 인간의 본원적인 존재로 생각하는, 즉 인간이 어떤 항존적인 것을 가지고 있다고 생각하는 바슐라르의 인간관을 실존주의의 인간관에 접근시킬 수 있는가? 위에서 상상력의 보편성을 설명한 것을 되살펴보면, 그것은 기실 상상력의 보편적인 궁극성에 의해 이루어져 있으며, 그래서 상상력의 작용의 보편적인 질서를 가리키는 것임을 알 수 있다. 그러므로 여기에서도 같은 자리에서 말한, 자유와 필연을 일치시키는 상상력의 역설을 되풀이해 말해야 하겠다. 근본적으로 인간의 자유로운 변화 가능성을 주장한다는 점에서 바슐라르의 인간관은 실존주의적이지만, 그 자유로운 변화 자체가 필연적으로 인류 전체의 변함없이 같은 목표를 지향하게 된다는 점에서는 실존주의적 인간의 전적인 우연성, 무질서성, 무본질성을 벗어난다고 할 수 있다. 즉 바슐라르적 인간은 인류 전체에 항존하는 것, 인류 전체의 동일한 본질 같은 것을 가진다고 할 수 있는 것이다. 한마디로 바슐라르적 상상력의 자유, 바슐라르적 인간의 자유는 기실, 우리들 각자가 **우연적으로 시공적인 좌표에 내던져져 있는 우리들의 실존에서 우리들을 해방시켜 인류의 보편적인 본질로 나아가게 하는 자유**라고 할 수 있겠다. 인간에게 있어서 자유와 필연, 실존과 본질의, 한마디로 변화성과 항구성의 이와 같은 역설적인 결합을 두고 볼 때, 바슐라르적 실존주의는 인간의 전적인 무본질성에서 벗어나 있는 기독교적 실존주의와 비교될 수 있을지 모른다. 어쨌든 이 역설에 대한 바슐라르 자신의 표현을, 그가 릴케의 한 시편을 주해하고 있는 다음의 인용에서 읽어보기로 하자: '이 경우 **생성은 수많은 형태들**(…)**을 담고 있으나, 존재는 어떤 흩뜨림도 당하지 않는다**: 만약 언젠가 내가 존재의 모든 이미지들을, **다양하고 변화 많으면서 그러면서도 존재의 항구성을 보여주는** 모든 이미지들을 하나의 큰 이미지군(群)으로 모을 수 있다면, 릴케의 이[이미지]는 나의 그 구체적인 형이상학집(集)에서 한 중요한 장의 시작을 장식할 것이다.'[29]

이상으로써 충분히 드러났다고 생각되는 바이지만,《공간의 시학》에서 바슐라르가 강조하려고 했던 것은, 역설 같지만 우리들의 삶에 대해 독자적인 영역을 가지고 있는 것으로 상정될 수 있을 듯한 상상력, 문학과 예술, 심미적 체험이 기실 우리들의 삶을 지배하여 이끌어갈 수도 있다는 것, 그 본질적인 차원에서 우리들의 삶에 바로 닿아 있을 수도 있다는 것이다. 시골 우체국원에서 출발하여 소르본대학의 교수가 되기까지 수많은 '존재의 전환'들을, 아마도 시를 읽으며(!) 이룩했을 바슐라르 자신의 생애가 이에 대한 한 좋은 예증이 된다고나 할까?

* * *

구조주의 당대에 역사적인 연구로 밝혀진 바에 의하면, 문학의 독자성에 근거를 두고 문학 작품 자체만을 고찰하려는 내재적인 문학관이 태어난 것은 독일 낭만주의에서라고 한다. 그리고 그것은 계속되어 내려와 구조주의에까지 이른다는 것이다. 특히 독일 낭만주의의 모태가 되었던《아테노임 *Athenäum*》지(誌)에 발표한 논문들을 통해 슐레겔Schlegel, 셸링Schelling, 슐라이어마허Schleiermacher, 노발리스

---

29) 이 책, p.463. 강조, 인용자.

Novalis, 티크Tieck 등이 수립한 상징 이론은, 구조주의의 극단적인 내재적 문학관을 잘 보여주는 구호라고 할 문학의 자폐성(自閉性)intran-sitivité, 이로정연성(理路整然性)cohérence 등의 생각을 상징, 즉 시적 이미지에 대한 이론에서 이미 수렴하고 있었다는 것이다.

그런데 독일 낭만주의의 상징 이론이 상징의, 문학의 독자성, 내재성을 주장했던 것은, 고전주의의 모사설imitation에서 벗어나려고 하면서였다. 고전주의에 있어서는 문학은 고전주의자들이 자연nature 이라고 부르는 모방의 대상을 가지고 있었는데, 그 자연은 한결 구체적으로 인간적 자연nature humaine, 즉 인간의 본성nature humaine, 달리 말해 보편적 인간의 진리를 가리키는 것이었다. 즉 그들은 주어진 상황에서 인간이라면 누구나 이러이러하게 행동하리라고 여겨지는, 그러한 상황에서의 인간의 보편적인 심리 및 행동의 추이를 묘사했던 것이다. 이것이 뜻하는 바는, 고전주의에 있어서 문학이란 내재적인 것이 아니라, 그것을 초월해 있는 자연에 종속되어 있는 것이었다는 것이다. 고전주의의 이상이 내용contenu〔자연, 진리〕에 완벽하게 일치하는 형식forme을 주는 데 있었다는 것이, 이 점에서 이해된다. 그러므로 고전주의 작가들은 문학의 내재성을 상상할 수 없었고, 스스로의 독창성을 죽이고 보편적인 진리의 표현에 봉사한다는 작가의 **겸손**을 그들은 강조했던 것이다.

이상에서 드러나는 고전주의와 낭만주의의 차이는 우선적으로 초월성과 내재성의 차이이지만, 그것을 밑에서 지배하고 있는 한결 더 깊은 차이는 보편성과 상대성의 차이이다. 고전주의에서 낭만주의로의 추이 과정을 역사적으로 넓게 조망해 본다면, 독일 낭만주의의 상징 이론은 보편적인 문학관인 고전주의의 반대 명제로 나타난 상대적인 문학관의 극단적인 표현임을 알 수 있기 때문이다. 고전주의는 인간의 보편적인 진리를 강조함으로써 당대 사회를 거의 묘사하지 않았다. 예컨대 대표적인 고전주의 문학인 프랑스 고전비극에서 무대는 언제나 고대 신화의 세계인데, 그 이유는, 문학의 목적이 시공을 초월하는 보편적인 인간의 본성을 탐구하는 것인 한 굳이 당대의 인물을 묘사할 필요는 없으며, 그런데 그때까지 시공적으로 가장 널리 평가되어 온, 즉 가장 보편적인 평가를 받아 온 고대 비극이 따라서 가장 보편적인 진리를 담고 있을 것이므로, 고대 비극을 되풀이하여 천착하는 것이 창작의 이상이리라고 프랑스 고전작가들은 생각했기 때문이다. 그런데 고전주의의 이와 같은 탈역사적인 보편주의에 반대하여 상대주의적인 문학관이 나타나고, 이를 통해 비로소 역사적 현실——그것이 당대 현실이든, 어느 특정의 과거 현실이든 간에——이 작품의 무대로 등장하게 된다. 문학은 보편적인 진리를 표현하고, 따라서 보편적인 가치에 의해 평가되기보다는 시공적으로 서로 다른 사회에 따라 서로 다른 진리를 표현하고 서로 다른 가치에 의해 판단되어야 한다는 것이다. 18세기말에 나타난 이러한 생각은 오늘날까지 계속되고 있다는 것인데, 그것을 처음으로 구현하려고 했던 것이 낭만주의였던 것이다. 그리하여 낭만주의에서 비로소 민족문학에 대한 자각이 태어나고, 고전주의적인 뜻과는 다른 뜻의 미메시스mimesis(모사)가 나타난다. 스스로의 문학이 가장 보편적인 것이며, 따라서 지고의 것이라고 생각하여 다른 문학의 가능성을 상상하지도 못했던 프랑스인들이 북구인들의 **특이한** 문학을 발견하게 된 것도 이 무렵이며, 또 이 무렵에 역사소설이 가치 있는 것으로서 본격적으로 등장했다는 사실과, 그리고 사실주의가 낭만주의에 이미 배태되어 있었다는 주장이 옳다고 할 수 있는 것도 이상과 같은 맥락에서 이해된다. 사회에 따라 다른 진리의 가장 직접적인 형태의 하나가 그 사회의 현실일 것이며, 따라서 고전주의가 주장하는 보편적인 인간의 진리에 대한 미메시스가 아니라, 특정한 사회의 현실에 대한 미메시스가 되고자 하는 역사소설 및 사실주의의 개념이 낭만주의에 함축될 수 있음은 논리적으로 필연적인 것이다.

낭만주의에서 독창성, 개아성individualité, 특이성이 강조되는 것도 결국 그것의 상대주의의 한 표현이라고 하겠는데, 이러한 경향의 극단적인 형태가 바로 내재적인 문학관인 것이다. 내재적인 문학관은, 문학이 각 사회에 따라 다른 진리를 표현하고 다른 가치를 가진다는 정도를 넘어서서, 문학 작품 하나하나가 각각 내재적인, 따라서 그 자체만이 지니는, 즉 특이한 가치를 가지고 있으며, 그 외부에 있는 **세계**에 대한 어떤 진리를 표현하는 게 아니라 바로 그 자체가 하나의 독자적이고 특이한 **세계**를 이룬다고 주장하는 것이기 때문이다. 이리하여 독일 낭만주의의 상징 이론이 태어났던 것이다.[30]

그러나 독일 낭만주의의 상징 이론 이후 내재적 이미지관(觀)은 지금까지 내려오면서 몇몇 발전적인 변양태들을 만들어 내게 된다. 셸링은 상징과 이미지를 구별했다고 하는데, 상징은 자족적인 것이기는 하지만, 그것을 표현하는 다른 독일어 단어Sinnbild(뜻 있는 이미지)의

---

30) 츠베탕 토도로프는 용어에 있어서, 여기서 문제되고 있는 상대성과 내재성을 후자만으로 통일하여, 전자는 역사적 내재성, 후자는 미적 내재성으로 표현하고 있는데(츠베탕 토도로프Tzvetan Todorov, 《비평의 비평 Critique de la critique》, Editions du Seuil, 1982, p.59), 설명의 편의를 위해서는 상대성과 내재성으로 나누어 쓰는 것이 좋을 것 같다. 용어를 통일하자면, 상대성으로 통일할 수도 있겠다. 내재성의 각 단계(역사적 내재성, 미적 내재성)는 상대성의 정도의 차이로 나타나는 것이기 때문이다.

의미가 보여주듯이 의미를 가지지 않는 것은 아닌 반면, 이미지는 감각적인 지각의 대상으로 끝나는 것이라고 했다 한다. 그렇다면 이미지를 이처럼 상징과 구별되는 그런 이미지로, 즉 내재적으로 시각을 더 좁혀 감각적인 표상의 차원에서만(의미 차원은 사상하고) 파악되는 것으로 볼 수도 있겠는데, 일차적으로[31] 그런 입장을 취하는 것이 바로 바슐라르이다. 그러나 의미 있는 이미지이든, 의미 없는 이미지이든, 바슐라르까지 문제되었던 것은 심상(心像)이었다고 하겠다. 즉 이미지는 그것을 표시하는 단어의 기의(記意)signifié가 우리들의 상상력에 환기하는 것이었던 것이다. 그런데 내재적인 이미지관이 그 내재성을 더욱 좁혀, 이미지를 표시하는 단어의 기표(記標)signifiant 자체로 그것을 환원해 보려고 하는, 그 극단적인 마지막 경우가 있다. 기표는 언어의 표면적이고 물리적인 측면을 가리키는 것이므로, 이때의 이미지는 따라서 바로 그것을 표시하는 단어의 소리phonie 자체, 글자graphie 자체가 된다. 이른바 언어의 사물화라고 하는 것이 이 경우인데, 단순히 이미지만이 아니라 시 일반을 이렇게 보려는 로만 야콥슨을 따르자면, 시는 시적 언어로 환원되고, 시적 언어는 '그 자체로서의 전언(傳言)message'[32]을, 언어의 '촉지되는 측면'[33]을 두드러지게 하는 언어 기능인 시적 기능fonction poétique에 지배되는 언어라고 한다. 그런데 시에 있어서, 언어의 사물화에서 문제되고 있는 언어 자체의 환기성을 확신으

---

31) 일차적으로, 왜냐하면 바슐라르에게는 이미지가 다음 순간 의미를 만들어 내는 '사상의 핵'이라는 전망이 있기 때문이다.

32), 33) 로만 야콥슨Roman Jacobson, 〈언어학과 시학 Linguistique et poétique〉, 《일반 언어학 시론 Essais de linguistique générale》, 불역판, Editions de Minuit, 1963, Coll. 'Pointsl', p.218.

로써 알아보고, 상상력에 기반을 둔 자기의 언어철학[34]에 그것을 통합시켰던 사람이 또한 바슐라르이다. 그러나 바슐라르의 전체 문학 사상에 있어서 이 점은 필경 삽화적인 것에 지나지 않는다고 하겠다.[35] 어쨌든 이상의 내용을 도식적으로 표시하면, 상징 → 심상으로서의 이미지 → 사물화된 언어로서의 이미지로 내재적인 이미지관이 변화해 왔다고 하겠다.[36]

그런데 내재적인 문학관에서 가장 논란의 대상이 될 수 있는 점은 문학의 보편적인 차원, 보편적인 가치가 사상(捨象)되어 버린다는 것이다. 일반적으로 문학 **작품**, 예술 **작품**이 문학 작품, 예술 작품으로 인정받기 위해서 보편적인 가치가 필수적인 것은 아니지만,[37] 우리들이 문

34) 졸고, 〈바슐라르와 상상력의 미학〉에서 〈[혼의] 울림과 문학적 상상력〉의 〈언어적 상상력: 역동적 상상력의 일례〉와, 《공기와 꿈》의 〈제12장, 무언의 낭독 Chapitre XII, La Déclamation muette〉을 참조할 것.

35) 바슐라르, 《물과 꿈 L'Eau et les rêves》, Jose Corti, 1942의 〈결론, 물의 말 Conclusion, La Parole de l'eau〉을 참조할 것. 여기에서 바슐라르가 든, 이미지를 표시하는 단어의 소리 자체가 그 이미지를 보여주는 예들은, 그야말로 기적적인 예들로서 모든 시적 이미지들의 극히 작은 부분에 지나지 않는 것이다.

36) 이 글의 전체 내용상 여기서는 빠져 있으나, 사실은 이 도식에 있어서 상징 앞에, 이 도식의 첫단계를 이루는 한 단계가 더 있는데, 그것은 전의(轉義)trope이다. 전의는 고전주의 시대의 시적 이미지라고 할 수 있는 것으로, 고전주의 문학관이 시적 이미지의 차원에서 나타난 것이라고 하겠다. 우리들은 앞에서, 고전주의에서는 자연이라고 불리는 작품의 내용이 있고 그것을, 거기에 완벽하게 맞는 형식으로써 표현하는 것이 작품이 된다는 것을 알아보았는데, 은유로 대표되는 전의에 있어서, 그 고유의 뜻sens propre과 비유적인 뜻sens figuré이 각각 형식과 내용에 대응되는 것이다. 《공간의 시학》에는 은유에 대한 비판이 또 끊임없이 나오는데, 그것이야말로 바로 바슐라르의 낭만주의적인 내재적 이미지관을 곧바로 보여주는 것이다. 전의에 있어서는, 그 고전주의적인 성격에 충실하게, ('내용'에 대응되는) 비유적인 뜻에서 출발하여 거기에 맞는 고유의 뜻을 가진 전의가 ('형식'으로서) 찾아지는 반면, 바슐라르에게 있어서는 이미지는 그 고유의 뜻만으로 이미지가 되는 것이다.

학, 예술을 말할 때에 구체적으로 생각하는 것은 널리 훌륭하다고 알려져 있는 작품들, 즉 보편적인 가치를 가지고 있는 작품들이다. 한 발짝 더 나아가, 실제에 있어서 우리들은 문학, 예술이 보편적인 가치를 당연히 가지고 있어야 할 것으로 생각한다. 그런데 경험적으로 문학, 예술 작품들이 연구된 결과들을 본다면, 널리 훌륭하다고 여겨지는 작품들, 즉 보편적인 가치를 가지고 있다고 여겨지는 작품들은 평균적으로 내재적으로도 잘 짜여 있다는 판단을, 즉 내재적인 가치도 있다는 판단을 받는다. 즉 널리 훌륭하다고 하는 작품들은 내재적인 가치와 보편적인 가치를 동시에 가지고 있는 작품들인 것이다. 그러나 내재적인 가치를 가지고 있는 작품들이 반드시 보편적인 가치를 가지고 있지는 않은 것 같다. 불어에서 예를 들어 bon rimeur〔운이나 잘 짜는 사람〕라는 말이 뜻하는 것을 살펴보기만 해도, 내재적으로 잘 짜인 작품들이 반드시 독자들에게 감동을 불러 오지는 않는다는 주장을 쉽게 납득할 수 있다.[38] 그러므로 내재적인 문학관 그 자체는 보편적인 가치를 보장할 수 없는 것이다. 물론 여기서 문제되어 있는 것은 그러한 문학관 자체이지, 거기에 토대를 두고 이루어진 작품들은 아니다. 작품들을 두고 보자면, 그 가운데는 독자들의 공감을 불러일으켜, 바로 그 사실로써, 즉 스스로를 초월하여 독자들에게 전달된다는 사실로써 내재성을 벗어나 보편성을 얻게 되는 작품들이 있으며, 또 상상될 수 있다. 어쨌든 성공적인 문학 작품, 일반적으로 성공적인 예술 작품은 그 성공 자체에 의해 필연적으로 보편적인 차원을 얻게 된다고 하겠

---

37) 예술 작품은, 그것이 태어난 시대와 사회에서 암묵리에 전제하고 있는 예술 작품에 대한 규약convention에 맞기만 하면, 예술 작품으로 인정되는 것이다.
38) pp.31-33의 후술 부분을 참조할 것.

다. 그리고 특히 심미적인 입장에서는 미적 가치의 전달성, 즉 보편성은 가장 중요한 문제의 하나이다. 윤리적 가치의 경우에는 예컨대 실존주의 윤리에서처럼 개인의 고독한 윤리적 결단이 그 진정성만으로 가치를 얻을 수 있기도 하나, 미적 가치의 경우에는 정녕 보편성의 획득 없이는 개인의 독창성이란 한낱 신기에 지나지 않게 된다. 혹은 그럴 때의 독창성은 독창성이 아니라 야릇함이라고 해야 할 것이다. 정신의가 정신병 환자일 뿐인 사람에게 그의 치료를 위해 그리게 한 그림과, 반 고흐의 걸작품과의 차이가 거기에 있을 것이다. 가치철학자들이 말하는 가치의 두 요소——욕구désir와 판단jugement에서, 미적 가치에 있어서처럼 후자가 요구되는 가치의 영역은 없을 것이다. 욕구는 가치를 만드는 동력이고 판단은 가치에 타당성을 부여하는 것인데, 전자는 가치의 독창성, 주관성에 대응되고, 후자는 그것의 보편성, 객관성에 대응되는 것이다. 다시 한 번 가치철학자들을 따라, 선호되는 것préféré이 가치가 되려면 선호될 만한 것préférable에 토대를 두어야 한다고 말해 볼 때(전후자가 각각 위의 욕구와 판단에 대응되는 것인데), 미적 가치만큼 이 표현에 적중되는 가치는 없을 것이다.

그런데 바슐라르는 미적 가치의 전달성을 《공간의 시학》에서 시적 이미지에 대한 그의 연구의 바로 한가운데에 가져다 놓았고, 그 전달성을 인류의 보편적인 심미적 토대에서 설명하려고 했던 것이다. 우선 이 점에 있어서 바슐라르는, 낭만주의에서 구조주의에 이르는 내재적인 문학관의 맥락에 있어서 특별한 자리를 차지한다고 할 수 있다.

이 사실을 한결 상세히 이해하기 위해서는 낭만주의 이후의 상대적인 문학관이 어디에까지 미쳐 있는지를 좀더 살펴보아야 한다. 우리들은 위에서, 사실주의도 낭만주의에 배태되어 있었으며 상대적인 문학관의 한 표현임을 알아보았다. 그러나 기실 상대적인 문학관이 낭만주의 이후 구조주의에까지 계속되는 것이라면, 바슐라르를 두고 문제삼을 수 있는 두 실증주의적인, 결정론적인 문학관, 즉 전기적 비평과 정신분석적 비평 역시 상대적인 문학관의 표현들이라고 하겠다. 사실 전기적 비평과 정신분석적 비평의 결정론적 성격, 실증주의적 성격이란 그 두 비평 이론이 **반영 이론**에 속한다는 것을 가리키는 것이라면, 그 두 비평 이론의 상대적인 문학관은 스스로 드러난다. 작품이 작가의 삶을——그것이 의식적인 것이든, 무의식적인 것이든 간에——잘 **반영**함으로써 가치를 얻는다는 것은, 후자가 전자의 가치의 토대가 되어 있다는 것을 뜻하는데, 후자는 작가에 따라 각각 다른 특이한 현실, 즉 보편성이 없는 현실일 뿐이다. 따라서 전자의 가치 역시 보편성이 없는 상대적인 것이 되고 만다. 여기서 우리들은 일견 기묘한 결론에 이르러 있음을 알 수 있는데, 그것은 바슐라르가 스스로의 문학 사상을 그 반대 명제로 내세우고 끊임없이 비판해 온 전기적 비평과 정신분석적 비평이 기실 바슐라르와 더불어 똑같이 낭만주의의 후예라는 결론이다. 다만 그 두 비평 이론과 바슐라르의 이론이 함축하고 있는 상대적인 문학관에 있어서, 그 상대성의 정도가 다를 뿐이다. 바슐라르의 이론에서는 문학의 독자성이 강조되어 상대적인 문학관이 내재적인 문학관에까지 이르러 있다면, 위의 두 비평 이론에 있어서 상대적인 문학관은 작가 각자의 상대적인 진리를 주장하는 데에 멈추어 있는 것이다.

어쨌든 여기서 주의해야 할 것은, 낭만주의 이후 문제되어 온 상대적인 문학관의 그 상대성의 판단 기준이 작품의 진리성이라는 사실이다. 이것은 고전주의가 낭만주의를 그 반대 명제로 불러 온 계기가 된 문제가 작품의 진리성이었음을 상기하면 금방 이해할 수 있다. 즉 고전주의의 보편성은 작품이 표현하는 진리의 보편성이었으며, 낭만주의 이후의 상대성 역시 작품이 표현하는 진리의 상대성인 것이다. 보편적인 것이든 상대적인 것이든 진리가 문학관을 결정한다는 것은, 문학이 미적 영역에 속하는 것이기도 하다는 한, 문학의 미적 가치 역시 진리가 결정한다는 것을 뜻한다. 예컨대 고전주의에서 아름다움이란 내용-contenu〔자연, 진리〕에 완벽하게 일치하는 형식forme에 존재하는 것이었던 것이다. 또 상대적인 문학관을 이야기하는 자리에서 고전주의에서와는 다른 것이긴 하지만 여전히 미메시스가 문제되고 있다는 것이 언급된 바 있다. 그러나 상대적인 문학관이 극단화되어 내재적인 문학관이 되면, 작품의 진리성은 더이상 문제되지 않게 된다. 왜냐하면 작품 스스로가 하나의 독자적인 **세계**가 되기 때문이다. 그리고 그것은 **그 자체**로 아름다운 세계이다. 왜냐하면 미메시스적인 심미관에서 볼 때, 이 경우 모사의 대상 즉 작품의 아름다움을 가능케 하는 그 외부의 근거가 없기 때문이다.

이제 우리들은 여기서 낭만주의 이후의 상대적인 문학관, 내재적인 문학관의 흐름에 있어서 바슐라르의 위치와 특이성을 가늠할 수 있다. 우선 —— 이것은 바슐라르의 위치라고 하겠는데 —— 바슐라르 스스로 강조하려고 했던 자신의 문학관과 전기적 비평 및 정신분석적 비평 사이의 차이는, **이미지의 진리성에 있어서의 내재성과 상대성의 차이**이다. 즉 바슐라르에게 있어서 이미지는 그 자체로 독자적인 것이며 외계의 대상을 가리키는 게 아닌 반면, 위의 두 비평 이론에 있어서 그것은 외계의 **어떤** 대상을, 그것의 진리로서 보여주는 것이다. 이 점에 있어서 바슐라르의 문학관이 낭만주의 이후의 상대적인 문학관의 극단적인 표현인 내재적인 문학관에 속한다는 것은 분명하다. 다음으로——이것은 바슐라르의 특이성이 되겠는데——그러나 바슐라르에게 있어서 이미지의 아름다움은 고전주의와 낭만주의를 통틀어 미적 가치의 근거였던 미메시스와는 관계없는 것이다. 낭만주의에서도 상대적인 문학관에서만 미적 가치가 미메시스에 근거할 뿐, 내재적인 문학관에서는 미메시스의 대상이 없는 만큼 미적 가치가 일반적으로 미메시스와 관계없다고 주장할 수 있겠으나, 바로 내재적인 문학관 안에서의 바슐라르의 특이성은, 미적 가치가 미메시스와 관계없다는 사실이 일반적인 경우와는 다르다는 데 있다. 우리들은 위에서, 상대적인 문학관이 그 발전의 극단에서 내재적인 문학관에 이르러 문학 작품은 그 스스로가 하나의 독창적인 **세계**가 됨으로써 **그 자체로** 아름다운(미메시스의 근거에서 떠나) 것으로 나타난다는 것을 살펴본 바 있는데, 이것이 함의하는 바를 주의할 필요가 있다. 문학 작품이 그 자체로 아름답다는 것은, 기실 미메시스의 근거에서뿐만 아니라 일체의 **보편적인 심미적 판단의 근거**에서 떠났다는 것을 함의한다. 바로 이 점이 내재적인 문학관의 최근 표현인 구조주의에서 심미적 가치 판단의 문제가 등한히, 아니 전혀 다루어지지 못했음을 설명하는 것이다. 구조주의에서 가볍게 제시될 수 있었던 심미적 가치 판단 기준은, 단순히 작품이 내재적으로 잘 짜여져 있다는 사실, 한마디로 작품의 내적인 유기적 조직성organicité interne 여부였을 뿐이다. 그러나 앞에서 지적된 바 있듯이, 작품의 훌륭한 내재적 짜임새가 그것의 감동을 보장하지는 않는다. 대표적인 예로 우리들은 레비 스트로스와 로만 야콥슨에 의한 보들레르의 〈고양이〉 분석을 상기할 수 있다. 미카엘 리파테르Michaël Riffaterre의 저 유명한 반론 〈보들레르의

'고양이' 'Les chats' de Baudelaire〉[39]를 비롯한 상당한 논란을 불러일으켰던 그 분석에서, 그 분석이 드러내 보여준 그 시편의 정치한 짜임새가, 그 시편에 대한 우리들의 심미적 반응을 거의 설득시켜 주지 못함을 우리들은 확인할 따름이다. 이에 반해 바슐라르는 미적 가치에, 인류의 보편적인 상상적인 정신 활동으로써 확보되는 보편적인 심미적 토대를 주려고 했던 것이다. 한마디로 바슐라르는 이미지의, 문학의 진리적 측면에서 잃어버렸던 보편성을 미적 측면에서 되찾은 것이다. 그리고 바로 이것이 내재적 문학관에서 바슐라르가 차지하는 특이성인 것이다.

이제 마지막으로, 이상과 같은 보편적인 심미적 토대에의 믿음에서 결과되는 바슐라르적 문학 연구·비평의 장단점을 지적하기로 하자. 그 장점은, 일체의 문학 외적인 연구를 함이 없이 오직 작품에 대한 연구가·비평가 스스로의 반응만을 잘 정리, 조직함으로써 작품의 비밀을 풀어 보일 수 있다는 것이다. 왜냐하면 연구가·비평가 스스로의 반응이 보편적인 심미적 반응이라는 믿음이 전제되어 있으므로, 그 믿음이 연구의 객관적인 타당성을 보증해 주기 때문이다. 적어도 보증해 준다고 생각되기 때문이다. 현금 우리나라 각 대학의 불문과 석사학위 논문들을 조사해 본다면, 서울대학교에서의 나 개인의 논문 지도 경험으로 미루어 볼 때, 아마 가장 많은 부분이 바슐라르를 토대로 한 이른바 테마 비평la critique thématique을 원용하여 이루어졌음을 확인할 수 있을지 모른다. 우리나라에서의 불문학 연구의 여건들을 고려해 볼 때, 역사적 연구를 비롯한 문학 외적 연구의(상황상의) 어려움, 형식주

---

39) 미카엘 리파테르Michaël Riffaterre, 《구조문체론 시론 *Essais de sytlistique structurale*》, Flammarion, 1971 참조.

의 및 구조주의에 근거한 연구(그 자체)의 어려움 등이 이런 추세를 불러왔을지 모르고, 이것은 바슐라르적 비평의 장점으로서 방금 말한 바를 증거하는 것이라고 하겠다. 그러나 그 장점이 단점으로 떨어지기 위해서는, 연구가·비평가 스스로의 반응이 보편적인 심미적 반응이라는 믿음이 단순히 믿음으로 끝나는 것으로 충분하다. 바슐라르적 비평의 단점은, 그것이 가장 저질의 인상주의 비평이 될 위험을 안고 있다는 것이다. 왜냐하면 연구가·비평가 스스로의 반응은 기실 어디까지나 주관적인 것이고, 그것이 바슐라르의 이미지의 현상학에서 말하는 상관주관성——그것이 보편적인 심미적 반응임을 보증하는——에 근거한 것임을 객관적으로 증명할 수 없기 때문이다. 그 반응이(인상주의적으로 터무니없게) 주관적인 것인지 정녕 상관주관적인 것인지는, 오직 연구가·비평가가 어느 정도로 성실하게 작품을 읽었는가에 달려 있을 뿐이다. 현금 우리나라 평단에서 바슐라르를 운위하는 비평가들 가운데 터무니없는 인상주의를, 스스로 솜씨 있다고 생각하는 듯한 글재주로 갈겨쓴 테마 비평으로 위장하는 이들이 눈에 띄는 것은, 우연이 아니다. 게다가 과학철학자로서의 바슐라르가 과학적 인식에 있어서의 이성의 활동의 능동성, 적극성을 강조한 것을 들어, 과학적 인식에 있어서도 절대적인 객관성이 없다는 주장을 함으로써, 하물며 문학 비평에서랴, 하는 투의 핑계로 그 인상주의를 호도할 수 있는 가능성을, 바슐라르 자신에게서 이끌어 낼 수 있는 만큼 사정은 더욱 그러하다. 오히려 문학 비평이 주관성을 벗어날 수 없는 만큼, 더욱더 거기에 타당성 있는 설득력을 주려고 애써야, 바슐라르의 맥락에서는 그 주관성을 상관주관성으로 끌어올리려고 애써야 할 것이다.

이상의 바슐라르적 비평의 장단점은, 바로 그것의 가능성과 한계라고도 할 수 있다. 그 장점에서 오는 가능성을 두고 한마디 더하자면, 예컨대 신문학 이후의 한국 시에 있어서, 고전주의 전통이 없다는 사실에 기인하는, 작시상의 형식적 탁마의 등한, 그리고 아직은 길지 않은 역사를 가진 국어학에서 시적 언어에까지 연구의 노력을 미치게 하지는 못하고 있다는 사실에 따른 시 작품의 형식적 분석의 어려움—— 이 두 여건에 의해 제한되는 한국 시 연구·비평의 가능성에서 볼 때, 바슐라르적 비평은 성실히 잘 적용되기만 하면 많은 결실을 가져올 수 있을지 모른다. 게다가 작시상의 형식적 탁마가 등한한 만큼 한국 시는 더욱더 자유로운 상상력의 창조가 가능한 상태에 있는 게 아닌가라는 주장도 있을 수 있으므로 더욱 그러하다. 다만 아직까지는, 적어도 내가 알기에는 바슐라르를 운위하는 비평가들이 바슐라르를 안다고만 했을 뿐 바슐라르적 비평을 훌륭하게 적용한 평문을 써내놓지는 못한 것 같다—— 이와 같은 사태는 거의 모든 다른 서구 문학 비평 이론들의 경우에도 마찬가지인 듯하지만—— 는 말을 덧붙일 수 있을 따름이다.

---

8) 이미지의 현상학의 상세한 내용에 관해서는, 졸고 〈바슐라르와 상상력의 미학〉에서 〈⑥ 이미지의 현상학〉을 참조할 것.

　현상학이라는 말이 서양 철학사를 통해, 특히 가까이 후설의 현상학을 통해 환기하는 여러 가지 관념들이, 바슐라르의 문학 사상의 맥락에서 어떻게 수용되어 재정립되어 있는가라는 문제는, 최소한 후설의 현상학, 바슐라르의 현상학과 가깝다는 헤겔의 현상학, 그리고 사르트르가 현상학적으로 상상 현상을 해명하려고 한 연구 등과 바슐라르의 현상학을 비교 검토해야 하는, 그 자체로 엄청난 노력을 요구하는 연구 과제가 될 만한 것인 만큼 현상학 전문가들에게 맡겨 두기로 하자. 다만 현상학의 역사에 있어서 필경 대표적인 것이라고 해야 할 후설의 현상학의 용어 체계에 익숙해 있는 독자들에게 바슐라르의 현상학의 이해를 좀더 쉽게 하기 위해, 특히 그 둘의 별견적(瞥見的)인 비교를 생각해 볼 수 있다. 후설 스스로 지각과, 이미지 혹은 기호에 의한 상징적 표상 사이에는 넘어설 수 없는 본질적eidétique 차이가 있다고 했고 상상 현상을 그 자체로 다룬 적은 없었으므로, 상상 현상을 다루는 바슐라르의 현상학과 그렇지 않은 후설의 현상학을 비교함에는 어려움이 있으나, 두 현상학의 개념 체계를 살펴본다면, 양쪽에서 같은 명칭이나 다른 명칭의 개념들이 대부분의 경우에 있어서 커다란 차이를 보이면서도 엇비슷하게나마 상동적으로 대응됨을 알 수 있다. 모든 현상학적인 태도에, 그것이 뚜렷이 주장되어 있든 그렇지 않든 간에 전제되어 있는, 이른바 의식의 지향성intentionalité은 기본적인 것이므로 양쪽에서 차이가 없고, 왼쪽 항을 후설 쪽, 오른쪽 항을 바슐라르 쪽으로 할 때, 다음과 같이 대응시킬 수 있을 것이다: 본질 환원réuction eidétque과 현상학적 환원réuction phénoménologique(의식과 지각 대상과의 관계에서)/현상학적 환원(상상력 즉 상상하는 의식과 상상적인 대상과의 관계에서); 본질eidos/원형; 선험 자아moi transcendantal/절대적 상상력imagination absolue; 상관주관성intersubjectivité(인식에 있어서)/통주관성transsubjectivité 혹은 상관주관성(상상에 있어서); 생활 세계Lebenswelt/물질〔세계〕.

그런데 위에서 말한 졸고의 〈⑥ 이미지의 현상학〉에서 나는 바슐라르에게 있어서 현상학적 환원이라고 할 수 있는 것을 1,2단계로 나누어 설정해 보았지만, 그것은 각주 15)의 바슐라르의 말이 간단히 정의한 바슐라르의 현상학에, 그 효과적인 실천을 위해 방법상의 체계를 주려고 한 시도일 뿐, 필경 그 두 단계는 상상 현상이라는 하나의 같은 현상을 묘사하기 위한 하나의 같은 현상학적 과정을 방법의 편의상 둘로 나누어 놓은 것에 지나지 않는다는 것을 기억하는 독자들은, 그 하나로 통일되는 바슐라르의 현상학적 환원을 후설의 본질 환원과 현상학적 환원 모두에 대응시켜 놓은 것이 우격다짐으로 여겨질 것이다. 왜냐하면 후설에게 있어서 의식이 대상의 본질eidos을 파악하는 과정인 본질 환원과, 대상에 대한 이른바 판단 중지épochè를 통해 선험 자아가 드러나는 과정인 현상학적 환원은 분명히 구별되기 때문이다. 그 둘 사이에는 근본성에 있어서 위계적인 차이가 있어서 절대적으로 근본적이며 필연적인 선험 자아는 의심의 여지 없는 것인 반면, 대상은 부재의 가능성이 배제되지 않는 것으로서 우연적인 것이며 따라서 선험 자아보다 덜 근본적인 것이다.

여기서 흔히 말해지는 바슐라르의 현상학과 헤겔의 현상학 사이의 유사성이 언급되어야 할 것 같다. 헤겔 스스로의 표현으로 그의 현상학은 '의식이 가지는 경험의 과학'이라고 하는데, 이것이 뜻하는 바는, 철학에 있어서 대상과 자아의 어느쪽이 근본적인 출발점인지에 대한 대답은 있을 수 없다는 것이다. 즉 대상이 의식에 내재할 수 있다면 그것은 역으로 대상 자체에 이미 이성적인 의미가 있기 때문이며, 존재에 대한 우리들의 사고는 바로 존재 자체의 스스로에 대한 사고라는 것이다. 그런데 바슐라르의 현상학에 있어서 상상하는 의식과 상상적인 대상 사이의 관계가 바로 이와 비슷하다. 여기에서도 후자, 즉 이미지와 전자, 즉 상상력은 **실제에 있어서** 상상 현상 가운데 불가분리의 하나의 같은 것이며, 그 둘을 그렇게 하나의 같은 것으로 만드는 상상 현상이라는 의식의 경험 자체가 무엇보다도 중요한 것이다. 반면 후설에게 있어서 핵심적인 문제는 의식의 경험이라기보다는 인식의 근본성이다(그 근본성을 후설이 초기에서 후기로 내려오면서, 대상의 본질에서 찾으려 했든, 선험 자아에서 찾으려 했든, 선험 자아가 구체적인 자아를 통해 뿌리박고 있는 생활 세계에서 찾으려 했든 간에). 그러므로 후설의 두 환원과 바슐라르의 환원은 내용이 다른 것이고, 양쪽의 대응은 따라서 아주 거친 것이다.

이와 같이 거친 대응은 본질/원형에 있어서도 여전한데, 본질은 그 자체로 존재하는 반면, 원형은 상상력의 궁극성의 표현인 한 차라리 의식 쪽에 속하는 것이라고 하겠다. 하지만 원형은 이미지에 함축되어서 그것을 지배하고 있는 만큼, 본질에 대응될 만한 것이라고 할 수 있을지 모른다. 여기서도 여전히 상상력과 이미지의 하나됨이라는 바슐라르 현상학의 특징이 드러난다.

다음, 선험 자아와 절대적 상상력은 언뜻 보기에 거의 같은 것으로 보일지 모른다. 그러나 여기서도 둘 사이에는 큰 차이가 있다. 사실 의식의 지향성에 의해 대상은 현상화하여 의식의 대상이 되고, 의식은 **대상에 대한** 의식이 된다는 점에서는 그 두 경우는 같다. 그러나 선험 자아는 이때에 현상화한 대상이 대상으로서는 괄호 안에 넣어져 버린 후에, 마지막으로 확실하게 남아 있는 것으로 간주됨으로써, 즉 현상이 폄하됨으로써 **나타나는** 것인 데 반해, 절대적 상상력은 판단 중지 같은 것이 없이, 오히려 이미지(현상화한 대상) 즉 현상 자체가 상상력의 소산일 수 있다는 가능성이 엿보임으로써, 거기에서 **추론된** 것이다. 다시 말해 절대적 상상력의 경우, 현상은 폄하되기는커녕 바로 절대적 상상력의 작용태를 보여줄 수 있는 것으로 상정되는 것이다. 즉 두 경우에 똑같이 의식과 현상이 의식의 지향성에 의해 서로 묶여 있으나, 선험 자아에 있어서는 결과적으로 의식만이 두드러지고, 절대적 상상력에 있어서는 현상은 상상력과 하나인 것으로 여겨지게 된다. 어쨌든 선험 자아는 실제적인 존재 가능성을 가질 수 있으나, 절대적 상상력은 추론에서만 가능하지 결코 존재할 수 없다. 전후자에 있어서 똑같이 현상을 지워 버릴 수는 없는데(그것은 바로 의식의 지향성을 부정하는 것이 되니까), 달리 말해 대상을 지워 버릴 수 없다. 그런데 전자의 경우에는 현상이 **불확실한 것**으로 폄하됨으로써 선험 자아가 **확실한 것**이 되어 대상에서의 그 유리 가능성이 도출되지만, 후자의 경우에는 현상 자체가 절대적 상상력의 작용태를 보여주는 것이므로, 현상(이미지)으로 나타나 있는 대상에서 절대적 상상력이 유리될 수 없는 것이다. 즉 절대적 상상력은 추론된 것일 뿐, 실제에 있어서 상상력이 절대적인 형태, 선험적인 형태로, 즉 이미지 없이 순수하게 존재할 수는 없는 것이다. 내가 바슐라르의 상상력의 형이상학을 역설적으로 '귀납된 관념론'이라고 표현한 것은 이 때문이다. 바슐라르 자신의 유명한 표현으로 '상상력의 영역에서는 일체의 내재성에 초월성이 함께 있는 것'(《공기와 꿈》, p.12)은 사실이지만, 그것은 달리 말하면, 초월성은 내재성에 함께 있을 뿐이지 초월성 자체로 있지는 못한다는 뜻이기도 할 것이다. 상상적인 대상, 즉 이미지 없이, 달리 말해 상상하는 의식의 경험 없이 상상력은 도시 문제삼아질 수 없을 것이다. 바슐라르의 현상학이 의식의 경험 자체를 강조한다는 점에 우리들이 다시 이르러 있음을 우리들은 알게된다.

다음, 후설과 바슐라르에게 있어서 가장 비슷하게 보이는 것이 상관주관성의 개념인 것 같다. 그러나 상관주관성이 이루어지는 범위에 있어서 둘 사이에는 큰 차이가 있다. 선험 자아에 인식의 근본성을 두는 후설의 초월적 관념론에, 피할 수 없는 모순이 내포되어 있다는 것은 널리 지적되어 왔다. 그 모순은 타자의 문제에서 유래한다. 나의 선험 자아가 절대적이라면, 타자의 선험 자아 역시 그의 입장에서는 절대적이다. 즉 나의 선험 자아가 인식의 근본적인 출발점이라고 내가 주장한다면, 타자 또한 그의 선험 자아가 그러하다고 주장할 것이다. 그러므로 타자는 내 의식의 지향성의 상관물이 될 수 없다. 후설의 초월적 관념론의 결론으로 상정될 수 있을 듯한 유아론적(唯我論的), 단자론적(單子論的) 관념론이 이로써 모면되는데, 여기에는 객관성의 경험이 복수의 주체들의 합의를 전제한다는 사실 또한 관계되어 있다. 이리하여 후설은 복수의 주체들의 합의와 그들의 같은 환경의 공유에 토대를 두는 '개인들의 공동체'를 상정하기에 이른다. 이 공동체는 그 자체의 세계를 구성하는데, 예컨대 희랍 세계, 중세 세계 등이 그것이다. 그런데 문제는, 이 공동체와 개인의 선험 자아의 어느쪽이 근본적인가 하는 것이다. 인식의 근본성을 두고 야기되는 개인의 주체와 공동체적 주체, 즉 상관주관성 사이의 모순은 후설의 초월철학에 내재하는 것이다. 왜냐하면 초월철학 자체가 상관주관성에 이르지 않을 수 없게 하기 때문이다. 어쨌든 후설은 말기에 이르면서 필경 공동체적 주체, 즉 상관주관성에 근본성을 두는 방향으로 나아가는데, 이리하여 그 공동체를 규명할 문화사회학이 부각되게 되고, 이것이 후설 철학에 잠정적으로 일종의 역사적 상대주의의 관점을 불러들인다. 그리고 이것이야말로 후설이 깨뜨리려고 했던 상대적인 인식을 오히려 정당화하는 것으로서, 위에서 지적된 초월철학의 모순의 결과라고 하겠다.

후설의 상관주관성이 인식에 있어서의 공동체의 합의를 가리키는 것이라면, 바슐라르의 상관주관성은 상상 현상에 있어서 그와 비슷한 것이라고 하겠다. 그것은 시적 교감, 한결 일반적으로 심미적 교감을, 따라서 바슐라르의 용어로는 바로 울림을 가리키는 것이다(p.16의 후술 부분을 참조할 것). 즉 그것은 상상을 통한 다수의 인간들의 공통적인 심미적 체험을 가리키는 것이다. 그런데 시적 교감은 살펴본 바와 같이 상상력의 보편성에 의해 가능해진다(pp.13-14의 전술 부분을 참조할 것). 그리고 원형이라는 상상력의 궁극성에 의해 표상되는 그것의 보편성은 후설에게 있어서와 달리, 시공적으로 제한되는 공동체 안에서만 이루어지는 게 아니라 시공을 초월하여 상정되는 인류의 전체적 공동체에서 이루어지는 것이다. 그러므로 후설의 상관주관성이 인식의 역사적 상대주의를 불러 오는 데 반해, 바슐라르의 그것은 일반적이고 보편적인 미학의 토대가 되는 것이다.

마지막으로 생활 세계/물질 [세계]의 비교는 가장 자의적으로 보일 듯하다. 양쪽에서 남아 있는 그 두 개념을 그냥 버리기가 아까워, 서로 갖다붙여 놓은 인상을 주기까지 한다. 그러나 전적으로 그런 것만은 아니다.

우리들은 위에서, 후설의 선험 자아가 상관주관성을 통해 역사적 상대주의로 들어가게 됨을 살펴보았지만, 그의 철학의 마지막 국면에 이르러서 그것은 진리 문제를 통해, 때로 학자들로부터 경험론이라는 규정을 받을 정도로 구체적인 삶을 받아들이게 된다. 그 이전까지의 경험론과 관념론을 비판하면서, 전제가 일절 없는 인식의 근본성을 찾아, 현상학적 환원을 거쳐 선험 자아에 이른 후설 철학, 여기에서 이끌어지는 인식의 방법은, 진리의 직접적인 체험이라고 할 명증성évidence이다. 그것은 의식의 지향성의 원초적 방식, 즉 그 대상이 그 자체로 의식에 주어지는, 그 둘의 직접적인 만남이다. 그런데 이 명증성, 즉 진리의 체험은 오류에 대해 전적으로 보호되어 있다는 보장이 없다. 다시 말해 하나의 대상을 두고 그 체험이 되풀이될 때, 나중 체험이 앞선 체험을 그릇된 것으로 부정하기도 하는 것이다. 그러나 그렇다고 해서 그 앞선 체험의, 그 당시의 현전적(現前的)인 명증성이 부정되는 것은 아니다. 이것이 뜻하는 바는, 진리와 오류를 판단케 할 '참된 경험'이란 없고 독단주의와 회의주의의 공통의 가정인 절대적 진리는 존재하지 않으며, 오직 진리의 체험 당시의 현전적인 명증성만이 있을 따름이라는 것이다. 이러한 상황에서는 진리란, 언제나 현전적인 체험 가운데 변증법적으로 이루어지는 자체 수정, 자체 초월로서의 생성의 양상으로 나타나게 된다. 즉 그것은 하나의 대상이 아니라 하나의 움직임이며, 그것도 나 자신이 실제로 실현하는 것으로서의 움직임이다. 그러므로 이 경우 독단주의의 경우에서와는 달리 오류는 진리의 의미 자체에 함축되어 있다고까지 말할 수 있겠다. 사정이 이러하다면, 하나의 판단의 진리성을 밝히기 위해서는 그 판단에 이르게 된, 자체 수정의 생성적 움직임을 이루는 명증성의 체험들 전체를 파악해야 한다. 이 말은 최초의 명증성의 체험까지 찾아 올라가야 한다는 뜻이다. 그런데 그 최초의 체험을 찾아 그 움직임을 끝까지 되밟아 올라가면, 마침내 발견되는 것은 전범주적(前範疇的)인pré-catégorial, 전판단적인anté-prédicatif '경험', 수동적인 믿음이다. 그것은 일체의 정확한 지식에 앞서는 수동적인 종합적 파악으로서, 진리의 근본적인 근거인 것으로 드러난다. 그런데 이 수동적인 종합적 파악, 전범주적인 경험에 수동적으로 주어지는 것, 바로 이것이 생활 세계라고 하는 것이다. 그러므로 그것은 객관적으로 존재하는 자연과학의 세계가 아니라, 우리들이 의식하고 있는 그리고 의식할 수 있는 일체의 것이다. 자연과학의 세계가, 선험 자아가 참된 의미 부여자의 자격을 얻기 위해 배제해 버렸던 이미 **구성된** 세계라고 한다면, 생활 세계는 그 참된 의미에 함축되어 있는, **구성하는** 자아의 근원적인 현실이라고 하겠다. 이와 같은 생활 세계에서의 자아와 대상과의 관계는 원초적인 공모, 시원적인 화해라고도 하겠다. 선험 자아의 인식 활동은 암암리에 바로 이 공모적인 화해의 관계에서 자아에게 주어지는 수동적인 대상 파악을 근거로 하고 있는 것이다.

　그런데 앞서 헤겔과 바슐라르의 비교에서 고찰된 바 있지만 바슐라르 현상학의 가장 큰 특징은 의식과 대상의 하나됨이며, 그 때문에 선험 자아와는 달리 절대적 상상력은 존재 가능성이 없다. 이 의식과 대상의 하나됨을, 절대적 상상력의 초월성이 고스란히 화육(化肉)되어 있는 것으로서의 내재성을 가장 잘 보여주는 것이 바로 물질적 이미지이다(졸고 〈바슐라르와 상상력의 미학〉에서 〈⑤ 여가작용〉의 〈제3단계〉를 참조할 것). 이런 의미에서, 바슐라르의 사랑으로서의 미학(위의 글에서 〈⑦ 맺는말. 가스통 바슐라르, 존재론으로서의 미학 혹은 사랑으로서의 미학〉을 참조할 것)을 이끌어 오는 자아와 세계의 하나됨, 자아와 세계의 본질적인 화해가 가장 잘 드러나는 것이 물질 세계인 것이다.

　이와 같이 자아와 세계의 화해가 잘 이루어지는 곳이라는 점에서 생활 세계와 물질 세계는 대응된다고 여겨지는 것이다.

　이상으로 후설 현상학과 바슐라르 현상학의 별견적인 비교를 시도해 보았지만, 결론적으로 그 비교는 아주 거칠 수밖에 없음이 확인된다고 하겠고, **바슐라르 현상학은 바슐라르의 상상력 이론의 테두리 안에서 내재적으로 이해될 수 있다는 게 내**생각이다.

일러두기

바슐라르의 문학에 관한 저작들의 번역에는 두 가지의 어려움이 있다: 첫째, 거기에 개진되어 있는 그의 상상력 이론이 엄격한 체계를 갖추고 있지 않아서, 그가 스스로 사용하는 개념들을 순서에 따라 정의해 가며 조직적으로 개진해 나가지 않고, 대뜸 개진될 내용의 상당 부분에 대한 독자들의 이해가 전제된 듯한 방식으로 주장이 전개된다는 점이다. 독자들이 바슐라르의 문학적 저작들을 앞에 두고 느끼는 난해로움과 망연함은 여기에 기인할 것이다. 번역자는 독자들의 이러한 느낌을 진정시켜 주어야 하겠는데, 그러기 위해서는 우선, 바로 번역자의 바슐라르에 대한 체계적인 이해가 있어야 함은 말할 나위 없고, 다음, 구체적으로 그 이해를 독자들이 해당 번역서, 이 경우 《공간의 시학》만을 읽고서도 대체적으로 전달받을 수 있어야 하겠다. 나로서는 책머리의 소개 논문과, 책 전체에 걸친 역주들을 통해 그렇게 되도록 애썼다. 이 책만으로는 그래도 미진함을 느끼는 독자들은 졸저(拙著) 《가스통 바슐라르》(민음사)에서 〈바슐라르와 상상력의 미학〉을 참조하기 바란다.

특히 역주는 독자들에게 문맥의 의미가 전달되기 어렵게 하는 부분들에는 —— 적어도 내 판단으로 그렇게 여겨지는 부분들에는 —— 모두 달아 놓았다. 고유명사의 경우에는 인용되는 많은 시인들이 현대 시인들이어서 고유명사 사전에 올라 있지 않으므로, 문맥의 의미가 특별한 설명을 요구하는 경우 이외에는 전체적으로 고유명사에 대한 역주는 달지 않기로 했다. 바슐라르의 문학적 저작들의 번역의 둘째 어려움은, 그것들 자체가 지니고 있는 문학성, 차라리 시적 후광,──구체적으로 말하자면 시적 이미지들을 두고 바슐라르 스스로 느낀 감동 즉 울림을 묘사하는, 다른 말로 이미지의 현상학을 행하는 그의 시적 문체, 이것을 옮겨 주는 일이다. 이 점으로 본다면, 바슐라르의 문학적 저작들의 번역은 학문적 저작의 번역보다는 문학 작품의 번역에 더 가깝다. 이 일의 성공 여부는 이 번역서에 대한 독자들의 애호 여부로 판단될 테니, 두고 보기로 하자. 덧붙여, 많이 인용되어 나오는 시 작품들의 번역에도 많은 공을 들였음을 말해 둔다.

첫째 어려움으로 지적된 그의 난해로움은 어느 정도까지는, 이와 같은 시적 표현에 기인하는 애매성과도 관련되어 있을 것이다. 이러한 애매성에 대한 번역자로서의 나의 태도는, 그것이 문학성과 표리를 이루고 있는 한, 번역에서도 원문에서와 **같은 정도**의 애매성이 나타나야 된다고 생각하는 쪽이다. 그러므로 이 책의 내 역문 가운데 더러 마주치게 될 애매한 부분들은 원문에서도 그렇다고 믿어도 좋다. 역주에 '~듯하다'는 표현이 많이 나오는 이유는, 바로 이와 같은 애매성과 바슐라르의 문학적 저작들의 서술이 지니는 일반적인 비체계적 난해성에 있음을 덧붙여 말해 두기로 하자.

이와 같이 애매하고 난해한 부분들이 있는 만큼, 더욱 우리말 문장의 형식적인 정확성에는 주의를 기울였다. 예컨대 우리말로 덜 유창하기는 해도 사물 지칭 삼인칭 단·복수 소유형용사를, 형식상의 정확성이 요구할 때에는 굳이 구별하여 '그것의' '그것들의'로 옮긴 것이 그런 예의 하나이다. 뒤에 상세히 언급할 휴지부(,)를 많은 주의를 들여 사용한 것도, 이와 관련되는 것이다.

기타, 한결 세부적이고 기술적인 사항들을 아래에 열거한다.

• 원주와 역주를 통합하여 순서대로 숫자로 표시하되, 역주는 숫자 바로 다음에 [역주]라고 명기해 놓았음.

• 고유명사에 원어 병기가 안 된 것은, 그 고유명사가 우리나라에서도 너무나 널리 알려져 있거나, 본문에서든 원주에서든 그 원어가 이미 병기되어 나온 경우임.

• 원문에 보통명사로 이루어진 고유명사의 경우이어서이든, 기타 이유로, 명사의 첫글자가 대문자로 되어 있는 것은 굵은 활자로 표시했음.

• 원문에 이탤릭체로 강조되어 있는 부분은 ' '로 표시했음.

• 구두점은, 내가 특별히 쓴 것들을 아래에 설명한다.

[ ]: 번역자 혹은 인용자가 역문 자체나 인용문에 설명적인 의도로 덧붙이는 일체의 것을 표시함. 원어를 그대로 써야 할 때에 그 원어의 역어, 원어의 소리를 독자들이 알아야 할 때에 우리말에 의한 그 소리의 표기, 인용문에 인용자 자신의 말을 넣을 때에 그 인용자의 말 등등. 원문이나 인용문과는 상관없어도, 고유의 우리말의 정확한 뜻을 밝혀 주기 위해 한자어를 병기할 때에 그 한자어를 표시하기도 함.

[…]: 인용문에서 인용자가 삭제한 부분을 표시함.

── : 이 표시가 앞뒤에 놓여 삽입 내용을 가리키기 위해서나, 하나만으로써 그 앞의 표현을 달리 표현하기 위해 사용되는 것은 설명할 필요가 없지만, 널리 쓰이지 않는 용법으로서, 그 앞에 위치하는 ','와 함께 쓰여 ','보다 더 큰 단락의 표시를 위해서도 사용됨(예: '[…] 우

리가 지금 차례차례로 나열해야 하는——쇄신과 부활의 힘, 존재의 깨어남의 힘이 얼마나 강력한가에 대한 모든 증거들은 엉겨붙는 몽상들 가운데 다뤄져야 할 것이다'에서 '——'은 앞의 관형절 '[…] 나열해야 하는' 이 '증거들'에 걸리게 됨을 나타냄).

: : 우리나라에서 잘 쓰지 않는 이 표시 콜론을 서양의 글에서처럼 사용했음. 즉 이 표시는 인용을 이끌기도 하고, 또 그것으로 이어진 전후 문장 사이의 논리적인 연관이나, 전후 부분 사이의 동격적인 등가 관계를 나타내기도 함.

구두점에서 특히 ','는 내가 문장의 오해를 없애기 위해 많은 주의를 기울여 사용했으므로, 독자들도 거기에 주의하면 의미의 빠르고 정확한 이해에 도움이 될 것이다. 몇 가지 예를 들기로 한다.

관형사 혹은 그 상당어 다음에 명사 혹은 그 상당어가 둘 이상 올 때, 그 관형어 다음에 사용된 ','은 그 관형어가 그 다음의 명사어들 가운데 첫째번 것 아닌 어느것에 걸림을 나타냄(예: '삶에 이로운, 떠오름의 경험'에서 '이로운,'은 경험에 걸림; '궁륭형의 천정은 얼마나 큰, 내밀함의 꿈의 원리인가!'에서 '큰,'은 '원리'에 걸림; '이와 같은, 집의 존재의 인간적 가치로의 전치'에서 '이와 같은,'은 '전치'에 걸림). 그러나 물론 오해의 여지가 없을 때에는 사용하지 않았음(예: '이러한 거처의 다양성'에서 '이러한'은 '다양성'에 걸리나, 문맥으로 오해의 여지가 없으므로 그 다음에 ','가 없음; '모든 은둔의 역동성'에서 '모든'은 '역동성'에 걸림).

위의 경우와 반대되는 것으로, 관형어 다음에 ','가 없으면 우선 당연히 그 관형어는 그 바로 다음의 명사어에 걸려야 하겠는데, 그러한 경우가 오히려, 자연스럽게 잘못 이해되는 문맥의 의미 때문에 관형어가 둘째번 명사어에 걸리는 것으로 오해될 여지가 있을 때에는,

첫째번 명사어 다음에 ' , '를 사용해 주었음(예: '무한한 사물들의, 팽창'에서 '무한한'은 '사물들'에 걸리는 것인데, 이 사실을 '사물들의' 다음의 ' , '가 나타내도록 함. 이 경우 ' , '가 없으면, 쉽게 오해될 수 있는 문맥의 의미가 '무한한' 이 '팽창'에 걸리는 것으로 오해시킬 수 있음). 그러나 이런 경우는 극히 드묾.

위의 두 경우와 약간 다른 경우로, 관형어가 그 다음에 나오는 여러 명사어에 똑같이 걸릴 때가 있는데, 이때에도 그 관형어 다음에 ' , '를 사용했음(예: '거주의 기능의, 이미지들과 존재들을'에서 '기능의'는 그 다음 두 명사에 동시에 걸림). 첫째 경우와 이 경우는 문맥적으로 구별할 수밖에 없는데, 쉽게 그리됨.

일반적으로 하나의 어구·절이 그 다음 어구·절에 걸리지 않을 때에 그 다음에 ' , '를 사용하지 않을 경우 그렇게 걸리는 경우로 오해될 가능성이 있으면, 그 첫 어구·절 다음에 ' , '를 사용했음(예: '옛날, 작시법들은 작시의 허용되는 파격들을 규정해 놓았었다'에서 '옛날'은 '작시법들은'에 걸리는 게 아니라 '놓았었다'에 걸림; '이미지 하나하나에, 필요한 만큼의 시간 동안 멈춰 있으면서'에서 '이미지 하나하나에'는 '필요한 만큼의'에 걸리는 게 아니라 '멈춰 있으면서'에 걸림; '존재의 어느 높이에서, 들을 수 있는 귀는 열릴 것인가?'에서 '존재의 어느 높이에서'는 '열릴 것인가'에 걸림; '이 두 장은, 그렇게 생각될지 모르지만 반대되는 게 아니다'에서 '이 두 장은'은 '반대되는 게 아니다'에 걸림; '객관적으로 표현에 제공되고 있는 것과는 다른 것으로서, 표현될 것이 있다는 것을 우리들은 느낀다'에서 ' , ' 앞부분은 '있다'에 걸림). 우리말 구두점 체계에서는 일반적으로 격조사 다음에 ' , '를 사용하지 않는 것으로 되어 있는데, 각 격을 이루는 명사어들 가운데 긴 관형어가 붙어 있는 것들이 있을 경우, 각 격을 뚜렷이 드러나게 해주기 위해 각 격조사 다음에 ' ,'를 사용했음(예: '우리들은, 집을 살아 있게 하고 그것에 그것의 존재의 맑음 전부를 주는 데에 쏟는 정성 바로 그 자체 속에서 그 집을 건축한다는 의식 같은 것을, 체험하게 된다').

종지어미 다음에 ' ,'를 사용한 경우가 있는데, 그것은 원문에 등위 문들이 접속사 없이 병치되어 있어서 리듬감이 살아날 때에 그 리듬감을 살려 주기 위해서임(예: '바람은 창의 덧문과 출입문을 아무리 공격해도 소용 없었다, 어마어마한 위협으로 아무리 을러대어도 […] 소용 없었다').

마지막으로, 역시의 구두점에 관해서는 원시를 준수하여, 원시에 구두점이 있으면 역시에도 넣어 주고, 없으면 넣어 주지 않았다.

머리말[1]

1

    과학철학의 근본적인 과제들에 전념하며 자신의 전 사상을 형성해 온 철학자, 스스로 할 수 있는 한 단호히 현대 과학의 능동적 이성주의, 점증적 이성주의[2]의 축을 따라온 철학자는, 만약 그가 시적 상상력이 제기하는 문제들을 연구하려고 한다면, 지금까지의 그의 지식을 잊어버려야 하고 그의 모든 철학적 연구의 습관들을 버려야 한다. 이경우 지금까지 쌓아 온 지식은 중요하지 않으며, 사고의 연결과 축조의 오랜 노력, 주가 가고 달이 가는 오랜 노력은 효과 없는 것이다. 오

---

1) 〔역주〕 바슐라르의 상상력에 관한 다른 저서들의 경우와 마찬가지로, 이 머리말도 이 책에서 개진되는 저자의 주장들을 이론적으로 요약하고 있다. 그 주장들은 이미지의, 상상력의 현상학을 전면에 내세우면서 그것을 중심으로 얽혀 있는데, 대략 다음과 같은 것들이다: 이미지의 존재론, 이미지의 산출에 있어서의 인과관계의 거부, 절대 승화, 시적 자유 및 언어의 창조성, 이상의 생각들과 관련하여 고전적 심리학과 정신분석에 대한 비판; 시적 교감, 영혼과 정신, 울림과 반향, 상관주관성; 이 모든 것들에 토대를 둔 이미지의 현상학.

2) 〔역주〕 여기서 '이성주의'로 번역된 원어는 일반적으로 '합리주의'로 번역되는 rationalisme인데, 굳이 이성주의로 번역한 것은, 과학적 진리가 엄정히 객관적이며 흔들리지 않는 확고성을 가지고 있는 게 아니라 기실 인간 이성에 의해 능동적이고 적극적으로 구성되고 재구성된다는 바슐라르의 과학 사상을 나타낼 수 있도록, 과학의 대상에 대해 그 주체인 이성을 강조하기 위해서이다.

직 시적 이미지를 읽는 순간에 이미지에 현전(現前), 현전해야 할 따름이다: 시의 철학이 있다면, 그 철학은 한 주된 시행을 접하여 한 고립된 이미지에 대한 전적인 찬동 가운데, 바로 말하자면 이미지의 새로움에서 오는 법열(法悅) 그 자체 가운데, 태어나고 다시 태어나야 하는 것이다. 시적 이미지란 갑작스러운 정신psychisme[3]의 융기(隆起), 부수적인 심리적 인과관계[4]로는 잘 밝혀지지 않는 정신psychisme의 융기이다. 또한 일반적이고 조직된 어떤 것도 시의 철학에 기본이 될 수 없다. 원리라는 관념, '기본'이라는 관념은 여기서는 파괴적인 것일 것이다. 그것은 시 작품[5]의 본질적인 현행성(現行性), 본질적인 정신적 psychique 새로움을 막아 버릴 것이다. 오랫동안 다듬어져 온 과학 사상에 대한 철학적 성찰의 경우에는 그것이 이미 실증된 과학적 생각들의 집적체에 새로운 생각이 통합되기를 요구하는 데 반해 —— 설사 그 기존의 생각들의 집적체가 모든 현대 과학의 혁명들의 경우에 있어서처럼 새로운 생각에 의해 깊은 수정을 받지 않을 수 없게 된다

---

3) [역주] psychisme은 생명 원리와 사고 원리를 포괄적으로 가리키는 희랍어 psyché에서 파생시켜 만든 말로, '영혼' '정신'이라는 말에 흔히 함의될 수 있는 종교적인 뉘앙스를 피하기 위해 현대 심리학, 특히 심층심리학에서 사용함. 물질과 육체에 대립되는 것으로서의 '정신'과 '영혼'이 나타내는, 일체의 정신 현상을 통칭함. '정신'으로 번역했기 때문에, 똑같이 '정신'으로 번역한 esprit과의 혼동을 피해 psychisme, psychique[정신적]는 반드시 병기해 놓았음.

4) [역주] 이 역어의 원어 causalité는 '원인성'이라는 뜻도 가지고 있어서, 문맥에 따라 '인과관계' '인과성' '원인성' 등으로 번역했음.

5) [역주] poème은 '시 작품' 혹은 '시편'으로, poésie는 '시'로 번역하여, 전자의 구체적인 뜻과 후자의 추상적인 뜻을 살리도록 했음. 그러나 예컨대 poème en prose [산문시]나 대화, 제목의 경우처럼 우리말 관습상 poème의 역어로 '시 작품'이 어색할 때, 또 시 작품 안에서 어색할 때 '시'를 사용했음.

고 할지라도——, 시의 철학은 다음과 같이 주장해야 한다: 시적 행위는 과거를, 적어도 그것이 준비되고 나타나는 과정을 우리들[6]이 따라가 볼 수 있는 그러한 가까운 과거를 가지고 있지 않다.

이에 뒤이어 우리가 새로운 시적 이미지와, 무의식의 밑바닥에서 잠자고 있는 원형(原型) 사이의 관계에 언급해야 할 때에라도, 우리는 그 관계가 엄밀히 말해 **인과**관계가 아니라는 것을 이해시키도록 해야 될 것이다. 시적 이미지는 충동적인 힘에 예속되어 있는 게 아니다. 그것은 과거의 메아리가 아닌 것이다. 사정은 차라리 그 역이다: 이미지의 번쩍임에 의해 먼 과거가 메아리들로 울리는 것이며, 그리고 그 메아리들이 얼마만큼의 깊이에까지 반향하며 사라져 가게 되는지 우리들은 거의 알지 못한다. 그리하여 그의[7] 새로움과 그의 약동 속에서 시적 이미지는 그 자체의 존재와 그 자체의 힘을 가진다. 그것은 하나의 **직접적인 존재론**에 속하는 것이며, 우리가 지금 노력을 기울이려고 하는 것은 바로 그 존재론에 대해서인 것이다.[8]

---

6) 〔역주〕 이 번역서에는 '우리'와 '우리들'이라는 표현이 함께 나오는데, 적어도 역자로서는 그 뉘앙스를 달리해 보려고 한 결과이다: 전자는 저자 자신이나 드문 경우로서 추상적으로 인류 전체를 가리키는 것으로, 후자는 저자와 독자들을 포괄하는 것으로 사용되었다. 대개는 전후자가 각각 nous와 on에 대응되어 있으나, 물론 그렇지 않은 경우도 있다. 다만 인용된 시 작품 가운데서는 소리의 유창한 흐름을 위해 이 구분을 따르지 않고 대체적으로 '우리'를 사용했음.

7) 〔역주〕 삼인칭의 소유형용사로서 사물을 나타내는 것은 대개 '그것의' '그것들의'로 번역했으나, 그냥 '그'로 번역하기도 했고, 여기처럼 의인적인 뉘앙스가 있을 듯한 곳에서는 '그의' '그들의'로도 번역했음.

8) 〔역주〕 이 경우 존재론은 물론 이미지의 존재론을 가리킴. '직접적'이라는 형용사를 쓴 것은, 예컨대 이미지에 대한 인과적인 설명에서처럼 매개항(원인)을 거치지 않고 그것을 이해하려는 태도, 즉 현상학적인 태도를 암시하기 위해서인 듯.

그러므로 시적 이미지의 존재는 아주 흔한 경우 인과관계와는 반대 방향에서, 민코프스키[9]가 그토록 세밀히 연구한 바 있는 **울림**이라는 것 가운데서, 올바르게 가늠된다고 생각된다. 이 울림 속에서 시적 이미지는 존재의 소리를 가질 것이다. 시인은 존재의 입구에서 말하는 것이다. 따라서 우리는 한 이미지의 존재를 규명하기 위해서는, 민코프스키의 현상학식으로 그것의 울림을 체험해야 할 것이다.

시적 이미지가 인과관계를 벗어난다고 말하는 것은 아마도 그 나름의 중대성을 가진 선언일 것이다. 그러나 심리학자와 정신분석가가 내세우는 이미지의 원인들은 결코, 새로운 이미지의 정녕 비예측적인 성격이나, 그리고 또 그것이 그것의 창조 과정과는 무관한 타인의 영혼 가운데 불러일으키는 감응을, 잘 설명하지 못한다. 시인은 나에게 그의 이미지의 과거를 알려주지 않으나, 그런데도 그의 이미지는 곧 나의 내부에 뿌리를 박는다. 특이한 이미지의 전달성은 커다란 존재론적인 의미를 지니는 사실이다. 순간적이며 고립적이면서도 능동적인 행위에 의한 이 교감에 대해서 우리는 뒤에 다시 언급하게 될 것이다. 이미지는 우리들을 선동(煽動)하지만——뒤늦게——그러나 선동으로 이루어지는 현상은 아니다. 물론 심리적인 연구에 있어서 시인의 인격을 규명하기 위해 정신분석적인 방법에 주의할 수도 있다. 그리하여 시인이 그의 생애에서 겪어야 했던 억압——특히 학대——을 가늠할 수도 있다. 그러나 시적 행위, 그 느닷없이 떠오르는 이미지, 상상력 속에서 존재가 타오르는 그 불꽃은 그러한 조사를 벗어나는 것이다. 시적 이미지의 문제를 철학적으로 밝혀 보기 위해서는 필경

---

9) 외젠 민코프스키Eugène Minkowski, 《우주론(宇宙論)을 향하여 *Vers une cosmologie*》, 제9장을 참조할 것.

상상력의 현상학에 이르러야 한다. 상상력의 현상학이라는 말로써 우리가 뜻하려고 하는 것은 다음과 같은 것이다: 시적 이미지가 인간의 마음의, 영혼의, 존재의 직접적인 산물 —— 그 현행성에서 파악된 —— 로서 의식에 떠오를 때, 이미지의 현상을 연구하는 것.

2

아마도 사람들은, 왜 우리가 이전까지의 관점을 바꾸어 이젠 이미지의 **현상학적**인 규명을 추구하려고 하는지 물을지 모른다. 사실, 우리는 상상력에 관한 우리의 앞선 저작들에서 가능한 한 객관적으로 여러 직관적인 우주발생론들의 네 원리 —— 물질의 사원소에 관한 이미지들을 연구하는 것을 바람직한 것으로 생각했었다. 과학철학자로서의 우리의 습관에 충실하게 우리는 이미지들을 일체의 개인적인 해석의 기도(企圖)를 떠나서 고찰하려고 했던 것이다.[10] 과학적인 조심성을 이점으로 가지고 있는 이 방법은 그러나 차츰차츰 내게 상상력의 형이상학을 수립하기 위해서는 불충분한 것으로 여겨졌다. '조심스러운' 태도라는 것은 그것만으로 이미 이미지의 직접적인 역동성을 따름을 거부하는 게 아니겠는가? 실상 우리는 그 '조심성'에서 떨어져 나오는 것이 얼마나 어려운지를 가늠할 수 있기도 했다. 지적인 습관을

---

10) [역주] 여기서 문제되고 있는 것은, 사원소에 관한 저작들과 두 시학서 및 《촛불의 불꽃 *La Flamme d'une chandelle*》 사이의, 즉 사원소론(論)과 현상학 사이의 차이인데, 나 개인으로서는 그 차이는 본질적인 것이 아니라, 책머리의 소개 논문에 드러나 있듯이 상상 현상을 대상의 관점에서 보는가, 상상력의 관점에서 보는가에 따른 관점상의 차이라고 생각한다.

버린다는 것은 쉽게 선언할 수는 있지만, 그러나 어떻게 그것을 실행할 것인가? 그것이야말로 이성주의자에게는 한 조그만 일상의 드라마, 일종의 사고의 이중화,──그것의 대상이 단순한 한 이미지라는 부분적인 것이긴 하지만, 그렇더라도 커다란 정신적인 울림을 불러오는 사고의 이중화인 것이다. 그러나 이 조그만 지적 드라마, 단순히 한 새로운 이미지의 차원에서 일어나는 이 드라마는 바로 상상력의 현상학이 가지는 전 역설을 포함하고 있다: 어떻게 때로 아주 특이한 한 이미지가 정신psychisme 전체의 응축(凝縮)인 것으로 나타날 수 있는가? 또한 어떻게 한 특이한 시적 이미지의 나타남이라는 그 특이하고도 순간적인 사건이 이번에는 다른 영혼들에게, 다른 사람들의 마음 속에서──어떤 준비 과정도 없이──반응을 일으킬 수 있는가? 그것도 상식의 모든 장벽들을, 변화 없는 안정에 행복스러워하는 모든 분별 있는 생각들을 넘어서서?

그리하여 이와 같은 이미지의 통주관성(通主觀性)은 그 본질에 있어서 다만 객관적인 참조의 연구 습관만으로써는 이해될 수 없다고 내게는 생각되었다. 오직 현상학──즉 개인적인 의식 속에서의 **이미지의 시발**에 대한 고찰──만이 이미지의 주관성을 복원하고 이미지의 통주관성의 크기와 힘과 의미를 가늠하는 데 우리를 도와줄 수 있는 것이다. 이 모든 주관성, 통주관성은 한 번에 아주 결정될 수 없는 것이며, 시적 이미지란 사실 본질적으로 **변용적(變容的)**인 것이다. 그것은 개념처럼 구성적인 것이 아니다. 아마도 시적 상상력의 변화 작용을 이미지들의 세부적인 변용 가운데 드러낸다는 일은 힘든──비록 단조롭기는 할지라도──일일 것이다. 그러므로 시 독자에게는, 잘못 이해되는 수가 너무나 흔한 현상학이라는 명칭을 지닌 학설을 원용하자고 하는 주장은 경청되지 않을 우려가 있다. 하지만 모든 학설을 떠나서 이 주장은 명확하다: 시 독자에게 이 주장이 요구하는 것은, 이미지를 하나의 대상으로, 더더구나 하나의, 대상의 대치물로는 여기지 말고 그것의 특수한 현실을 파악하자는 것이다. 이를 위해서는 증여적(贈與的)인[11] 의식의 행위를 의식의 가장 덧없는 산물인 시적 이미지에 조직적으로 연결시켜야 한다. 시적 이미지의 차원에서 주체와 대상의 이원성은, 무지개빛으로 반짝이듯 서로 반사하며 끊임없이 활발하게 역류하고 되역류하는 상관관계로 어우러져 있다. 시인에 의한 시적 이미지의 창조의 이 영역에서는 현상학은, 이렇게 말해 볼 수 있다면, 미시적인 현상학인 것이다. 이 사실로 하여 이 현상학은 엄정히 기본적인 것이 될 가능성을 가지고 있다. 순수하나 순간적인 주체성과, 완전한 구성에까지 반드시 이르지는 않는 현실의, 이미지에 의한 이와 같은 결합 가운데, 현상학자는 수많은 경험의 영역을 발견한다. 그는, '중대한 결과를 불러 오지 않는' 단순한 관찰이기에 —— 언제나 연관적인 사고이게 마련인 과학적인 사고의 경우에 있어서와는 달리 —— 살펴지는 그대로를 받아들일 수 있는 관찰의 덕을 입는다. 이미지는 그의 단순성 가운데 지식을 필요로 하지 않는 것이다. 그것은 소박한 의식의 재산일 따름이다. 그 표현에 있어서 그것은 젊은 언어이다. 시인은 그의 이미지들의 새로움으로 하여 언제나 언어의 원천이 된다. 이미지의 현상학이 어떤 것인가를 아주 정확히 밝히기 위해서는, 이미지란 사상에 앞서는 것이라는 것을 정확히 밝히기 위해서는, 시란 정

---

11) 〔역주〕 시적 이미지의 교감은 바로 독자의 상상력의 **적극적**인 상상 활동에 의해 가능해지므로, 어떤 의미에서는 시인의 상상력이 바라는 방향으로의 이미지의 변용이 독자의 상상력에 의해 **증폭**될 수도 있다. 상상력의 이러한 적극성을 뜻하는 듯.

신[12]의 현상학이 아니라 차라리 영혼의 현상학이라고 말해야 할 것이다. 그리하여 우리는 **몽상적인 의식**[13]에 관한 문헌 자료들을 모아야 할 것이다.

프랑스어 표현의 현대 철학은——더구나 심리학은——영혼과 정신이라는 두 말의 이원성을 거의 이용하지 않는다. 이 때문에 프랑스어 표현의 현대 철학과 심리학은 양자 모두, 독일 철학에서는 그토록 많은, 정신Geist과 영혼Seele의 아주 명확한 구별을 전제하는 문제들에 대해서 별로 관심이 없다. 그러나 시의 철학이라면 어휘의 모든 힘을 받아들여야 하기에, 그것은 어떤 말이라도 단순화하지 말아야 하고 어떤 말이라도 경직화하지 말아야 한다. 그러한 철학에 있어서는 정신과 영혼은 동의어가 아니다. 그 두 말을 동의어로 다룬다면, 그로써 우리는 귀중한 텍스트들을 해독함을 스스로 금하게 될 것이며, 이미지들의 고고학이 제공하는 자료들을 왜곡하게 될 것이다. 영혼이라는

---

12) [역주] '정신'이라는 역어 옆에 원어가 병기되어 있지 않은 것은, 우리들이 흔히 알고 있는 정신 즉 그 대응되는 불어가 esprit인 경우이다. 그러나 이 경우에도 영혼âme과 대립되어 쓰이는 때가 있고, 물질matière에 대립되어 사고의 대상에 대한 주체라는 뜻을 함의하거나, 자연nature에 대립되어 생산에 대한 생산 원리 혹은 필연에 대한 자유라는 뜻을 함의하여 쓰이는 때가 있다. 전자는 좁은 뜻으로서 이 각주가 달려 있는 용례가 여기에 해당되고, 후자는 넓은 뜻으로서 삶과 사고의 주체로서의 인간 전체를 가리킨다. 그러므로 후자는 세계monde에 대한 자아moi에 유추될 수 있다.

13) 이것은 conscience rêveuse의 역어인데, rêveur(rêveuse)라는 형용사는 reverie[몽상]에 빠진 상태를 뜻한다. 바슐라르는 두 시학서에서 잠잘 때의 rêve[꿈]와 깨어 있는 상태에서 상상에 잠겨 있는 것을 가리키는 rêverie[몽상]를 구별하려고 하는데, 기실 여전히 rêve[꿈]와 rêver[꿈꾸다]를 몽상이나 몽상하다의 뜻으로 쓰고 있는 경우가 많고, 그런 경우에는 그대로 '꿈(꾸다)'로 하여 오해가 없을 때 말고는 '몽상(하다)'로 번역했다.

말은 불멸의 말이다. 어떤 시 작품들에 있어서는 그것은 지울 수 없는 말이 되어 있다. 그것은 숨결의 말이다.[14] 말의 음성적인 중요성은 그것만으로 시의 현상학자의 주의를 끌어야 한다. 시적으로 영혼이라는 말은 너무나 큰 신념으로써 발음될 수 있기 때문에, 그것은 한 시 작품 전체를 끌어들이는 것이다. 그러므로 영혼에 대응하는 시적 영역은, 우리의 현상학적 탐구에 문이 열려 있어야 한다.

정신의 관할에 속하는 결정들, 지각의 세계의 법칙을 되따르는 결정들이 회화의 실현에는 전제되어 있는 것 같지만, 그러한 회화의 영역에 있어서도 영혼의 현상학은 한 작품이 나타내는 최초의 영혼의 참여를 드러내 보일 수 있다. 알비에서의 조르주 루오 작품 전람회를 위한 훌륭한 소개의 글에서 르네 위그René Huyghe는 다음과 같이 쓰고 있다: '루오가 어디를 통해 자기 작품에 대한 규정들을 부숴 버리는지를 알아내려고 한다면……, 아마도 우리들은 이젠 다소 쓰이지 않게 된, 영혼이라는 말을 환기해야 하리라.' 그런 다음 르네 위그는, 루오의 작품들을 이해하고 느끼고 사랑하기 위해서는 그 작품들에 있어서 '일체의 것이 그 원천과 뜻을 얻는 중심점, 중핵, 원점(圓點)으로 뛰어 들어가야 하며, 바로 그때에, 잊혀지고 배척되고 있는 말──영혼이라는 말이 다시 나타나게 된다'는 것을 설파하고 있다. 그리고 영혼이야말로──루오의 그림이 이를 증명하고 있는데──내적인 빛을, '내적 비전'이 그것을 알아서 번쩍이는 색깔들의 세계, 빛나는 태양의 세계로 번역해 내는 그러한 내적인 빛을 소유하고 있는 것이다. 이리하여, 루

---

14) 샤를 노디에Charles Nodier,《정해불어의성어사전(正解佛語擬聲語辭典) *Dictionnaire raisonné des onomatopées françaises*》, Paris, 1828, p.46. '거의 모든 민족에 있어서 영혼을 뜻하는 여러 상이한 명칭들은 모두 숨결의 변형들이며, 호흡의 의성어들이다.

오의 그림을 사랑함으로써 이해하기를 바라는 사람에게는 심리적인 측면에서 정녕 전망의 전도가 요구된다. 그는 외부 세계의 빛의 반영이 아닌 내적인 빛에 참여해야 하는 것이다. 내적 비전이라든가 내적인 빛이라는 표현은 아마, 흔히 너무 쉽사리 주장되는 것인지도 모른다. 그러나 이 경우에 있어서 말하고 있는 사람은 화가,——바로 빛을 만들어 내는 사람인 것이다. 그는 어떤 광원에서 빛이 비쳐 나오는지를 알고 있다. 그는 붉은 빛깔의 열정의 내밀한 뜻을 살아(體驗)가고 있는 것이다. 이와 같은 그림의 근원에는, 싸우고 있는 영혼이 있다. 야수파[15]의 예술은 내부에 있는 것이다. 이와 같은 그림은 그러므로 영혼의 현상이라고 할 것이다. 작품은 열정에 타는 영혼을 구원해 주어야 하는 법이다.

위의 르네 위그의 글은, 영혼의 현상학이라는 말을 함에 의미가 있다는 우리의 생각을 굳혀 준다. 많은 경우에 있어서 시란 영혼의 참여라는 것을 인정해야 할 것이다. 영혼에 연결된 의식은 정신의 현상들에 연결된 의식보다 더 휴식적이고 덜 의도적이다. 시 작품 가운데는, 지식의 에움길을 지나가지 않는 힘이 나타난다. 영감과 재능의 변증법은, 그 양자의 극점인 영혼과 정신을 살펴볼 때에 밝혀진다. 우리의 견해로는, 시적 이미지의 현상을 그 다양한 뉘앙스들 가운데 연구하기 위해서는, 특히 시적 이미지의 발전 과정을 몽상에서부터 이미지의 실현에 이르기까지 따라가 보기 위해서는, 영혼과 정신을 갈라 봄이 필수적이다. 특히 우리는 다른 하나의 저서에서 시적인 몽상을 연구하려고 하는데, 그 연구는 바로 영혼의 현상학으로서 이루어질 것이다. 몽상이

---

15) [역주] 루오는 이른바 야수파의 일원이었다.

란 그것만으로는 아주 흔히 꿈과 혼동되는 정신적psychique 차원이다. 그러나 시적인 몽상, 스스로를 즐길 뿐 아니라 또한 다른 영혼들에게도 시적인 즐거움을 마련해 주는 그러한 몽상인 경우에는, 그것은 이젠 잠 속으로 빠져 들어가는 길이 아니라는 것을 우리들은 잘 알고 있다. 정신은 휴식할 수 있으나, 시적인 몽상 속에서의 영혼은 긴장 없이 휴식한 채로 맑게 깨어 활동한다. 완전하고 잘 조직된 한 편의 시 작품을 쓰기 위해서는 정신은 그것을, 실현에 앞서 창작 계획 가운데 미리 나타내어야 할 것이다. 그러나 단순한 하나의 시적 이미지의 경우에 있어서는 계획이란 없는 법이며, 하나의 영혼의 움직임만 있으면 되는 것이다. 하나의 시적 이미지 가운데서 영혼은 거기에 현전(現前)하는 자신의 존재를 이야기한다.

한 시인이 영혼의 현상학적인 문제를 다음과 같이 더할 수 없이 명료하게 제기했던 것은, 그런 의미에서였다. 피에르 장 주브는 이렇게 썼던 것이다: '시란 하나의 형태를 낙성(落成)하는 영혼이다.'[16) 영혼이 낙성한다. 이 경우 영혼은 근원적인 힘이다. 그것은 인간의 존엄성이다. 가령 그 '형태'가 알려져 있고 인지되어 있는 것이며, '흔해 빠진 것'을 가지고 만든 것일지라도, 그것은 내적인 시적 빛이 있기 전에는 단순히 정신의 한 대상일 따름이었다. 그러나 영혼이 찾아와서 그 형태를 낙성하고, 거기에서 살며, 만족해하는 것이다. 위의 피에르 장 주브의 말은 그러므로 영혼의 현상학의 명료한 잠언으로 생각될 수 있는 것이다.

---

16) 피에르 장 주브Pierre Jean Jouve, 《거울 속 En miroir》, Mercure de France, p.11.

시에 대한 현상학적인 탐구는 그것이 그토록 멀리 나아가려고, 그토록 깊이 내려가려고 하기에, 방법상의 의무로 하여 감정적인 반향의 차원을 넘어서야 한다. 그런데 우리들은 그 감정적인 반향으로써 다소간 풍요롭게──그 풍요로움이 우리들 자신 속에 있든, 시 작품 속에 있든 간에──예술 작품을 향수하는 것이다. 시에 대한 현상학이 감정적인 반향을 넘어서야 한다는 점에 있어서, 현상학적인 두 자매어(姊妹語), 반향과 울림의 차이는 뚜렷해져야 한다. 반향은 세계 안에서의 우리들의 삶의 여러 상이한 측면으로 흩어지는 반면, 울림은 우리들로 하여금 우리들 자신의 존재의 심화에 이르게 한다. 반향 속에서 우리들이 시를 듣는다면, 울림 속에서는 우리들은 우리들 자신 시를 말한다. 그때에 시는 우리들 자신의 것이기 때문이다. 울림은 말하자면 존재의 전환을 이룩한다. 이때에 시인의 존재는 마치 우리들 자신의 존재인 듯이 여겨진다. 그러므로 반향의 다양성은 존재 차원에 있어서의 울림의 통일성에서 나오는 것이다. 한결 단순히 말하자면, 우리들은 여기서, 열정적인 시 독자라면 누구나 잘 알고 있는 한 느낌을 마주하고 있다: 우리들이 읽고 있는 시 작품이 우리들 전체를 온통 사로잡는 것이다. 이와 같은 시에 의한 존재의 파지(把持)는 명백한 현상학적인 표징을 지니고 있다. 한 시 작품의 표면적인 풍요로움과 내면적인 깊이는 언제나 자매적인 반향과 울림의 현상이다. 시 작품은 그것의 표면적인 풍요로움으로써 우리들 내면의 심층을 되일깨워 주는 듯이 여겨진다. 한 시 작품의 심리적인 작용을 드러내기 위해서는 그러므로 현상학적 분석의 두 축을 따라서, 정신의 표면적인 풍요로움과 영혼의 깊이를 향해 나아가야 할 것이다.

울림이라는 명칭은 파생된 말이지만, 그것은 물론——이것을 말할 필요가 있을까?——우리가 지금 그것을 연구하려고 하는 시적 상상력의 분야에서는 단순한 현상학적 성격을 가지는 것이다. 사실 우리가 문제삼고 있는 것은, 시적 창조가 독자의 영혼에 있어서까지 어떻게 정녕 깨어나는가를 단 하나의 시적 이미지의 울림으로써 규명하려는 것이다. 그의 새로움으로써 시적 이미지는 전 언어 활동을 흔들어 시작되게 한다. 시적 이미지는 우리들을 말하는 존재의 원초에 가져다 놓는 것이다.

이와 같은 울림에 의해 우리들은 일체의 심리학이나 정신분석을 그 즉시 넘어섬으로써, 우리들 내부에 시적인 힘이 소박하게 일어나는 것을 느낀다. 울림이 있은 다음에야 우리들은 반향을, 감정적인 반응을, 우리들 자신의 과거가 회상됨을 느낄 수 있게 될 것이다. 하지만 이미지는 표면을 흔들기에 앞서 깊은 내면을 건드린 것이다. 그리고 이것은 독자의 단순한 경험에서 진실이다. 시의 독서가 우리들에게 제공하는 그 이미지가, 다음 순간 정녕 바로 우리들 자신의 것이 되어 버리는 것이다. 그것은 우리들 자신의 내부에 뿌리를 내린다. 우리들은 그것을 받아들인 것인데, 그런데도 마치 우리들 자신이 그것을 창조할 수 있었으리라는, 마치 우리들 자신이 그것을 창조해야 했으리라는 인상에 눈뜨게 된다. 그것은 우리들 자신의 언어의 새로운 존재가 되고, 우리들을 그것이 표현하는 것으로 만듦으로써 우리들 자신을 표현하는 것이다. 달리 말하자면, 그것은 표현의 생성인 동시에 우리들의 존재의 생성이기도 하다. 이 경우 표현이 바로 존재를 창조하는 것이다.

위의 마지막 말은 우리가 지금 노력을 기울이고 있는 존재론[17]의 차원을 정의해 주는 것이다. 우리는 우리의 일반적인 주장으로서, 인간에게 있어서 특별히 인간적인 일체의 것은 **로고스**〔말〕라고 생각한다. 언어에 앞서 있는 영역에서라면 우리들은 사유할 수 없을 것이다. 설사 이 주장이 존재의 깊은 차원을 거부하는 듯이 보일지라도, 사람들은 적어도, 우리가 시적 상상력에 대해서 계속해 나가고 있는 유형의 연구에 잘 맞춘 연구 가설로서 그것을 우리에게 용인해 주어야 한다.

이리하여 로고스의 사건인 시적 이미지는 우리 개인으로서는, 새롭게 하는 힘으로 생각된다. 우리는 이젠 그것을 하나의 '대상'으로 여기지 않으려 한다. 비평가가 취하는 '객관적'인 태도는 '울림'을 짓눌러 버리며, 원칙상, 원초적인 시적 현상이 시발해야 하는 그 깊은 차원을 거부하는 것이라고 우리는 느낀다. 그런가 하면, 심리학자의 경우에는 그는 반향에만 사로잡혀서 계속 자기의 감정만을 **묘사**하려고 한다. 또 정신분석가로 말하자면, 착잡하게 얽힌 그의 해석들의 실타래를 풀려는 데에 골몰하여 울림을 잃어버리고 만다. 정신분석가는 그의 방법상 숙명적으로 이미지를 지적인 것으로 만들어 버리는 것이다. 그는 이미지를 심리학자보다 더 깊이 이해하지만, 그러나 그야말로 그것을 '이해'할 따름이다. 정신분석가에게 있어서 시적 이미지란 언제나 하나의 외적인 맥락을 가지고 있다. 이미지를 해석함으로써 그는 그것을 시적 로고스 아닌 다른 언어로 번역해 버린다. 그러므로 'traduttore, traditore〔번역가는 배신자〕'[18]라는 말을 이 경우보다 더 정당하게 말할 수 있는 경우는 결코 없을 것이다.

17) 〔역주〕여기서 존재론은 인간존재론을 뜻함.
18) 〔역주〕본디, 외국어로 번역하는 일의 어려움을 나타낸 이탈리아의 경구.

새로운 시적 이미지를 받아들임으로써 우리들은 그것의 상관주관적(相關主觀的) 가치를 느낀다. 우리들은, 우리들의 열광을 이번에는 우리들이 다른 사람들에게 알려주기 위해 그 이미지를 다시 말하리라는 것을 안다. 한 영혼에서 다른 영혼으로 전달된다는 사실에서 고찰될 때, 우리들은 시적 이미지가 그것의 원인을 알려고 하는 사람들의 탐구를 벗어나는 것임을 알 수 있다. 심리학처럼 좀스럽게 인과적인 학설들이나 정신분석처럼 심하게 인과적인 학설들이 시성(詩性)의 존재론을 규명하기는 거의 불가능하다: 시적 이미지란 아무것도 그것을 마련하지 못하는 것이며, 문학에서 말하는 교양이라든가 심리학에서 말하는 지각의 경험은 더더구나 그리하지 못한다. 따라서 우리는 언제나 같은 결론에 이르게 된다: 시적 이미지의 본질적인 새로움은 말하는 존재의 창조성의 문제를 제기하는 것이다. 이 창조성에 의해 상상적인 의식은 아주 단순하게, 그러나 아주 순수하게 하나의 기원이 되게 된다. 상상력의 연구에 있어서 시적 상상력의 현상학이 애써야 할 일은 바로, 여러 다양한 시적 이미지들의 이와 같은 기원적인 가치를 드러내는 일인 것이다.

4

이와 같이 우리의 연구를 순수한 상상력에서 출발하여, 그 원초(原初)에서 파악된 시적 이미지에 국한시킴으로써, 우리는 여러 이미지들의 모임으로서의 시 작품의 **작시**의 문제는 밀쳐 놓으려고 한다. 이 작시에 있어서, 아마도 완전한 현상학이 고찰해야 할 작품 구성의 요인들인 다소간 오래된 문화와 한 시기의 문학적 이상을 결합하는, 심리적으로 복잡한 요소들이 개입하는 것이다. 그러나 그토록 범위가 넓은 연구 계획은, 우리가 지금 펴보이려고 하는 단연코 기본적인 현상학적 관찰의 순수성을 해칠지 모른다. 참된 현상학자란 철저히 겸손함을 의무로 해야 하는 것이다. 그렇기에 읽고 있는 이미지의 차원에서 독자를 시인으로 만드는, 독서의 현상학적인 힘에 의존한다는 사실도 이미 그것만으로 일말의 오만을 보이는 것으로 우리에게는 생각된다. 그러므로 우리의 생각으로는, 한 작품 전체에 미치는 완전하고도 조직된 창조력을 되찾고 되살[再體驗] 독서의 힘을 우리 개인이 맡는다는 것은 더구나 겸손치 못할 것이리라는 것이다. 따라서 어떤 정신분석가들이 그리할 수 있다고 믿고 있듯이 한 작가의 작품들 전체를 굽어볼, 종합적인 현상학에 이른다는 것은 우리는 더더구나 희망하지 못한다. 결론적으로, 우리가 현상학적으로 '울릴' 수 있는 것은 개별적인 이미지들의 차원에서인 것이다.

그러나 바로 그 **일말의 오만**, 그 작은 오만, 그 단순한 독서의 오만, 독서의 고독 속에서 키워지는 그 오만이야말로 우리가 그것의 단순성을 지킬 때, 부인할 수 없는 현상학적인 표징을 지니는 것이다. 이 경우 현상학자는 문학비평가와 공통적인 것이라고는 아무것도 가지고 있지 않다. 흔히 주목된 바 있지만 문학비평가란 자기가 만들 수 없을 작품에 대해서, 심지어는 손쉽게 비난하는 것으로 알 수 있지만, 자기가 만들고 싶지 않을 작품에 대해서 판단을 내리는 사람인 것이다. 문학비평가는 필연적으로 엄격한 독자일 수밖에 없다. 너무나 흔히 쓰임으로 해서 이젠 정치가들의 어휘 속에까지 들어가 있을 정도로 빛을 잃어버린 어떤 콤플렉스[19]를 마치 장갑의 손가락인 양 쉽사리 뒤집어 보이며 문학비평가, 수사학 교수는 무엇이나 알고 무엇이나 판단함으로써, 즐겨 우월 심플렉스[20]를 만들어 가고 있다고 말해도 좋으리라. 우리로 말하자면 행복한 독서에 빠져서, 많은 열광을 수반한 조그만 독서의 오만을 가지고 우리의 마음에 드는 것만을 읽고 또 읽는다. 오만이란 여느 경우에 있어서는 우리의 전 정신psychisme을 짓누르는 육중한 감정으로 발전하게 되는 데 반해, 행복스런 이미지에 대한 찬동에서 태어나는 그 일말의 오만은 조심스럽고 은밀스러운 것으로 남아 있는 것이다. 그 오만은 단순한 독자인 우리 내부에, 우리 자신을 위하여, 오직 우리 자신만을 위하여 있을 따름이다. 그것은 말하자면 제 집에서만 으스대는 오만이다. 우리가 시를 읽으며 시인이 되고 싶은 유혹을 되살고〔再體驗〕 있다는 것을 아무도 알지 못한다. 독서에 다소 열정적인 독자라면 누구나 독서로써, 작가가 되고 싶은 욕망을 키우고 또 억누르는 법이다. 읽은 페이지가 너무 아름다울 때에는 겸손이 그 욕망을 억누르지만, 그러나 그 욕망은 다시 태어나게 마련이다. 어쨌든 자기가 좋아하는 작품을 되읽는 독자라면 누구나, 그 좋아하는 책이 자기 자신에게 **관계되어** 있다는 것을 안다. 장 피에르 리샤르Jean-Pierre Richard가 쓴 훌륭한 저서 《시와 깊이 *Poesie et Profon-deur*》에는, 특히 보들레르와 베를렌에 관한 두 논문이 들어 있는데, 보

---

19) 〔역주〕 오이디푸스 콤플렉스를 암시하는 듯.

20) 〔역주〕 정신분석적 비평에 대한 바슐라르의 대표적인 아이러니라고 하겠다. 심플렉스simplexe는 물론 콤플렉스complexe에 대응시켜 그 반대말로 만든 신조어일 것인데, 후자가 복합체라는 뜻이므로 전자는 단순체라는 뜻이라고 할까? 여기서 심플렉스가 표면적으로는 자기만이 옳고 잘났다고 생각하는 비평가의 단순하고 몽매로운 우월감을 비아냥거리고 있지만, 문맥으로 볼 때, 그 우월감의 토대가 되어 있는 정신분석적인 작품 해석의 단순함—— 모든 것을 하나의 콤플렉스로 환원해 버리는—— 또한 암시한다고도 하겠다.

들레르가 돋보인다. 왜냐하면 그 자신의 말로, 바로 보들레르의 작품이 그에게 '관계되어' 있기 때문이라는 것이다. 그 두 논문 사이의 어조의 차이는 크다. 베를렌은 보들레르와 달리 저자의 전적인 현상학적인 찬동을 받지 못하고 있다. 그리고 그것은 언제나 그런 법이다. 공감의 밑바닥에까지 이르게 되는 독서의 경우에는, 그것을 표현하는 말에 있어서마저 우리는 '향수자'라고 표현된다. 요한 파울 리히터는 그의 소설 《티탄》에서 주인공에 대해 이렇게 쓰고 있다: '그는 위인들에 대한 찬사를, 마치 그 자신이 그 칭송의 대상이기나 한 듯한 기쁨을 느끼며 읽었다.'[21] 어쨌든 독서의 공감은 찬탄과 붙어다니는 법이다. 우리들은 누구나 다소간 찬탄할 수 있으나, 한 시적 이미지에서 현상학적인 이득을 얻기 위해서는 치솟는 성실한 열정, 작으나마 치솟는 찬탄이 언제나 필요하다. 비평적 성찰은, 약간만 하기만 해도, 정신을 그에 뒤이어 나타나게 함으로써 이 찬탄의 치솟음을 막아 버리고, 그로써 상상력의 원초성이 파괴되어 버리고 만다. 관조적인 태도의 피동성을 넘어서는 이와 같은 찬탄 가운데, 마치 독자가 작가의 환영이기라도 한 것처럼 읽는 기쁨은 쓰는 기쁨의 반영인 듯이 여겨진다. 적어도 독자는, 베르그송이 창조의 표징으로 생각했던 그 창조의 기쁨에 참여하는 것이다.[22] 이 경우 창조는 문장이라는 가는 줄을 따라, 표현의 순간적인 삶 가운데 이루어진다. 그러나 이 시적 표현은 생명의 필연성을 가지지 못하는 것이면서도, 그러면서도 삶을 튼튼하게 하는 것이다. 잘 말함은 잘 삶의 한 요소이다. 시적 이미지는 언어의 떠오름이며, 언제나 의미하는 언어보다 약간 위에 있는 것이다. 따라서 시 작품을

---

21) 요한 파울 리히터Johann Paul Richter, 《티탄 Le Titan》, 불역판, 1878, 제1권, p.22.
22) 앙리 베르그송, 《정신의 힘 L'Énergie spirituelle》, p.23.

읽으며 그것을 삶[體驗] 때, 우리들은 건강에 이로운, 떠오름의 경험을 하게 된다. 아마도 그것은 조그만 범위의 떠오름에 지나지 않는 것이겠지만, 그러나 그 떠오름들은 되풀이되는 것이다. 시는 언어를 떠오름의 상태에 둘 수 있기 때문이다. 그 떠오름의 상태에서는 삶은 그것의 발랄함으로써 지적된다. 실용적인 언어의 통상적인 선을 빠져나오는 그 언어의 도약들은 축소판 생의 도약élan vital[23]들인 것이다. 수단으로서의 언어라는 주장을 버리고 실재(實在)로서의 언어라는 주장을 선택할 축소 베르그송주의는, 시 가운데 언어의 전적으로 현행적인 삶에 관한 많은 자료들을 발견할 수 있을 것이다.

이리하여 수세기에 걸친 한 언어의 발전 가운데 나타나는 낱말들의 삶에 대한 고찰이 있다면, 시적 이미지는 그 옆에, 수학자의 표현을 빌어서 말해 일종의 그 발전의 미분을 우리들에게 제시한다. 위대한 한 시행은 그것이 속하는 언어의 영혼에 큰 영향을 줄 수 있는 것이다. 그것은 잊혀진 이미지들을 다시 일깨워 놓는다. 그리고 동시에 말의 예측 불가능성을 인가(認可)한다. 말을 예측 불가능한 것으로 한다는 것, 그것은 바로 자유를 닦는 게 아니겠는가? 시적 상상력은 표현에 대한 검열을 무시해 버리는 데 얼마나 큰 매력을 느끼는가! 옛날, 작시법들은 작시의 허용되는 파격들을 규정해 놓았었다. 그러나 현대시는 자유를 바로 언어의 본체 속에 존재하는 것으로 해놓았다. 그제서는 시

---

23) [역주] 베르그송 철학의 중요한 개념의 하나. 생명의 창조적인 발전을 가능케 하는 것으로 생각되는 원초적인 힘. 이것은 외현적으로는, 새로운 종을 창조한다거나 한 개체 내에서도 여러 다양한 국면으로 나타나지만, 그 모든 다양한 발현들을 통일적으로 관통하고 있는 것으로 여겨진다. 어쨌든 바슐라르에 의하면 시적 이미지는 바로 우리들의 삶의 창조적인 생성을 이룩하는 것이므로, 그것을 베르그송의 '생의 도약'에 유추시킬 수 있겠다.

는 하나의 자유의 현상으로 나타나는 것이다.

5

이리하여 고립된 한 시적 이미지의 차원에서도, 단순히 시행에 지나지 않는 표현의 생성 가운데에서도, 현상학적인 울림은 나타날 수 있는 것이다. 그것의 더할 수 없는 단순성 가운데서 현상학적인 울림은 우리들에게 우리말에 대한 완전한 구사력을 준다. 우리들은 정녕 여기에서 반짝이는 반사적인 의식의 미세한 현상을 마주하고 있다. 시적 이미지란 정녕 한결 작은 책임을 요구하는 정신적인psychique 사건이다. 감각적인 현실의 영역에서 그것에 정당성을 찾아 준다는 것과, 시 작품의 작시에 있어서 그것의 위치와 역할을 규명한다는 것은, 그 다음에나 생각해야 할 두 가지 일인 것이다. 시적 상상력에 대한 최초의 현상학적 탐구에 있어서는 고립된 이미지, 그것을 전개시키는 문장, 시적 이미지가 빛나고 있는 시행 또는, 때로는 연 등이, 말하자면 장소분석topo-analyse[24] 같은 것으로 연구해야 할 언어적 공간을 형성한다. J.

24) 〔역주〕 언제인가, 이 머리말의 역문이 발표된 적이 있었는데, 그때에는 이것을 위상분석(位相分析)이라고 번역했었다. 그러나 '위상'이라는 말이 기하학적인 위치라는 뉘앙스를 크게 가지고 있고, 《공간의 시학》에서 저자가 topo-analyse로써 뜻하는 것은, 요나 콤플렉스로 수렴되는 행복된 공간들에 대한 현상학적인 고찰이 주를 이루는 분석이므로, 그러한 공간에 '위상'보다는 평범한 '장소'라는 말이 더 잘 맞겠기에, 이번에 '장소분석'으로 바꾼다. 장소분석에 대한 바슐라르의 다른 언급들을 〈머리말〉 9절, 〈제1장〉 2절에서 참조할 것. 지금 문제되고 있는 문맥에서 이 말은 오해의 여지가 있을 것 같다: 구조주의 비평에서 말하는, 시 작품이 문자 기호들로써 직접적으로 보여주는 언어 공간에 대한 분석으로 오해될 수 있는 것이다. 그런 뜻은 아닐 것이고, 여전히 이미지, 즉 기호의 의미인 기의가 환기하는 것, 달리

-B 퐁탈리스가 미셸 레리스를 우리들에게, '말들의 회랑을 돌아다니는 고독한 답사자'[25]로 보여주는 것은 바로 이런 의미에서인 것이다. 퐁탈리스의 이 표현은 독서로 체험된 말들의 단순한 충동이 돌아다니는 그 섬유 같은 언어적 공간을 잘 가리켜 보이고 있다. 개념적인 언어의 원자상(原子狀) 조직은 고정의 이유와, 중심적인 응축의 힘을 요구하는 법이다. 그러나 시행은 언제나 움직임을 가지며, 이미지는 시행의 선 속에 살며시 끼어들어 상상력을 이끌고 간다. 그것은 마치 상상력이 신경섬유를 만들어 늘이는 것과도 같다. 퐁탈리스는 다음과 같은 말을 덧붙이고 있는데, 표현의 현상학을 위한 아주 확실한 지표의 하나로서 기억해 둘 만한 말이다: '말하는 사람은 그 사람 전체이다.'[26] 그리고 우리에게는, 말하는 사람은 그 사람 전체가 하나의 시적 이미지 안에 들어가 있다고 말함도 이젠 역설로 보이지 않는다. 왜냐하면 거기에 전적으로 스스로를 던져넣지 않는다면, 그는 이미지의 시적 공간에 들어가지 못하기 때문이다. 아주 분명히 말해, 시적 이미지는 우리들이 직접 산(體驗) 언어에 의한 가장 단순한 경험의 하나를 가져다 준다. 그리고 우리가 제의하고 있는 것처럼 그것을 의식의 기원으로서 고찰한다면, 그것은 정녕 현상학의 소관 영역에 드는 것이다.

말해 지시 대상의 심상(心像)―― 여기에서 형성되는 공간이 문제되어 있는 것이다. 그렇기 때문에 '시행[이] […] 움직임을 가지[는]' 것이며, 또 그것이 '상상력을 이끌고' 가는 것이다. 다만 '언어적 공간' '말들의 회랑' 등의 표현을 쓴 것은, 이미지의 창조가 바로 말의 창조와 결부되어 있기 때문일 것이다. 그러므로 위의 표현들은 말이 심상 차원에서 만들어 내는 공간을 뜻하는 것으로 이해하면 되겠다.
25) J. -B. 퐁탈리스Pontalis, '미셸 레리스 혹은 끝없는 정신분석 Michel Leiris ou la psychanalyse interminable'《현대 Les temps modernes》지(誌), 1955년 12월, p.931.
26) 위의 책, p.932.

사실 현상학에 관한 '가르침'을 주어야 한다면, 우리들은 아마도 시적 현상에서 가장 명료하고도 가장 기본적인 교육 자료를 얻을 수 있을 것이다. 최근에 간행된 한 저서에서 J. H. 반 덴 베르흐는 다음과 같이 쓰고 있다: '시인들과 화가들은 타고난 현상학자들이다.'[27] 그리고 사물들이 우리들에게 '말하며' 그로써 —— 만약 우리들이 그 사물들의 언어에 전적인 가치를 준다면 —— 우리들은 그 사물들과 접촉을 가지는 것이라는 것을 주목하면서, 반 덴 베르흐는 이렇게 덧붙인다: '우리들은 성찰로써는 해결의 희망이 없는 문제들의 해결을 계속해 **살고**〔體驗〕 있는 것이다.' 네덜란드의 박식한 현상학자인 반 덴 베르흐의 이러한 말들로써, 철학자는 말하는 존재에 중심을 둔 연구를 함에 있어서 용기를 얻을 수 있는 것이다.

6

만약 우리가 시적 이미지들의 경우에 있어서 순수한 **승화**(昇華), 아무것도 승화하지 않는 승화, 열정의 짐을 덜어 버리고 욕망의 충동에서 해방된 그러한 승화의 영역을 분리해낼 수 있다면, 아마 정신분석적 연구에 대해 현상학의 입장이 정확해질 것이다. 이와 같이 첨단의 시적 이미지에 승화의 절대 상태를 부여함으로써 우리는 단순한 하나의 뉘앙스에 큰 내기를 거는 것이 된다. 그러나 시는 이와 같은 절대적인 승

---

27) J. H. 반 덴 베르흐 Van den Berg, 《심리학에 있어서의 현상학적 접근. 최근 현상학적 심리병리학에 대한 서설 *The Phenomenological Approach in psychology: An introduction to recent phenomenological psychopathology*》, Charles-C. Thomas, Springfield, Illi-nois, U.S.A. 1955, p.61.

화의 수많은 증거들을 제공해 주고 있는 듯이 우리에게는 여겨진다. 우리들은 그러한 증거들을 이 책의 여기저기에서 빈번히 마주치게 될 것이다. 그러한 증거들이 심리학자나 정신분석가에게 주어졌을 때, 그들은 시적 이미지에서 단순한 장난, 덧없는 장난, 전혀 공허한 장난밖에 보지 않는다. 이 경우 바로 이미지는 그들에게는 의미 없는 것이다 —— 욕정적인 의미, 심리적인 의미, 정신분석적인 의미가 없는 것이다. 그런 이미지들이 바로 **시적 의미**를 가지고 있다는 사실은 그들의 머리에 다가오지 않는다. 하지만 시가,——분출하듯 솟아나온 많고많은 이미지들, 그것들로 하여 창조적인 상상력이 제 자신의 영역에 자리 잡는 그 많고많은 이미지들을 가지고 시가, 그 사실을 증명하고 있는 것이다.

바로 이미지의 삶 가운데 우리들이 들어가 있으면서, 그것에 앞서 있는 그것의 원인을 찾는다는 것은, 현상학자가 보기에는 **심리주의**의 만성적인 징후이다. 그렇게 하지 말고 반대로 시적 이미지를 그 존재 가운데 파악하기로 하자. 언어 위에, 통상적인 언어 위로 떠올라 나타나는 이미지가 시적 의식을 남김없이 삼켜 버리기 때문에, 시적 이미지와 더불어 시적 의식이 너무나 새로운 언어를 말하기 때문에, 이젠 과거와 현재의 상관관계를 살펴본다는 것이 유용할 수 없는 것이다. 우리는 앞으로 의미와 감각과 감정에 있어서의 너무나 엄청난 단절의 예들을 제시할 터이므로, 시적 이미지는 새로운 존재의 지배 밑에 놓여 있는 것이라는 우리의 주장을 사람들은 용인해 주어야 할 것이다.

그리고 그 새로운 존재란 행복한 인간이다.

말에 있어서 행복하니 따라서 실제에 있어서는 불행한 인간이라고 정신분석가는 곧 반박할 것이다. 정신분석가에게는 승화란 바로 보상이 측면적인 도피이듯이 수직적인 보상, 위를 향한 도피에 지나지 않는다. 그리고 곧 정신분석가는 이미지의 존재론적인 연구를 떠나 버린다: 그는 한 인간의 역사를 시시콜콜히 파내어, 그 시인의 내밀한 괴로움들을 발견하고 드러내는 것이다. 그는 말하자면 꽃을 두엄거름으로 설명하는 것이다.

이와 달리 현상학자는 그토록 멀리 가지 않는다. 그에게는 이미지가 바로 눈앞에 있으며, 말이, 시인의 말이 그에게 말하고 있는 것이다. 시인이 제공하는 말의 행복,── 시인의 생애의 드라마마저 뛰어넘는 그 말의 행복을 체험하기 위해 시인의 괴로움들을 살아 보아야 할 필요는 조금도 없는 것이다. 시에 있어서 승화란, 세속적으로 불행한 영혼의 심리를 굽어보듯이 그 위로 솟아올라 있는 것이다. 이것은 어쩔 수 없는 사실이다: 시는 그것이 어떤 드라마틱한 생애를 그려 보이도록 된 것일지라도 그것에 고유한 행복을 가지고 있다.

우리가 고찰하고 있는 것과 같은 순수한 승화는 연구 방법상 드라마틱한 점이 없지 않은데, 왜냐하면 말할 나위 없이 현상학자는 정신분석이 그토록 오랫동안 연구해 온 고전적인 승화 과정의 깊은 심리적인 현실성을 인정하지 않을 수 없겠기 때문이다. 하지만 문제는 삶을 반영하지 않는 이미지들, 삶이 마련하는 게 아니라 시인이 창조하는 이미지들을 현상학적으로 찾아가는 것인 것이다. 문제는, 시인이 살지[體驗] 않았던 것을 사는 것이며, 언어의 개방성에 몸을 여는 것인 것이다. 우리들은 그러한 경험을 많지 않은 시 작품들에서 얻게 될 것이다. 예컨대 피에르 장 주브의 어떤 시편들. 피에르 장 주브의 책들보다 더 정신분석적인 사색에서 밑거름을 얻은 작품도 없다. 그러나 그에게 있어서 시는 때때로 너무나 멀리, 높이 솟구치는 불꽃들로 타오르기 때문에, 우리들은 그 불꽃들이 시작된 최초의 아궁이에 더이상 머물러 있을 수 없는 것이다. '시는 끊임없이 그의 원천을 넘어서며, 기쁨과 슬픔 속에서 더 멀리 나아가 작품들을 빚어냄으로써 더 자유롭게 있는 것이다'[28]고 그는 말하고 있지 않은가? 또 이렇게도 말하고 있다: '내가 시간적으로 멀리 떨어지면 질수록, 시적 탐험은 더욱더 통어(統御)되고 우연적인 원인에서 멀어지고 순수한 언어 형태로 인도되는 것이었다.'[29] 피에르 장 주브는 정신분석이 밝혀낸 '원인'들을 '우연적'인 원인들로 치부하기를 받아들일까? 나는 그것을 알지 못한다. 그러나 어쨌든 '순수한 언어 형태'의 영역에서는 정신분석가의 원인들을 가지고 시적 이미지를 그것의 새로움 가운데 예언할 수는 없다. 그것들은 기껏해야 자유에 이르는 '우연적인 계기'들이 될 따름이다. 그리고 바로 그 점에서 시는—— 지금 우리들이 처해 있는 시적 시대[30]에서는—— 그것에만 고유한 '느닷없는 놀라움'을 가지고 있으며, 따라서 시적 이미지들은 예측 불가능한 것이다. 문학비평가들이란 모두 이 시적 이미지의 예측 불가능성에 대해 충분히 명확한 의식을 가지지 못하고 있는데, 바로 이 예측 불가능성이야말로 통상적인 심리적 설명안(案)을 뒤엎어 버리는 것이다. 시인 자신 그 점을 분명히 선언하고 있다: '시는 특히 그것의 현금(現今)의 놀랄 만한 노력 가운데서는, 어떤

---

28) 피에르 장 주브, 앞의 책, p.109. 앙드레 셰디드Andrée Chédid 또한 이렇게 쓴 바 있다: '시 작품은 자유롭게 있는 법이다. 그것의 운명을 우리들은 결코 우리들 자신의 운명 속에 가두어두지 못할 것이다.' 시인은 '자기의 창조적인 영감이 자기의 욕망보다 더 멀리 자기를 이끌고 가리라'(《대지와 시 *Terre et poésie*》, G. L. M., 14와 25)는 것을 잘 알고 있는 것이다.

29) 위의 책, p.112.

30) 〔역주〕 초현실주의 이후의 현대시를 두고 말하는 듯.

미지의 것에 홀려 본질적으로 생성에 몸을 연주의 깊은 사유에만 대응될 수 있는 것이다.' 또 뒤에 가서: '그제서는 시인에 대한 새로운 정의가 우리 눈앞에 나타난다. 시인이란 아는 자, 즉 초월하는 자, 그리고 그가 아는 것을 명명하는 자이다.'[31] 그리고 마침내: '절대적인 창조가 없다면, 시란 없는 것이다.'[32]

이러한 시는 드물다.[33] 대부분의 경우에 있어서 시는 더 열정에 섞여 있고, 더 **심리화**되어 있다. 그러나 시의 경우 드문 것, 예외적인 것이 통상적인 것을 규칙으로 확립하지 않는다. 반대로 그것을 반박하고 새로운 체제를 세운다. 절대적인 승화의 영역이 없다면——그것이 아무리 제한되고 높이 있는 것일지라도, 비록 심리학자나 정신분석가들에게는 다다를 수 없는 것으로 보일지라도(그리고 어쨌든 그들은 순수한 시를 연구하지는 말아야 할 사람들이다)——우리들은 시의 정확한 극성을 드러낼 수 없을 것이다.

위에서 언급된 단절의 면을 정확히 결정하는 데 있어서 주저함이 없을 수는 없다. 우리들은 오랫동안, 시를 **흐리게 하는** 혼돈된 열정의 영역에 머무르고 있을 수 있는 것이다. 게다가 그 높이에서부터 순수한 승화에 접하게 되는 시의 높이는 아마도 모든 영혼들에게 있어서 같은 수준에 위치하는 것은 아닐 것이다. 적어도 정신분석가가 연구하는 승화와 시의 현상학자가 연구하는 승화를 분리해야 함은 방법상의 필연성이다. 정신분석가는 물론 시인들의 인간적인 성품을 연구할 수 있지만, 그러나 열정의 영역에 머무르고 있음으로 해서 그는 시적 이미

---

31) 위의 책, p.170.
32) 위의 책, p.10.
33) 위의 책, p.9. : '시는 드물다.'

지들을 그것들의 정상적(頂上的)인 현실 가운데 연구할 준비가 되어 있지 않다. 사실 C.-G. 융이 이 점을 아주 분명히 말해 둔 바 있다: 정신분석의 판단 습관을 따르다가는 '관심은 예술 작품에서 떨어져 나가, 작품에 앞서 있는 심리적인 원인들의 풀 수 없는 혼돈 속으로 사라져 버리고, 시인은 임상의 한 케이스, **성적 병리심리**의 확정된 한 번호를 달고 있는 예가 되어 버린다. 이리하여 예술 작품의 정신분석은 그 대상에서 멀어져서, 조금도 예술가에게 특별하지 않고 특히 그의 예술에 중요성이 없는, 일반적인 인간적 영역으로 논의를 옮겨 버렸던 것이다.'[34]

오직 지금 문제되고 있는 논의를 요약해 보이려는 의도에서만이므로, 독자들은 잠깐 동안 우리에게 논쟁적인 태도를──논쟁은 우리의 습관에 거의 없는 것이지만──허용해 주기 바란다.

시선을 너무 높이 치켜든 구두장이에게 어느 로마인이 이렇게 말했었다:

Ne sutor ultra crepidam

구두장이여, 신발보다 더 높이는 보지 말게.[35]

---

34) C.-G. 융, 〈시 작품과의 상관관계에 있어서의 분석심리학 La Psychologie analyti-que dans ses rapports avec l'œuvre poetique〉, 《분석심리학 시론 Essais de psychologie analytique》, 불역판, p.120.

35) [역주] 알렉산더 대왕의 초상화를 그렸던 기원전 4세기의 그리스 화가 아펠레스Apellês가 어느 구두장이에게 했다는 말. 그 구두장이는 그의 한 그림 안에 그려져 있는 샌달이 잘못되어 있다고 비판한 다음, 그림의 나머지 부분에 관해서도 왈가왈부하려 했다고 한다. 이 말은, 제 능력을 넘어서는 것들을 두고 아는 체하며 말하는 사람들을 겨냥하는 속담으로 쓰인다. 바슐라르가 로마인이 그렇게 말했다고 한 것은, 착오인 듯.

순수한 승화를 문제삼는 경우에, 시의 고유한 존재를 규명해야 할 경우에 현상학자는 정신분석가에게 다음과 같이 말해야 하지 않으랴?:

Ne psuchor ultra uterum

둘 중 어느 하나를 넘어서 정신분석을 하지는 마시오.

7

필경, 하나의 예술이 자립적이 될 때에는 바로 그 순간 그것은 새로운 출발을 하게 된다. 그리되면 그 출발을 현상학의 입장에서 고찰함이 바람직하다. 원칙상 현상학은 과거를 청산하고 새로움을 마주하는 것이다. 심지어 전문적인 수련의 흔적을 지니게 마련인 회화 같은 예술에 있어서도 위대한 성공들은 그러한 수련과는 관계없는 것이다. 화가 라피크의 작품들을 연구하면서 장 레스퀴르는 바로 다음과 같이 쓰고 있다: '그의 작품들은 넓은 교양과 공간의 모든 역동적인 표현에 대한 지식을 보여주고 있지만, 그렇다고 해도 그것들을 우정 적용하고 있거나 그것들로써 창작의 비결을 만들어 가지고 있는 것은 아니다……. 즉 지식은 동시에 그 지식의 망각에 동반되어야 하는 것이다. 비지식(非知識)이란 무지가 아니라 앎의 초월이라는 어려운 행위이다. 이러한 대가를 치름으로써 한 작품은 매순간, 그것의 창조를 자유의 훈련이 되게 하는, 말하자면 순수한 시작(始作)과도 같은 것이 되는 것이다.'[36] 이것은 우리에게는 더할 수 없이 중요한 텍스트인

---

36) 장 레스퀴르Jean Lescure, 《라피크 *Lapicque*》, Galanis, p.78.

데, 왜냐하면 그 내용은 곧바로 시성(詩性)의 현상학으로 전치될 수 있기 때문이다. 시에 있어서 비지식은 하나의 근본적인 조건이다. 시인에게 전문적인 수련이 있다면, 그것은 이미지들을 결합하는 부차적인 일에 있어서이다. 이미지의 삶은 전적으로 그것의 번개 같은 치솟음 속에, 이미지가 감수성의 모든 여건들의 초월이라는 그 사실 속에 있는 것이다.

우리들은 그러므로, 작품은 삶 위로 너무나 느닷없는 융기를 일으키는 것이어서 삶이 그것을 설명하지 못한다는 것을 잘 알 수 있다. 장 레스퀴르는 라피크에 대해서 또 다음과 같이 말하고 있다: '라피크는 창조 행위에 대해서, 그것이 그에게 삶에 못지않게 느닷없는 놀라움을 제공해 주기를 요구한다.'[37] 그제서는 예술은 삶의 배가가 되며, 우리들의 의식을 자극하여 졸지 않게 하는 놀라움을 일으키는 데 있어서의 경쟁심이 된다. 라피크 자신 이렇게 쓰고 있다: '예를 들어 내가 지금, 오퇴이유의 경마장에서 말들이 내(川)를 건너뛰는 장면을 그리고 있다고 한다면, 나는, 내가 실제로 본 그 경마가 내게 가져다 준 것에 못지않은——비록 다른 종류의 것일지라도——비예측적인 것을 나의 그 그림이 내게 가져다 주기를 기대한다. 이미 과거에 속하는 광경을 정확하게 재현한다는 것은 일순도 문제될 수 없다. 재현하는 게 아니라 나로서는 그 광경을 전적으로 되살아야(再體驗), 이번에는 새롭고 회화적인 방식으로 되살아야 하며, 그리함으로써 새로운 충격의 가능성을 나 자신에게 주어야 한다.'[38] 그리고 레스퀴르가 다음과 같은 결론을 내린다: '예술가는, 그가 사는 것처럼 창조하지 않는

---

37) 위의 책, p.132.
38) 위의 책, p.132에서 레스퀴르가 인용함.

다. 창조하는 것처럼 사는 것이다.'

이리하여 현대 화가는 이젠 이미지를 감각적인 현실의 단순한 대치물로 생각하지 않는다. 이미 프루스트는 엘스티르가 그린 장미들에 대해서, 그 꽃들이 '그 화가가 마치 창의력 있는 원예가인 양 만들어낸 장미의 신종이며, 그것으로써 그는 '장미'과를 더 풍부하게 한 것'[39] 이라고 말했던 것이다.

8

고전적 심리학에서는 시적 이미지를 거의 다루지 않는데, 흔히 그것을 단순한 메타포[40]와 혼동한다. 게다가 일반적으로 **이미지**라는 말은 심리학자들의 저서에서 크게 혼돈되어 쓰이고 있다: 이미지를 본다고도 하고, 이미지를 재현한다고도 하고, 이미지를 기억 속에 간직한다고도 한다. 상상력의 직접적인 산물이라는 것 이외에는 이미지는 무엇이나 되는 것이다. 베르그송의 저서 《물질과 기억 *Matière et mémoire*》에서 이미지의 관념은 아주 큰 외연(外延)을 가지고 쓰이고 있는데, 그렇지만 이미지를 재현하는 게 아니라 산출하는 창조적 상상력

---

39) 마르셀 프루스트, 《잃어버린 시간을 찾아서》, 제5권 〈소돔과 고모라〉, II, p.210.
40) 〔역주〕 메타포métaphore는 물론 우리말로 은유로 번역되는 말이지만, 이 책에서는 그냥 메타포라는 외래어를 쓰기로 하는데, 왜냐하면 바슐라르가 말하는 métaphore는 수사학의 전의(轉義) 체계에서 métonymie〔환유〕, synecdoque〔제유〕에 대립되는 엄격한 뜻으로 쓰인 게 아니라, 차라리 ── 낭만주의 이후 현대에 이르면서 점점 그렇게 쓰는 경향이 커져 왔는데 ── 전의 전체를 나타내는 뜻으로 쓰인 것이기 때문이다. 메타포에 대한 바슐라르의 비판에 관해서는, 소개 논문의 각주 36)을 참조할 것.

은 오직 한 번 언급되어 있을 따름이다.[41] 그러므로 상상력의 이 **산출**은 대단찮은 자유의 활동으로 남아 있는 셈이고, 그 활동은 베르그송 철학이 밝히고 있는 위대한 자유로운 행위들과는 거의 관계가 없는 것이다. 그 짧은 대문(大文)에서 베르그송은 '환상의 장난'을 예로 들고 있다. 그제서는 여러 가지 이미지들은 '정신[42]이 자연과 더불어 취하는, 그 이미지들 수만큼의 자유들'인 것이다. 하지만 그 복수의 자유들은 존재를 참여시키지 못하며, 언어를 증가시키지 못하고 언어를 그것의 유용성에 의한 역할에서 빠져나오게 하지 못한다. 그 자유들은 정녕 '장난들'이다. 이 경우 상상력은 또한 추억을 무지개 빛깔로 거의 채색하지도 못한다. 그 시화(詩化)된 기억의 영역에 있어서 베르그송은 정녕 프루스트에게 미치지 못한다. 정신이 자연과 더불어 취하는 자유들은 참으로 정신의 본성을 가리켜 보이지 못하는 것이다.

이와 반대로 우리는 상상력을 인간 본성의 아주 중요한 힘의 하나로 생각하기를 제의한다. 물론 상상력이 이미지를 산출하는 능력이라고 말함은 조금도 사태를 진전시키는 것은 아니다. 그러나 이 동의어 반복[43]은 적어도 이미지를 기억과 동일시하는 것을 막는다는 이점을 가지고 있다.

상상력은 그것의 생동하는 활동에 있어서 우리들을 과거와 현실에서 동시에 떨어져 나오게 한다. 그것은 미래로 열려 있는 것이다. 과거가 가르쳐 주는 **현실의 기능**——이것을 드러내는 것은 고전적 심리학인데——에 우리는, 이 또한 긍정적인 **비현실의 기능**——우리

---

41) 앙리 베르그송, 《물질과 기억 *Matière et mémoire*》, p.198.
42) 〔역주〕 정신esprit의 넓은 뜻의 대표적인 예. 각주 12)를 참조할 것.
43) 〔역주〕 상상력=이미지를 산출하는 능력이라는 것을 염두에 두고 한 말.

는 이것을 우리의 앞선 저서들에서 밝히려고 노력했지만⁴⁴⁾——을 덧붙여야 한다. 비현실의 기능 쪽이 온전치 못하면, 창조적인 정신 활동은 얽매이게 된다. 상상함이 없이 어찌 예견할 수 있겠는가?

어쨌든 한결 단순히 시적 상상력의 문제들을 두고 볼 때, 인간의 정신 활동의 그 두 기능——현실의 기능과 비현실의 기능을 협동하게 하지 않고서는 시에서 정신적인psychique 이득을 얻을 수 없다. 현실과 비현실을 한데 짜서 의미와 시의 이중 활동으로 언어를 역동화하는 시 작품에 의해, 정녕 하나의 리듬분석rythmanalyse⁴⁵⁾ 요법이라고나 할 것이 우리들에게 제공되는 것이다. 그리고 시에 있어서 상상하는 존

---

44) 〔역주〕 특히 《대지와, 의지의 몽상 *La Terre et les rêveries de la volonté*》, p.3을 참조할 것.

45) 〔역주〕 바슐라르의 저작들 가운데 리듬분석이라는 것에 대한 본격적인 해명이 나타나는 것은 《지속(持續)의 변증법 *La Dialectique de la durée*》이다. 이 저서에서 바슐라르는 브라질의 철학자 알베르토 핀헤이로 도스 산토스Alberto Pinheiro dos Santos의 《리듬분석 *La Rythmanalyse*》을 소개하고 있다. 현대의 물리학, 생물학의 연구 성과에서 출발하여 핀헤이로 도스 산토스는 '삶의 토대 자체에 있는 진동vibration의 정녕 기본적인 성격'을 드러내었다는 것이다. 삶은 진동이고 파동ondulation이며, 한마디로 리듬을 가진 것이다. 그러므로 정신 활동 역시 당연히 리듬이 있으며, '모든 정신 활동은 정신의 한 차원에서 그보다 더 높은 한 차원으로의 이행이고, 어떤 떠오름도 버팀목을 필요로 한다'는 것이다. 그런데 이와 같은 리듬을 만드는 진동이나 파동은 대립적인 이원성의 되풀이로 나타난다. 그러므로 리듬분석은 정신 활동에서 끊임없이 이원적인 상황을 찾아내고, 또 그 이원적인 상황을 이루는 양극적인 국면의 각각이 온전해야 하고 그럼으로써 그 상황이 조화로운 리듬을 계속시켜야 한다고 생각한다. 지금 문제되고 있는 부분에서 그러한 이원성은 '현실의 기능'과 '비현실의 기능'이 이루는 것이다. 바슐라르에 의하면 이 두 기능이 똑같이 온전하여 그 둘의 조화로운 리듬이 우리들의 정신적인 삶을 엮을 때에라야 우리들의 정신은 건강하다. 그런데 훌륭한 시 작품이야말로 의미와 시를 통해, 즉——이미지의 차원에서 말하자면——상징 내용과 이미지를 통해 그 두 기능을 똑같은 비중으로 작용케 하여 건강한 정신적 리듬을 확보해 주는 것인 것이다.

재의 참여는 너무나 큰 것이어서, 그는 이윽고 동사 적용하다의 단순한 주어가 아니게끔 된다. 실제적인 조건은 더이상 결정하는 요소가 될 수 없게끔 된다. 시와 더불어 상상력은, 바로 비현실의 기능이 자동성 가운데 잠들어 있는 존재를 매혹하고 불안하게 하러 오는——그 존재를 언제나 깨우는 것은 말할 것도 없고——, 두 기능의 접경지대에 자리잡는 것이다. 우리들이 순수한 승화의 영역에 들어가게 되면, 자동성 가운데서도 가장 교활한 자동성, 언어의 자동성도 더이상 작용하지 못하는 것이다. 순수한 승화의 이 정상에서 바라본다면, 재현하는 상상력은 더이상 대단한 것이 아님을 알 수 있다. 요한 파울 리히터는 이렇게 쓰지 않았던가?: '재현하는 상상력은 산출하는 상상력의 산문인 것이다.'[46)]

9

이상으로써 우리는 아마도 너무 길다고 할 철학적인 머리말을 통해, 이 저서 및 아직 쓰려고 하는 가냘픈 희망을 못 버리고 있는 몇몇 다른 저서들에서 우리가 검증하려고 하는 우리의 일반적인 주장들을 요약했다. 이 저서에 있어서 우리의 연구 분야는 명확히 한정되어 있다는 이 점을 가지고 있다. 사실 우리는 아주 단순한 어떤 이미지들, **행복한 공간**의 이미지들을 검토하려고 한다. 우리의 연구는 이러한 방향을 취함으로써 **장소애호**topophilie라는 명칭을 가질 만한 그런 연구가 될 것이다. 그것은 소유되는 공간, 적대적인 힘에서 방어되는 공간,

---

46) 요한 파울 리히터, 《시학 또는 미학서설 *Poétique ou introduction à l'esthétique*》, 불역판, 1862, 제1권, p.145.

사랑받는 공간, 이러한 공간들의 인간적인 가치를 규명함을 목적으로 한다. 그 이유들이 흔히 아주 다양하지만, 그리고 시적 뉘앙스들이 지니는 차이들이 있지만, 어쨌든 그것들은 **예찬되는 공간들**이다. 그것들의 보호적인 가치 ── 그것은 실제적인 것일 수 있지만 ── 에 또한 여러 상상된 가치들이 덧붙게 되는데, 그 상상된 가치들이 미구에 지배적인 가치들이 된다. 상상력에 의해 파악된 공간은 기하학자의 측정과 숙고에 내맡겨지는 무관한 공간으로 머물러 있을 수 없다. 그 공간을 우리들이 사(體驗)는 것이다. 그리고 그 공간의 실제성에서 사는 게 아니라 우리들 상상력의 모든 편파성을 가지고 사는 것이다. 특히 그것은 거의 언제나 우리들을 매혹한다. 그것은 존재를 보호하는 그것의 경계선 안에, 존재를 응축한다. 밖의 적대로움과 안의 내밀함의 상호 작용은 이미지의 영역에서는 균형된 것이 아니다. 다른 한편, 적대적인 공간들은 이 저서에서 거의 다루지 않았다. 그 증오와 투쟁의 공간들은 열화 같은 물질들, 묵시록의 이미지들에 의거함으로써만 연구할 수 있는 것이다. 지금으로서는 우리는 우리를 **매혹하는** 이미지들을 마주하고 있다. 그리고 이미지에 관한 한 매혹함과 물리침은 반대되는 경험을 이루는 게 아닌 것으로 금방 나타난다. 반대되는 것은 두 말일 따름이다. 전기나 자기를 연구하면서도 우리들은 견인과 거부를 대칭적으로 말할 수 있다. 하지만 그 경우에 있어서는 (+) (−) 기호를 바꾸는 것으로 충분하다. 그러나 이미지는 안정된 생각, 특히 확정된 생각에는 거의 적응하지 못한다. 상상력은 끊임없이 상상하고, 새로운 이미지들로써 스스로를 풍요롭게 한다. 우리가 탐구하려고 하는 것은, 바로 이와 같은 상상되는 존재의 풍요로움인 것이다. 이제 이 저서를 이루는 장들의 순서에 대해서 잠시 살펴보기로 하자.

우선 내밀함의 이미지들에 대한 연구에 있어서 당연히 그래야 할 것처럼, 우리는 집의 시학의 문제를 제기할 것이다. 많은 의문들이 있다: 잊혀지지 않는 과거를 되돌아볼 때면, 어떻게 은밀한 방, 없어진 방들이 거소(居所)로 나타나는가? 어디서 그리고 어떻게, 휴식은 그것에 최적한 상황을 발견하는가? 어떻게 잠시 동안의 은신처, 우연적인 피난처들이 때로 우리들의 내밀함의 몽상에서, 어떤 객관적인 근거도 없는 가치들을 얻게 되는가? 집의 이미지에서 우리는 정녕 하나의 심리적 통합의 원리를 가지게 된다. 기술(記述)심리학, 심층심리학, 정신분석 그리고 현상학은 집의 이미지에서 통합된 학설을 이룰 수 있겠는데, 그것을 우리는 장소분석이라는 명칭으로 지칭하기로 한다. 더할 수 없이 다양한 여러 이론적 지평(地平)들의 어느것에서 출발하여 고찰하더라도, 집의 이미지는 우리들의 내밀한 존재의 지형도가 되는 듯이 여겨진다. 인간의 영혼을 그 심층에서 연구하는 심리학자의 일의 복잡함이 어떠한가를 가늠케 하기 위해 C. -G. 융은 독자들에게 다음과 같은 비유를 생각해 보기를 요구하고 있다: '우리는 한 건물을 찾아내고 그것의 구조를 설명해야 하는데, 그것의 위층은 19세기에 건조된 것이고 아래층은 16세기의 것이며, 그리고 건물을 더 세밀히 조사해 본 결과는 그것이 2세기에 이루어진 탑을 개축한 것임을 보여준다. 지하실 속에서 우리는 로마 시대에 이루어진 기초 공사를 발견하고, 지하실 밑에는 잡동사니로 가득 찬 동굴이 하나 있는데, 그 잡동사니의 상층부에는 규석(珪石)으로 만든 용구들이, 그 하층부에는 빙하 시대의 동물들의 잔해들이 발견된다. 우리들의 영혼의 구조는 거의 이와 비슷할 것이다.'[47] 물론 융은 이 비유의 불충분한 성격을 알고 있다.[48] 그러나 그 비유가 그토록 쉽게 전개되어 나간다는 바로 그 사실만을 봐도, 집을 인간의 영혼에 대한 **분석도구**로 생각함은 의미 있는 일일 것이다. 이 '도구'의 도움으로 우리들은 그냥 우리들 집 안에서 몽상에에 잠기며, 우리들 자신 안에서 동굴의 안온을 되찾게 되지 않겠는가? 그리고 우리들 영혼의 탑은 영원히 허물어져 버렸는가? 우리들은 영원히, 저 유명한 6음절 반시구(半詩句)처럼 말하자면, '탑이 허물어진'[49] 존재들인가? 우리들의 추억들뿐만 아니라 우리들이 잊어버린 것들도 '숙박되어' 있는 것이다. 우리들의 무의식은 '숙박되어' 있는 것이다. '우리들의 영혼은 거소(居所)이기 때문이다. 그리하여 '집들'을, '방들'을 회상하면서 우리들은 우리들 자신 안에 '머무르기'를 배우는 것이다. 따라서 곧 우리들은 다음과 같은 사실을 알게 된다: 집의 이미지는 두 방향으로 작용한다: 우리들이 집 안에 있다면, 마찬가지로 집 또한 우리들 안에 있다. 집의 이미지의 이와 같은 두 방향의 움직임은 너무나 오감(往來)이 많아서, 집의 이미지의 가치들을 묘사하는 데 우리는 긴 두 장이 필요했다.

인간들의 집에 대한 이 두 장 다음에, 우리는 사물들의 집으로 생각할 수 있는 일련의 이미지들을 연구했다: 서랍, 상자, 장롱. 그것들의 자물쇠 밑에는 얼마나 많은 심리가 숨어 있는 것일까! 그것들은 말하자면 숨겨진 것의 미학이라고나 할 것을 지니고 있다. 바로 지금부터 숨겨진 것의 현상학을 시작하자면, 다음과 같은 예비적인 고찰 하나로

---

47) C. -G. 융, 앞의 책, p.86. 이 대문은 《영혼의 지상적 조건 *Le Conditionnement terrestre de l'âme*》이라는 제목의 글에서 인용한 것임.
48) 위의 책, p.87을 참조할 것.
49) 〔역주〕프랑스 낭만주의 시인 제라르 드 네르발Gerard de Nerval의 유명한 시편 〈엘 데스디차도 El Desdichado〔상속권 망실자〕〉의 제2행 후반부. 12음절 시행이므로, '6음절 반시구'라고 한 것.

충분할 것이다: 비어 있는 서랍은 **상상할 수 없다**. 그것은 오직 **생각**할 수만 있는 법이다. 그러므로 알고 있는 것에 앞서 상상하고 있는 것을, 검증하는 것에 앞서 꿈꾸는 것을 묘사해야 하는 우리에게 있어서는, 모든 장롱들은 가득 차 있는 것이다.

　때로 사물들을 연구한다고 생각하면서 우리들은 다만 어떤 유형의 몽상들에 잠기기만 한다. 우리가 '새집'과 '조개껍질'—— 척추동물과 무척추동물의 그 두 은신처 ——에 바친 두 장은, 실제의 대상에 거의 제한받지 않는 상상력의 활동을 개진한다. 사원소에 관한 상상력을 그토록 오랫동안 사색했던 우리로서는, 시인들을 따라 나무 위의 새집 속으로 들어가는가, 동물의 동굴인 조개껍질 속으로 들어가는가에 따라서 수많은 공기의 몽상들을, 물의 몽상들을 되살았던 것이다. 때로 나는 사물들에 접하기는 하지만, 소용 없는 일이다: 나는 언제나 **원소**를 꿈꾸는 것이다.

　우리가 살지 못하는 그러한 장소들에 살려는 몽상들을 따라가 본 다음, 우리는 언제나 그 이미지들을 살기[體驗] 위해서는 새집이나 조개껍질 속에서처럼 우리 자신을 아주 작게 해야 하는 그러한 이미지들을 고찰했다. 사실 우리들은 바로 우리들 집 안에서, 우리들이 몸을 웅크리고 앉아 좋아해하는 골방들이나 구석들을 발견하지 않는가? '웅크리고 앉는다'는 것은 '……에 산다'는 동사의 현상학에 속하는 것이다. 웅크리고 앉을 줄 안 사람만이 열렬하게 자기 거소(居所)에서 살 수 있다. 이 점에 있어서 우리들은 우리들이 즐겨 털어놓지 않는 이미지들과 추억들을 우리들 안에 한 모음 소복이 가지고 있다. 만약 정신분석가가 이 웅크리고 앉음의 이미지들을 체계화하려고 한다면, 그는 아마도 우리에게 수많은 자료들을 제공해 줄 수 있을 것이다. 우리로서는 가지고 있는 것이라고는 문학적인 자료들밖에 없었다. 그래 우리는, 위대한 작가들의 힘으로 그 심리적인 자료들이 문학적인 품위를 얻게 된 것이었을 때에 우리 자신 놀라워하며, '구석'의 이미지에 대해 짧은 한 장을 썼다.

내밀한 공간들에 바쳐진 이상의 모든 장들 다음에, 우리는 공간의 시학에 있어서 큼과 작음의 변증법이 어떻게 나타나는가, 외부 공간에 있어서 상상력이 어떻게 관념의 도움 없이 거의 자연적으로 크기의 상대성을 즐기는가를 살펴보려고 했다. 이 큼과 작음의 변증법을 우리는 '세미(細微)'와 '무한'을 테마로 하여 묘사했다. 이 두 장은, 그렇게 생각될지 모르지만 반대되는 게 아니다. 양자의 경우에 있어서 똑같이 큼과 작음은 객관적으로 파악될 필요는 없는 것이다. 이 책에서 우리는 큼과 작음을 이미지의 투사의 두 극으로 다루었을 따름이다. 다른 책들에서, 특히 무한의 경우, 우리는 자연의 웅장한 광경들 앞에서의 시인들의 명상을 특징지어 보려고 노력한 바 있다.[50] 여기서는 이미지의 움직임에 대한 한결 더 내밀한 참여가 문제될 것이다. 예컨대 어떤 시 작품들을 따라가 보면서, 무한의 인상은 우리들 자신 안에 있는 것이며 반드시 하나의 대상에 관계되어 있는 것은 아니라는 것을 증명하게 될 것이다.

여기까지 이르러 우리는 충분히 많은 양의 이미지들을 이미 모은 셈이므로, 이미지들에 그것들의 존재적인 가치를 주면서 우리 나름으로 안과 밖의 변증법을 세워 보려고 했다. 그런데 이 안과 밖의 변증법은 열린 상태와 닫힌 상태의 변증법으로 반향되게 된다.

---

50) 《대지와, 의지의 몽상 *La Terre et les rêveries de la volonté*》, Corti, p.378과 그 이하를 참조할 것.

그 안과 밖의 변증법에 대한 장과 아주 가까운 내용을 가진 것이, 〈원의 현상학〉이라는 제목의 그 다음장이다. 이 장을 쓰면서 우리가 이겨내야 했던 어려움은, 일체의 기하학적으로 자명한 사실에서 벗어나는 일이었다. 달리 말하자면, 우리는 둥긂의 내밀함이라고나 표현할 그런 것에서 출발해야 했다. 우리는 사상가들과 시인들에게서, 단순한 메타포가 아닌 —— 우리로서는 이것이 본질적인 점인데 —— 이 직접적인 둥긂의 이미지들을 발견했던 것이다. 그리하여 우리는 이 장에서, 메타포의 주지성(主知性)을 폭로하고 따라서 다시 한 번 순수한 상상력의 고유한 활동을 드러낼 새로운 기회를 가질 것이다.

우리의 복안으로는, 암암리에 형이상학으로 가득 차 있는 이 마지막 두 장은, 우리가 또 쓰려고 하는 다른 하나의 저서와 관계를 지어 주게끔 되어 있다. 그 책은 우리가 최근 3년 동안 소르본에서 한, 많은 공개 강의들을 압축한 것이 될 것이다. 우리는 그 책을 쓸 힘이 있을까? 호의에 찬 청중들에게 자유롭게 건네는 말과, 책을 쓸 때에 필요한 엄격성 사이에는 큰 거리가 있다. 말로 하는 가르침에 있어서는 가르치는 즐거움에 들떠서 때로 말 자체가 생각을 하게도 된다. 그러나 책을 쓸 때에는 그래도 사색을 해야 하는 것이다.

제1장

———

집

——— 지하실에서 지붕 밑 방까지. 오두막집의 뜻

우리 집 문을 누가 와서 두드릴까?
문이 열리면 들어오고
문이 닫히면 아늑한 소굴
문 밖 저쪽에선 세상은 요란해도
── 피에르 알베르 비로Pierre Albert-Birot,
《자연의 즐거움 *Les Amusements naturels*》, p.217.

I

　내부 공간의 내밀함의 가치들에 대한 현상학적 연구를 위해서는 집은 명백히 특권적으로 알맞은 존재이다. 물론 이것은, 집의 모든 특이한 가치들을 모두 하나의 근본적인 가치 속에 통합하려고 함으로써 집을 그것의 통일성과 복합성 가운데 동시에 파악한다는 조건 밑에서 그러한데, 사실 집은 우리에게 여러 흩어져 있는 이미지들과 동시에 하나의, 이미지들의 통합체를 제공함을 우리는 살펴보게 될 것이다. 그런데 양자의 경우에 있어서 똑같이 우리는, 상상력이 실제의 가치들을 불린다는 것을 증명하게 될 것이다. 일종의 이미지를 끄는 힘이 집 주위에 이미지들을 결집시킨다. 우리들이 몸을 담은 적이 있었던 모든 집들의 추억들을 통해, 우리들이 거기서 살아 보기를 열망했던 모든 집들 너머로, 그 집들의 내밀하고 구체적인 본질을,── 보호받는 내밀함의 모든 이미지들이 각각 가지고 있는 특이한 가치를 타당하게 할 그러한 본질을 추출할 수 있을까? 중심 문제는 이것이다.

이 문제를 해결하기 위해서는 집을, 우리들이 거기에 우리들의 가치 판단과 몽상을 반응케 할 수 있을 '대상'으로 생각하는 것만으로 충분 치 않다. 현상학자와 정신분석가와 심리학자에게 있어서는(이 세 견지는 지금 이미지의 함축성이 감소하는 순서로 늘어놓여진 것이지만), 집들을 묘 사하고 그것들의 그림같이 아름다운 모습들을 상세히 이야기하고 그것 들의 안락함의 이유들을 분석하는 게 문제가 아니다. 이와는 전혀 반대 로, 묘사의 문제를——그 묘사가 객관적인 것이든 주관적인 것이든 간 에, 즉 그 묘사가 사실을 이야기하든 인상을 이야기하든 간에——넘 어서서 집의 근본적인 가치들,——거주한다는 근본적인 기능에 대한 우리들의, 말하자면 태어날 때부터의 애착이 드러나게 되는 그러한 가 치들에 이르러야 한다. 지리학자나 인류학자는 우리들에게 아주 다양 한, 거처의 전형들을 잘 묘사해 줄 수 있다. 이러한 거처의 다양성 밑에 현상학자는 중심적이고 확실하고 직접적인 행복의 배아(胚芽)[1]를 파 악하기 위해 필요한 노력을 하는 것이다. 일체의 거소 가운데, 성 속에 서조차, 조개껍질 속 같은 원초의 아늑함을 찾아내는 것, 이것이 바로 현상학자의 기본적인 작업이다.

그러나 좋아하는 장소에 대해 우리가 느끼는 애착의 여러 뉘앙스 들의 각각의 깊은 실체를 밝히려고 할 경우, 얼마나 많은 문제들이 서 로 얽혀 있는가? 현상학자에게 있어서는 뉘앙스란 원초적인 솟구침의

---

1) (역주) 요나 콤플렉스를 암시하는 듯. 그것이 '중심적이고 확실(한)' 것은, 상상력 이 언제나 한결같이 지향하는 것이기 때문일 것이고, '직접적인' 것은, 인과성에서 벗 어나 있기 때문일 것이다. 바슐라르가 이미지에 관해 '직접적'이라는 표현을 쓸 때 에는 언제나, 이미지에 대한 인과적인 태도에 반대적이라는 뜻으로 그것을 파악하면 이해하기 쉽다.

심리 현상으로 파악되어야 한다. 뉘앙스는 보충적인 표면의 빛깔이 아닌 것이다. 그러므로 어떻게 우리가 우리의 삶의 공간에서 삶의 모든 모순적인 양상과 조화를 이루며 살고 있는가, 어떻게 우리가 하루하루 우리 자신을 '세계의 한구석'에 뿌리박고 있는가를 말해야 한다.

집이란 세계 안의 우리들의 구석인 것이다. 집이란——흔히들 말했지만——우리들의 최초의 세계이다. 그것은 정녕 하나의 우주이다. 우주라는 말의 모든 뜻으로 우주이다. 내밀하게 파악될 때, 더할 수 없이 비천한 거소라도 아름답지 않겠는가? '비천한 숙소'의 작가들은 자주 공간의 시학의 이 요소를 환기한다. 하지만 그 환기는 너무 간략하다. 비천한 숙소에는 묘사할 것이 조금밖에 없기에 그들은 거기에 거의 머무르지 않는다. 그들은 그 비천한 숙소를 그것의 현상태에 있어서 특징지으려고 할 뿐이지, 그것의 원초성을,——부자이든 가난한 자이든 꿈꾸기를 받아들이기만 한다면 누구나 누릴 수 있는 그러한 집의 원초성을 참으로 살지 않는다.

어른이 된 우리들의 삶은 최초의 재보들을 너무나 빼앗겨 버려서, 그 삶에서 우주와 인간의 유대는 너무나 풀어져 버려서, 사람들은 집의 우주에서 그 유대가 최초로 얽혔던 상태를 이젠 느끼지 못한다. 추상적으로 '세계를 의식하는'——자아와 비자아의 변증법적인 상충 작용에 의해 세계를 발견하는 철학자들이 없지 않다. 하지만 그들은 바로, 집에 앞서 세계를, 숙소에 앞서 지평선을 먼저 아는 사람들이다. 그러나 이와는 반대로 이미지의 참된 시발을 우리가 현상학적으로 연구해 볼 때, 우리는 거주하는 공간의 가치를, 자아를 보호하는 비자아를 구체적으로 말할 수 있게 된다.

여기서 과연 우리는, 우리가 그 이미지들을 탐구해 보아야 할 환위

(換位) 명제에 접한다: 참된 의미로 거주되는 일체의 공간은 집이라는 관념의 본질을 지니고 있다. 우리는 이 책의 도처에서, 사람이 조금이라도 몸을 숨길 만한 곳을 발견하기만 하면 어떻게 상상력이 위의 환위 명제가 뜻하는 방향으로 활동하게 되는지를 살펴보게 될 것이다: 우리는 상상력이 만져지지도 않는 그늘을 가지고 '벽'을 짓고, 방어의 환영을 가지고 기운을 되찾으며, 혹은 반대로 두터운 벽 뒤에서도 몸을 떨고, 더할 수 없이 단단한 성벽까지도 믿지 못하는 것을 살펴볼 것이다. 간단히 말해서, 피난처에 보호되어 있는 존재는 더할 수 없이 끝없는 변증법[2]을 통해 그 피난처의 경계에 민감성을 부여한다. 그는 생각과 꿈을 통해 집을 그것의 실제태와 잠재태 가운데 사는(體驗) 것이다.

그리되면 그때부터 모든 피난처들은, 모든 은신처들은, 모든 방들은 여러 서로 조화되는 꿈[3]의 가치들을 가지게 된다. 그때부터 집이 참되게 '살아지는' 것은 실제적인 측면에서가 아니게 되며, 집의 혜택을 깨닫게 되는 것은 단순히 현재에서만은 아니게 된다. 참된 안락이란 과거를 가지고 있는 법이다. 꿈을 통해 한 개인의 과거 전체가 새집에 와서 살게 된다. '집 안의 수호신을 옮겨간다'라는 옛말은 수많은 다른 표현들을 가지고 있다. 그리하여 몽상은 깊어져서, 집의 몽상가에게는 가장 오래된 기억마저도 넘어서는 태고적 과거의 한 영역이 열려진다. 이 책의 여기저기에서 집은 불과 물과 마찬가지로 우리로 하

---

2) (역주) 피난처와 그 외계 사이의 변증법.
3) (역주) 이 역어의 원어는 onirisme, 그 형용사는 onirique. onirisme은 정신병학에서 꿈에 나타나는 것과 같은 환각으로 이루어지는 정신 활동을 가리킴. 바슐라르의 문맥에서는 꿈rêve과 몽상rêverie의 어느것이라도 가리키는, 그 두 낱말보다 상위의 개념을 가지는 것으로 쓰이는 듯. 그래 onirisme과 onirique를 경우에 따라 '꿈(의)' '몽상(의)' '몽환(적인)'으로 옮겼음.

여금 추억과, 추억을 넘어서는 태고의 종합[4]을 밝혀 보이는 어렴풋한 봉상의 빛을 환기하게 할 것이다. 그 먼 영역에서는 기억과 상상은 분리되지 않는다. 그 둘은 서로를 심화하는 데 힘을 모은다. 그 둘은 가치의 영역에서 추억과 이미지의 공동체를 만드는 것이다. 이리하여 집은 단순히 그날그날 우리들의 역사의 흐름을 따라, 우리들의 역사의 이야기 속에서 살아지는 것만은 아니다. 꿈을 통해, 우리들이 살아가는 동안에 들〔居〕었던 여러 거소들이 상호 침투하며 지난날들의 재보들을 간직한다. 새집에 옛집들의 추억들이 되돌아오면, 우리들은 '태고의 과거' 처럼 움직임 없는, '변함 없는 어린 시절' 의 왕국으로 되돌아간다.[5]

---

4) 〔역주〕 추억은 상상력의 작용을 가장 잘 보여주는 예이다. 추억이 아름다워 보이는 것은 상상력이 추억, 즉 과거의 이미지를 그것이 지향하는 바, 즉 원형으로 변화시켜 나가기 때문이다. 그러므로 추억과 원형은 상상력을 통해 '종합' 된다고 하겠다. 그런데 추억이 개인의 과거에 속하는 것이라면, 원형은 인류의 과거에 속하는 것이다. 왜냐하면 원형은 집단무의식적 현상이고, 집단무의식은 인간이 최초로 이 세상에 태어난 이후 전체 인류의 삶을 통해 형성된 것이기 때문이다. 문제의 부분에서 '추억을 넘어서는 태고' 는 바로 그러한 아득한 인류의 과거를, 그리하여 원형을 암시할 것이다.

5) 〔역주〕 어린이나 어린 시절의 테마는 특히 두 시학서에서 자주 나타난다. 어린이는 인습과 이해관계에서 가장 먼 존재인 만큼, 그의 상상은 상상력의 자유로움에, 따라서 그것의 지향에 가장 충실한 법이다. 어린이에게 감동이, 아름다움이 가장 빈번하고 강력하게 느껴지는 것은 이 때문일 것이다. 이것은 달리 말해, 어린이의 삶이 상상력의 이상 즉 원형적 상태에 가장 가까이 있는 것이라고도 하겠다. 그런데 또 어린 시절의 추억이 추억들 가운데 가장 아름답게 느껴지는 것은, 바슐라르 자신이 이 장에서 언급하고 있듯이, 그 추억 자체가 이와 같이 빈번하고 강력히 느꼈던 어린 시절의 감동을 포함하고 있기 때문이다. 어린 시절의 추억 자체의 아름다움과, 거기에 포함되어 있는 그때에 느꼈던 아름다움. 이 이중의 아름다움으로 하여 어린 시절은 그 자체가 정녕 인간의 이상향, 그 자체가 인간의 상상력이 지향하는 원형이 된다고도 할 수 있을 것이다. 문제의 부분에서 '어린 시절' 이 '태고의 과거처럼 움직임 없는' 이라는 원형을 암시하는 형용어를 달고 있는 것은 이 때문일 것이다.

우리들은 역설적이지만 정신분석식으로 말해 고착(固着)을, 행복 고착을 사는(體驗) 것이다.[6] 즉 보호받은 추억들을 되삶으로써 기운을 되찾는 것이다. 닫혀 있는 어떤 것이 추억들을 간직하고 있어서, 그 추억들에 이미지의 가치를 부여하는 것이다.[7] 외부 세계의 추억들은 결코 집의 추억들과 같은 빛깔을 가지지 못한다. 집의 추억들을 환기하면서 우리들은 꿈의 가치들을 한데 모은다. 우리들은 결코 참된 역사가들이 되지 못하며, 언제나 약간 시인들이고, 우리들의 감동은 아마도 망실의 시밖에 표현하지 못하는 것일 것이다.

이리하여 기억력과 상상력의 연대성을 깨뜨리지 않을 조심성을 가지고 집의 이미지들을 살펴봄으로써 우리는, 생각지도 못했던 만큼의 깊이에서 우리를 감동시키는 한 이미지[8]의, 심리적인 전탄력성을 느끼게 할 수 있으리라는 것을 희망할 수 있을 것이다. 아마도 추억들보다는 더 시 작품들을 가지고 우리는 집의 공간의 시적인 바탕에 접하게 될 것이다.

사정이 이러하므로, 사람들이 우리에게 집의 가장 귀중한 혜택이 무엇인지를 묻는다면 우리는 이렇게 대답할 것이다: 집은 몽상을 지켜 주고, 집은 몽상하는 이를 보호해 주고, 집은 우리들로 하여금 평화롭게

---

6) 정신분석적인 문학이 그것의 치료적인 기능으로 보아 특히 고착해소(固着解消)의 과정을 기록해야 한다면, 이에 반해 이 경우에는 '고착'에 그것의 좋은 효능을 되돌려 주어야 하지 않을까?

7) [역주] '닫혀 있는 어떤 것'은 바로 요나 콤플렉스의 이미지 자체를 암시하는 듯하고, 따라서 이 문장은 바로, 원형(요나 콤플렉스)이 추억을 (아름다운 혹은 시적인) 이미지로 되게 하는 토대임을, 일반화하여 말한다면 한마디로 아름다움의 토대임을 직설적으로 말해 주고 있다고 하겠다.

8) [역주] 여전히 요나 콤플렉스의 이미지를 말하는 듯.

꿈꾸게 해준다고. 인간적인 가치를 확정시키는 것은 사상과 경험만은 아니다. 몽상에는 인간을 그의 깊은 내면에서 징표하는 가치들이 속해 있다. 몽상은 자체에 가치를 부여하는 특권까지 가지고 있다. 그것은 자체의 존재를 직접적으로 즐기는 것이다. 그러므로 우리들이 **몽상을 살았던**〔體驗〕 장소들은 새로운 몽상 가운데 스스로 복원된다. 과거의 거소들이 우리들 내부에 불멸하게 남아 있는 것은, 바로 그것들의 추억이 몽상처럼 되살아지기 때문인 것이다.

우리의 목적은 이제 명백하다: 집은 인간의 사상과 추억과 꿈을 한데 통합하는 가장 큰 힘의 하나라는 것을 우리는 드러내어야 한다. 이 통합에 있어서 연결의 원리는 몽상이다. 과거, 현재, 미래는 집에 각각 다른 역동성을, 때로는 대립되기도 하고 때로는 서로를 부추기기도 하며 흔히 서로 겹치는 각각 다른 역동성을 부여한다. 집은 인간의 삶에 있어서 우연적인 것들을 제거해 주며, 지속의 조언을 수다히 들려준다. 집이 없다면, 인간의 존재는 산산이 흩어져 버릴 것이다. 집은 하늘의 뇌우와 삶의 뇌우들을 거치면서도 인간을 붙잡아 준다. 그것은 육체이자 영혼이며, 인간 존재의 최초의 세계이다. 인간은 성급한 형이상학들이 가르치듯 '세계에 내던져'[9]지기에 앞서, 집이라는 요람에 놓여지는 것이다. 그리고 우리들의 몽상 가운데서는 집은 언제나 커다란 요람이다. 구체적인 형이상학이라면 이 사실을, 이 단순한 사실을 옆으로 밀쳐 놓을 수 없다. 이 사실이 하나의 가치, 우리들이 우리들의 몽상 속에서 그리로 되돌아오곤 하는 하나의 커다란 가치이기에 더욱 그러하다. 이 경우 존재는 금방 가치인 것이다. 삶은 잘 시작된다. 삶은 집의

---

9) 〔역주〕 실존철학을 암시하는 듯.

품속에 포근하게 숨겨지고 보호되어 시작되는 것이다.

우리의 견지에서, 이미지의 시원(始源)으로써 살아가는 현상학자의 견지에서 본다면, 존재가 '세계에 내던져'지는 순간에 성찰의 입장을 마련하는 의식의 형이상학은 이차적인 형이상학에 지나지 않는다. 그 순간에 앞서 존재가(있음이) 바로 안락(잘 있음)인 예비적인 단계,—— 인간 존재가 안락의 상태, 존재에 원초적으로 결합되어 있는 그 안락의 상태에 놓여지는 그러한 예비적인 단계를 그 형이상학은 지나쳐 버리는 것이다. 의식의 형이상학을 구체적으로 보여주기 위해서는, 존재가 밖으로 내던져지는, 즉—— 우리가 지금 고찰하고 있는 이미지들에 의한 표현 방식으로 말한다면—— 문 밖으로, 집의 존재 밖으로 내쫓아지는 경험, 인간의 적의와 세계의 적의가 쌓여 가는 그러한 상황의 경험을 기다려야 할 것이다. 그러나 의식과 무의식을 모두 포괄하는 완전한 형이상학은 **내부**에 가치의 특권을 허여(許與)해야 한다. 존재의 내부에, 내부의 존재 안에, 따뜻함이 존재를 맞아들이고 감싸는 것이다. 알맞은 물질의 아늑함 가운데 녹아들어 존재는 말하자면 일종의, 물질의 지상낙원 안에 군림하는 것이다. 그 물질적인 낙원에서의 존재는 자양분 가운데 잠기며 본질적인 일체의 이로운 것들로 충족되어 있는 듯이 보인다.[10]

더할 수 없이 깊은 몽상 속에서 우리들이 태어난 집을 꿈꿀 때, 우리들은 물질적 낙원의 그 원초적인 따뜻함, 그 잘 중화된 물질에 참여하게 된다. 보호되는[11] 존재들이 살고 있는 것은 바로 그러한 분위기 속

---

10) [역주] 요나 콤플렉스를 형성시킨 것으로 상정되는 모태 안의 환경 자체를 묘사하는 듯.

11) [역주] 원문에는 protecteur(보호하는)로 되어 있으나, 문맥으로 보아 pretégé(보

에서인 것이다. 우리는 집의 모성(母性)에 대해 다시 이야기하게 되겠지만, 지금 우선적으로 우리는 집의 존재의 원초적인 충족성을 지적해 두려고 한 것이다. 우리들의 몽상이 그 충족성으로 우리들을 다시 데리고 간다. 그리하여 집은 변함없는 어린 시절을 '그의 품안에' 안고 있다는 것을 시인은 잘 알고 있는 것이다:

집이여, 초원의 한 부분인, 저녁의 불빛인 집이여
너는 갑작스레 사람의 얼굴을 얻는다
너는 안으며 안기며 우리 곁에 있다.[12]

2

말할 나위 없이 집의 덕택으로 많은 우리들의 추억들이 그 안에 거처를 잡아 간직되어 있으며, 그래 집이 약간 복잡한 것이기라도 하면, 집에 지하실과 지붕 밑 방이, 여러 복도와 구석진 곳들이 있기라도 하면, 우리들의 추억들은 더욱더 특색 있는 은신처들을 가지게 된다. 우리들은 평생 동안 우리들의 몽상 속에서 그리로 되돌아가곤 한다. 그러므로 정신분석가는 이와 같이 추억들이 제자리를 차지하고 있다는 이 사실에나마 주의를 기울여야 할 것이다. 이 책의 〈머리말〉에서 지적한 바와 같이 우리는 이, 정신분석에 대해 보조적인 분석에 즐겨 장소분석이라는 명칭을 부여하고 싶다. 따라서 장소분석이란 우리들의

─────────────

호되는)의 오식이거나 저자의 착오인 듯.
12) 클로드 비제Claude Vigée 역, 〈릴케〉에서 인용. 《문학 Les Letteres》지(誌) 4년째 권 14·15·16호 합본, p.11.

내면적인 삶의 장소들에 대한 조직적인 심리적 연구라고 하겠다. 우리들의 기억력이라는 그 과거의 극장에서는 무대장치가 오히려 인물들을 그들의 주된 역할에 붙들어 두는 것이다. 우리들은 때로 시간 속에서 스스로를 알아본다고 생각하지만, 기실 그것은 우리들의 존재가 안정되게 자리잡는 공간들 가운데서 일련의 정착점들을 알아보는 것에 지나지 않는다.[13] 우리들의 존재는 흘러나가려 하지 않으며, 잃어버린 시간을 찾으러 떠났을 때에 과거에 있어서까지도 시간의 흐름을 '멈추려'고 하는 것이다. 공간은 그것의 수많은 벌집 같은 구멍들 속에 시간을 압축해 간직하고 있으며, 공간은 그렇게 하는 데 소용된다.

그리고 만약 우리들이 역사를 넘어서려고 한다면, 혹은 비록 역사 속에 머물러 있을지라도 우리들의 역사에서, 그것을 혼잡하게 채우고 있는 타인들의 존재로써 이루어지는, 언제나 너무 우연적인 부분을 떼내어 버리려고 한다면, 우리들은 우리들의 삶의 달력이 그 삶의 이미지들 가운데서만 엮어질 수 있다는 것을 알게 된다. 우리들의 존재를 존재론의 위계 가운데 분석하기 위해서는, 원초적인 거소들에 파묻혀 있는 우리들의 무의식을 정신분석하기 위해서는, 여느 정신분석의 테두리 밖에서 우리들의 큰 추억들을 **비사회화**하여, 우리들이 **우리들의 고독의 공간**들 속에서 가졌던 몽상들의 차원에 이르러야 한다. 그러한 연구를 위해서는 몽상이 꿈보다 더 유용하다. 그리고 그러한 연구는 몽상이 꿈과는 아주 다를 수 있는 것임을 보여준다.[14]

---

13) [역주] 우리들이 체험한 시간, 즉 추억 속에 간직되어 있는 과거를 두고 보면, 시간은 공간과 분리될 수 없다. 왜냐하면 우리들의 추억은 반드시 어떤 장소에 결부되어 있기 때문이다.
14) 우리는 꿈과 몽상의 차이를 이 다음 저서에서 연구하려고 한다.

그리하여 그러한 고독들을 앞에 두고 장소분석가는 이렇게 묻는다: 그 방은 컸던가? 그 지붕 밑 방은 잡동사니로 차 있었던가? 그 구석은 따뜻했던가? 그리고 빛은 어디서 흘러 들어오고 있었던가? 또 그 공간들 속에서 존재는 침묵을 어떻게 알고 있었던가? 그는 고독한 몽상이 거하던 그 여러 숙소들의, 그토록 특이한 침묵을 어떻게 음미하고 있었던가?

이 경우 공간은 전부이다. 왜냐하면 이제 와서 기억을 생생하게 하는 것은 시간이 아니기 때문이다. 기억은 —— 얼마나 기이한 일인가! —— 구체적인 지속을, 베르그송적인 뜻으로서의 지속[15]을 새겨 놓지 못한다. 없어진 지속을 우리들은 되살 수 없는 것이다. 그것을 우리들은 생각할 수만, 구체성의 두터움을 모두 빼앗겨 버린 추상적인 시간의 선을 따라 생각할 수만 있을 따름이다. 우리들이 오랜 머무름〔滯在〕에 의해 구체화된, 지속의 아름다운 화석들을 발견하는 것은, 공간에 의해서, 공간 가운데서인 것이다. 무의식은 머무르고 있는 법이다. 추억은 잘 공간화되어 있으면 그만큼 더 단단히 뿌리박아, 변함없이 있게 되는 것이다. 추억을 시간 가운데 위치시킴은 전기작가의 관심사일 뿐이며, 말하자면 외적인 역사, —— 외적인 용도를 위한, 다른 사람들에

---

15) 〔역주〕 베르그송 철학의 핵심 개념. 수학적으로 계량될 수 있는 객관적인 시간에 대립되는 것으로, 정신의 삶에서 직접적으로 감지되는 것으로서의 연속성. 그러므로 그것은 정신의 서로 계속되는 상태들의 연속성이라고도 할 수 있겠는데, 그러나 베르그송의 지속에서 강조되는 것은 계량적인 시간의 분할 가능성에 대립되는 연속성의 흐름 자체이므로, 그 연속되는 상태들이 단절되어 독립될 수 있다고 여겨지지 않고 그 하나의 연속성의 흐름 속에서 상호 침투하고 서로가 서로의 속으로 용융해 들어가는 것으로 느껴진다. 어쨌든 이것은 인간 의식이 체험하는 시간이므로 '체험된 지속 durée vécue' '질로서의 지속 durée qualité' '구체적 지속 durée concrète'이라고도 묘사된다.

게 알리기 위한 역사에밖에는 관계되지 않는 일이다. 그러나 전기와는 달리 깊은 내면을 탐색하는 해석학은 역사에서, 우리들의 운명에 작용하지 못하는 그 시간의 결체(結締) 조직을 제거해 버림으로써 운명의 중심점들을 밝혀내어야 한다. 내밀성을 알기 위해서는 날짜를 밝히는 것보다 우리들의 내밀성의 공간들 가운데서 위치를 찾아내는 것이 더 긴급한 일인 것이다.

정신분석은 정열을 너무나 흔히 '세기(世紀) 속에' 집어넣는다.[16] 기실 정열은 고독 속에서 익고 되익는 법이다. 정열의 인간이 그의 폭발을 혹은 그의 공훈을 마련하는 것은, 그의 고독 속에 갇혀서인 것이다.

그리고 우리들의 지난 고독들의 모든 공간들은, 우리들이 고독을 괴로워하고 고독을 즐기고 고독을 바라고 고독을 위태롭게 했던 그 공간들은, 우리들 내부에서 지워지지 않는 법이다. 정확히 말하자면, 우리들의 존재가 그것들을 지우고 싶어하지 않는 것이다. 우리들의 존재는 본능적으로, 그의 고독의 그 공간들이 본질적인 것이라는 것을 안다. 그 공간들이 현재로부터 영원히 지워져 버려 이후 일체의 장래의 희망과 무관해져 버렸을 때에라도, 이젠 지붕 밑 방이 없을지라도, 다락방이 망실되었을지라도, 그렇더라도 여전히 우리들이 어떤 지붕 밑 방을 사랑했으며 어떤 다락방에서 살았다는 사실은 남을 것이다. 우리들은 밤의 꿈속에서 그리로 돌아가는 것이다. 그 초라한 작은 방들은 조개껍질 같은 가치를 지니고 있다. 그리고 우리들이 잠의 미로의 끝에까지 갔을 때, 우리들이 잠의 깊은 지역에 다다랐을 때, 우리들은 아마도 전인간적(前人間的)[17] 휴식을 알게 될 것이다. 전인간적인 것은 이 경

---

16) 〔역주〕위에 나온 바슐라르 자신의 표현을 쓴다면, 정열을 '외적인 역사'에 결부시킨다는 뜻인 듯.

우 태고의 과거에 닿아 있는 것이다. 그러나 낮 동안의 몽상 가운데서도, 좁고 단순하고 죄어진 고독들의 추억은 우리들에게 있어서 기운을 되찾아 주는 공간,──확대되기를 바라지 않는, 차라리 특히 아직도 소유되고 싶어하는 공간, 그러한 공간의 체험들이다. 옛날에 우리들은 물론 그 다락방을 너무 좁다고, 겨울에는 춥고 여름에는 덥다고 생각했을지도 모른다. 그러나 이제 와서 몽상을 통해 되찾은 추억 속에서는, 알 수 없는 기이한 융합으로 그 다락방은 작으면서도 크고, 더우면서도 시원하고, 언제나 기운을 되찾게 하는 것이다.

3

따라서 우리는 바로 장소분석의 토대 자체에 의미의 한 갈래를 도입해야 한다. 우리는 무의식이 숙박되어 있다는 것을 주목케 한 바 있지만, 무의식은 잘 숙박되어 있다고, 행복하게 숙박되어 있다고 덧붙여 말해야 한다. 그것은 그의 행복의 공간 속에 숙박되어 있는 것이다. 정상적인 무의식이라면 어디에서나 편히 있을 줄 아는 법이다. 정신분석은 거처에서 쫓겨난 무의식을, 난폭하게 혹은 교활한 방법으로 거처에서 쫓겨난 무의식을 도와준다. 하지만 정신분석은 존재를 쉬게 하기보다는 차라리 움직이게 한다. 그것은 존재를 무의식의 숙소 밖에서 살도록, 삶의 모험 속으로 들어가도록, 제 자신으로부터 빠져나오도록 이끈다. 그리고 물론 그것의 그러한 노력은 건강에 이로운 것

---

17) 〔역주〕 물론 비인간적이라는 뜻은 아닐 것이고, 다음 문장에서 '태고의 과거'와 관련지어져 있는 것을 보면, 개인의 과거를 넘어선다는, 즉 인류의 과거에서 비롯된다는 뜻일 듯. 즉 원형적이라는 뜻일 듯.

이다. 왜냐하면 내부의 존재에게도 외부적인 운명 또한 주어져야 하기 때문이다. 이와 같은 치유 활동에서 정신분석을 보조하기 위해서는, 우리들을 우리들 밖으로 불러내는 모든 공간들의 장소분석을 기도해야 할 것이다. 비록 우리의 연구를 휴식의 몽상에 집중시킨다고 할지라도 우리는, 걸어가는 인간의 몽상, 길의 몽상이 있다는 것을 잊지 말아야 한다.

　　나를 데려가 주렴, 길들이여……

라고 마르슬린 데보르드 발모르Marceline Desbordes-Valmore는, 그녀가 태어난 플랑드르 지방을 생각하며 읊은 바 있다.[18] 그리고 오솔길이란 얼마나 아름다운 역동적인 대상인가! 언덕의 그 정다운 오솔길들은 우리들의 근육 의식에 얼마나 또렷이 남아 있는가? 어느 시인은 그 오솔길들의 전역동성을 단 한 줄의 시구로 이와 같이 환기하고 있다:

　　오 나의 길들이여, 그들의 리듬이여[19]

　나는 언덕을 '기어오르던' 길을 역동적으로 눈앞에 되그릴 때면, 그 길 자체가 근육과 역근육(逆筋肉)을 가지고 있었던 것이라고 굳게 믿게 된다. 파리의 내 방에서, 이처럼 길을 추억하는 것은 내게는 좋은 훈련이다. 이 페이지를 써나가며 나는 산책의 의무를 벗은 듯 느끼는

---

18) 〈스카르프의 개울〉.
19) 장 코베르Jean Caubère, 《사막 Déserts》, Debresse, p.38.

것이다: 집 밖으로 나와 있다고 믿고 있기 때문이다.

그리고 만약 사물들에 그것들이 암시하는 모든 움직임들을 부여한다면, 현실과 상징 사이에 수많은 중간물들을 발견할 수 있을 것이다.[20) 노란 모래의 오솔길가에서 몽상에 잠겨 있는 조르주 상드Georges Sand 는 삶이 흘러감을 보는 것이다. 그녀는 쓰고 있다: '길보다 더 아름다운 게 무엇이 있겠는가? 그것은 바로 활동적이고 변화 있는 삶의 상징이고 이미지인 것이다.'[21)

그러므로 우리들은 제각기 자기의 길들과, 네거리들과, 앉아 쉴 벤치들에 대해서 이야기해야 할 것이다. 제각기 지난날 거쳐 왔던 들판들의 토지대장을 작성해야 할 것이다. 소로Thoreau는 말하기를, 자기 영혼에 새겨진 들판의 지도를 가지고 있노라고 했다. 그리고 장 발Jean Wahl은 이렇게 쓸 수 있었던 것이다:

양털 같은 생울타리

내 마음속에 간직돼 있네.[22)

---

20) 〔역주〕 바슐라르에게 있어서 이미지가 상징, 즉 의미를 가진 이미지가 되게 되는 것은, 바로 이미지가 원형으로의 지향 가운데 변용적이기 때문이다. 그 변용은 달리 말해, 이미지가 원형으로의 지향 가운데, 그것이 처한 상황에 대해 나타내는 반응이라고 하겠다. 가치(원형)와 현실(상황) 사이에서의 이미지의 바로 이 노력이, 그것에 어떤 해석의 가능성, 어떤 의미를 주는 것이다. 그런데 이미지의 그 변용은 대개, 그 이미지가 그것이 표상하는 대상(사물)으로서 나타내는 움직임에 기탁되어 나타나기 쉽다. 따라서 한 사물이 나타내고 있는 다양한 움직임들은 그 사물의 이미지가 가질 수 있는 그만큼의 변용 가능성, 따라서 해석 가능성이라고도 할 수 있다. 문제의 부분에서 '중간물들'이 뜻하는 것은, 그러한 약간씩 다른 해석 가능성을 가진, 한 사물의 이미지의 여러 모습들일 것이다.

21) 《콩쉬엘로 Consuelo》 II, p.116.

22) 《시집 Poèmes》, p.46.

이리하여 우리들은 세계를 우리들의 체험된 소묘들로 뒤덮는 것이다. 그 소묘들은 정확할 필요는 없다. 다만 우리들의 내부 공간과 같은 빛깔로 물들어져 있으면 된다. 하지만 이 모든 문제들을 정확히 규정하기 위해서는 얼마나 두꺼운 책을 써야 할 것인가! 공간은 행동을 부르고, 또 행동에 앞서 상상력이 활동하는 법이다. 상상력은 낫질을 하고 밭을 간다. 이 모든 상상적인 활동들의 이로운 점을 말해야 할 것이다. 정신분석은 투사적인 행동에 대해, 속내 인상을 기회만 있으면 언제나 밖으로 나타내려고 하는 외향적 성격들에 대해 많은 관찰을 해왔다. 이 외향성에 관한 장소분석을 한다면, 아마도 그 투사적인 행동을, 외계 사물들에 대한 몽상을 밝힘으로써 명확히 드러낼 수 있을 것이다. 하지만 이 책에서 우리는——또 그것이 바른 일이기도 한데——외향성과 내향성의 이중의 상상적인 기하학을, 이중의 상상적인 물리학을 할 수는 없다. 게다가 이 두 물리학이 같은 정신적psychique인 무게를 가지고 있다고도 우리는 믿지 않는다. 우리가 연구의 노력을 바치려고 하는 것은, 그 정신적인 무게가 지배적인 영역, 내밀성의 영역에 대해서인 것이다.

따라서 우리는 모든 내밀성의 영역들이 가지는, 우리를 끄는 힘에 우리 자신을 맡길 것이다. 참된 내밀성으로서 우리들을 밀어내는 것은 없는 법이다. 일체의 내밀성의 공간들은 끌어들이는 힘으로 지칭될 수 있다. 그 공간들의 존재는 안락이라는 것을 다시 한 번 되풀이해 말해 두기로 하자. 사정이 이러하므로 장소분석은 장소애호의 징후를 나타내는 것이다. 그리고 우리가 피난처나 방들을 연구해야 하는 것은, 바로 공간의 이와 같은 가치 획득[23]의 방향에서인 것이다.

4

이 피난처적인 공간의 가치들은 너무나 단순하고 무의식 속에 너무나 깊이 뿌리박고 있는 것이어서, 우리는 그것들을 상세한 묘사에 의해서보다는 차라리 단순한 환기에 의해서 되찾곤 한다. 그리되면 미미한 뉘앙스의 환기만으로 색깔이 감지되고, 시인의 말마디가 바로 정곡(正鵠)을 두드리기에 우리들의 존재의 심층을 흔든다.

거소의 지나치게 화려한 외관은 그것의 내밀함을 가려 놓을 수도 있다. 이것은 삶에 있어서 그럴 뿐 아니라, 몽상 가운데서는 더욱 그러하다. 참된 추억의 집들, 우리들의 꿈이 우리들을 되데려가곤 하는 집들, 한결같은 꿈으로 풍요로운 집들은 일체의 묘사를 싫어하는 법이다. 그 집들을 묘사함은 그것들을 **방문하게 하는 것**일 뿐일 것이다. 현재의 사물에 관해서는 아마 그것의 모든 것을 이야기할 수 있을지 모른다. 하지만 과거의 사물에 관해서라! 몽상적으로 확정된 원초의 집은, 그것의 어슴푸레한 빛을 간직해야 한다. 그 집은 내면의 문학, 즉 시에 속하는 것이지, 내밀성을 분석하기 위해 타인들의 맹랑한 이야기를 필요로 하는, 말 잘하는 문학에 속하는 게 아니다. 내 어린 시절의 집에 관

---

23) 〔역주〕 이 역어의 원어는 valorisation으로, 동사 valoriser〔가치를 부여하다〕의 파생어이다. 나는 〈바슐라르와 상상력의 미학〉에서 이에 대한 역어로 '여가작용(與價作用)'이라는 신조어를 시도했었는데, 이 역어가 별로 쓰여지는 것 같지 않으므로, 이 역서에서는 통상적인 표현인 '가치 부여,' 또는 문맥에 따라서는 여기서처럼 반대의 입장에서 표현하여 '가치 획득,' 또 오해의 여지가 없을 때에는 더 막연한 '가치화' 등의 역어를 쓰기로 한다. 예외적으로 '가치 결정(結晶)'이라는 역어도 쓴 경우가 있다. 동사와 그 과거분사도 여기에 맞추어 '가치를 부여하다(주다)' '가치가 부여된(주어진)' '가치화한' (반대의 입장에서 역문의 문맥에 맞춘 의역으로) '가치를 획득하다(얻다)' '가치를 획득한(얻은)' 등으로 옮긴다.

해 말해야 할 것이라고는 모두 해야, 기껏, 나 자신을 몽상의 상태에
두기에,——내가 이제 몽상을 통해 과거 속에서 **쉬려고** 하는 그 몽상
의 문턱에 나 자신을 두기에 필요한 것만인 것이다. 그때에 나는 내가
쓰는 글이 얼마간의 참된 소리를 지니리라는 것을 희망할 수 있다. 참
된 소리라는 말로 내가 뜻하려는 것은, 내 내부로 너무나 멀리 있는 목
소리, 그래 어떤 이라도 기억의 끝간 데에서, 기억의 경계에서, 아마도
기억을 넘어서 태고의 과거에서 귀 기울일 때에 들리게 될 그런 목소
리이다.[24] 우리들은 남들에게, 비밀이 있는 **방향**이나 전달할 수 있을 뿐
이지, 객관적으로 그 비밀을 말할 수는 결코 없는 것이다. 비밀은 결코
전적인 객관성을 가지지 못한다. 이러한 방식으로 우리는 몽상에 방향
을 잡아 줄 뿐이지, 그것을 완성시키지는 못하는 것이다.[25] [26]

예컨대 정녕 **나의** 방이었던 방의 도면을 그려 보이는 것이, 지붕 밑
곳간 **저 안구석**에 있는 그 조그만 방을 묘사하는 것이, 창문에서 보면
저기 지붕들 사이의 터진 틈으로 산언덕이 보인다고 말하는 것이 무엇

---

24) [역주] 시적 교감이 원형의 보편성에 토대를 두고 있음을 뜻하는 듯.
25) 가나안 성지(聖地)를 묘사해야 하므로(《관능 *Volupté*》, p.3o), 생트 뵈브는 이렇게
덧붙여 쓰고 있다: '이 지역 전체를 이렇게 세부적으로 묘사하는 것은——이에 대
해서는 용서를 빌어야 하겠습니다만——친구여, 당신을 위해서는 아닙니다. 당신
은 이곳을 보지도 못했지만, 설사 이곳을 방문한 적이 있다고 하더라도 이제 와서 나
의 이 인상과 내가 보는 이 색깔들을 느끼지는 못할 것이기 때문입니다. 위의 내 묘
사를 따라 이곳을 머리에 그리려고 하지 마십시오. 당신의 내부에 이미지가 그냥 떠
오르도록 하십시오. 그리고 그 앞으로 가볍게 지나가십시오. 이곳에 대한 생각이 조
금만큼이라도 떠오르면, 그것만으로 충분할 테니까요.'
26) [역주] 이미지의 현상학의 상관주관성을 암시하는 듯. 상상력 속에서의 이미지
의 변용을 추적하는 이미지의 현상학에서, 그 변용의 방향은 시인이 잡아 주지만,
그 변용 자체를 수행하는 것은 시인, 독자 각각의 주체적인 상상 활동인 것이다.

에 소용되겠는가? 나 혼자만이 지난 세기의 내 추억들 속에서, 그 독특한 내음——받침망 위에서 말라 가는 포도알들의 내음을 나 혼자만을 위해 아직도 간직하고 있는 깊은 벽장을, 열 수 있는 것이다. 포도알의 내음! 설명의 가능성의 한계에 있는 그 내음을 맡기 위해서는 여간 많이 상상하지 않으면 안 된다. 하지만 나는 이미 너무 많이 말한 것이다. 만약 내가 말을 더한다면, 독자는 되찾은 자신의 방 안에서 그 독특한 장롱, 그의 내밀성에 대한 서명(署名)이 되는 독특한 내음의 그 장롱을 스스로 열지 않으리라. 내밀성의 가치들을 환기하기 위해서는 역설적이지만 독자를, 독서를 잠시 멈추고 있는 상태로 유도해야 한다. 독자의 시선이 책을 떠나는 바로 그 순간, 나의 방을 환기함이 남에게도 몽상의 입구가 될 수 있는 것이다. 그리되면 말하고 있는 사람이 시인일 경우, 독자의 영혼은 울림을 얻는다. 독자의 영혼은, 민코프스키가 설명하고 있듯이 그의 존재에게 기원의 힘을 되돌려 주는 그 울림을 경험하는 것이다.

그러므로 지금 우리가 취하고 있는 문학과 시의 철학의 입장에서 '방을 쓴(記)다'든가 '방을 읽는다' '집을 읽는다'고 말함에 의미가 없지 않은 것이다. 그리하여 글의 첫마디를 읽자마자, 시를 펴들자마자 곧 '방을 읽는 독자'는 독서를 멈추고 어느 옛 거소를 생각하기 시작하게 되는 것이다. 당신은 당신의 방에 대해 모든 것을 이야기하고 싶을 것이다. 당신은 당신 자신에게 독자의 흥미를 끌고 싶을 것이다. 하지만 기실 당신은 몽상의 문을 살며시 연 것이다. 내밀성의 가치들은 우리들을 사로잡는 힘이 너무나 강해, 독자는 더이상 당신의 방을 읽지 않는다: 그는 자신의 방을 되볼 따름이다. 이미 그는 아버지의, 할머니의, 어머니의, 하녀의, '고결한 마음씨의 하녀'의 추억들을——즉 가장 큰 가치를 얻고 있는 그의 추억들의 한구석을 지배하는 존재에 대한 추억들을 들으려 출발한 것이다.

그리하여 추억의 집은 심리적으로 복잡하게 된다. 그 집의 구석진 고독의 장소들에, 지배적인 인물들이 자리를 잡고 있던 침실이며 거실이 이어지는 것이다. 우리들이 태어난 집은 이미 사람들이 살고 있는 집인 것이다. 그래 내밀성의 가치들이 흩어지고 만다. 그것들은 잘 안정되지 않고, 변증법적인 작용[27]을 겪게 된다. 얼마나 많은 어린 시절의 이야기들이——만약 그 이야기들이 진지한 것이라면——, 어린이가 제 방이 없어서, 그가 찾곤 하는 구석진 곳에 부루퉁하여 가버린다는, 얼마나 많은 그런 이야기들이 있는가!

그러나 우리들이 태어난 집은 추억들 너머로, 신체상으로 우리들 내부에 새겨져 있다. 그것은 우리들의 기관들이 가지고 있는 습관들의 모음인 것이다. 20년이 지난 뒤에라도——그동안 우리들은 우리들의 기억에 남아 있지 않은 많은 층계들을 오르내렸지만——우리들은 '최초의 층계'에 대한 조건반사를 되찾을 것이다. 다른 계단들보다 약간 더 높은 어떤 계단에서 비틀거리지 않을 것이다. 그 집의 전 존재가 우리들의 존재를 변함없이 잊지 않고 있으면서, 스스로를 펼칠 것이다. 우리들은 예와 같은 몸짓으로 삐걱대는 대문을 열 것이고, 불빛 없이도 저 꼭대기 지붕 밑 곳간 안으로도 들어갈 수 있을 것이다. 제일 작은 빗장 걸쇠의 느낌까지도 우리들의 손 안에 남아 있는 것이다.

그 이후 우리들은 여러 집들에 연이어 살아옴으로써 우리들의 몸짓은 아마 범상해져 버렸을 것이다. 그러나 우리들은 수십 년의 방랑 후

---

27) [역주] 내밀성의 응집적인 작용과, 그것을 흩뜨리는 외부 사물들의 작용 사이의 변증법.

에 옛집에 되돌아왔을 때, 우리들의 가장 미묘한 몸짓들이, 원초의 몸짓들이 느닷없이, 변함없이 완벽한 것으로 되살아옴에 아주 놀라게 된다. 요컨대 우리들이 태어난 집은 우리들 내부에 여러 가지 거주하는 기능들을 서열적으로 새겨 놓은 것이다. 우리들은 바로 우리들 자신이, 그 옛집에 사는 기능들의 도표인 것이며, 다른 집들은 모두 근본적인 테마[28]의 변주들에 지나지 않는다. 습관이라는 말은, 잊음을 모르는 우리들 몸이 잊혀지지 않는 옛집과 가지는 이 열정적인 관계를 표현하기에는 너무 낡아 버린 말이다.

그러나 우리들이 태어난 집에 산 사람들과 사물들의 이름에 의해 쉽게 간직되는 그 아주 세부적인 추억들의 영역은, 통상적인 심리학이 연구할 수 있는 것이다. 이에 비해 꿈의 추억은 한결 어렴풋하고 한결 흐릿하게 그려져 있는 것인데, 그것을 되찾는 데 우리들을 도와줄 수 있는 것은 오직 시적 명상뿐이다. 시는 그 위대한 기능에 있어서 우리들에게 꿈의 상황을 되돌려 준다. 우리들이 태어난 집은 단순한 집채 이상의 것이다. 그것은 꿈들의 집적체인 것이다. 옛날 그것의 구석진 곳들은 모두 하나하나 몽상의 장소였다. 그리고 장소는 흔히 몽상을 특수화한다. 우리들은 거기서 특수한 몽상의 습관을 익혔던 것이다. 우리들이 홀로 있었던 집, 방, 곳간은 끝없는 몽상, 오직 시만이 시 작품으로써 끝내고 완성시킬 수 있을 그러한 몽상의 무대를 제공한다. 이러한 모든 은둔처들에, 꿈을 지키는 그것들의 기능을 부여할 때, 내 앞선 저서에서[29] 내가 지적한 바 있듯이 우리들 각자에게는 꿈의 집이, 사실의 과거

---

28) 태어난 집처럼 요나 콤플렉스적인 휴식적 상황을 가장 잘 구현하는 것으로서의 집의 테마.

29) 졸저, 《대지와, 휴식의 몽상》, p.98.

너머로 어둠 속에 묻혀 있는, 추억·꿈의 집이 하나씩 있다고 말할 수 있다. 나는 말하기를, 이 꿈의 집은 우리들이 태어난 집의 지하실이라고 했다. 여기서 우리들은 생각에 의한 꿈의, 꿈에 의한 생각의 상호적인 해석이 회전하는 축을 발견하게 된다. **해석**이라는 말은 생각과 꿈의 이와 같은 회전을 너무 경직화한다. 실상 우리들은 여기서 이미지와 추억의 통일, 상상력과 기억력의 기능적인 통합을 마주하고 있는 것이다. 우리들이 기억하고 있는, 우리들이 경험한 과거와 가본 적이 있는 장소들의 실증성은, 우리들 어린 시절의 참**실재**(實在)를 규명하는 데에 시금석이 되지 못한다. 어린 시절이란 현실의 그것보다 더 큰 것임에 틀림없다. 지금까지 우리들이 살아온 시간을 거슬러 올라가 우리들이 태어난 집에 대한 우리들의 애착을 느끼기 위해서는, 꿈이 생각보다 더 강하다. 가장 먼 추억들을 고정시키는 것은 무의식의 힘인 것이다. 우리들이 태어난 집에 휴식의 몽상의 밀도 높은 중심이 없었다면, 우리들 실제의 삶을 둘러싸고 있는 서로 아주 다른 여러 상황들이 우리들의 추억들을 뒤헝클어 놓았을 것이다. 우리들 조상들의 초상이 새겨져 있는 몇몇 메달들을 제외한다면, 어린이로서의 우리들의 기억력은 낡아빠진 동전들밖에 간직하지 못한다. 어린 시절이 우리들 내부에 살아 있어서 시적으로 유용하게 남아 있는 것은, 사실의 차원에서가 아니라 몽상의 차원에서인 것이다. 바로 이 영원한 어린 시절에 의해 우리들은 과거의 시를 유지하는 것이다. 몽상을 통해, 우리들이 태어난 집에서 다시 산다는 것은, 추억을 통해 그 집에 산다는 것 이상이다. 그것은, 그 사라진 집에서 우리들이 옛날 거기서 꿈을 꾸었듯이 산다는 것인 것이다.

어린이의 몽상에는 깊이라는 얼마나 큰 특권이 있는가! 제 고독을 소유한, 참으로 소유한 어린이는 정녕 행복하다! 어린이가 권태로운 시간을 가진다는 것, 지나친 놀이와 이유 없는 권태, 순수한 권태 사이의 변증법을 체험한다는 것은 좋고 건전한 일이다. 알렉상드르 뒤마는 그의 《회고록》에서 자신이 권태로워한, 눈물이 날 정도로 권태로워한 어린이였다고 말하고 있다. 어머니가 그렇게 권태로워 울고 있는 그를 발견했을 때, 그에게 이렇게 말하곤 했다:

  '우리 뒤마가 왜 울고 있을까?'
  '눈물이 있으니까 울지.'

여섯 살의 어린이는 그렇게 대답하곤 했다는 것이다. 이런 이야기는 그야말로 **회고록** 같은 데서 이야기하는 일화의 하나일지 모른다. 하지만 이 이야기는 절대적인 권태, 놀이 친구가 없다는 사실과는 관계없는 그런 권태를 얼마나 잘 보여주는가! 그것은, 놀이를 떠나 혼자 곳간의 구석으로 가서 하릴없이 앉아 있는 그런 어린이들의 권태인 것이다. 내 권태의 곳간이여, 나는 복잡한 삶이 일체의 자유의 싹을 내게서 빼앗아 가곤 했을 때, 얼마나 여러 번 너를 아쉬워했던가!

이리하여 우리들이 태어난 집에는 일체의 실증적인 보호적 가치들을 넘어서서 꿈의 가치들이,──그 집이 이젠 존재하지 않더라도 여전히 사라지지 않는 최후의 가치들이 자리잡는다. 권태의 중심들이, 고독의 중심들이, 몽상의 중심들이 한데에 모여, 우리들이 태어난 집 여기저기에 흩어져 있는 추억들보다 더 지속적인 꿈의 집을 형성한다. 그 모든 꿈의 가치들을 규명하기 위해서는, 추억들이 뿌리박고 있는 그 꿈의 땅의 깊이를 말하기 위해서는, 오랜 현상학적 연구가 필요하리라.

그리고 바로 그 꿈의 가치들이 시적으로 영혼에서 영혼으로 전달된다는 것을 잊지 말도록 하자. 시인들을 읽는다는 것은 본질적으로 몽상인 것이다.[30]

5

집은 인간에게 안정의 근거나 또는 그 환상을 주는 이미지들의 집적체이다. 우리들은 끊임없이 집의 실재를 상상하고 되상상한다: 그 모든 이미지들을 구별한다는 것은, 집의 영혼을 말하는 것이 될 것이다. 그것은 정녕 집의 심리학을 개진하는 것일 것이다.

그 이미지들을 정리하기 위해서는, 생각건대, 연결적인 역할을 하는 두 개의 주된 테마를 고찰해야 한다:

1) 집은 수직적인 존재로 상상된다. 집은 위로 솟는 것이다. 그것은 수직의 방향에서 여러 다른 모습들로 분화된다. 그것은 수직성에 대한 우리들의 의식에 호소하는 것의 하나이다.

2) 집은 또 응집된 존재로 상상된다. 집은 우리들을 중심성에 대한 의식으로 이끌고 가는 것이다.[31]

이 두 테마는 지금 무척 추상적으로 표현된 것 같다. 그러나 예들을 들어 살펴보면, 이 두 테마가 심리적으로 구체적인 성격을 가진 내용이라는 것을 깨닫기가 어렵지 않을 것이다.

집의 수직성은 지하실과 지붕 밑 곳간의 양극성으로 확보된다. 이

---

30) (역주) 각주 24) 참조.
31) 이 둘째 부분에 관해서는 p.130을 참조할 것.

양극성의 징표들은 우리들의 너무나 깊은 내면에 전달되는 것이어서, 그것들은 말하자면, 상상력의 현상학을 위해 두 개의 아주 다른 축을 형성하는 것이다. 사실 우리들은 거의 설명을 덧붙이지 않고 지붕의 합리적인 성격과 지하실의 비합리적인 성격을 대립시킬 수 있다. 지붕은 지체없이 그의 존재 이유를 말한다: 그것은 비와 햇볕을 두려워하는 인간을 덮어 주는 것이다. 지리학자들은 나라마다 지붕의 물매가 그 나라 기후의 가장 확실한 표징의 하나임을 환기하기를 멈춘 적이 없다. 사람들은 지붕의 물매를 '이해'하는 것이다. 몽상가마저 합리적으로 꿈꾼다: 그에게는 날카로운 지붕은 먹구름을 가르는 것이다. 지붕을 향해서는 모든 생각들이 명료하다. 지붕 밑 곳간에서 우리들은 건물의 강한 골격이 벌거벗은 채로 드러나 있는 것을 즐겁게 바라본다. 목수가 단단하게 이루어 놓은 기하학적 구도에 우리들은 참여하는 것이다.

지하실의 경우, 아마 그것의 유용성을 찾아볼 수도 있을 것이다. 그래 그것의 편리한 점들을 열거함으로써 그것을 합리적으로 설명할 수도 있을 것이다. 하지만 그것은 우선 집의 **어두운 실체**(實體), 지하의 힘에 참여하는 실체이다. 거기서 꿈에 잠길 때, 우리들은 인간 심연(深淵)의 비합리성과 화합한다.

만약 우리들이 거주의 기능에 예민해져서 그것을 상상적으로 건조(建造)의 기능에 대응시킨다면, 집의 이 수직적 양극성에 예민해질 수 있을 것이다. 높은 층들과 지붕 밑 곳간을 몽상가는 '세우는' 것이다. 그는 그것들을 세우고 또 세워서 잘 세워져 있게 한다. 밝은 높이에서의 꿈과 더불어 우리들은, 되풀이해 말해 두지만, 지적으로 이루어진 계획들의 합리적인 영역에 있게 된다. 그러나 지하실로 말하자면, 열정적인 거주자는 그것을 더 파내려가고 또 파내려간다. 그리하여 그것의 깊이에 활성(活性)을 준다. 그러한 사실만으로 충분치 않다. 몽상이 또 활동하는 것이다. 파이는 땅 쪽으로 꿈이 시작되면, 그것은 한이 없다. 우리는 뒤에 엄청나게 깊은 지하실의 몽상의 예들을 살펴보게 될 것이다. 우선 지금으로서는 지하실과 지붕 밑 곳간에 의해 양극화되는 공간에 머물러 있도록 하자. 그리고 어떻게 이 양극화된 공간이 더할 수 없이 미묘한 심리적 뉘앙스를 밝혀 보이는 데에 소용될 수 있는지 살펴보기로 하자. 정신분석가 C. G. 융은 집에 늘상 따라다니는 공포를 분석하기 위해 지하실과 지붕 밑 곳간의 두 이미지를 이렇게 이용하고 있다. 융의 저서 《인간의 영혼을 찾아서 *L'Homme à la découverte de son âme*》에서[32] 우리들은, '콤플렉스를 재명명(再命名)함으로써 그것의 자율성을 없애 버리려고 하는' 인간 의식의 희망을 이해토록 하는 다음과 같은 비유를 발견할 수 있다. 그 이미지는 이러하다: '여기서 의식은 마치 지하실에서 수상한 소리를 듣고 지붕 밑 곳간으로 화닥닥 뛰어올라가 거기서, 도둑이 들어온 게 아니고 따라서 그 소리는 터무니없는 상상이었음을 확인하는 사람처럼 행동한다. 기실 이 조심스러운 사람은 지하실에 위험을 무릅쓰고 감히 들어가 보려고 하지 않았던 것이다.'

융이 사용한 이 설명적인 이미지가 우리들에게, 우리들 독자들에게 설득적인 바로 그만큼, 우리들은 두 가지의 공포를 현상학적으로 되사는(再體驗) 것이다: 그것은 지붕 밑 곳간에서의 공포와 지하실에서의 공포이다. 지하실(무의식)에 과감히 맞서는 대신, 융의 그 '조심스러운 사람'은 그의 용기에 지붕 밑 곳간에 가봐야 한다는 핑계를 마련

---

32) 불역판, p.203.

해 주었다. 지붕 밑 곳간에서도 생쥐와 쥐들이 소란을 떨 수 있다. 하지만 집주인이 들이닥치면, 그들은 그들의 소굴의 침묵 속으로 기어 들어가 버린다. 그러나 지하실에서 움직이는 것들은, 한결 느리고 한결 덜 떠들썩하고 한결 신비로운 것들이다. 지붕 밑 곳간에서는 공포는 쉽사리 '합리적으로' 설명되지만, 지하실에서는 융이 예로 든 그 사람보다 더 용기 있는 사람의 경우에도 '합리적인 설명'은 한결 느리고 한결 덜 명료하다. 지하실에서는 그런 설명은 결코 **결정적**으로 이루어지지 않는다. 지붕 밑 곳간에서는 낮의 경험이 언제나 밤의 공포를 지워 버릴 수 있지만, 지하실에서는 어둠이 밤낮으로 머물러 있는 것이다. 손에 촛대가 들려 있는데도 지하실에서는 컴컴한 그림자가 검은 벽 위에서 춤추는 것이 보이는 것이다.

만약 융의 그 **설명적**인 예가 주는 암시를 심리 현실의 전적인 파악에 이르기까지 따라간다면, 우리들은 정신분석과 현상학의 협조──인간 현상을 굽어보기를 바란다면 언제나 강조되어야 할──에 마주치게 된다. 기실 이미지에 정신분석적 효력을 주기 위해서는 그것을 현상학적으로 이해해야 하는 것이다. 현상학자는 이 경우 정신분석가의 이미지를, 말하자면 전율의 공감 가운데 받아들이게 된다. 그는 공포의 원시성과 특수성을 되살아나게 한다. 어디에나 똑같은 밝음을 가져다 놓는, 지하실에도 전등을 밝히는 우리들의 문명 생활에서는, 이제 촛대를 손에 들고 지하실에 가지는 않는다. 그러나 무의식은 개화되지 않는 법이다. 무의식은 여전히 지하실에 내려가기 위해 촛대를 드는 것이다. 정신분석가는 메타포나 비유의 피상성에 머물러 있을 수 없으며, 현상학자는 이미지의 극한에까지 가야 한다. 여기서 현상학자는 환원하고 설명하기는커녕, 비교하는 것으로 그치기는커녕, 과장을 과장할 것이다. 그리되면 에드거 포의 단편소설들을 현상학자와 정신분석가가 한 사람이 되어 읽을 때, 그 이야기들의 완성적인 가치를 이해하게 될 것이다. 이야기란 어린이의 공포가 완성된 것인 것이다. 독서에 '몰두한' 독자는 속죄되지 않은 과오의 징표인 그 저주받은 고양이가 벽 뒤에서 야옹하고 우는 소리를 들을 것이다.[33] 지하실의 몽상가는, 지하실의 벽이 땅속에 묻힌 벽, 이쪽 벽면 밖에 없는 벽, 그 뒤에는 **전** 지구의 땅이 가로막고 있는 벽이라는 것을 알고 있다. 그리하여 드라마는 고조되고, 공포는 과장된다. 하지만 과장되기를 멈추는 공포란 공포일 수 있겠는가?

이와 같은 전율의 공감 가운데 현상학자는 시인 토비 마르슬랭Thoby Marcelin이 표현한 대로 '미치기 바로 직전에 이를 때까지' 귀를 기울이는 것이다. 그리되면 지하실은 바로 그 자체가 땅속에 묻힌 광기이고, 벽 안에 갇힌 드라마이다. 범죄가 이루어지는 지하실의 이야기는 독자의 기억 속에 지워지지 않는 흔적을, 더 깊게 하고 싶지 않은 흔적을 남긴다: 〈아몬틸라도의 통 La barrique d'Amontillado〉을 어느 누가 다시 읽고 싶어하겠는가! 〈통〉에 있어서 드라마는 전혀 대수롭지 않은 것이지만, 그러나 그것은 자연적인 공포, 인간과 집의 본성에 내재하는 공포를 이용하고 있다.

그러나 인간의 드라마의 자료들을 들치지는 말고 우리는, 지하실의 꿈이 억누를 수 없이 현실을 부풀게 한다는 것을 아주 단순하게 증명해 보여주는 몇몇 엄청나게 깊은 지하실들을 살펴보기로 한다.

몽상가의 집이 도시에 있다면 그의 꿈은, 주위에 있는 집들의 지하

---

33) 에드거 포, 〈검은 고양이〉.

실을 깊이로써 지배하려는 것인 것이 드물지 않다. 그는 그의 집에, 전설에 나오는 성채의 지하도,──── 신비로운 미로들이 어떤 울타리, 어떤 성벽, 어떤 외호(外濠)라도 그 밑을 뚫고 가로질러가 성의 중심부와, 멀리 떨어져 있는 숲을 서로 통하게 하는, 그런 지하도가 있었으면 하고 바라는 것이다. 언덕 위에 세워진 성은 촘촘하게 얽힌 뿌리들과도 같은 지하도들을 가지고 있었던 것이다. 그냥 보통의 집이 실타래처럼 얽힌 지하도들 위에 지어져 있다면, 그것은 얼마나 큰 힘이 되겠는가! 위대한 집의 몽상가인 앙리 보스코Henri Bosco의 소설들 가운데 우리들은 이와 같은 엄청나게 깊은 지하실들을 발견한다.《골동품상 L'Antiquaire》의 주인공의 집 밑에는 '네 개의 출입문이 있는, 궁륭을 가진 원형의 지하실'이 있다. 그 네 개의 문 밖으로 복도들이 뻗어나가는데, 그 복도들이 이를테면 지하의 지평의 네 방위를 **지배**하는 것이다. 동쪽의 문이 열리자, '우리들은 지하로, 그 구역의 집들 밑으로 아주 멀리까지 간다…….' 이 소설은 미로의 꿈의 흔적을 지니고 있는 작품이다. 그러나 '무거운 공기'가 떠도는 복도들의 미로와 함께, 비밀을 간직하고 있는 성소(聖所)들인 원형의 방들과 예배당들이 나온다. 그리하여《골동품상》의 지하실은, 말하자면 꿈의 차원에서 복합적이다. 독자는 미로의 괴로움에 관계되는 꿈들이거나, 또는 지하 궁전의 놀라움에 관계되는 꿈들로써 그 지하실을 탐험해야 하는 것이다. 독자는 거기서 (본래적인 뜻으로, 또 비유적인 뜻으로) 길을 잃게 된다. 그는 우선, 그토록 복잡하게 기하학적으로 얽힌 무대의 문학적인 필연성을 뚜렷이 이해하지 못한다. 바로 이 점에서 현상학적인 연구가 스스로의 효력을 드러내게 될 터인 것이다. 현상학적인 태도가 우리들에게 조언하는 것은 무엇인가? 그것이 우리들에게 요구하는 것은, 우리들에게 바로 책의 창조자의 작업에 참여한다는 환각을 줄 독서의 오만을 우리들 내부에 심으라는 것이다. 이와 같은 태도는, 한 작품을 처음 읽을 때에는 거의 취해질 수 없다. 최초의 독서는 너무 큰 수동성을 지니게 된다. 그 경우 독자는 아직도 약간은 어린아이, 독서가 마음을 즐겁게 할 뿐인 어린아이인 것이다. 그러나 좋은 책이란 어떤 것이나 읽혀지자마자 곧 되읽혀져야 한다. 스케치라고 할 최초의 독서 다음으로 완성된 작품이라고 할 독서가 이루어진다. 이때에 작자의 문제를 알아야 하는 것이다. 그리고 둘째번, 셋째번, ……의 독서가 우리들에게 조금씩 조금씩 그 문제의 해결을 가르쳐 주게 된다. 느낄 듯 말 듯 우리들은 우리들 자신에게, 문제와 해결이 바로 우리들 자신의 것이라는 환각을 준다. '나 스스로 이 작품을 썼어야 하는 건데……'라는 심리적 뉘앙스는 우리들을 독서의 현상학자로 내세운다. 그 심리적 뉘앙스에 이르지 못하는 한, 우리들은 심리학자나 정신분석가로밖에 머물러 있지 못한다.

그렇다면 그 엄청나게 깊은 지하실을 묘사한 앙리 보스코의 문학적인 문제는 무엇인가? 그것은 하나의 소설을, 그 전체적인 흐름으로 볼 때에 **지하의 음모**의 소설이라고 할 소설을 중심적인 이미지 하나에 구현시킨다는 것이다. 이 낡아빠진 메타포[34]는 여기서 수많은 지하실들, 얽히고설킨 지하도들의 망, 대부분의 경우 문이 자물쇠로 채워져 있는 여러 독방들에 의해 예시되어 있다. 거기서 사람들은 비밀들을 궁리하고, 계획들을 준비한다. 그리하여 소설의 줄거리가 지하에서 제 갈 길로 나아가는 것이다. 우리들은 정녕 지하의 음모의 내밀한 공간 속에 있는 것이다.

---

34) 〔역주〕 '지하의'를 가리킴. 그것이 메타포로서 암시하는 뜻은 '음흉한'쯤 될 것이다.

이 소설을 엮어 나가는 골동품상들이 인간들의 운명을 서로 얽히게 하겠다고 하는 것은, 바로 이와 같은 지하에서이다. 바둑판처럼 서로 얽힌 지하도들이 뻗어나간 앙리 보스코의 지하실은 바로 운명을 엮는 베틀인 것이다. 자기가 겪은 모험을 이야기하는 소설의 주인공은 그 자신, 운명의 반지, 옛날 어느 때의 표지가 새겨져 있는 보석이 박힌 반지를 지니고 있다. 골동품상들이 꾸미는, 엄밀한 뜻에 있어서의 지하의 일, 바로 지옥 같은 것이라고 할 그 일은 실패하게 된다. 사랑의 커다란 두 운명이 맺어지려는 바로 그 순간, 그 저주받은 집의 중심부에서 작가의 가장 아름다운 요정의 하나가, 정원과 탑의 요정으로서 행복을 주게 되어 있는 그 요정이 죽게 된다. 보스코의 소설들에 있어서 심리적인 이야기 밑에서 그것을 동반해 주고 있는 언제나 강렬한 우주적인 시에 약간이라도 주의를 주는 독자는, 그럴 수 있는 독자는, 이 소설의 많은 부분에서 공기에 속하는 것과 대지에 속하는 것 사이에 벌어지고 있는 드라마의 예증들을 찾아보게 된다. 그러나 그러한 드라마를 스스로 살기 위해서는 독서를 다시 해야 하고, 관심을 옮겨 인간과 사물에 대한 이중의 관심 가운데 독서를 함으로써 인간의 삶의 우주인류적(宇宙人類的)[35] 결에서 어떤 것도 등한히 하지 않을 수 있어야 한다.

보스코는 우리들을 또 다른 하나의 집으로 안내하는데, 거기에 있는 역시 엄청나게 깊은 지하실로 말하자면, 지옥의 인간들의 음흉한 계획의 영향 밑에 놓여 있지 않다. 그 집은 정녕 자연의 집, 지하 세계의 자연 속에 박혀 있는 그런 집이다. 우리들은 이제 앙리 보스코를 뒤따라,

---

35) [역주] 제2장 각주 17)을 참조할 것.

우주 속에 뿌리박은 집을 살아[體驗] 보기로 하자.

이 우주적인 뿌리의 집은 우리들에게, 마치 그것이 서 있는 바위에서 탑의 푸른빛 하늘까지 커올라가는, 돌의 나무처럼 나타나게 된다.

《골동품상》의 주인공은 조심스럽지 못하게 그 집에 들어갔다가 들킨 몸이 되어 지하실로 들어오지 않을 수 없게 되었던 것이다. 그러나 곧 일어나는 사건의 이야기로부터 흥미는 우주적인 이야기로 넘어간다. 현실은 여기서 꿈을 보여주는 데 이용될 뿐이다. 먼저 이야기는 아직은, 바위 속으로 만들어 놓은 복도들의 미로에서 진행된다. 그러다가 느닷없이 밤[夜]의 물을 만나게 되는 것이다. 그러자 소설의 사건의 묘사는 중단된다. 우리들은 이 부분의 문학적 가치를, 밤에 대한 우리들의 몽상으로써 우리들 스스로 거기에 참여하는 한에서만 맛볼 수 있다. 아닌 게 아니라 사원소적인 상상력의 성실성을 가진 한 위대한 꿈이 이 부분에 삽입되어 있는 것이다. 이 우주적인 지하실의 시 작품을 읽어보기로 하자[36]:

'바로 내 발 앞에서 물이 어둠으로부터 나타났다.

물! ……엄청나게 큰 못이었다! ……또 어떤 물이었던가! ……검고 잠자듯이 잔잔한, 너무나 판판하게 잔잔하여 어떤 물결도, 어떤 물거품도 그 표면을 흔들지 않는 그런 물이었다. 샘이라고는, 물이 흘러나오는 데라고는 없었다. 그 물은 거기에 수천 년 전부터 그렇게 바위에 뜻하지 않게 사로잡혀 머물러 있었던 것이다. 단 하나의 무감각한 평면으로 펼쳐져 있는 그 물은, 그 모암(母岩) 속에서 그 자체가, 광물 세계에 사로잡힌 검고 움직임 없는 바위가 되어 있는 것 같았다. 그 물은, 그 억

---

36) 앙리 보스코, 《골동품상(商)》, p.154.

누르는 듯한 세계의 짓눌러 부스러뜨릴 것 같은 덩어리, 거대하게 엉겨 붙은 덩어리의 눌림을 당해 왔던 것이다. 그 엄청난 무게 밑에서 그 물은, 그것의 비밀을 간직하고 있는 두꺼운 석회석 틈 사이를 뚫고 흘러 나오는 가운데 물의 본성을 바꿔 버린 게라고 말할 만했다. 그리하여 그 물은 지하의 산의 가장 밀도 높은 유체(流體)가 되어 있었다. 그 불투명성과 터무니없는 견고성[37] 때문에 그 물은, 마치 지금까지 알려지지 않은 물질, 섬광이 표면에 일시적으로 나타났다가 사라지는 그런 인광이 담겨져 있는 물질 같았다. 그 전기적인 빛은 깊숙한 데서 쉬고 있는 암묵의 힘의 표징인 양, 아직도 졸음에 겨워하는 그 물질의, 숨어 있는 삶과 무서운 힘을 나타내는 것 같았다. 나는 무서움으로 몸을 떨었다.'

이 전율은, 잘 느껴지는 바이지만, 인간의 공포가 아니다. 그것은 우주적인 공포, 원시적인 상황에 내맡겨진 인간의 위대한 전설에 메아리로 답하는 우주인류적인 공포인 것이다. 바위 속에 파인 지하실로부터 지하의 세계로, 지하의 세계로부터 잠자듯이 잔잔한 물로 넘어온 우리들은, 바로 구성된 세계에서 몽상된 세계로 넘어온 것이다. 즉 소설에서 시로 넘어온 것이다. 하지만 이젠 현실과 꿈이 통일을 이루게 된다. 집과 지하실과 깊은 땅은 깊이에 의해서 하나의 전체를 이루는 것이다. 집은 자연의 한 존재가 되어, 땅을 뚫고 나오는 물과 산에 연대적인 것이 된다. 커다란 돌의 나무인 그 집은 만약 그것의 기초에 지하수를 가지고 있지 않다면, 잘 자라지 못할 것이다. 이렇게 우리들의 꿈은 한없이 커져 가는 것이다.

---

37) 물질적 상상력에 대한 연구인 《물과 꿈 *L'Eau et les Rêves*》에서 우리는 밀도 높고 견고한 물, 무거운 물을 살펴본 바 있는데, 그것은 한 위대한 시인의 물, 에드거 포의 물이었다. 그 책의 제2장을 참조할 것.

보스코의 소설의 이 부분은 그 우주적인 몽상으로 하여 독자에게, 모든 깊은 몽상이 줄 수 있는 휴식에 참여토록 함으로써 커다란 독서의 휴식을 가져다 준다. 그리되면 소설의 이야기는 심리적 심화에 알맞은 중단된 시간 속에 머무르게 된다. 이제 일어나는 사건들의 이야기가 다시 계속되어도 좋은 것이다: 그것은 우주성과 몽상의 제 몫을 받았기 때문이다. 사실, 그 지하수 너머로 그 지하실의 층계들이 다시 나타나는 것이다. 소설의 묘사는 시적인 중단이 있은 다음에 다시 제 여정을 펼쳐도 좋은 것이다: '층계 하나가 바위 속에 파여져 있었는데, 그리고 빙 돌면서 위로 올라가 있었다. 그것은 무척 좁고 가팔랐다. 나는 그리로 올라갔다.'[38] 그 나사못 같은 층계를 통해 몽상가는 깊은 땅속에서 빠져나와 높은 곳의 모험으로 들어가는 것이다. 과연 독자는 몽상가를 따라 많고많은 좁고 꼬불꼬불한 통로들 끝에서 한 탑 속으로 빠져나오게 된다. 그 탑은 옛집의 몽상가라면 누구나 매혹될 그런 이상적인 탑이다: 그것은 '완벽하게 둥글고' '좁은 창문에서' '오래 가지 않을 빛'이 흘러내리고 있다. 그리고 천정은 궁륭형으로 되어 있다. 궁륭형의 천정은 얼마나 큰, 내밀함의 꿈의 원리인가! 그것은 그것의 중심에서 끝없이 내밀함을 반사하고 반사하는 것이다. 그래, 그 탑의 방이 한 다정스런 처녀의 거소이며, 또 그녀가 한 정열적인 선조 할머니의 추억에 사로잡혀 있다는 사실에 놀라지 말아야 한다. 그 궁륭형의 둥근 방은 외따로 그 높은 데에 떨어져 있다. 그것은 저 밑의 공간을 굽어보듯이 과거를 되돌아보고 있는 것이다.

처녀의 미사경본——먼 선조 할머니로부터 물려 내린 것일——위

---

38) 앙리 보스코, 앞의 책, p.155.

에서 다음과 같은 금언을 읽을 수 있다:

꽃은 언제나 씨 안에 있는 것이다.

이 찬탄할 만한 금언에 의해서 그 집은, 그 방은 잊을 수 없는 내밀함의 표지를 지니게 되는 것이다. 사실, 장래를 꿈꾸며 아직도 씨앗에 싸여 몸을 움츠리고 있는 꽃의 이미지보다 더 응축되고 더 잘 제 중심을 확보하고 있는, 내밀함의 이미지가 어디 있겠는가! 행복이 아니라 전행복(前幸福)[39]이 둥근 방 속에 갇혀 있기를 우리들은 얼마나 바라겠는가!

보스코가 환기하는 집은 이렇게 땅으로부터 하늘로 올라간다. 그것은, 가장 대지적이고 수성적(水性的)인 심층에서 하늘을 믿는 한 영혼의 거소까지 솟아오른 탑의 수직성을 가지고 있는 것이다. 한 작가에 의해 건조된 그러한 집은 인간 존재의 수직성을 밝혀 보여준다. 그리고 그 집은 꿈의 차원에서 완전하다. 그것은 집에 대한 꿈의 양극을 극적으로 보여주고 있는 것이다. 그것은, 아마도 비둘기장마저 본 적이 없는 사람들에게는 탑을 하나 선사한다. 탑은 지난 세기의 작품이다. 과거가 없다면 그것은 아무것도 아닌 것이다. 새로 지은 탑이란 얼마나 우스꽝스러운 것일 것이랴! 그러나 책들이 있어서 우리들의 몽상에 갖가지 집들을 선사한다. 책들의 성에 누가 그의 낭만적인 시간을 살려 가지 않았겠는가? 그 시간은 우리들을 되찾아오고 되찾아온다. 우리들의 몽상이 그것을 필요로 하기 때문이다. 탑에 사는 기능에 관계되는

---

39) 〔역주〕 앞서 나온 바 있는 '추억을 넘어서는 태고' '전(前)인간적인' 등의 표현과 같은 선상에 놓이는 표현일 듯. 즉 개인적인 삶의 차원에 존재하는 행복을 넘어서 있는 원형적인 행복.

넓은 독서의 건반 위에 위대한 꿈을 가진 음정이 하나 있는 것이다. 나는 《골동품상》을 읽은 이후로 얼마나 여러 번 앙리 보스코의 탑에 살러 가곤 했던가!

탑과 엄청나게 깊은 지하실은 방금 우리들이 살펴본 집을 두 방향으로 늘인다. 그 집은 내게는 그보다 한결 보잘것없는 집들의 수직성의 확대인 것으로 생각된다. 그런 집들일지라도 우리들의 몽상을 만족시키기 위해서는 높이에 있어서 특출할 필요가 있는 것이다. 만약내가 꿈속의 집의 건축가가 되어야 한다면, 나는 삼층의 집을 지을까, 사층의 집을 지을까 망설일 것이다. 삼층의 집은 필수적인 높이로 본다면 가장 단순한 집인데, 지하실과 일층과 지붕 밑 곳간을 가지는 것이다. 사층의 집은 일층과 지붕 밑 곳간 사이에 이층을 하나 더 가지는 것이다. 거기에 한 층이, 즉 삼층이 더 있게 되면, 그때에는 꿈은 혼란되고 만다. 꿈속의 집에서는 장소분석은 세 개나 네 개의 층까지밖에는 셀 줄을 모르는 법이다.

층이 하나에서 세 개, 네 개로 되려면 층계들이 있어야 한다. 그리고 각각의 층계는 서로 다르다. 지하실로 이르는 층계는 우리들에게 언제나 **내려가는** 것으로 상상된다. 그 층계에 대해 우리들이 추억 속에 간직하는 것은 그것의 내림이고, 그것에 대한 꿈을 특징짓는 것은 오름이 아니라 내림인 것이다. 위층의 침실로 가는 층계를 우리들은 올라가기도 하고 내려가기도 한다. 그것은 한결 평범한 길이다. 그것은 친숙한 것이기도 하다. 열두 살의 어린이는 거기에서 **오름의 음계 연습**을 한다. 한꺼번에 몇 계단씩 뛰어오르면서 3도나 4도 음정을 내고, 5도 음정까지 내어 보려고도 하는데, 특히 네 계단씩 네 계단씩 뛰어오르는 것을 좋아한다. 네 계단씩 층계를 올라간다는 것은 넓적다리에 대해 얼마나 큰 행복인가!

마지막으로 지붕 밑 곳간으로 이르는 층계는 한결 가파르고 한결 거친데, 우리들은 그것을 언제나 **올라가는** 것이다. 그것은 가장 평정된 고독으로의 오름의 징표를 지니고 있다. 옛날에 살던 집들의 지붕 밑 곳간으로 되돌아가 꿈에 잠길 때, 나는 결코 되내려오지 않는다. 정신분석 역시 층계의 꿈에 마주쳤었다. 그러나 정신분석은 자체의 해석을 확고하게 하기 위해 총체적인 상징체계를 필요로 하기 때문에, 몽상과 추억의 뒤섞임의 복잡성에 거의 주의를 하지 않았다. 그 때문에 다른 점들에 있어서와 마찬가지로 이 점에 있어서도 정신분석은 몽상보다는 꿈을 연구하는 데에 더 알맞은 것이다. 몽상의 현상학은 기억과 상상의 복합체를 풀어서 분간할 수 있다. 그것은 필연적으로 상징의 특수화에 예민하다. 상징을 창조하는 시적 몽상은 우리들의 내밀성에 복수상징적(複數象徵的)인 활동을 부여하는 것이다. 그리하여 추억은 더욱 정세(精細)해진다. 몽상 속의 집은 극도의 감수성을 얻게 되는 것이다. 때로 거친 계단 몇 개 때문에 우리들의 기억 속에, 태어난 집의 바닥이 약간 고르지 못하다는 느낌이 새겨져 있기도 한다.[40] 어떤 방은 그 방문만이 기억되는 게 아니라, 방문과 그리로 오르는 세 개의 계단이 함께 기억된다. 우리들이 옛집을 높이의 세부에 있어서 생각하기 시작하면, 그 안에 있는, 오르고 내리는 일체의 것이 다시 역동적으로 살기 시작한다. 우리들은 조에 부스케Joë Bousquet가 말한 바 있는 이층적인 인간으로 머물러 있을 수 없다: '그 사람은 이층밖에 없는 인간이야. 지

---

40) 졸저, 《대지와, 휴식의 몽상》, pp.105-106.

하실을 지붕 밑 곳간에 가지고 있는 사람이거든.'[41]

이상으로 살펴본 예들에 대한 반대 명제 같은 것으로, 꿈의 차원에서 불완전한 거소에 관해 몇 마디 하기로 하자.

파리에는 집이 없다. 포개어져 놓인 상자들 속에서 대도시의 주민들이 살아간다. 폴 클로델Paul Claudel은 사면 벽에 둘러싸여 이렇게 말했던 것이다: '우리들의 파리의 방은 일종의 기하학적인 장소, 우리들이 그림, 골동품, 장롱들을 갖춰 넣은, 장롱 속의 규약적인 구멍이다.'[42] 거리의 번호와 층계의 층수가 우리들의 '규약적인 구멍'의 위치를 획정해 주고 있지만, 그러나 우리들의 거소는 그 둘레에 공간도 없고 그 안에 수직성도 없다. '집들은 땅속으로 박혀 들어가지 않기 위해 아스팔트로 지면에 붙어 있다.'[43] 집에 뿌리가 없는 것이다. 이것은 집의 몽상가에게는 상상할 수 없는 일이다. 마천루 같은 높은 집이 지하실을 가지고 있지 않잖는가? 포장된 지면에서 지붕까지 방들이 포개어 쌓아올려져 있고, 지평선 없는 하늘의 천막이 도시 전체를 둘러싸고 있다. 도시의 건조물들은 외부적인 높이밖에 가지고 있지 않다. 승강기가 층계에서의 영웅적인 용기를 없애 버렸다. 사람들은 이제 하늘 가까이 산다는 것이 거의 공적이 되지 못한다. 그리고 **자기의 집**이란 단순한 수평성(水平性)에 지나지 않게 되었다. 한 층 속에 박혀 있는, 우리들이 사는 집의 여러 방들은 하나같이, 내밀함의 가치들을 알아보고 분류하기

---

41) 조에 부스케, 《지난 시대의 눈(雪) *La Neige d'un autre âge*》, p.100.

42) 폴 클로델, 《돋는 해 속의 검은 새 *Oiseau noir dans le soleil levant*》, p.144.

43) 막스 피카르트Max Picard, 《신(神) 앞에서의 도주 *La Fuite devant Dieu*》, 불역판, p.121.

위한 근본적인 원리의 하나를 잃어버렸다.

　대도시의 집에 있어서 수직성의 내밀한 가치가 없다는 사실에, 또 우주성이 없다는 사실을 더해야 할 것이다. 대도시에서는 집들은 이젠 자연 속에 있지 않다. 거소와 공간의 관계는 거기서는 인위적인 것이 된다. 거기서는 일체가 기계이고, 내밀한 삶은 어느 부분에서나 도망가 버린다. '거리들은 사람들이 빨려 들어가는 무슨 도관 같다.'[44]

　그리하여 집은 이젠 우주의 드라마를 알지 못한다. 이따금 바람이 불어 지붕의 기와를 깨뜨려서 거리의 행인을 죽게 하지만, 그 지붕의 범죄는 때늦은 행인을 겨냥할 따름이다. 순간적으로 번개가 창문의 유리에 불을 놓기도 하지만, 집은 천둥소리에 몸을 떨지 않는다. 그것은 우리들과 함께, 우리들이 떪으로써 떨지 않는다. 서로서로 꼭 붙어 있는 우리들의 집들 안에서 우리들은 겁이 덜 난다. 파리 상공에서는 폭풍우는 몽상가에 대해, 그가 외딴집에 홀로 있을 때와 같은 인격적인 공격성을 띠지 않는다. 이것을 우리들은 뒤에 가서 **세계 안에서의 집의 상황** —— 그것은 흔히 너무나 형이상학적으로 요약되어 버리곤 하는, 세계 내에서의 인간의 상황의 한 변양태를 우리들에게 구체적으로 보여주는 것이지만—— 을 살펴본 뒤에야 더 잘 이해하게 될 것이다.

　그러나 여기서, 우주적인 몽상의 유익한 성격을 믿는 철학자에게는 한 문제가 제기된다: 도시의 방 외부의 공간을 우주화하는 것을 어떻게 도울 수 있을까? 한 예로서, 파리의 소음 문제에 대한 한 몽상가의 해결을 들어 보기로 하자.

　철학자들의 병인 불면증이 도시의 소음에 의한 신경질로 심해질 때,

---

44) 위의 책, p.119.

모베르 가(街)에서 밤늦게 자동차들이 붕붕댈 때, 트럭들이 굴러가는 소리가 나로 하여금 내 도시인의 운명을 저주케 할 때, 나는 대양(大洋)의 메타포를 삶으로써 마음을 가라앉히는 것이다. 도시가 시끄러운 바다라는 것을 사람들은 잘 알고 있다. 파리가 한밤중에 끊임없는, 파도와 조수의 중얼거림을 들려준다고 사람들은 많이들 말했다. 이 상투적인 표현을 나는 진실된 이미지로, 나 자신의 이미지——나는 언제나 내가 생각하는 것의 주체라고 생각하는 내 그 즐거운 괴벽에 따라 마치 나 스스로 그 이미지를 창조해 낸 것처럼이나 나 자신의 것인 이미지, 그런 이미지로 만드는 것이다. 만약 자동차들의 굴러가는 소리가 한결 더 고통스러워지면, 나는 그것을 천둥소리, 내게 말을 하는, 나를 꾸짖는 천둥소리로 그리도록 애쓰는 것이다. 그리하여 나 자신을 동정하는 것이다. 이 가여운 철학자, 넌 또다시 폭풍우 속에 있는 거야, 삶의 폭풍우 속에 말야! 이렇게 나는 추상적이고도 구체적인 몽상을 하는 것이다. 내 침대는 파도 위에서 길을 잃은 작은 배, 저 급작스럽게 삐삐대는 소리는 돛을 흔드는 바람. 격노한 바람은 사면에서 클랙슨 소리를 낸다. 나는 기운을 되찾으려고 나 자신에게 이렇게 말한다: 보라구, 네 쪽배는 여전히 단단하단 말야, 네 배는 돌로 된 배니까 넌 안전하다구. 폭풍우 속이지만 자라구. 폭풍우 속에서 자는 거라구. 용기가 있으니까, 파도의 공격을 받는 걸 오히려 행복스레 생각하고 자는 거야.

이리하여 나는 파리의 소음의 품안에서 흔들리며 잠드는 것이다.[45]

---

45) 내가 발자크의 작품, 《결혼 생활의 조그만 괴로움들 *Petites misères de la vie conjugale*》(Formes et Reflets, 1952, 제12권, p.1302)에서 다음과 같은 표현을 읽은 것은, 이 부분을 쓴 후이다: '당신의 집의 기둥들이 떨고 용골(龍骨)을 중심으로 집이 뒤흔들릴 때, 당신은 자신이 미풍을 받으며 조는 선원이 된 것처럼 생각한다.'

게다가 어떻게 살펴보아도, 도시의 소음의 대양이라는 이미지는 아주 자연스러운, '사물의 본성' 가운데 있는 이미지임이, 참된 이미지임이, 소음을 자연화하여 덜 적대적인 것으로 함은 건강에 이로운 것임이 착인된다. 말이 나온 김이니, 나는 우리 시대의 젊은 시인들의 시에서 이 유익한 이미지의 다음과 같은 미묘한 뉘앙스를 발견한 적이 있다: 이본 카루추Yvonne Caroutch는 도시가 '빈 조개껍질들의 왁자지껄대는 소리'를 낼 때, 도시의 새벽을 듣는다고 말하고 있다.[46] 이 이미지는 아침잠이 없는 내가 조용히, 자연스럽게 잠에서 깨어나도록 도와준다. 모든 이미지는 그것을 이용할 줄 아는 한 좋은 것이다.

대양인 도시에 관한 또 다른 많은 이미지들을 우리들은 발견할 수 있을 것이다. 어느 화가가 눈앞에 떠올린 다음의 이미지를 주목하기로 하자. 피에르 쿠르티용Pierre Courthion[47]에 의하면 생트 펠라지Sainte-Pelagie 감옥에 갇혔던 쿠르베Courbet[48]는, 그 감옥의 꼭대기층에서 내려다본 파리 시가지를 그려 보겠다고 했다는 것이다. 쿠르베는 그의 한 친구에게 보내는 편지에 이렇게 쓰고 있다: '나는 그 파리의 풍경을 내 해양화(海洋畵)처럼 그렸을 거네. 엄청나게 깊어 보이는 하늘과, 그

---

46) 이본 카루추, 《잠든 숙직자 Veilleurs endormis》, Debresse, p.30.

47) 피에르 쿠르티용, 《쿠르베 평전 Courbet raconté par lui-même et ses amis》, Cailler, 1948, 제1권, p.278. 발랑탱Valentin 장군은 쿠르베가 파리-대양을 그리는 것을 허락하지 않았다. 그는 쿠르베에게, 그가 '감옥에 있는 것은 즐기기 위한 것이 아니'라고 일러 주라고 했다고 한다.

48) 〔역주〕 화가 쿠르베는 정치적으로는 푸리에와 프루동의 영향을 받은 진보주의자였다. 파리 코뮌 당시, 파리의 방돔 광장에 있는, 나폴레옹상을 받치고 있는 방돔 기념주Colonne de Vendôme를 한때 치워 버린 적이 있는데, 코뮌 정부 밑에서 예술가협의회 회장으로 있던 쿠르베가 그 주동자의 한 사람이었다. 나중에 파리 코뮌이 실패한 다음, 그는 이 때문에 6개월의 실형을 언도받고 생트 펠라지 감옥에 갇히게 된다.

움직임들과, 그 집들과, 요란스레 흔들리는 대양의 물결을 닮은 그 돔들을 그렸을 거네⋯⋯.'

지금까지 우리는 우리의 방법대로, 완전히 해부됨을 거부하는, 한데 뭉쳐 있는 이미지들을 그대로 뭉쳐 있도록 하면서 살펴보려고 했다. 그리고 말이 나왔던 김에, 집의 우주성을 잠시 이야기했다. 하지만 집의 이 성격에 관해서는 다시 이야기하게 될 것이다. 이상으로 꿈속의 집의 수직성을 살펴본 다음, 이제 우리는 앞서 p.112에서 미리 일러둔 대로, 몽상이 거기에 모이는, 내밀함이 집약되는 중심들을 살펴보아야 하겠다.

6

우선 여러 종류의 집들에서 소박함의 중심들을 찾아야 한다. 보들레르가 말한 바 있듯이, 궁전에는 '내밀함이 들어앉을 구석이라고는 없는 것이다.'

그러나 소박함은 때로 너무 이성적으로 찬양되어, 큰 힘을 가진 꿈의 원천이 되지 못한다. 반면 우리들은 피난처의 원초성에 닿아야 하는 것이다. 그리하여 실제로 경험한 상황들을 넘어서 꿈속에서 바란 상황들을 발견해야 한다. 실증적인 심리학의 자료가 되는 실증적인 추억들을 넘어서, 아마도 기억 속에 남아 있는 그 추억들이 고착된 중심들이었을 원초적인 이미지들의 영역을 다시 열어 보아야 한다.

우리들은 우리들의 기억 속에 단단히 박혀 있는, 우리들이 태어난 집에 관해서조차 상상적인 원초적 요소들을 증명할 수 있다.

예컨대 태어난 집 안에서도, 가족들이 모여앉는 방 안에서도 피난처를 꿈꾸는 몽상가는 오두막집을, 새집 같은 보금자리를, 구멍 속에 들어가 있는 짐승처럼 몸을 웅크리고 싶은 구석을 꿈꾸는 것이다. 이리하여 그는 인간적인 이미지들의 저편[彼岸][49]에서 사는 것이다. 만약 현상학자가 그러한 이미지들의 원초성을 살[體驗]기에 이른다면, 그는 아마도, 집의 시에 관한 문제들을 이전과는 다른 곳에 옮겨 놓을 수 있게 될 것이다. 우리는, 앙리 바슐랭Henri Bachelin이 그의 아버지의 생애를 이야기하고 있는 책에서 다음과 같은 감탄할 만한 대목을 읽으며, 거주하는 기쁨의 이와 같은 집약의 아주 뚜렷한 한 예를 발견한다.[50]

앙리 바슐랭이 어렸을 때에 살던 집은 더할 수 없이 소박한 집이었다. 모르방Morvan 지방의 어느 읍 마을에 있는 시골집이었지만, 농사의 부속 건물들이 딸려 있고, 아버지가 부지런하고 검소하여 가정 생활이 평안과 행복을 찾을 수 있는 그런 집이었다. 날품팔이꾼이고 성당지기인 아버지가 저녁이면 성인들의 전기를 읽는, 램프 불빛이 희미하게 밝히고 있는 방 안에서, 바로 그 방 안에서 어린 앙리는 그의 원초적인 몽상을,──숲 가운데 외따로 버려진 오두막집 속에서 살고 있는 것을 상상할 정도로 고독을 크게 그리는 그 몽상을 즐겼던 것이다. 거주의 기능의 근원을 찾으려고 하는 현상학자에게는 앙리 바슐랭의 글은 커다란 순수성을 가지고 있는 자료인 것이다. 본질적인 대목은 다음과 같다: '그 시간들은, 맹세코 단언하지만, 그 방 안의 우리 집 식구들이 그 조그만 도시에서, 프랑스에서, 전 세계에서 떨어져 나와 있는 것 같은 강한 느낌에 깊이 제가 젖어들곤 하는 시간이었지요. 저

---

49) [역주] 각주 39) 참조. '이미지들의 저편'은 바로 이미지들의 변용이 목표로 하는 이상, 즉 원형일 테고, 따라서 '인간적인'이라는 말은 개인적인 차원을 가리킬 듯.
50) 앙리 바슐랭, 《하인 Le Serviteur》, Mercure de France. 르네 뒤메스닐René Dumesnil의 훌륭한 서문이 붙어 있는데, 이 잊혀진 소설가의 생애와 작품을 이야기하고 있다.

는, 숲 한가운데 따뜻하게 덥혀진 숯꾼들의 오두막집 속에서 우리들이 살고 있다고 상상하면서 즐거워하곤 했습니다. 저는 그 즐거운 감각을 저 혼자서만 즐겼습니다. 저는 이리들이 우리집의, 닳아지지 않는 화강암의 문지방에 그들의 발톱을 대고 뾰족하게 가는 소리를 듣고 싶을 지경이었습니다. 제게는 우리집은 그런 오두막집과 같은 것이었지요. 저는 제가 그 안에서 주림과 추위에서 지켜지고 있음을 보는 것이었습니다. 제가 몸을 떨었다면, 그것은 다만 바로 안락 때문이었습니다.'[51] 끊임없이 아버지를 이인칭으로 부르면서 쓰여진 이 소설에서 앙리 바슐랭은 아버지를 이렇게 묘사하고 있다: 제 의자 속에 안정되게 박혀서 저는 아버지의 힘이 저를 지켜 주시는 느낌 가운데 잠겨 있곤 했습니다.'

이렇게 소설가는 우리들을 집의 중심으로, 마치 어떤 힘의 중심, 어떤 잘 지켜져 있는 보호구역 안으로 불러들이듯, 불러들이고 있다. 그는 원초적인 집의 전설적인 이미지들을 사랑하는 사람들이라면 잘 알고 있는 그 '오두막집의 꿈'을 끝까지 따라가고 있다. 그러나 대부분의 오두막집의 꿈들에 있어서 우리들은 혼잡한 우리집으로부터, 도시의 근심거리들로부터 멀리 떨어져 다른 곳에서 살기를 바란다. 우리들은 생각 속에서, 참된 피난처를 찾으러 우리집을 떠나는 것이다. 이와 같은 먼 탈주의 몽상가들보다 더 행복하게, 바슐랭은 바로 자기 집 안에서 오두막집의 몽상의 뿌리를 찾았던 것이다. 자기 집의 한가운데, 램프의 둥근 불빛 아래에 있으면서 자신이 둥근 집 속에서, 원초적인 오두막집에서 살고 있다는 것을 알기 위해서는, 그는 가족들이

---

51) 위의 책, p.97.

모여앉는 방의 광경을 조금만 더 아늑하게 그리면 되었고, 바깥에서는 북풍이 집을 포위하고 있는 동안 잠자리에 들기 전의 저녁 시간의 고요 속에서 활활대며 타는 난로의 불꽃 소리만을 들으면 되었다. 만약 우리들이 우리들에게 내밀함의 몽상을 살〔體驗〕 수 있게 하는 모든 이미지들을 세부적으로, 또 순차적인 서열을 따라 실현시킨다면, 얼마나 많은 집들이 서로 겹치여 끼워져 놓이게 될까! 만약 우리들의 몽상의 이미지들을 전적인 성실성 가운데서 살 때, 우리들은 얼마나 많은 흩어져 있는 가치들을 한곳으로 집약할 수 있을 것인가! 바슐랭의 글에 나오는 그 오두막집은 정녕 거주의 기능의 주축적(主軸的)인 뿌리인 듯이 보인다. 그것은 가장 단순한 인간적인 나무, 존속하기 위해서 곁뿌리들이 필요치 않는 나무인 것이다. 그것은 너무나 단순하여, 때로 너무 장식이 많은 추억에 이젠 속하지 않는다. 그것은 전설에 속하는 것이다. 전설의 한중심인 것이다. 밤 가운데 저멀리 외따로 떨어져 있는 불빛을 보고 누가 아늑한 초가집을 꿈꾸지 않았겠는가? 한결 전설 속으로 더 들어가서는, 누가 은자의 오두막집을 꿈꾸지 않았겠는가?

은자의 오두막집, 이것이야말로 정녕 하나의 원초적인 판화이다! 진정한 이미지들은 **판화**들이다. 상상력이 우리들의 기억 속에 그 이미지들을 새기는 것이다. 그것들은 우리들이 실제로 경험한 추억들을 더욱 깊게 한다. 즉 그 이미지들은 그 경험한 추억들을 다른 데로 옮겨버리고, 그 자체가 상상력의 추억들[52]이 된다. 은자의 오두막집은 변용이 필요치 않은 테마이다. 그것은 더할 수 없이 간단하게 환기되더

---

52) 〔역주〕'상상력의 추억'이야말로 상상력이 그리워하는 것, 바로 원형이 아니겠는가? 따라서 그것은 '변용이 필요치 않은' 것이고, 반향들을 동반하지 않는 것이다.

라도, 그러자마자 '현상학적인 울림'은 보잘것없는 반향들을 지워 버린다. 은자의 오두막집은 지나치게 화려한 장식이 해가 되는 그런 판화이다. 그것은 그것의 본질, 동사 '거주하다'의 본질의 강렬함에서 그것의 진실을 받아야 한다. 그러면 곧 오두막집은 중심적인 고독이 된다. 전설의 나라에는 어중간한 오두막집이란 없는 법이다. 지리학자들이 먼 나라들을 답사하여 오두막집들로 이루어진 마을의 사진들을 우리들에게 가져와도 소용 없는 것이다. 전설로 이루어져 있는 우리들의 과거는, 우리들이 본 모든 것, 우리들이 개인적으로 체험한 모든 것을 초월하는 것이다. 거기서는 오히려 이미지가 우리들을 인도한다. 그리하여 우리들은 더할 수 없는 고독으로 나아가는 것이다. 은자는 신 앞에서 **홀로**인 사람이다. 은자의 오두막집은 수도원의 반대형이다. 그 중심적인 고독 주위로 하나의 명상하고 기도하는 세계가, 하나의 세계 밖의 세계[53]가 빛을 발한다. 오두막집은 '이 세계의' 어떤 부(富)도 받아들일 수 없다. 그것은 행복된 강렬한 가난을 가지고 있는 것이다. 은자의 오두막집은 가난의 영광이다. 스스로를 헐벗기고 헐벗기는 가운데 그것은 우리들에게 절대적인 피난처에 이르게 한다.

집약된 중심적인 고독이 이와 같이 가치를 얻는 것은 너무나 강하고 너무나 원초적이며 너무나 이론의 여지없는 현상이기에, 먼 불빛의 이미지는 한결 애매한 이미지들에 대한 근거가 된다. 헨리 데이비드 소로Henry-David Thoreau는 '숲속 깊은 곳에서 뿔피리 소리'를 듣고 있는가? 중심이 확정되지 않은 이 '이미지,' 밤의 자연을 채우는 이 청각적 이미지가 그에게 휴식과 안심의 이미지를 환기시킨다. 그는 이렇

---

53) [역주] 각주 49) 참조.

게 말하고 있다: '그 소리는 멀리 보이는 은자의 촛불처럼 정답다.'[54] 그리고 지난 추억을 회상하는 우리들에게도 어떤 내밀한 골짜기에서 그 옛날의 뿔피리 소리가 아직도 울려 오는 것일까? 그리고 어째서 우리들은 곧, 그 뿔피리 소리에 잠을 깬 소리의 세계와 먼 불빛에 비추이고 있는 은자의 세계의, 공동의 우정을 받아들이는 것일까? 어떻게 실제의 삶에서는 드문 그런 이미지들이 상상력에 그토록 큰 힘을 가지는 것일까?

위대한 이미지들이란 역사와 선역사(先歷史)[55]를 동시에 가지고 있는 법이다. 그것들은 언제나 추억인 동시에 전설인 법이다. 우리들은 결코 당장에 이미지의 전체를 살(體驗) 수 없다. 위대한 이미지는 어떤 것이나 깊이를 알 수 없는 꿈의 밑바탕을 가지고 있으며, 바로 그 꿈의 밑바탕 위에 우리들 각자의 개인적인 과거가 특이한 채색을 하는 것이다. 그러므로 우리들 삶을 아주 멀리까지 거슬러 올라가서야 우리들은, 기억 속에 박혀 있는 역사 너머에서 이미지의 뿌리를 발견함으로써 그것을 참으로 찬탄할 수 있게 되는 것이다. 절대적인 상상력의 영역에서는 우리들은 아주 늦게 오히려 젊어지는 것이다. 우리들이 지상낙원에서 참으로 살기 위해서는, 지상낙원을 그것의 이미지들의 현실 가운데, 일체의 열정을 초월하는 절대적인 승화 가운데 체험하기 위해서는, 그것을 잃어버려야 하는 것이다. 한 위대한 시인의 삶을 명상하며, 빌리에 드 릴라당Villiers de L'Isle-Adam의 작품을 명상하며 한 시인이, 빅토르 에밀 미슐레Victor-Emile Michelet가 이렇게 쓰고 있다: '유감스러운 일이지만, 젊음을 정복하기 위해서는, 젊음을 질곡에서 해

---

54) 헨리 데이비드 소로, 《숲속의 철학자 Un philosophe dans les bois》, 불역판, p.5o.
55) 〔역주〕 각주 39) 참조.

방시키기 위해서는, 젊음의 원초적인 도약을 따라 살기 위해서는 우리들은 나이가 들어야 한다.'

시는 우리들에게 젊음에 대한 향수를 준다기보다는——그거야 평범한 일일 것이다——젊음의 표현들에 대한 향수를 주는 것이다. 시는 우리들에게, 마치 우리들이 젊음의 '원초적인 도약' 가운데 상상했었을 것 같은 그런 이미지들을 주는 것이다. 원초적인 이미지들, 단순한 판화들, 오두막집의 몽상들, 이것들은 모두 상상하기를 다시 시작하라는 초청들이다. 그것들은 우리들에게 존재에의 확신이 응집되는 존재 차원의 거소(居所), 존재의 집을 되돌려 준다.[56] 그러한 이미지들 속에서, 그토록 안정을 가져오는 이미지들 속에서 삶으로써 우리들은 다른 하나의 삶, 존재의 깊이에서 우리들에게 속해 있는, 우리들의 것일 다른 하나의 삶을 새로이 시작할 것처럼 생각된다. 그러한 이미지들을 정관(靜觀)하면서, 바슐랭의 소설의 이미지들을 읽으면서 **우리들은 원초성을 새김질하는 것이다**. 이와 같이 원초성이 단순한 이미지들 가운데 욕구되고 복구되고 체험된다는 바로 그 사실로 하여, 오두막집들의 앨범은 상상력의 현상학을 위한 단순한 훈련의, 교과서가 될 것이다.

밤잠을 자지 않고 있는 사람의 상징인, 먼 은자의 오두막집의 불빛이라는 이미지와 같은 선상에서, 집의 시에 관계되는 많은 양의 문학 자료들이 오직 창문에서 빛나는 램프의 이미지의 관점에서 고찰될 수 있을 것이다. 이 이미지를 우리는 빛의 세계의 상상력에 관한 가장 중요한 정리의 하나에 예속시켜야 할 것이다: **빛나는 일체의 것은 그 자체가 보는 것이다**. 랭보는 이 우주적인 정리를 세 마디의 말에 담아 말

---

56) [역주] 여기서 '존재'는 모두 인간 존재를 가리킴.

했다: '진주모(眞珠母)는 본다.'[57] 램프가 자지 않고 빛나고 있으면, 따라서 그것은 살피고 있는 것이다. 빛의 줄이 가늘면 가늘수록, 그것의 살핌은 더욱더 날카로워진다.

창문에 있는 램프는 집의 눈이다. 상상력의 영역에서는 램프는 결코 바깥에서 불을 밝히지 않는다. 그것은 틈새기를 통해 바깥으로 새어나올 수 있을 뿐인 갇힌 불빛인 것이다. 〈벽 속에 갇힌 자〉라는 제목으로 쓰인 한 시 작품의 한 연이 이렇게 시작되고 있다:

창문 뒤에 밝혀진 램프
비밀스런 밤의 한가운데서
자지 않고 지키고 있네.

몇 행 앞서 시인은 이렇게 말했었다:

돌의 사면 벽 사이에
갇힌 시선.[58]

앙리 보스코의 소설《이야생트 *Hyacinthe*》── 이 작품은 그의 다른 하나의 소설《이야생트의 정원 *Le Jardin d'Hyacinthe*》과 함께 우리 시대의 가장 놀라운 심리소설의 하나를 이루고 있는데 ── 에서는 램프가 창문에서 **기다리고 있다**. 그렇게 기다리고 있는 램프 때문에 또 집 전체가 기다리고 있다. 램프는 간곡한 기다림의 표지인 것이다.

---

57) 랭보,《랭보 전집》, Grand-Chêne, Lausanne, p.321.
58) 크리스티안 바뤼코아Christiane Barucoa,《앙테 *Antée*》, Cahiers de Rochefort, p.5.

먼 집의 불빛에 의해 그 집은 보고, 자지 않고, 살피고, 기다리는 것이다.

내가 몽상과 현실이 서로 뒤바뀌고 또 뒤바뀌는 취한 듯한 상상에 나 자신을 맡길 때, 내게는 다음과 같은 이미지가 떠오른다: 먼 집과 그 불빛은, 내게는, 내 눈앞에서는, 자물쇠의 구멍을 통해 그 집이 밖을 내다보는――바로 그의 차례이니까――이미지로 된다. 그렇다, 자고 있지 않는 그 집 안에는 누군가가 있는 것이다, 누군가가 그 안에서, 내가 꿈에 잠겨 있는 동안 일하고 있는 것이다, 내가 쓸데없는 꿈을 쫓고 있는 동안[59] 고집스런 한 삶이 있는 것이다. 그 단 하나의 불빛으로 하여 그 집은 인간적인 것이다. 그것은 사람처럼 보기 때문이다. 그것은 밤으로 열려 있는 눈이기 때문이다.

그리고 또 다른 끝없이 많은 이미지들이 밤 속에 잠겨 있는 집의 시를 꽃피우고 있다. 때로 집은 외로운 빛의 존재, 풀 속에서 빛나는 개똥벌레처럼 반짝인다:

언덕 사이 골짜기에서 빛나는
개똥벌레들처럼
나는 그대들의 집들을 보리라.[60]

다른 한 시인은 땅 위에서 반짝이는 집들을 '풀의 별들'이라고 부

---

59) [역주] 바슐라르의 글에 흔히 나타나는 자기 아이러니. 전체 문맥과는 관련이 없는 듯.

60) 엘렌 모랑주Hélène Morange, 《수선화와 빙카 Asphodèles et pervenches》, Seghers, p.29.

르고 있다. 크리스티안 바뤼코아Christiane Barucoa는 인간적인 집 안에 있는 램프에 대해서 또 이렇게도 말하고 있다:

순간의 결빙(結氷)에 사로잡힌 수인(囚人), 별이여,

이와 같은 이미지들에 있어서는 하늘의 별들이 땅에 내려와 살고 있는 것처럼 여겨진다. 인간의 집들은 지상의 성좌들을 형성하는 것이다.

G. E. 클랑시에Clancier는 마을 열 개와 그 불빛들로 땅 위에 '리바이어던'[61]의 성좌를 박아 놓는다:

밤, 마을 열 개, 산 하나
금빛 못으로 박아 놓은 검은 리바이어던.[62]

에리히 노이만Erich Neumann은 한 환자의 꿈을 연구했는데, 그 환자는 어느 탑 위에서, 별들이 땅속에서 태어나서 빛나는 것을 꿈에 보았다는 것이다. 그 별들은 깊은 땅속에서 빠져나오더라는 것이다. 이 강박적인 증세에서는 땅은 단순히 별들이 빛나는 하늘의 이미지가 아니었다. 그 땅은 세계를 창조하는, 밤과 별들을 창조하는 여신으로서의 어머니였다.[63] 그 환자의 꿈에서 노이만은 대지-어머니의 원형(原型)의 힘을 드러내고 있다. 말할 나위 없이 시는 밤의 꿈보다 **자기 주장을**

---

61) [역주] 성경에 언급되어 있는 바다 괴수. 〈욥기〉에 나오는 묘사는 이집트 나일 강 유역의 악어를 가리키고 있다고 함.

62) G. -E. 클랑시에, 《목소리 Une Voix》, Gallimard, p.172.

63) 에리히 노이만, 《에라노스 연보(年報) Eranos-Jahrbuch》, 1955, pp.40-41.

덜하는 몽상에서 태어나는 것이다. 그것은 '순간의 결빙'일 뿐이다. 그렇더라도 위의 시 자료는 여전히 시사적(示唆的)이다. 땅의 표지가 하늘의 괴물에 놓여 있는 것이다. 이미지의 고고학은 그러므로 시인의 급속한 이미지, 순간적인 이미지에 의해 밝혀질 수 있는 것이다.

언뜻 보기에 평범한 듯한 한 이미지에 지금까지 긴 부연을 한 것은, 이미지란 조용히 있지 못하는 것이라는 사실을 보여주기 위해서였다. 시적 몽상은 졸음 속의 그것과는 반대로 결코 잠들지 않는 것이다. 그 것은 언제나, 더할 수 없이 단순한 이미지에서 출발했을지라도 상상력의 파동을 방사해야 한다. 어쨌든 램프의 별로 밝혀진 외딴집이 아무리 우주적인 이미지가 된다고 하더라도, 그것은 언제나 스스로를 고독으로 나타내는 것이다. 이 고독을 강조하고 있는 마지막의 예를 살펴보기로 하자.

릴케의 《서한선(書翰選)》[64]의 책머리에 수록된 〈내면일기초(內面日記抄) Fragments d'un journal intime〉에 다음과 같은 묘사가 나온다: 릴케와 그의 동행인 두 사람은 깊은 밤 가운데 '저멀리 한 오두막집의, 마지막의 오두막집, 들판과 늪들을 앞에 두고 지평선에 홀로 있는 오두막집의 불 밝혀진 창문을 발견한다.' 유일한 불빛에 의해 상징되는 고독의 그 이미지는 시인의 마음을 감동시킨다. 그것은 시인을 너무나 개인적으로 감동시킴으로써, 그를 그의 동행인들로부터 외롭게 떼어 놓는다. 릴케는 자기들 세 친구에 관해서 말하면서 이렇게 덧붙인다: '우리들은 그렇게 아무리 가까이 있었어도 소용 없었다. 우리들은 처음으로 밤을 보는 고절된 세 사람으로 머물러 있었다.' 이 표현을 아

---

64) R. M. 릴케, 《서한선(選) Choix de Lettres》, 불역판, Stock, 1934, p.15.

무리 명상하더라도 결코 충분치 않을 것이다. 가장 평범한 이미지의 하나일, 틀림없이 시인이 수백 번이라도 본 적이 있었을 그 이미지가 느닷없이 '처음으로'라는 표지를 받고, 그 표지를 친숙한 밤에게 전달하고 있기 때문이다. 외롭게 깨어서 고집스레 집을 지키고 있는 사람에게서 흘러나오는 그 불빛은 최면의 힘과도 같은 것을 얻게 된다고 말할 수 있지 않겠는가? 우리들은 고독에, 외로운 집의 시선에 최면당하는 것이다. 그 외로운 집과 우리들 사이의 유대는 너무나 강한 것이어서, 이윽고 우리들은 밤 가운데의 외로운 집밖에 꿈꾸지 않게 되는 것이다:

O Licht im schlafenden Haus![65]
오 잠든 집의 불빛이여!

방금 우리들은 오두막집의 이미지를 통해, 먼 지평선에서 자지 않고 있는 불빛의 이미지를 통해 은신처의 응축된 내밀성을 그 가장 단순화된 형태에 있어서 살펴보았다. 그리고 이 장의 첫머리에서는 우리는 이와는 반대로, 우선 집을 그것의 수직성에 의해 특징지어 보려고 했었다. 이제 우리는 여전히 상세한 문학 자료들의 도움을 얻어서, 집을 에워싸서 공격하는 힘을 적대하여 싸우는 집의 보호적인 가치를 더 잘 이야기해 보아야 한다. 집과 세계의 이 역동적인 변증법을 살핀 다음, 우리는 집이 하나의 세계 전체로 나타나는 그런 시 작품들을 살펴보게 될 것이다.

---

65) 리하르트 폰 샤우칼Richard von Schaukal, 《독일 시선집 *Anthologie de la poésie allemande*》, Stock, 제2권, p.125.

제2장

집과 세계

우리 하늘의 봉우리들이 서로 합쳐질 때
내 집은 지붕을 갖게 되리.
—— 폴 엘뤼아르Paul Eluard,
《살 만한 것들 *Dignes de vivre*》, Julliard, 1941, p.115.

우리는 앞장에서, '집을 읽는다'든가 '방을 읽는다'고 말함에 의미가 있다는 것을 지적한 바 있다. 왜냐하면 방과 집은 내밀성을 분석함에 있어서 시인, 작가들을 인도하는 심리의 도해(圖解)이기 때문이다. 우리들은 이제, 위대한 작가들에 의해 '쓰인' 몇몇 집과 방들을 천천히 읽으면서 살펴보기로 하자.

I

보들레르는 바탕이 도시인이지만, 집이 겨울의 공격을 받을 때에 내밀함의 가치가 커가는 것을 느낀 사람이다. 《인공낙원(人工樂園) *Les Paradis artificiels*》에서 그는, 토머스 드 퀸시Thomas de Quincey[1]가 겨울 속에 갇혀서 아편이 가져다 주는 관념론의 도움으로 칸트를 읽고 있을 때의 행복을 이야기하고 있다.[2] 그 장면의 무대는 영국 웨일즈

---

1) 〔역주〕1785-1859, 영국의 문필가. 아편 중독자로서 그의 《영국의 어느 아편 중독자의 고백 *Confessions of an English Opium-eater*》에서 영감을 얻어 보들레르의 《인공낙원(人工樂園)》이 씌어졌다고 함.
2) 보들레르, 《인공낙원》, p.280.

에 있는 어느 '농가cottage'[3]이다. '아름다운 집은 겨울을 더 시적으로 만들지 않는가? 그리고 겨울은 집의 시를 더 불리지 않는가? 그 흰 농가는 **충분히 높은** 산들에 **닫힌 조그만** 골짜기 밑에 **앉아** 있었다. 그것은 관목 숲으로, 포대기에 **싸이듯** 싸여 있었다.' 이 짧은 글에서 휴식의 상상력에 속하는 낱말들을 우리는 강조해 놓았다. 칸트를 읽으며 꿈의 고독과 사상의 고독을 합치는 아편 흡입자에게는 얼마나 평온한 배경인가! 얼마나 평온한 장소인가! 아마도 우리들은 보들레르의 이 글을 쉬운, 너무나도 쉬운 글을 읽듯이 읽을 수도 있으리라. 문학비평가는, 보들레르 같은 위대한 시인이 그런 진부한 이미지들을 그토록 쉽사리 사용한 것에 대해 놀라기까지 할 것이다. 하지만 이 너무나 단순한 글을, 그것이 암시하는 휴식의 몽상을 받아들이면서 읽어본다면, 강조된 낱말들에서 잠시 동안 독서를 멈추면서 읽어본다면, 그것은 곧 우리들의 몸과 마음을 평온 속에 잠기게 할 것이다. 우리들은 우리들 자신이 그 골짜기의 집의 보호적인 중심에 위치하는 것처럼, 우리들 역시 겨울의 천의 '포대기에 싸여' 있는 것처럼 느낀다.

그리고 밖이 춥기 **때문에** 우리들은 아주 따뜻하다. 이, 겨울 속에 잠겨 있는 '인공낙원'을 이야기한 다음, 보들레르는 그 몽상가가 몹시 추운 겨울을 바란다고 말한다. '몽상가는 매년 하늘에, 그것이 가지고 있는 만큼의 눈과 싸락눈과 서리를 내려 달라고 요구한다. 그에게는 캐나다의 겨울, 러시아의 겨울이 필요하다. 그럼으로써 그의 숙소는 더 따뜻하고 더 아늑하고 더 사랑받게 될 것이다……'[4] 위대한 커튼

---

3) 시각적으로는 아늑하게 보이는 이 cottage라는 영어 단어는, 불어 텍스트 속에 나올 때 영어 발음으로 읽으면 얼마나 부조화롭게 들리는가!
4) 앙리 보스코는 이와 같은 몽상의 유형을 다음과 같은 짧은 표현으로 잘 나타내

의 몽상가인 에드거 포처럼 보들레르는 겨울에 둘러싸인 집의 구멍들을 막기 위해 '방바닥에까지 내려뜨려져 일렁이는 무거운 커튼'까지 요구하고 있다. 짙은 색깔의 커튼 너머에서 눈은 더욱 흰 것처럼 여겨진다. 모순적인 것들이 모이면, 모두가 생동하게 되는 것이다.

보들레르는 우리들에게 중심이 있는 그림 한 폭을 넘겨 준 것이다. 그는 그리하여, 우리들이 우리들 자신을 위해 취할 수 있는 몽상의 중심으로 우리들을 안내한 것이다. 물론 우리들은 거기에 개인적인 필치를 덧붙일 것이다. 보들레르가 환기한 토머스 드 퀸시의 그 농가 안에 우리들은 우리들 과거의 인물들을 들여 놓을 것이다. 이리하여 우리들은 덧칠 없는 환기가 주는 이득을 얻게 된다. 우리들의 가장 개인적인 추억들이 거기에 와서 살 수 있기 때문이다. 뭐라고 설명할 수 없는 공감을 자아냄으로써 보들레르의 묘사는 진부함을 털어 버리고 있다. 그리고 사정은 언제나 이와 같은 것이다: 잘 확정된 몽상의 중심들은, 잘 정의된 개념들이 사고의 인간들 사이의 의사소통의 수단이 되는 것과 똑같은 확실성으로써, 꿈의 인간들 사이의 교감의 수단이 된다.

《미술 비평 Curiosités esthétiques》에서 보들레르는 또 '슬픈 계절'인 겨울에 '숲 기슭에 있는 초가집'을 보여주는 라비에이유Lavieille의 그림에 대해서 말하고 있다.[5] 그런데 '라비에이유가 흔히 보여주기에 성공하는 효과들의 어떤 것들은 겨울의 행복을 발췌한 것들인 것처럼 내게는 느껴진다'고 보들레르는 뒤이어 말하고 있다. 겨울의 **환기**는 거주하는 행복의 보강(補強)인 것이다. 오직 상상력의 영역에서만 겨울의 환기는 집의 거주의 가치를 증가시킨다.

고 있다: '피난처가 안전하면, 폭풍우도 좋은 것이다.'
5) 보들레르, 《미술 비평》, p.331.

만약 우리에게, 보들레르가 다시 산(體驗) 토머스 드 퀸시의 농가를 꿈의 차원에서 감정하라고 한다면, 우리는 그 집 안에 생채(生彩) 없는 아편의 냄새와 졸리는 듯한 분위기가 드리워져 있다고 말하겠다. 아무것도 우리들에게 벽의 용감성과 지붕의 용기를 이야기해 주는 것은 없다. 그 집은 싸우고 있지 않는 것이다. 보들레르는 커튼 속에 칩거할 줄만 안다고 말해도 좋으리라.

이와 같이 투쟁이 없음은 흔히, 우리들이 문학에서 발견하는 겨울의 집들의 경우이다. 집과 세계의 변증법은 이 경우 너무 단순하다. 특히 눈은 외계(外界)를 너무 힘 안 들이고 무화(無化)시켜 버린다. 그것은 세계를 단 하나의 색조로 통일해 버린다. 피난처에 보호되어 있는 사람에게 세계는 한마디 말, 눈이라는 말로 표현되고 제거되는 것이다. 《사랑의 사막 Les Déserts de l'amour》에서 랭보 자신 이렇게 말하고 있다: '그것은, 세계를 정녕코 질식시켜 버릴 눈에 휩싸인 겨울 밤과도 같았다.'[6]

어쨌든 살고 있는 집 너머로 겨울의 우주는 단순화된 우주이다. 그것은 형이상학자가 비아(非我)non-moi라고 말하는 것과 같은 식으로 비가(非家)non-maison인 것이다. 집(家)과 비가(非家) 사이에서 가능한 모든 모순이 쉽사리 정리된다. 집 안에서는 일체가 분화되어 많은 수로 나뉜다. 겨울로부터 집은 저장된 내밀함과 정묘한 내밀함을 얻는다. 집 밖의 세계에서는 눈이 발자국들을 지우고, 길들을 흐려 놓고, 소리들을 짓눌러 버리고, 색깔들을 덮어 버린다. 통일적인 흰색에 의한 우주적인 부정이 활동함을 우리들은 느낀다. 집의 몽상가는 이 모든

---

6) 랭보, 《사랑의 사막》, p.104.

것을 알고, 이 모든 것을 느낀다. 그리하여 외계의 존재의 감소로 하여, 모든 내밀함의 가치들의 강도가 커감을 경험하는 것이다.

2

　모든 계절들 가운데 겨울은 가장 나이 많은 계절이다. 겨울은 추억 속에 연륜을 넣는 것이다. 그것은 오랜 과거로 우리들을 되돌려보낸다. 눈 밑에서는 집도 나이가 많아진다. 오래전 지난 세기들 가운데, 집은 뒤처져서 살고 있는 듯이 느껴진다. 이와 같은 느낌은, 적대성을 한껏 나타내고 있는 겨울을 묘사한, 다음의 바슐랭의 글에 잘 환기되어 있다: '휘몰아치는 눈과 바람으로 둘러싸인 오래된 집들 속에서 사람들의 입에서 입으로 전해 내려온 위대한 이야기들이, 아름다운 전설들이 구체적인 의미를 얻게 되어, 그것들을 깊이 생각해 보는 사람들에게는 그것들이 당장에 실현될 것 같아지는, 그런 저녁들이었지요. 그렇기 때문에 우리 조상 어른의 한 분이 기원 천년에 그런 어느 저녁에 숨을 거두시면서, 세계의 종말이 다가왔다고 생각하셨을지 모릅니다.'[7] 왜냐하면 이 경우, 이야기는 할머니들이 밤에 들려주는 요정의 이야기가 아니라 힘과 징후들을 깊이 생각하는 이야기, 인간의 이야기이기 때문이다. 바슐랭은 또 이렇게 말하고도 있다: 그러한 겨울에는 '(넓은 벽난로의 덮개 아래로) 오랜 전설들이 오늘날에 있어서보다 훨씬 더 오랜 것으로 느껴졌으리라고 제게는 생각됩니다.'[8] 그 전설들은 그때에는 바로 천변지이(天變地異)의 드라마, 세계의 종말을 고하는

---

7) 앙리 바슐랭, 앞의 책, p.102.
8) 위의 책, p.58.

그런 천변지이의 드라마가 가지는 옛스러움을 지니고 있었던 것이다.

아버지의 집에서의 그, 드라마틱한 겨울 밤 저녁들을 회상하면서 바슐랭은 이렇게도 쓰고 있다: '그 저녁들에 우리들과 자리를 함께했던 사람들이 눈 속으로 발을 빠뜨리고 돌풍 가운데 머리를 내놓은 채 떠나갔을 때, 제게는 그들이 멀리, 올빼미와 이리의 알 수 없는 나라로 가는 듯이 여겨졌습니다. 저는 제가 처음으로 읽었던 이야기책들의 인물들이 그랬던 것처럼, 신의 가호를 빕니다!고 그들에게 외쳐 주고 싶었습니다.'[9]

어린이의 영혼 가운데, 쌓인 눈에 덮인 가족의 집이라는 단순한 이미지가 기원 천년의 이미지들을 통합할 수 있다는 게 놀랍지 않은가?

3

다음 우리는 이보다 한결 더 복잡한 경우, 역설같이 보일 수도 있는 경우를 들어 보기로 하자. 릴케의 글에서 빌어온 예이다.[10]

릴케에게 있어서는, 우리가 앞장에서 개진했던 일반적인 주장과는 반대로, 뇌우가 공격적이 되고 하늘이 우리들에게 가장 뚜렷이 그의 노여움을 말하는 것은 특히 도시에 있어서이다. 들판에서라면 폭풍우는 우리들에게 덜 적대적이리라는 것이다. 그리고 그것이야말로 우리의 견지에서는 우주성의 역설이다. 그러나 물론 릴케의 글은 아름답고, 그것을 해석해 봄은 우리들에게 유익할 것이다.

다음은 릴케가 '그 여류 음악가'에게 편지로 쓴 것이다: '당신은 내

---

9) 위의 책, p.104.
10) 릴케, 《어느 여류 음악가에게 보내는 편지 Lettres à une musicienne》, 불역판, p.112.

가 도시에서 그 밤중의 태풍들에 겁먹게 놀란다는 것을 아십니까? 뭐랄까, 그 태풍들은 그들의 비와 바람의 오만 가운데 우리들을 보지조차 않는다고나 할까요. 반면에 그것들은 들판에 외롭게 서 있는 집은 보지요. 그런 집은 그들의 힘센 팔 안에 품어서 튼튼하게 단련시키지요. 그런 들판의 집에서라면, 집 밖에, 으르렁대는 정원에 나가 있고 싶을 거예요, 아니면 적어도 창문에 지키고 서 있습니다. 그러고는 마치 예언자들의 귀신에 씌워지기라도 한 것처럼 노호하듯 몸을 흔드는 고목들에 고개를 끄덕입니다.'

릴케의 이 글은 내게는, 사진술(寫眞術)식으로 말하자면 집의 '음화'인 것처럼, 거주의 기능의 역인 것처럼 보인다. 뇌우가 으르렁대고 나무들을 휘인다. 그런데 릴케는 집 안에 피해 있으면서 집 **밖에** 나가 있고 싶어한다. 바람과 비를 즐기고 싶은 욕구에서가 아니라, 몽상을 찾기 위해서. 즉 릴케는——우리들에게 느껴져 오는데——바람의 노여움의 공격에 대항하는 나무의 역공격적인 노여움에 참여하는 것이다. 그러나 그는 집의 저항에는 참여하지 않는다. 그는 태풍의 조심에, 번개의 통찰에, 그 미친 듯한 격노 가운데서도 인간의 집을 보고 그것을 너그럽게 대해 주려는 데 뜻을 모은 그 모든 자연의 힘에 신뢰를 두고 있다.

그러나 그렇더라도 이 '음화'적인 이미지는 역시 시사적이다. 그것은 우주적인 투쟁의 역동성을 보여주고 있다. 릴케는 인간의 집이 경험하는 드라마를 알고 있는 것이다: 그에 대한 많은 증거들을 그는 제시하고 있고, 우리는 자주 그것들을 참조하게 될 것이다. 몽상가가 위치하는, 변증법의 극점(極點)이 어느쪽의 것일지라도, 그것이 집이든 세계이든 간에, 집의 몽상의 변증법은 역동화한다. 집과 세계는 단순히, 병치해 놓은 두 공간이 아닌 것이다. 상상력의 영역에서는 그 둘은 서로 반대적인 몽상 가운데 오히려 서로가 서로에 의해 생동하게 된다. 이미 릴케는, 시련이 오래된 집을 '튼튼하게 단련시킨다'고 인정하고 있다. 집은 태풍에 대한 승리를 제 밑천으로 만드는 것이다. 그리고 상상력에 관한 연구에 있어서는 우리들은 사실의 영역을 넘어서야 하므로, 오래된 집, 우리들이 태어난 집에서 우리들은, 우리들이 임시적으로 들어와 살고 있는 시가지의 집에서보다 더 평온하고 더 안심하게 된다는 것을 잘 알고 있는 것이다.

4

방금 우리들이 살펴본 '음화'와는 대조적으로, 폭풍우의 공격을 받는 집의 드라마에 주인공이 스스로를 전적으로 일치시키는 '양화'의 예를 들어 보기로 하자.

말리크루아의 집은 라 르두스라 불린다.[11] 그것은 카마르그[12]의 한 섬에 있는데, 멀지 않은 곳에 강이 웅웅대며 흘러가고 있다. 그것은 초라하며 약해 보이지만, 이제 그것의 용기를 보기로 하자.

작가는 여러 페이지에 걸쳐 폭풍우를 마련한다. 시적 기상학이, 움직임과 소리가 태어나는 근원까지 탐구해 보여준다. 우선 얼마나 훌륭한 기교로써 그는 절대적인 침묵과, 드넓은 침묵의 공간에 이르는가! '아무것도 침묵만큼 무한한 공간의 느낌을 암시하지 못한다. 그런 공간에 나는 들어섰다. 소리들이 그 드넓은 공간을 물들이고 거기에, 이

---

11) 앙리 보스코, 《말리크루아 *Malicroix*》, p.105 및 이하.
12) 〔역주〕 남불, 론 강 삼각주에 위치하고 있는 습지.

를테면 소리로 이루어진 몸을 부여한다. 그러다가 그것들이 뚝 그치고, 그래 공간은 전혀 순수하게 된다. 그러자 드넓고 깊고 한없는 느낌이 침묵 가운데 우리를 사로잡는다. 그 느낌은 내 내부에 속속들이 파고들어, 나는 몇 분 동안 그 위대한 밤의 평화와 하나가 되었다.

그것은 꼭 살아 있는 존재와 같았다.

그 평화는 몸뚱이를 가지고 있었다. 밤으로 만든, 밤에서 취(取)한 몸뚱이, 진짜 몸뚱이, 움직임 없는 몸뚱이.'

이에 뒤이어 이 거대한 산문시는 빅토르 위고의 〈신령(神靈)들 Les Djinns〉에서와 같은, 소리와 두려움으로 이루어지는 시적 진전을 보여준다. 그러나 이 작품에서는 작가는 그에 앞서, 그 중심에서 집이 마치 불안에 찬 심장처럼 살아갈 공간의 수축을 보여준다. 일종의 우주적인 불안이 폭풍우의 전주가 된다. 이윽고 막혀 있었던 바람의 목구멍이란 목구멍은 모두 풀린다. 곧 모든, 태풍의 동물들이 소리를 지르기 시작한다. 만약 우리가 지금 예로 들고 있는 이 부분에서뿐 아니라 앙리 보스코의 이 작품 전체를 통해 폭풍우의 역동성을 분석할 여유가 있다면, 우리는 얼마나 다양한 바람의 동물 우화집을 만들 수 있을까! 작가는, 일체의 공격이란 그것이 인간에게서 오는 것이든 세계에서 오는 것이든 간에 동물적인 것이라는 것을 본능적으로 안다. 인간에게서 오는 공격이 아무리 교활한 것일지라도, 그것이 아무리 간접적이고 잘 위장되고 잘 꾸며진 것일지라도, 그것은 속죄되지 않은 기원을 드러내는 것이다. 가장 약한 증오일지라도 그 안에는 동물성의 가는 섬유가 살고 있게 마련이다. 시인-심리학자는, 혹은 있을 수 있다면 심리학자-시인은 공격의 여러 가지 유형을 동물의 울음소리로 특징짓더라도 틀리지 않는다. 그리고 세계의 힘을 노여움의 심리학을 통해

서밖에 직관적으로 이해하지 못함은, 또한 인간의 무서운 표징의 하나이기도 하다.

이리하여 조금씩 조금씩 광란하는 이 폭풍우의 동물떼에 대항하는 집은 정녕 순수한 인간성의 존재, 결코 공격의 책임이 없으면서 방어만 하는 존재가 된다. 라 르두스는 인간의 '저항' 자체인 것이다. 그것은 **인간적인 가치**이고, '인간'의 위대성이다.

다음은 폭풍우 한가운데 있는 집의 인간적인 저항에 대한 묘사의 중심 부분이다:

'집은 용감하게 싸웠다. 처음에는 슬피 울부짖는 것 같았다. 더할 수 없이 세찬 바람이 집을 사방에서 동시에 명백한 증오와 너무나 광분한 노호로써 공격해 왔으므로, 때로 나는 두려움으로 몸을 떨었다. 그러나 집은 견뎌냈다. 폭풍우가 시작되자마자 심술궂은 바람이 지붕을 공격 목표로 삼았다. 바람은 지붕을 떼어내려고, 그 허리를 분지르려고, 그것을 산산조각으로 내려고, 그것을 빨아들여 삼키려고 했다. 그러나 지붕은 등을 구부리고, 오래된 기둥들에 매달렸다. 그러자 다른 바람이 또 불어닥쳐 땅 위로 덮쳐들더니, 집의 벽을 습격해 왔다. 그 격렬한 충격에 몸을 휘지 않는 것이 없었지만, 그러나 집은 유연하게 몸을 굽혔다가 그 짐승에 저항하는 것이었다. 그것은 아마 끊어지지 않는 뿌리로 섬의 땅에 붙어 있는 것 같고, 그 뿌리에서, 갈대에 초벽을 했거나 판자로 된 그의 얇은 벽이 초자연적인 힘을 얻는 것 같았다. 바람은 창의 덧문과 출입문을 아무리 공격해도 소용 없었다. 어마어마한 위협으로 아무리 을러대도, 벽난로 굴뚝으로 아무리 으르렁거려도 소용 없었다. 내 몸을 보호해 주고 있는, 이미 인간이 된 그 집은 폭풍우에 아무것도 양보하지 않았다. 집은 마치 암늑대처럼 나를 폭 감싸안았고, 때로 나는 그의 내음이 어머니의 그것인 양 내 심장 속에까지 내려오는 듯이 느꼈다. 그것은 그날 밤 정녕 내 어머니였다.

나는 나 자신을 지키고 지탱하기 위해서 그 집밖에 가지고 있지 않았다. 우리들은 단둘이었다.' [13]

우리는 우리의 앞선 저서 《대지와, 휴식의 몽상》에서 집의 모성에 대해 말하면서, '어머니'와 '집'의 이미지가 결합되어 있는 밀로슈 Milosz의 다음의 탁월한 두 시행을 인용한 바 있다:

나는 '어머니'라고 말하느니. 그리고 내가 생각하는 것은, 오 '집'이여! 그대이다.

내 어린 시절의 어슴푸레한 아름다운 여름의 집이여. [14]

라 르두스에 들어 있는 이 소설의 주인공의, 감동에 찬 감사의 마음에 어쩔 수 없이 떠오르는 것은, 바로 이와 비슷한 이미지인 것이다. 그러나 여기서는 이미지는 어린 시절에 대한 향수에서 오고 있는 게 아니라, 집의 현실적인 보호 역할 가운데 주어져 있다. 여기서는 공동의 애정뿐만 아니라 그에 더하여 공동의 힘이, 두 용기의, 두 저항의 응집이 있다. 거주자를 '감싸안'는, 사면 벽이 가깝게 모여 한 몸뚱이의 골방이 되는 이 집이야말로 얼마나 훌륭한, 존재의 응집의 이미지인가! 은신처가 수축된 것이다. 그래 한결 더 보호적으로 되어, 외부적으로 한결 더 강해진 것이다. 그것은 은신처였던 것이 보루(堡壘)로 된 것이다. 초가집이, 그 안에서 두려움을 이겨내기를 배워야 하는 고독한 거

---

13) 위의 책, p.115.
14) 밀로슈, 〈우수〉.

주자에게는, 용기로 무장한 성곽이 된 것이다. 이와 같은 거소(居所)는 교육적인 가치가 있다. 우리들은 보스코의 이 글을, 마음속의 용기의 성곽에 힘의 저장분을 채워넣도록 하는 것으로 읽을 수 있는 것이다. 상상력에 의해 바로 태풍의 중심 자체가 된 집 안에서는, 단순히 모든 피난처에서 느껴지는 위안의 느낌을 넘어서야 한다. 투쟁하는 집에 의해 지탱되고 있는 우주적인 드라마에 참여해야 하는 것이다. 말리크루아의 전 드라마는 고독의 시련이다. 라 르두스의 거주자는 마을 없는 섬에 홀로 있는 집에서 고독을 이겨내야 하는 것이다. 그는 거기서, 삶의 한 엄청난 드라마가 고독으로 몰아넣은 어느 조상이 다다랐던 고독의 존엄성을 획득해야 하는 것이다. 그는 그의 어린 시절에 알았던 것과는 다른 세계에서 홀로, 홀로 있어야 한다. 부드럽고 행복한 집안의 사람으로서, 자신의 용기를 키워야 한다. 거칠고 메마르고 추운 세계를 마주하고 용기를 배워야 한다. 그런데 그 외딴집이 그에게 강한 이미지들을, 즉 저항의 가르침을 주는 것이다.

이리하여 폭풍우와 태풍이 동물적인 형태들을 갖추고 휘몰아치는 적대적인 세계를 앞에 두고, 집의 보호적이고 저항적인 가치들은 인간적인 가치들로 전치된다. 집은 인간의 몸뚱이가 가지는 정신적, 육체적인 힘을 취한다. 그것은 폭우 아래에서 등을 세우고, 허리에 힘을 준다. 돌풍을 받으면, 일시적인 패배를 언제나 부정하면서 제때에 몸을 되세울 수 있다는 자신을 가지고, 몸을 굽혀야 할 때에는 굽힌다. 이와 같은 집은 인간을 우주적인 용맹으로 불러 간다. 그것은 인간이 우주와 용감하게 맞서는 데 있어서 하나의 도구인 것이다. '세계에 던져진 인간'을 주장하는 형이상학은 이와 같이 하늘의 노여움을 두려워하지 않는, 태풍 가운데 던져진 집에 대해서 구체적으로 명상해 볼 만할 것이다. 어떤 것을 향해서라도, 또 어떤 것에 대항해서라도 집은 우리들이 이렇게 말하도록 도와준다: 나는 이 세계가 싫어하더라도 이 세계의 거주자가 되겠다. 문제는 다만 존재의 문제만이 아니고, 힘의 문제, 따라서 반대 힘의 문제이기도 하다.[15]

이와 같은 인간과 집의 역동적인 공동체성, 이와 같은 집과 세계의 역동적인 적대성에 있어서 우리들에게 연상되는 것은, 단순히 기하학적인 형태와는 어떤 것과도 거리가 멀다. 체험된 집은 움직임 없는 상자가 아니다. 거주되는 공간은 기하학적인 공간을 초월하는 것이다.

이와 같은 집의 존재의 인간적 가치로의 전치는 메타포적인 현상으로 간주될 수 있을까? 그것은 단순히 비유적인 언어 현상에 지나지 않는 것일까? 그것은 메타포로서는 과장된 것이라고 문학비평가는 쉽사리 판단해 버릴 것이다. 다른 한편, 실증적인 심리학자라면 곧 그 비유적인 언어를, 일체의 다른 인간의 도움으로부터 멀리 떨어져 고독 속에 갇혀 있는 인간의 공포라는 심리 현실로 환원해 버릴 것이다. 그러나 상상력의 현상학은, 이미지를 표현의 부수적인 방법으로 만들어 버리는 그러한 환원에 만족할 수 없다: 이미지의 현상학은 이미지를 우리들이 직접적으로 살(體驗) 것을, 이미지를 삶의 느닷없는 사건으로 여길 것을 요구한다. 이미지가 새로우면, 세계가 새로운 것이다.

삶과 하나가 된 독서[16]에 있어서는, 만약 우리들이 세계 —— 우리들의 몽상 앞에 열리는 세계 —— 를 표현하는 시인의 창조 행위를 의식하려고 노력한다면, 일체의 피동성은 사라지고 만다. 앙리 보스코

---

15) [역주] p.147, '모순적인 것들이 모이면, 모두가 생동하게 되는 것이다'; p.148, '집과 세계의 변증법' 등의 표현을 참조할 것.

16) [역주] 이미지의 현상학의 인간존재론적인 성격에 대한 간략한 표현.

의 소설 《말리크루아》에서 세계가 고독한 주인공에게 주는 영향이, 다른 인물들이 줄 수 있는 그것보다 더 크다. 만약 그 소설에서 그것이 포함하고 있는 산문시와 같은 부분들을 모두 들어내 버린다면, 거기에는 거의 유산 문제, 공증인과 상속인의 싸움 이야기밖에 남지 않을 것이다. 하지만 '사회적인' 독서에 '우주적인' 독서를 더한다면, 상상력의 심리학자가 얻는 이득은 얼마나 클 것인가? 우주가 인간을 형성하며 산간(山間)의 인간을 섬과 강의 인간으로 변모시킨다는 것을 그는 잘 깨닫게 된다. 집이 인간을 새로이 빚는다는 것을 깨닫게 된다.

시인이 산(體驗) 집을 살펴보면서 우리들은 이와 같이 인류우주론(人類宇宙論)anthro-cosmologie[17]의 한 민감한 점에 이른 것이다. 따라서 집은 정녕 장소분석의 한 도구이다. 그것은 아주 유효한 도구인데, 바로 그것을 사용하기가 어렵기 때문이다. 요컨대 우리의 주장에 대한 토론

---

17) [역주] 상상적인 것을 다루는 입장을 가리키는 듯. 바슐라르에게 있어서 상상적인 것, 이미지는 세 가지 요소로 이루어진다: 특별히 물질적 외계를 강조하는 대상과, 상상력과, 이미지의 매체(시에 있어서는 언어)가 그것이다. 물질에 대한 상상은 관념론적 상상력 이론에 이르게 하는 계기가 되므로, 바슐라르의 상상력 이론에서 결정적인 중요성을 가지는 것이지만, 기실 그 자체로 종래까지의 문학적 심미감에 대한 생각에 있어서 새로운 것이었다고 하겠다. 바슐라르는 종래까지 문학적 심미감의 대상으로 여겨졌던 심리적 드라마psychodrame와 사회적 드라마sociodrame에 대해 우주적 드라마cosmodrame를 대립시키고 있는데, 위의 셋에 차례로 대응되는 것이 개인적인 환각의 세계die Eigenwelt, 대타인 관계의 세계die Mitwelt, 자연적 세계die Umwelt이다. 우주적 드라마에 대응되는 자연적 세계가 물론 물질적 외계인 것이다. 이미지를 두고 이것을 달리 말하자면, 물론 이미지의 대상인 물질적 외계와 상상력의 상호 작용에 의한 이미지의 변용, 바로 이것이 우주적 드라마를 보여주는 것이 되겠다. 즉 바슐라르의 이미지는 물질적 외계, 다른 말로 우주와 상상력, 다른 말로 인간, 이 둘이 이미지의 매체를 통해 결합됨으로써 이루어지는 것이다. '인류우주론'에서 '인류'와 '우주'가 가리키는 것이 그 두 항일 것이다.

이 지금, 우리에게 불리한 곳에서 이뤄지고 있다. 사실 집이란 우선 아주 기하학적인 대상이다. 우리들은 그것을 합리적으로 분석하고 싶은 유혹을 느낀다. 그것의 원초적인 현실은 보이는 것이고, 촉지(觸知)되는 것이다. 그것은 잘 다듬어진 고체와 잘 얽어진 골격으로 이루어져 있다. 거기에서 지배적인 것은 직선이다. 거기에는 다림줄이 그것의 절제와 평형의 자국을 남겨 놓았다.[18] 그러한 기하학적인 대상은 인간의 몸과 영혼을 암시하는 메타포에는 안 맞아야 할 것 같다. 그러나 우리들이 집을 위안의 공간, 내밀함의 공간, 내밀함을 응축하고 지켜 줄 공간으로 여기자마자, 곧 인간적인 것으로의 집의 전치는 이루어진다. 그리되면 일체의 합리성을 넘어서서 꿈의 영역이 열리게 되는 것이다. 《말리크루아》를 읽고 또 읽으면서 나는 라 르두스의 지붕 위로, 피에르 장 주브의 말대로 '꿈의 쇠나막신'이 지나가는 소리를 듣는다.

하지만 현실과 꿈의 복합체는 결코 결정적으로 풀어지지 않는다. 집은 그것이 인간적으로 살기 시작할 때에라도, 그것의 '객체성'을 전적으로 잃어버리는 것은 아니다. 우리들은 과거의 집들이, 우리들이 우리들의 몽상 가운데 지난날의 내밀함을 되찾으러 가는 그 집들이, 몽상에 잠긴 기하학[19]에서 어떻게 나타나는가를 한결 가까이에서 살펴보아야 한다. 끊임없이 우리들은 어떻게 다사로운 내밀함의 질료가 집에 의해 제 형태를, 그것이 원초적인 열을 싸안고 있었을 때에 가지

---

18) 사실 C. -G. 융의 저서 《영혼과 그 상징들의 변모 *Métamorphose de l'âme et de sessymboles*》(불역판)의 신판의 아주 상세한 색인에 '집'이라는 말이 들어 있지 않다는 사실은 주목할 만하다.

19) [역주] 집을 '현실과 꿈의 복합체'로서, 즉 기하학적인 '객체성을 전적으로 잃어버리'지 않은 상상적 대상으로서 파악하는 입장이라는 뜻.

고 있던 그 형태를 되찾게 되는지를 연구해야 한다:

그리고 나는 옛집의 그
다갈색 따뜻함이
내 오관에서 마음으로
다가옴을 느낀다.[20)]

5

우선, 그 옛집들을 우리들은 그려낼 수 있고, 따라서 그것들에 대해 현실 모사(模寫)의 모든 성격을 가지는 **표상**을 할 수 있다. 일체의 몽상에서 떼어낸, 그러한 객관적인 소묘는 우리들의 생애에 한 획을 긋는 단단하고 확고한 자료의 하나이다.

그러나 그러한 외부적인 표상이 소묘의 훌륭함, 표상의 재능을 나타내기만 하면, 곧 그것은 스스로를 고집하고 우리들을 이끌어들이며, 잘 그려졌고 실물이 잘 나타내어졌다는 판단만으로 그 판단은 명상과 몽상으로 이어지는 것이다. 몽상이 그 정확한 소묘에 되돌아와 살게 되기 때문이다. 집을 표상한 그림은 몽상가를 오랫동안 무관심하게 있도록 버려두지 않는다. 날마다 시를 읽게 되기 시작하기 훨씬 전에 나는 판화들에서 보는 것과 같은 집에 산다면 얼마나 좋을까 하고 흔히 생각하곤 했다. 굵은 선으로 그려진 집, 목판화에 새겨진 집은 한결 더 유혹적이었다. 목각은 단순성을 요구할 것으로 내게는 생각된다. 목판화

---

20) 장 발Jean Wahl, 《시집 *Poèmes*》, p.23.

를 통해 내 몽상은 집의 본질에 가 살았던 것이다.

내 것으로만 생각했던 그 천진스런 몽상의 흔적을, 내가 읽는 책들 속에서 발견했을 때, 그것은 내게 얼마나 큰 놀라움이었던가!

앙드레 라퐁André Lafont은 1913년에 이렇게 썼었다:

나는 집을 꿈꾼다, 높은 창문에,
초록에 물든 얄팍하고 낡은 세 계단을 가진 나지막한 집을.

......

오래된 판화의 분위기를 가진, 보잘것없으나 비밀스런 집을.
내 마음속에서만 살아 있고, 때로 내가
음울한 날과 비를 잊기 위해 들어가 앉곤 하는 집을.[21]

앙드레 라퐁의 얼마나 많은 다른 시편들이 '보잘것없는 집'을 주조 (主調)로 하여 씌어졌던가! 그가 그린 문학적 '판화'들에서 집은 독자를 손님인 양 맞아들인다. 약간만 대담하다면, 독자는 끌을 손에 잡고, 자신이 읽은 내용을 새겨 보려 할 것이다.

판화의 유형에 의해 집의 유형이 나뉘게 된다. 아니 뒤틸Annie Du-thil은 이렇게 쓴 바 있다:

'난 지금 일본 판화의 집 안에 있다. 해가 사방에 있고. 모두가 투명하기에.'[22]

---

21) 앙드레 라퐁, 《시집 *Poésies*》, 〈집의 꿈 Le rêve d'un logis〉, p.91.
22) 아니 뒤틸, 《절대(絕對)를 낚는 여낚시꾼 *La Pêcheuse d'absolu*》, Séghers, p.20.

사철 여름이 살고 있는 밝은 집들이 있는데, 그 집들은 창문들뿐이다. 우리들에게 이렇게 말하고 있는 시인 또한 판화의 집에 살고 있는 사람이 아닐까?:

마음속에 엘시노어[23]의
어두운 성 안 가진 자 누구랴.

......

옛사람들을 따라 우린
마음속에 하나씩 돌
포개어 유령의 큰 성을 짓네.[24]

이리하여 나는 내 독서 가운데 얻은 소묘들 속에서 기운을 되찾는 것이다. 나는 시인들이 내게 제공하는 '문학적 판화'들에 가서 사는 것이다. 새겨진 집이 단순하면 단순할수록, 더욱더 그 집은 거주자로서의 내 상상력을 촉발한다. 그것은 한낱 '표상'으로 머무르지 않는다. 거기에서 선들은 **힘차고**, 그래 그 피난처는 **강장적**(强壯的)이다. 그것은 우리들이 거기서 **단순하게** 살기를, **단순성**이 주는 큰 신뢰를 가지고 거기서 살기를 요구한다.[25] 새겨진 집은 내 내부에 **오두막집에 대한 감**

---

23) [역주] 《햄릿》의 무대가 되어 있는 덴마크의 성.
24) 뱅상 몽테로Vincent Monteiro, 《유리 위의 시 *Vers sur verre*》, p.15.
25) [역주] '단순성' 또한 이미지의 현상학의 맥락에서 많이 나오는 표현의 하나. 이미지가 '단순' 하면 그만큼 그것은 표상성, 즉 그것이 나타내는 현실적 대상에 대

각을 일깨운다. 거기서 나는 **조그만 창문**이 가지는 **시선의 힘**을 다시 체험한다. 그리고 보라! 성실한 마음으로 이미지를 이야기하면, 곧 강조하고 싶은 욕망을 느끼게 되는 것이다. **강조한다는 것**은 바로, 글을 쓰면서 **새기는 것**이 아니겠는가?

6

때로 집은 커지고 늘어나기도 한다. 그런 집에서 살려면, 한결 더 유연한 몽상이, 한결 덜 명확히 그려진 몽상이 필요하다. 조르주 스피리다키Georges Spyridaki는 이렇게 말하고 있다: '내 집은 투명하다. 그러나 유리로 되어서 그런 것은 아니다. 차라리 수증기의 성질을 띤 것이라고나 할까. 그 벽들은 내가 바라는 데 따라 압축되기도 하고, 확장되기도 한다. 때로 나는 그 벽들을, 바깥을 차단하는 갑옷처럼 내 주위로 바짝 당겨 붙인다……. 그러나 또 때로는 내 집의 그 벽들을 무한한 신장성(伸張性) 자체라고나 할, 그들의 고유한 공간에서 한껏 피어나도록 내버려두기도 한다.'[26]

스피리다키의 집은 호흡을 하고 있는 것이다. 그것은 갑옷이었다가 다음에는 무한히 늘어난다. 우리들은 그 집에서, 번갈아 가며 안정 속에서 또 모험 속에서 산다고나 할 만하다. 그것은 골방이기도 하고,

---

한 기억에서 해방되기 쉽고, 따라서 그만큼 상상력은 '자유'로워지고 '순수'해지며, 달리 말해 표상성의 매개를 멀리함으로써 이미지를 '원초적'이고 '직접적'으로 파악하기에 성공하게 된다고 하겠다. 그럴 때에 이미지가 '힘'차지는 것은, '자유'로운 상상력은 그만큼 원형으로의 이미지의 변용을 '힘' 있게 수행할 수 있기 때문이다. '강조' 역시 상상력의 그 역동성의 한 국면일 것이다.
26) 조르주 스피리다키, 《명석한 죽음 Mort lucide》, Seghers, p.35.

세계이기도 한 것이다. 이 경우 기하학은 초월되어 있다.

강한 현실성에 붙박혀 있는 이미지에 비현실성을 준다는 것은, 우리들로 하여금 시의 숨결 속에 들어가게 한다. 르네 카젤René Cazelle의 시편들은, 우리들이 그의 이미지들에 가 살기를 받아들이기만 하면, 이와 같은 신장을 우리들에게 말해 준다. 그는 지세의 윤곽이 더할 수 없이 뚜렷한 지방, 그가 살고 있는 프로방스의 오지(奧地)에서 이렇게 쓰고 있다:

'그 용암의 꽃이 숨쉬고 뇌우와 기진케 하는 행복이 태어나는, 그 찾아낼 수 없는 집을, 그것을 나는 언제쯤 찾기를 그만두랴?'

......

'균형 깨어짐, 바람의 먹이로 사용됨.'

......

'내 집이 나는, 온통 갈매기들로 고동치는, 바닷바람의 집과 같았으면 한다.'[27]

이리하여 거대한 우주적인 집이 어떤 집의 꿈에도 잠재해 있는 법이다. 그 중심으로부터는 바람이 방사되고, 갈매기들이 창문들을 통해 날아 나온다. 그토록 역동적인 집은 시인으로 하여금 우주에 살게 한다. 아니면 다른 방식으로 말하여, 우주가 시인의 집에 와서 사는 것이다. 때로 휴식 가운데 시인은 그의 거소의 중심으로 되돌아온다:

......모든 것이 다시 숨쉬고

식탁보는 하얗다.[28]

---

27) 르네 카젤, 《대지와 비상 *De terre et d'envolée*》, G.L.M., 1953, p.23 및 p.36.
28) 위의 책, p.29.

식탁보, 그 한 줌의 흰빛이 집을 그것의 중심에 매어 놓기에 충분한 것이다.

조르주 스피리다키와 르네 카젤의 문학적 집들은 무한한 공간으로 이루어진 거소들이다. 벽들이 휴가를 떠나 버린 것이다. 이런 집들에서는 밀실공포증을 치료할 수 있다. 이런 집들에 가 사는 것이 건강에 이로운 때가 있다.

바람을 제 몸과 하나로 통합하고 공기적인 가벼움을 갈망하는 이와 같은 집들, 믿을 수 없을 만큼 엄청난 스스로의 성장의 나무 위에, 곧 날아오를 것 같은 새집을 가지고 있는 이와 같은 집들의 이미지, 이런 이미지는 실증적이고 사실주의적인 정신의 소유자라면 거부할 수도 있다. 그러나 상상력에 관한 우리의 일반적인 주장을 위해서는 그것은 귀중한 이미지인데, 왜냐하면 아마도 시인 자신 모르고 있겠지만 그것은, 중요한 원형(原型)들을 역동화시키는, 반대적인 두 힘의 견인을 받고 있기 때문이다.[29] 에리히 노이만은 《에라노스 연보(年報)》의 한 논문에서,[30] 아주 대지적인 존재는 어떤 것이나——그런데 집은 아주 대

---

29) 〔역주〕 바슐라르의 제자였던 질베르 뒤랑의 명저 《상상적인 것의 인류학적인 구조 *Les Structures anthropologiques de l'imaginaire*》는 말하자면 바슐라르의 원형론을 체계화한 것이라고 할 수 있겠는데, 그 체계에 있어서 모든 이미지들을 최초로 두 범주: 주성(晝性) 체제(體制)régime diurne, 야성(夜性) 체제régime nocturne로 나누게 하는 원리가 수직성verticalité이다. 주성 체제의 이미지들은 상승을, 야성 체제의 이미지들은 하강을 지향한다. 《공간의 시학》에서 문제되어 있는 요나 콤플렉스는 야성 체제의 이미지이다. '반대적인 두 힘의 견인'이라는 표현은, 그 상승과 하강의 힘의 변증법적 작용을 뜻하는 듯.
30) 에리히 노이만, 〈현대에 있어서 대지의 원형이 가지는 의의 Die Bedeutung des Er-darchetyps für die Neuzeit〉, 앞의 책. p.12.

지적인 존재의 하나이다──공기적인 세계, 천상적인 세계의 부름 또한 받아들인다는 것을 드러낸 바 있다. 잘 뿌리박은 집은 바람에 민감한 가지와, 나무 잎새들의 소리가 들리는 지붕 밑 곳간 또한 가지고 싶어하는 것이다. 어느 시인이 다음과 같이 쓴 것은 지붕 밑 곳간을 생각하면서인 것이다:

　수목들의 층계
　그리로 우리는 오르네.[31]

　집에 대해 시를 쓴다면, 더할 수 없이 심한 모순들이 개념들 속에 잠자고 있는──이것은 철학자가 할 만한 표현인데──우리들을 일깨워 유용성의 기하학에서 해방시켜 주는 일이 드물지 않는 것이다. 르네 카젤의 시편에서 고체성이 상상적인 변증법에 의해 침해를 받고 있다. 거기서 우리들은 있을 법하지 않은 용암의 내음을 들이마시고, 화강암이 날개를 가지게 된다. 반대로 바람이 느닷없이 들보처럼 뻣뻣해지기도 한다. 집은 제 몫의 하늘을 쟁취하는 것이다. 집은 온 하늘을 테라스로서 가지는 것이다.

　그러나 우리의 주해(註解)는 너무 정확해져 가고 있다. 그것은 집의 여러 서로 다른 성격들에 관해 부분적인 변증법을 쉽게 받아들이고 있다. 그것을 그런 식으로 계속하다가는 원형의 통일성을 깨뜨리게 될 것이다. 언제나 그런 법이다. 그러기보다는 원형의 이가성(二價性)을 그것의 지배적인 가치에 싸여 있도록 내버려두는 게 더 낫다. 그렇기

---

31) 클로드 아르트만Claude Hartmann, 《야상곡 *Nocturnes*》, La Galère.

때문에 시인은 언제나 철학자보다 더 암시적인 편일 것이다. 시인은 바로 암시적일 권리를 가지고 있는 것이다. 그리하여 암시에 속하는 역동성을 따라 독자는 더 멀리, 너무 멀리 갈 수 있게 된다. 이미지의 솟구침을 일단 받아들이기만 하면, 르네 카젤의 시편을 읽고 또 읽으며 우리들은, 우리들이 집의 높이의 차원에서뿐만 아니라 이를테면 초(超)높이[32]의 차원에서 머물러 살 수 있다는 것을 알게 된다. 많은 이미지들에서 나는 이와 같이 초(超)높이의 체험을 하기를 좋아한다. 집의 이미지의 높이는 고체적인 표상 속에서는 접혀 있다. 그 접혀 있는 높이를 시인이 펴고 늘일 때, 그것은 아주 순수한 현상학적인 국면 가운데 스스로를 드러낸다. 이 경우 의식은, 보통은 '휴식'적인 이미지인 집의 이미지를 계기로 하여 '고양'되는 것이다. 이 경우 이미지는 묘사적인 게 아니다. 단호하게 영감적이다.

기이한 상황을 보여주는 것이지만, 우리들이 좋아하는 공간들이 언제나 갇혀 있기를 바라지는 않는 것이다! 그것들은 펼쳐진다. 그것들은 다른 곳으로, 다른 때로, 꿈과 추억의 여러 다른 차원으로 쉽사리 옮겨가는 것 같다.

어떤 독자라도 어찌 다음과 같은 시 작품의 편재성(遍在性)에서 이득을 얻지 않겠는가?:

내 마음에 세워진 집
내 침묵의 성당
매일 아침 꿈속에서 되찾았다가

---

32) [역주] 제1장 각주 49)를 참조할 것.

매일 저녁 버리네

새벽으로 덮여 있는 집

내 젊은 시절의 바람(風)에 열려 있는 집.[33]

이 '집'은 내 생각으로는 시간의 숨결을 타고 옮겨다니는, 이를테면 가벼운 집이다. 그것은 정녕 지난 때의 바람에 열려 있다. 그것은 우리들이 살아가는 동안, 매일 아침 우리들을 받아들여 우리들에게 삶에 대한 신뢰를 줄 수 있을 것 같다. 장 라로슈의 이 시편을 읽으며, 내 몽상 속에서 나는 '가벼워진 다음 조금씩 조금씩 여행의 거대한 공간을 펼쳐 나가는 방에서'[34] 르네 샤르René Char가 꿈에 잠겨 있는 것을 보여주는 그의 시편을 연상한다. 만약 '창조주'가 '시인'들의 말에 귀기울인다면, 그는 대지의 커다란 안전(安全)을 푸른 하늘로 가져갈 날아다니는 거북을 창조할 것이다.

이와 같은 가벼운 집들에 대한 증거가 아직 하나 더 필요할까? 〈바람의 집〉이라는 제목을 가진 시편에서 루이 기욤Louis Guillaume은 이렇게 꿈꾸고 있다:

오랫동안 난 널 지었다. 오 집이여!

추억이 하나씩 날(生起) 때마다 난 해변에서

네 벽의 꼭대기로 돌들을 날랐다.

그리고 난 보았지, 계절들이 품은

네 초가지붕이 바다처럼 변화하고

---

33) 장 라로슈Jean Laroche, 《여름의 추억 *Mémoire d'été*》, Cahiers de Rochefort, p.9.

34) 르네 샤르, 《분노와 신비 *Fureur et mystère*》, p.41.

구름 배경 앞에서 춤추는 걸.

네 지붕은 연기를 흘러내어 구름에 섞었다.

바람의 집, 숨결 하나에 지워지던 거소.[35]

　사람들은 우리가 이토록 많은 예들을 모아 쌓는 것에 놀랄지도 모른다. 사실주의적인 정신의 소유자의 생각은 이미 고정되어 있기 때문이다: '되지도 않는 이야기야! 알맹이 없고 허튼 시 나부랭이들이지. 현실하고는 관계도 없는 시들이란 말야.' 실증적인 인간에게는 일체의 비현실적인 것은, 그 형태들이 비현실성 속에 빠뜨려지고 잠겨, 서로 비슷비슷할 따름이다. 다만 실제의 집들만이 개체성을 가질 수 있다는 것이다.

　하지만 집의 몽상가는 집을 어디에서나 본다. 그에게는 일체가 집의 꿈을 위한 배아(胚芽)이다. 장 라로슈는 다시 이렇게 말하고 있다:

이 작약(芍藥)은 어렴풋한 집.

거기서 누구나 밤을 되찾네.

작약은 그의 붉은 밤 속에, 잠든 벌레를 품고 있지 않겠는가?

모든 꽃받침은 집이다.

---

35) 루이 기욤, 《바다와 같은 어둠 Noir comme la mer》, Les Lettres, p.60.

이 꽃받침의 집을 어느 딴 시인은 영원의 거소로 삼고 있다:

　작약과 양귀비는 말없는 낙원!

이라고 장 부르데예트Jean Bourdeillette는, 무한을 함축한 시 한 구절
로 말하고 있다.[36] 꽃의 오목한 홈을 이토록 꿈꾼 뒤라면, 과거의 물
에 녹아 멀리 흘러간 집에서 옛일을 회상할 때에 그 회상은 여느 회상
과는 다르다. 누가 한없는 꿈에 잠기지 않고 다음의 시 네 구절을 읽
겠는가?:

　방이 보리수 꽃과 꿀처럼 이운다
　거기서 서랍들은 상(喪)을 입은 채 열리고
　흐려지는 거울 속에서 집이
　죽음에 섞인다.[37]

7

　온통 빛으로 싸여 있는 이런 이미지들에서, 우리들에게 우리들의 더
먼 과거까지 회상함을 강요하는 고집스런 이미지들로 넘어가면, 시인
들은 우리들의 스승들이다. 영원히 잃어버린 집들이 우리들 내부에
살고 있다는 것을 시인들은 우리들에게 얼마나 힘 있게 증명해 보이

---

36) 장 부르데예트Jean Bourdeillette, 《별들을 손에 쥐고 *Les Etoiles dans la main*》, Se-
ghers, p.48.
37) 위의 책, p.28, p.64의 잃어버린 집에 대한 회상 역시 참조할 것.

는가! 그 집들은 마치 우리들에게 존재의 보충분(補充分)을 기대하기라도 하듯이, 우리들 내부에서 되살기를 고집하는 것이다. 우리들은 얼마나 그 옛집에서 더 잘살 수 있으랴! 우리들의 옛 추억들이 얼마나 갑작스레 존재의 생생한 가능성을 가지게 되는가! 과거를 우리들이 판결한다. 그 옛집에서 충분히 깊이 있게 살지 않은 데 대한 일종의 회한이 과거에서 떠올라 우리들의 영혼에 이르러 우리들을 집어삼킨다. 이 가슴을 치는 회한을 릴케는 잊지 못할 몇 개의 시구로, 그 표현에 있어서라기보다는 깊은 감정의 드라마에 있어서 우리들이 고통스럽게 우리들의 것으로 하는 몇 개의 시구로 이렇게 말하고 있다:

오 덧없이 지나간 시간에 충분히
사랑하지 않았던 장소들에 대한 향수여!
이제 멀리서 난 그 잊었던 몸짓,
보충적 행동을
거기에 돌려주고 싶구나.[38]

어째서 우리들은 집에 사는 행복에 그토록 빨리 싫증을 냈던가? 어째서 우리들은 그 덧없는 시간들을 가능한 대로 지속시키지 않았을까? 현실보다 더한 어떤 것[39]이 현실에 부족했던 것이다. 즉 집에서 우리들은 충분히 꿈꾸지 않았던 것이다. 그리고 바로 그 꿈, 몽상에 의해 우리들은 그 집을 되찾을 수 있는 것이기에, 따라서 예와 지금의 연결이 잘 안 이루어지는 것이다. 그냥 사실들만이 우리들의 기억에 쌓여 혼

---

38) 릴케, 〈과수원 Vergers, XLI〉.
39) 〔역주〕 제1장 각주 49)를 참조할 것.

잡을 이루고 있다. 그런데 우리들은 되풀이해 떠올려지는 기억 너머로 지워져 버린 우리들의 인상과, 우리들에게 행복을 믿게 하던 꿈을 되살고 싶어한다:

나는 그대들을 어디서 잃어버렸던가, 내 짓밟힌 이미지들이여?

라고 시인은 말하고 있다.[40]

그러므로 만약 우리들이 기억력 속에 꿈을 유지하고 있다면, 그래 정확한 기억들만의 집적을 넘어선다면, 먼 시간의 밤 속으로 잃어버렸던 집이 어둠 속에서 한 조각 두 조각 빠져나올 수 있는 것이다. 우리들은 그 집을 재조직하려고 아무런 노력도 하지 않아도, 그것의 존재는 그것의 내밀함에서 시작하여, 내부의 삶의 아늑함과 몽롱함 속에서 복원된다. 유체적(流體的)인 어떤 것이 우리들의 추억들을 모으고 있는 듯하고, 우리들은 그 과거의 유체에 녹아든다. 릴케는 이 내밀한 용해를 알았다. 그는 잃어버린 집 속에서의 이 존재의 용해를 이렇게 말하고 있다: '나는 그 이후 그 기이한 집을 결코 다시 보지 못했다. 어린 내가 제멋대로 생각하던 대로의 그 집을 지금 내 회억(回憶) 속에서 되찾아 보면, 그것은 건물이 아니다. 그것은 내 내부에 전혀 용해되어 여기저기 나뉘어 흩어져 있다: 여기에 방 하나, 저기에 방 하나, 그리고 또 여기에는 위의 두 방을 이어 주지 못하고 내 내부에 하나의 편린(片鱗)으로 보존되어 있는 길지 않은 복도 하나. 이렇게 모든 것이, —— 방들이, 그토록 의식(儀式)처럼이나 느리게 아래로 내려가던 층계

---

40) 앙드레 드 리쇼André de Richaud, 《은신처의 권리 *Le Droit d'asile*》, Seghers, p.2.

들이, 그리고 혈관 속에서 흘러가는 피처럼 내가 그 어둠 속에서 나아가던, 나선형으로 올라가는 좁은 공간의 다른 층계들이 내 내부에 흩어져 있는 것이다.'[41]

이와 같이 때로 꿈은 무한한 과거, 날짜들을 집어치워 버린 과거 속으로 너무나 깊이 내려가서, 우리들이 태어난 집의 뚜렷한 추억들이 우리들로부터 떨어져 나가는 것 같다. 이런 꿈들은 우리들의 몽상을 놀라게 한다. 우리들은 우리들이 살았던 곳에 정녕 살았는지를 의심하기까지에 이른다. 우리들의 과거는 어느 다른 곳에 있고, 어떤 비현실성이 장소들과 시간들에 스며든다. 우리들은 마치 존재의 연옥[42]에 머무르고 있는 것처럼 느껴진다. 그리하여 시인과 몽상가는, 존재의 형이상학자가 성찰하여 이득을 얻을 그런 글들을 쓰게 되는 것이다. 예컨대 여기 몽상가의 구체적인 형이상학을 나타낸 글이 있는데, 그것은 태어난 집의 추억을 몽상으로 뒤덮음으로써 우리들을, 존재의, 그 모습과 위치를 잘 알 수 없는 장소로 안내하고 있다. 그리고 그 장소에서는 존재한다는 경이가 우리들을 사로잡는다. 윌리엄 고이언William Goyen이 이렇게 쓰고 있다: '시초에는 이름을 알아서 부를 수도 없었던, 처음으로 보는 장소에서 이 세계에 태어날 수 있다는 것, 그리고 그 이름 없고 모르던 장소에서, 그 이름을 알게 되기까지 자라나고 돌아다녀 그 이름을 사랑으로써 부를 수 있으며——그 이름을 가정이라고 하고 거기에 우리들은 뿌리를 박는데——그곳을 스스로의 사랑의 보

---

41) 릴케, 《말테의 수기》, 불역판, p.33.
42) 〔역주〕 제1장 각주 49)를 참조할 것. '연옥'이라는 표현 역시, 지금까지 나온 '추억을 넘어서는' '전(前)인간적인' '선역사' '세계 밖의 세계' '이미지들의 저편' 등의 표현들과 같은 선에 놓일 듯.

금자리로 할 수 있다는 것, 그리하여 우리들이 그곳에 대해 말할 때마다, 연인들이 그리하듯 향수에 찬 노래로, 바람(願望)에 넘치는 시로 말하게 된다는 것![43] 우연이 인간 식물의 씨앗을 뿌린 땅은 아무것도 아닌 것이었다. 그런데 그 무(無)의 밑바탕에서 인간적인 가치들이 자라나는 것이다! 반대로, 만약 우리들이 추억들 너머로 꿈의 밑바탕에까지 내려가면, 그 선기억(先記憶)의 영역에서는 무(無)가 존재를 애무하고 존재에 스며들고 부드럽게 존재의 인연들을 푸는 듯하다. 우리들은 자문하게 된다: 있었던 그 일들은 과연 있었던가? 그 일들은 우리들의 기억력이 그것들에 부여하는 가치를 가졌던가? 멀리 되올라가는 기억력은 그 일들을, 그것들에 하나의 가치, 하나의 행복의 후광을 부여함으로써만 기억하는 법이다. 그 가치가 지워져 버리면, 그 일들도 부지하지 못한다. 그것들은 정녕 있었던 것일까? 어떤 비현실성이 추억들의 현실성 속에 배어드는데, 그래 그 기억들은 우리들의 개인적 역사와 무한한 선사(先史)의 경계에,—— 바로 우리들이 태어난 집이 오히려, 우리들이 태어난 다음에 우리들 내부에서 태어나게 되는 그런 지점에 위치하는 것이다.[44] 왜냐하면 우리들이 태어나기 전에는—— 이것을 고이언은 우리들에게 이해시키고 있는데——그 집은 전혀 익명의 것이었기 때문이다. 그것은 이 세계 가운데 잊혀져 있는 장소였던 것이다. 이렇게 우리들 자신의 시대가 시작되기 전, 우리들 자신의 공간의 입구에는 존재의 파지(把持)와 존재의 망실 사이의 진동이 있다.[45]

---

43) 윌리엄 고이언, 《숨결의 집 *La Maison d'haleine*》, 불역판, p.67.
44) [역주] 이미지에 있어서는 오히려 추억이 상상에 의해서, 현실이 몽상에 의해서, 태어난 집이 꿈의 집에 의해서 지탱된다는 것, 즉 이미지에 있어서는 표상성보다는 상상력의 변용에 의한 가치화가 중요하다는 것을 뜻하는 듯.

그리하여 추억의 전 현실성이 유령처럼 되어 버리는 것이다.

추억의 꿈에 있어서 주장되는 이와 같은 비현실성은 또한, 몽상가가
가장 단단한 사물들과 마주하고 있을 때에도,——몽상가가 세간사(世
間事)에 생각이 팔린 채 저녁에 되돌아오곤 하는 돌로 지은 집과 마주
하고 있을 때에도 그에게 힘을 미치는 게 아닐까? 월리엄 고이언은 이
러한 현실의 비현실성을 알고 있다: '그렇기 때문에 그토록 흔히, 네가
세우(細雨)의 장막 속에서 오솔길을 따라 홀로 돌아올 때에 집은, 더할
수 없이 얇아 반투명의 상태에까지 이른 세사(細紗)—— 네가 내어쉰
숨결로 짜인 세사 위에 세워져 있는 듯이 보였던 것이다. 그래 너는, 목
수들이 일하여 태어난 집은 아마도 존재하지 않으며, 그것은 아마도 결
코 존재한 적이 없었으며, 그것은 네 숨결이 만들어 낸 상상된 것에 지
나지 않고, 그래 그것을 불어 만든 네가 앞서와 비슷한 숨결로 그것을
무(無)로 환원시킬 수도 있는 거라고 생각하곤 했다.'[46] 이런 글에서는
상상력, 기억력, 지각이 그들의 기능을 서로 교환한다. 이미지는, 현실
의 기능과 비현실의 기능이 협력함으로써 현실과 비현실의 협동 가운
데 자리를 잡는 것이다. 두 반대항의 이와 같은, 번갈음이 아니라 융합
을 연구하기 위해서는 논리적 변증법의 도구들은 전혀 유효하지 못할
것이다. 그 도구들로써는 살아 있는 것을 해부하게 되는 셈일 것이다.
만약 집이 하나의 살아 있는 가치라면, 그것은 비현실성을 통합해야
한다. 모든 가치는 진동해야 하는 것이다. 진동[47]하지 않는 가치는 죽
은 가치이다.

---

45) 〔역주〕 '개인적 역사'와 '무한한 선사(先史)' 즉 현실과 몽상 사이의 흐릿한 경
계를 표현한 듯.
46) 위의 책, p.88.

제각각 따로따로 스스로의 몽상을 따라가는 두 시인의 작품인 두 특이한 이미지가 서로 마주치게 되면, 그 둘은 서로를 보강하게 되는 듯하다. 예외적인 두 이미지의 이와 같은 모임은 현상학적 연구에 있어서, 이를테면 상호검증(相互檢證)의 기회를 제공한다. 이미지는 무상적(無償的)인 것이 아니며, 상상력의 자유로운 작용은 무질서한 것이 아닌 것이다. 윌리엄 고이언의 숨결의 집이라는 이미지에, 내가 이미 《대지와, 휴식의 몽상》에서 인용한 바 있는,[48] 그러나 어느 다른 이미지와의 유사관계를 찾아줄 수 없었던 다음의 이미지를 병치시켜 보기로 하자. 피에르 세게르Pierre Seghers가 이렇게 쓰고 있다:

침묵과 벽이 되돌려 주는

이름을 부르며 나 홀로 가는

집. 내 목소리 속에 있고

바람이 살고 있는 기이한

집. 그 집을 나는 만들어 낸다.

내 손은 구름을, 수풀 위의

넓은 하늘의 배를, 이미지들의 장난에선 양

흩어지고 사라지는 안개를 그리고.[49]

---

47) [역주] 바로 위 대문 마지막의 '존재의 파지와 존재의 망실 사이의 진동'을 참조할 것.
48) 《대지와, 휴식의 몽상》, p.96.
49) 피에르 세게르, 《공유지(公有地) Le Domaine public》, p.70. 나는 지금, 1948년에 한 것보다 더 길게 인용하는데, 왜냐하면 독자로서의 나의 상상력이 윌리엄 고이언의 책에서 받은 몽상에 부추김을 당했기 때문이다.

이 집을 안개 속에, 숨결 속에 더 잘 세우기 위해서는, 시인은 이렇게 말한다:

……한결 센 목소리와 그리고
마음과 말〔言〕의 푸른 향(香)

이 필요할 것이라고.

숨결의 집과 마찬가지로 바람과 목소리의 집도 현실과 비현실의 경계에서 진동하는 가치이다. 아마도 사실주의적인 정신의 소유자라면 이 진동의 영역 훨씬 이쪽에 머무를 것이다. 그러나 시를 상상의 즐거움 가운데 읽는 사람은, 잃어버린 집의 메아리를 두 음역(音域)을 통해 들을 수 있는 날, 큰 행운을 얻은 것일 것이다. 과거의 집의 소리를 들을 수 있는 사람에게는 그 집은 메아리들로 가득 찬 기하학적 대상이 아니겠는가? 과거의 목소리들은, 목소리는 큰 방과 작은 방에서 다르게 울린다. 층계에서 부르는 소리는 그것대로 또 다르게 울린다. 아련한 추억들의 영역에서는, 선으로 그릴 수 있는 기하학적 대상들의 윤곽을 훨씬 넘어서 빛의 색조를 다시 발견해야 한다. 그러면 뒤이어 빈 방들에 머물러 있는 감미로운 내음들이 나타나, 추억의 집의 각각의 방에 공기의 표지(標識)를 질러 놓는다. 이번에는 그마저 넘어서 목소리들의 음색, '침묵해 버린 사랑하는 목소리들의 억양' 뿐만 아니라 소리의 집의 모든 방들의 반향까지 복원함이 가능할 것인가? 이와 같이 극도로 아련한 추억들에 관해서는 오직 시인들에게서만 우리들은 미묘한 심리의 자료들을 구할 수 있는 것이다.

때로 미래의 집이 모든 과거의 집들보다 더 단단하고 더 밝고 더 넓을 적도 있다. 태어난 집에 대립하여 이번에는 **꿈꾸는 집**의 이미지가 나타나는 것이다. 삶에서 때늦게, 그러나 물리칠 수 없는 용기로써 우리들은 여전히 이렇게 말한다: 이루지 못한 것을 이제 이루리라. 집을 지을 것이다. 그, 꿈에 그리는 집은 단순히 집주인의 꿈, 편리하고 안락하고 위생적이고 단단하고, 그래 다른 사람들에게도 가지고 싶은 마음이 생기게까지 할 그런 것으로 판단되는 모든 것이 응축되어 있는 집의 꿈일 수도 있다. 그러므로 그것은 양립되지 않는 두 말인 자랑과 이성을 함께 만족시키는 집이어야 한다. 만약 이런 꿈들이 실현된다고 한다면, 그것들은 우리의 연구 영역을 떠나는 것이다. 그것들은 투기(投企)projet의 심리학의 영역에 들어가는 것이다. 그러나 투기란 우리가 보기에는 투사 범위가 작은 꿈이라는 것을 이미 충분히 말한 바 있다. 거기에서는 정신이 활약할 뿐, 영혼이 그의 넓은 삶을 발견하지는 못한다. 아마도 우리들은, 우리들이 나중에나 살게 될 집, 살 때를 언제나 나중으로 미루어 필경 그것을 지을 시간을 못 가질 집, 그런 집을 향한 몇몇 꿈들을 간직하는 것이 좋을 것이다. **마지막 것일 집**, 그래 **태어난** 집에 대칭적인 것일 집은 꿈을 마련하는 게 아니라 생각을, 중대한 생각, 슬픈 생각을 마련하기나 할 것이다. 결정적인 상태에서 살기보다는 잠정적인 상태에서 사는 것이 더 나은 것이다.

좋은 충고가 될 일화가 하나 있다.

그것은 캉프농Campenon이 시인 뒤시Ducis와 시에 관해 이야기를 나눈 것을 회상하여 한 이야기이다: '우리들의 이야기가, 그가 **그의 집**,

화단, 채소밭, 작은 숲, 지하실 등을 노래한 짧은 시편들에 이르렀을 때, 나는 웃으면서 그가 앞으로 백 년 동안 그의 주석자들의 머리를 몹시 괴롭힐 위험을 무릅쓰는 것이리라는 것을 그에게 알려주지 않을 수 없었다. 그는 웃음을 터뜨렸다. 그리고, 자기가 어떻게, 젊은 시절부터 조그만 정원이 딸린 시골집을 하나 가지기를 바랐으나 그럴 수 없었으며, 그래 이제 칠십의 이 나이에 그런 집을 자신의 시인으로서의 권능으로써 돈 들이지 않고 스스로 만들어 가질 결심을 하게 되었는지를, 내게 이야기하는 것이었다. 처음에는 집을 가지는 것으로 시작했으나, 뒤이어 소유 취미가 커져서 **정원**과, 다음에는 **작은 숲** 등을 덧붙여 가졌다는 것이었다. 그 모든 것은 그의 상상 속에만 존재하는 것이었다. 그러나 그 가공의 조그만 소유물들이 그의 눈에 현실성을 띠기 위해서는 그것만으로 충분했던 것이다. 그는 그것들에 관해 말하고 그것들을, 현실의 사물들을 즐기듯 즐기는 것이었다. 그리고 그의 상상은 너무나 강렬한 것이어서, 사월이나 오월의 서리에 그가 그의 마를리 포도밭에 대해 불안을 느끼고 있음을 발견했다고 해도 나는 놀라지 않았을 것이다.

이 점에 관해서는 그는 이런 이야기도 해주었다. 어느 정직하고 선량한 시골 사람이, 그가 그의 그 조그만 소유지들을 노래한 시편들을 몇 개 신문을 통해 읽고, 숙소와 그리고 알맞은 것으로 판단될 사례금만 주면 자기가 관리인으로서 그에게 봉사해 주겠노라고 편지를 보내온 적이 있었다는 것이다.'

어디든지 집으로 삼으나 어디에도 갇히지 않는다, 이것이야말로 거소의 몽상가의 표어이다. 마지막 집에서나 현실의 나의 집에서나 거주의 몽상은 똑같이 억눌린다. 그러므로 언제나 다른 곳의 몽상을 열어두어야 하는 것이다.

기차 여행은 따라서, 꿈에 그리는 집에 사는 기능의 얼마나 훌륭한 훈련인가! 기차 여행은, 꿈에 그리다가 받아들였다가는 거부하는 집들의 영상을 펼쳐 나간다……. 자동차로 여행할 때처럼 그 어느 집에 멈춰 설 유혹을 결코 느끼게 하지 않으면서. 그러한 기차 여행에서 우리들은 확인 금지의 이로움 가운데 전적으로 몽상 속에 빠져 있는 것이다. 이런 식의 여행이 즐거운 개인적인 괴벽에 그치는 것으로 보일까 저어하므로, 다음의 글을 읽어보기로 하자. 헨리 데이비드 소로가 이렇게 쓰고 있다:

'시골에서 마주치는 모든 외딴집들 앞에서 나는, 거기서 만족스럽게 내 삶을 보낼 수 있으리라고 혼자 생각하곤 한다. 왜냐하면 그 집들에 유리한 사실이지만 내게는 그것들이 불편한 데라고는 없는 것으로 보이기 때문이다. 나는 아직 거기에 내 귀찮은 생각들과 몰취미한 습관들을 가져다 놓지 않은 것이고, 그래 그 풍경을 상하게 하지 않은 것이다.' 그리고 한참 더 가서, 소로는 머릿속으로 그 마주친 집들의 복된 주인들에게 이렇게도 말한다——'나는, 당신들이 소유하고 있는 집을 볼 수 있는 내 두 눈만 있으면 족한 것이다.'[50]

조르주 상드는 사람들을, 초가집에서 살기를 바라는지 궁전에서 살기를 바라는지에 따라 다른 부류로 나눌 수 있다고 말한 바 있다. 하지만 문제는 한결 더 복잡하다: 성을 가지고 있는 사람은 초가집을 꿈꾸고, 초가집을 가지고 있는 사람은 궁전을 꿈꾸는 것이다. 아니 더 정확히 말하자면, 우리들은 각자 초가집을 꿈꾸는 시간과 궁전을 꿈꾸는 시간을 가진다. 우리들은 대지 가까이 초가집의 마당에 내려와 살기

---

50) 헨리 데이비드 소로, 《숲속의 철학자 *Un Philosophe dans les bois*》, 불역판, p.60, p.80.

도 하고, 다음 공중누각에서 지평선을 굽어보기를 바라기도 하는 것이다. 그리하여 독서를 통해 수많은 거주의 장소를 접했을 때, 우리들은 우리들 내부에 초가집과 성의 변증법이 울리도록 할 수 있게 된다. 한 위대한 시인이 그러한 체험을 이야기하고 있다. 생 폴 루Saint-Pol-Roux의 《마음속의 선경(仙境) *Féeries intérieures*》에 두 이야기가 실려 있는데, 그 두 이야기를 대조시키기만 하면 우리들은 두 개의 브르타뉴가 나타남을, 세계가 이중화함을 보게 될 것이다. 하나의 세계에서 다른 하나의 세계로, 한 거소에서 다른 한 거소로 꿈들이 오간다. 첫째 이야기의 제목은 〈초가집과의 이별〉이고, 둘째 이야기의 제목은 〈지주와 농부〉이다.

시인 가족이 초가집에 도착한다. 초가집은 곧 스스로의 마음과 영혼을 연다: '새벽에, 석회로 벽을 칠한 지 얼마 안 되는 네 존재가 우리들에게 몸을 연다. 애들은 비둘기의 품안에 들어왔다고나 생각했다. 그리고 곧 우리들은 사닥다리——네 층계를 사랑했다.' 그리고 다른 페이지들에서 시인은, 초가집이 어떻게 농부 같은 인간미와 우애를 발산하는지를 우리들에게 말해 주고 있다. 이 비둘기인 집은 방주 같은 다사로운 피난처인 것이다.

그러나 어느 날 생 폴 루는 그 초가집을 떠나 '성'으로 갔다. 테오필 브리앙Theophile Briant이 이렇게 알려주고 있다: '호사와 오만'을 누리러 떠나기에 앞서 프란체스코회(會) 수도사적인 그의 영혼은 슬픔 속에 잠겼고, 그는 로스캉벨의 상인방(上引枋) 밑에서 다시 한 번 서성거렸다.'[51] 그리고 테오필 브리앙은 시인 자신의 말을 인용하고 있다:

---

51) 테오필 브리앙, 《생 폴 루 *Saint-Pol Roux*》, Seghers, p.42.

'마지막으로, 초가집이여, 내가 네 보잘것없는 벽과 그리고 내 고통의 색깔을 한 그 벽의 그림자에까지 입맞추도록 해다오…….'

시인이 가 살게 될 카마레의 성은, 아마도 그 전적인 뜻으로 하나의 시 작품, 한 시인이 **꿈꾼 성**을 실현시킨 것이다. 생 폴 루는 브르타뉴 반도의 주민들이 '툴랭게의 사자(獅子)'라고 부르는 모래언덕 꼭대기에서 바다를 맞바로 바라보고 있는 어느 어부의 집을 구입했다. 포병 장교인 한 친구와 함께 그는 여덟 개의 탑을 가진 성을 설계했는데, 그가 구입한 집이 그 중심부를 이루는 것이었다. 어느 건축가가 시인의 계획을 약간 조정한 후, 초가집을 한가운데에 안은 성이 건축되었다.

테오필 브리앙은 이런 이야기도 하고 있다: '어느 날 생 폴은 내게 카마레의 '소반도(小半島)'를 종합적으로 보여주기 위해 종이 위에 돌로 된 피라미드와 선영(線影)으로 묘사한 바람과 파도치는 바다를 그린 다음에, 종이 한쪽에 '카마레는 바람 속에서 리라[52] 위에 놓인 돌덩이이다'라고 써놓았다.'[53]

몇 페이지 앞에서 우리는 숨결의 집과 바람의 집을 노래한 시 작품들에 관해 이야기한 바 있다. 그리고 그 시 작품들에서 메타포의 **극한**을 보게 된다고 생각했다. 그런데 지금 한 시인이 그의 집을 짓기 위해 바로 그 메타포들의 설계도를 따르고 있는 것이다.

만약 우리들이 땅딸막한 원뿔 모양의 풍차간 속에 들어가 꿈에 잠긴다면, 우리들은 이와 비슷한 몽상을 계속할 수 있을 것이다. 우리들은 그것의 대지적인 성격을 느낄 것이며, 그것을 바람에 저항하기 위해 대지 위에 잘 자리잡은, 전적으로 흙으로 만들어진 원시의 오두막

---

52) 〔역주〕 칠현금(七絃琴)의 고대 악기.
53) 위의 책, p.37.

집으로 상상할 것이다. 그리고―― 그것은 거대한 종합이라고나 할 만한 것인데―― 우리들은 그와 동시에, 바람이 조금이라도 불기만 하면 휙휙 울어대며 바람의 힘을 교묘하게 빼앗아 가는 날개 달린 집을 꿈꿀 것이다. 바람 도둑인 방앗간 주인은 폭풍을 가지고 좋은 밀가루를 만든다. 이미 우리가 그 내용을 약간 내비친 바 있는, 《마음속의 선경》의 둘째번 이야기에서 생 폴 루는 우리들에게, 그가 어떻게 카마레의 성주로서 그 성에서 초가집 생활을 영위했는가를 이야기해 주고 있다. 아마 어느 누구라도 초가집과 성의 변증법을 그토록 단순히, 그토록 강하게 역전시킨 적은 결코 없을 것이다. 시인은 이렇게 말하고 있다: '징 박은 나막신으로 현관 앞 층계의 첫계단에 붙박이듯 멈춰 서서 나는 시골뜨기의 번데기를 벗어나 성주로 솟아오르기를 머뭇거린다.'[54] 그리고 좀더 가서는 이렇게도 말하고 있다: '내 유연한 성격은 도시와 태양 위를 나르는 독수리와도 같은 그 안락, 그 가운데서 내 상상력이 지체 없이 내게 자연력 및 생명체들에 대한 지배권을 허여하게 되는 그 안락에 적응되어 간다. 미구에, 벼락부자가 된 농부인 나는 에고이즘에 얽매여, 이 성을 세운 원초의 이유가 초가집의 진수(眞髓)를 내게 대조적으로 알게 하는 데 있었음을 잊어버린다.'[55]

번데기라는 단어는 그것 하나만으로 시인의 몽상을 잘못 알게 할 수 없는 징표이다. 두 개의 꿈이,―― 존재의 휴식과 도약을, 저녁의 응결과 아침에 열리는 날개를 각각 이야기하는 두 개의 꿈이, 거기에서 결합하고 있다. 도시와 태양, 인간과 우주를 지배하는 날개 달린 성의 몸 안에서 그는, 휴식 가운데서도 가장 큰 휴식 속에 홀로 웅크리고 은거

54) 생 폴 루, 《마음속의 선경(仙境)》, p.361.
55) 위의 책, p.362.

하기 위해 초가집의 번데기를 간직한 것이다.

우리는 이전에 브라질의 철학자 루시오 알베르토 피네이로 도스 산토스Lucio Alberto Pinheiro dos Santos의 저작을 참조하면서, 삶의 리듬을 세부적으로 조사해 봄으로써, 우주에 의해 강제되는 큰 진폭의 리듬에서 시작하여 인간의 가장 섬세한 감수성에 작용하는 한결 미묘한 리듬에까지 내려와 봄으로써, 정신분석가들이 혼란된 정신psychisme에서 발견하는 양립되는 반대 감정을 가볍게 하고 행복되게 하는 데 이를 수 있을 리듬분석이라는 것을 수립할 수 있다고 말한 바 있다.[56] 그런데 시인의 노래를 들어 보면, 갈마드는 반대되는 몽상들은 적대성을 잃어버린다. 초가집과 성의 두 극단적인 현실은 생 폴 루의 경우를 보면, 은거와 확산, 소박함과 화려함에 대한 우리들의 이중의 요구를 한 테두리에 싸고 있다. 우리들은 거기에서 거주하는 기능의 리듬분석을 체험하는 것이다. 잘 자기 위해서는 큰방에서 자지 말아야 하고, 잘 일하기 위해서는 골방에서 일하지 말아야 한다. 시 작품을 꿈꾸고, 또 그것을 쓰기 위해서는 두 개의 거소가 필요하다. 왜냐하면 리듬분석이 유용한 것은 일하는 정신psychisme에게 있어서이기 때문이다.

이와 같이 꿈에 그리는 집은 모든 것을 가지고 있어야 한다. 그것은 그 공간이 아무리 넓은 것일지라도 초가집이어야, 비둘기의 몸이고 보금자리이고 번데기이어야 하는 것이다. 내밀함은 보금자리의 중심을 필요로 한다. 에라스무스의 전기작가가 이렇게 쓰고 있다: 에라스무스는 '그의 아름다운 저택에서, **그의 조그만 몸**을 안전하게 숨길 수 있을 보금자리 같은 구석진 곳을 찾아내기에 오랜 시간을 보냈다. 필경

---

56) 《지속의 변증법 La Dialectique de la durée》, P.U.F., p.129를 참조할 것.

그는 그에게 필요한 **데워진 공기**를 호흡할 수 있을 정도로 좁은 방에 칩거했다.'[57]

그리고 많은 몽상가들은 집에서, 방에서 그들의 몸에 꼭 맞는 옷을 찾으려고 한다.

그러나 다시 한 번, 보금자리나 번데기나 옷은 거소의 한 단계를 이루는 것에 지나지 않는다. 휴식이 더 응축된 것이면 응축된 것일수록, 누에고치가 더 밀폐된 것이면 밀폐된 것일수록, 더욱더 거기서 빠져나오는 존재는 다른 곳의 존재이고, 더욱더 그의 확산은 커지는 것이다. 그리고 우리는 믿는 바이지만, 독자가 이 시인 저 시인 탐독해 가다가, 쉬페르비엘이 활짝 열어제친 모든 문, 모든 창문을 통해 우주 전체를 집 안으로 들어오게 하는 순간에 그의 그 노래를 들을 때, 독서의 상상력에 의해 힘을 얻을 것이다:

숲이나 강, 공기를 이루는 모든 것은

방을 꼭 닫고 있다고 생각하는 이 네 벽 사이에

제자리를 가지고 있다

달려오라, 바다를 건너는 기사들이여

나는 하늘 지붕 하나밖에 없으니

그대들이 머무를 장소가 있으리라[58]

그러면 집의 환대는 너무나 전적인 것이어서, 창문에서 바라보이는

---

57) 앙드레 사글리오André Saglio, 《저명인사들의 집 *Maisons d'hommes célèbres*》, Paris, 1893, p.82.

58) 쥘 쉬페르비엘Jules Supervielle, 《미지의 친구들 *Les Amis inconnus*》, p.93, p.96.

모든 것이 집에 속하게 된다:

> 산의 몸채가 내 창문에서 멈칫거린다:
> '나는 산인데 어떻게 들어갈 수 있지,
> 바위들과 자갈들을 가진,
> 높은 데선 '하늘'에 의해 변질된 '대지'의 한 조각인 산인데?'

우리들이 응축된 집에서 확산되는 집으로 옮겨가며 리듬분석에 우리들 자신을 민감하게 하면, 그 양쪽 사이에서의 진동은 곳곳으로 반향되고 증폭된다. 위대한 몽상가들은 쉬페르비엘처럼 세계의 내밀성을 주장하지만, 그러나 그 내밀성은, 집에 대해 명상함으로써 배운 것이다.

9

쉬페르비엘의 집은 보기를 욕심내는 집이다. 그 집의 경우, 본다는 것은 가진다는 것이다. 그것은 세계를 본다, 가진다. 마치 먹보 어린아이처럼 그것은 배보다 눈이 더 크다. 그것은 상상력의 철학자가 예기되는 합리적인 비평을 미리 비웃으면서 표해 두어야 할, 이미지의 극단적인 과장의 하나를 보여주고 있다.

그러나 이 상상력의 휴식 다음에 우리는 현실에 가까이 와야 한다. 우리는 이제 살림사는 행동들을 동반하는 몽상들을 이야기해야 한다.

집을 능동적으로 간수하고, 집 안에서 가장 가까운 과거와 가장 가까운 미래를 연결시키며, 집을 존재함에 있어서의 안전함 가운데 유지하는 것은 살림사는 행동이다.

하지만 살림살이에 어떻게 창조적인 활동을 부여할 것인가?

살림살이의 기계적인 몸짓에 의식의 빛을 가져오기만 하면, 낡은 가구를 닦으면서 현상학을 해보기만 하면, 곧 우리들은 집 안의 다사로운 습관적인 일 밑에서 새로운 느낌이 태어남을 깨닫게 된다. 의식은 모든 것을 새롭게 하는 것이다. 그것은 가장 습관적인 행동들에도 시발적(始發的)인 가치를 준다. 그것은 기억력을 능가하는 것이다. 기계적인 행동의 주인으로 진정 다시 된다는 것은 얼마나 큰 경탄인가! 그리하여 한 시인이 가구를 닦을 때──그것이 남을 시켜 하는 것일지라도──, 그가 닦는 모든 것을 따뜻하게 하는 양모 천의 걸레로 그의 테이블 위에 약간의 향긋한 밀랍을 묻힐 때, 그는 바로 새로운 대상을 창조해 내는 것이다. 그는 물건의 인간적인 품위를 높이고, 그것을 인간의 집의 호적에 등기하는 것이다. 앙리 보스코가 이렇게 쓰고 있다: '부드러운 밀랍은 손의 누름과 양모 천의 유용한 열 밑에서 그 반들반들한 물질 속으로 스며 들어가는 것이었다. 천천히 그 소반은 어렴풋한 빛을 띠어 갔다. 백년 묵은 버드나무에서, 죽은 나무의 바로 중핵(中核)에서부터, 자력적인 걸레질에 이끌린 광휘가 솟아오르는 것 같았고, 밝은 빛의 상태로 조금씩 조금씩 소반 위에 퍼져 나가는 것 같았다. 덕성으로 가득 찬 늙은 손가락들, 관후한 손바닥이 육중한 나무 덩어리와 생명 없는 나뭇결에서 삶의 잠재적인 힘을 이끌어 내는 것이었다. 그것은 내 경탄에 찬 눈앞에서 바로 하나의 대상의 창조였고, 믿음의 작품이었다.'[59]

이처럼 아낌을 받는 대상들은 정녕 내밀의 빛에서 태어나는 것이다. 그것들은 무관심한 대상들, 기하학적인 현실에 의해 정의되는 대상들

---

59) 앙리 보스코, 《이야생트의 정원 *Le Jardin d'Hyacinthe*》, p.192.

보다 한결 높은 차원의 현실로 솟아오른다. 그것들은 존재 차원의 새로운 현실을 퍼뜨리는 것이다. 그것들은 하나의 질서 속에 제자리를 차지할 뿐만 아니라 질서의 공동체를 형성한다. 한 대상에서 다른 대상으로 옮겨가면서 살림살이의 정성은 방 안에서, 아주 오래된 과거를 새로운 날에 이어 주는 유대를 짜는 것이다. 이리하여 주부는 잠들어 있는 가구들을 깨어나게 한다.

만약 우리들이 꿈이 과장되는 극한에까지 간다면, 우리들은 집을 살아 있게 하고, 그것에 그것의 존재의 맑음 전부를 주는 데에 쏟는 정성 바로 그 자체 가운데 그 집을 건축한다는 의식 같은 것을 체험하게 된다. 정성으로 빛나는 집은 내부로부터 재건축되는 것처럼, 내부를 통해 새로워지는 것처럼 여겨진다. 벽과 가구들의 내밀한 균형 가운데 우리들은 집이 여인들에 의해 건축되었다는 의식을 가지게 된다고 말할 수 있다. 남자들은 집을 외부로부터 지을 줄만 아는 것이다. 그들은 밀랍의 문명은 거의 알지 못한다.

몽상을 일에, 가장 위대한 꿈을 가장 미천(微賤)한 일에 통합하는 것을, 앙리 보스코가 충직한 하녀 시도니에 관해 이야기할 때보다 어떻게 더 잘 이야기할 수 있겠는가?: '그 행복에의 소명(召命)은 그녀의 실제적인 삶에 해를 끼치기는커녕 그 삶의 행동을 살찌게 하는 것이었다. 그녀가 시트나 식탁보를 빨래하고 있을 때, 찬장의 널빤지 벽을 정성들여 닦거나 구리 촛대를 윤낼 때, 그녀의 영혼 깊은 데에서 고된 집안일에 생기를 주는 저 희열의 조그만 움직임들이 솟아오르는 것이었다. 그녀는 자신의 내부로 되내려가 거기에 깃들여 있는 초자연적인 이미지들을 원하는 대로 바라보기 위해서, 자기 일이 끝나기를 기다리지 않았다. 그 내부의 나라에 있는 모습들이 그녀에게 친숙하게 나타나는 것은,

바로 그녀가 가장 대수롭잖은 일에 정성을 쏟고 있을 때였다. 꿈에 잠긴 기색이라고는 조금도 없이 그녀는 천사들을 동무하여 씻고, 먼지 털고, 쓰는 것이었다.'[60]

나는 어느 이탈리아 소설에서, 낫질하는 당당한 동작으로 비를 움직이는 거리 청소부의 이야기를 읽은 적이 있다. 그는 몽상 속에 빠져 아스팔트 위에서 상상의 풀밭을, 진짜 평원의 드넓은 풀밭을 낫질하고 있었던 것이다. 그 상상의 풀밭에서 그는 그의 젊은 시절을, 솟아오르는 태양 아래서의 낫질의 위대한 직분을 되찾고 있었던 것이다.

시적 이미지의 '구성'을 밝히기 위해서는 또한 정신분석의 그것보다 더 순수한 '반응체'가 필요하다. 시가 요구하는 미묘한 해명(解明)은 현미화학(顯微化學)micro-chimie에서의 그것과도 같다. 정신분석가가 미리 전적으로 마련한 해석에 의해 변질된 반응체는, 용액을 흐리게 할 가능성이 있다. 현상학자라면 누구나 쉬페르비엘이 산에게 창문을 통해 들어오라고 하는 초대를 되살면서(體驗) 거기에서 기괴한 성적 상징을 보지는 않을 것이다. 차라리 우리들은 순수한 해방, 절대적 승화의 시적 현상을 마주하고 있는 것이다. 그 이미지는 더이상 사물의 지배를 받고 있지도 않으며, 무의식의 충동에 좌우되어 있지도 않다. 그것은 위대한 시 작품의 자유의 분위기 속에서 광대하게 부유하고 날고 있는 것이다. 시인의 창문을 통해서 집은 세계와 함께 광대함의 거래를 시작하는 것이다. 인간의 집은 그것 역시, 형이상학자들이 그렇게 말하기 좋아하듯 세계에 몸을 여는 것이다.

이와 마찬가지로 매일매일 광택을 새롭게 하는 가운데 이루어지는

---

60) 위의 책, p.173.

여인들의 집의 건축을 따라온 현상학자도 정신분석가의 해석을 넘어서야 한다. 정신분석가의 해석에는 우리 자신도 앞선 저서들에서 사로잡혔던 바 있다.[61] 그러나 우리는 그보다 한결 더 깊이 내려갈 수 있다고, 인간이 어떻게 사물들에 스스로를 주고 스스로에게 사물들을 줌으로써 그것들의 아름다움을 완성할 수 있는지를 느낄 수 있다고 생각한다. 약간 더 아름다우므로 다른 것이 되고, 미미하게 더 아름다우므로 전혀 다른 것이 되는 것이다.

살림살이의 현상학의 경우 우리는 아주 습관적인 행동의 원초성이라는 역설을 문제삼고 있다. 살림살이의 정성에 의해서 집에, 그것의 독창성이 아니라 그것의 시초가 되돌려지는 것이다. 아! 매일 아침 집안의 모든 물건들이 우리들 자신의 손으로 다시 만들어져 우리들 자신의 손에서 '탄생되어 나올' 수 있다면, 우리들의 삶은 얼마나 위대한 삶이 되랴! 동생 테오에게 쓴 어느 편지에서 빈센트 반 고흐는, '로빈슨 크루소 같은 사람의 최초적인 성격의 어떤 것을 간직해야' 한다고 말하고 있다. 모든 것을 만들고 모든 것을 새롭게 만드는 것, 각각의 대상에 '보충적인 동작'을 가하고 밀랍의 거울에 반사면을 하나 더 만들어 주는 것, 이런 것들은 모두, 상상력이 우리들에게 집의 내적 성장을 느끼게 하면서 우리들에게 끼쳐 주는 유익된 것들이다. 능동적인 하루를 보내기 위해 나는 나 자신에게 이렇게 되풀이해 말한다: '매일 아침 성(聖) 로빈슨을 한 번 생각한다.'

몽상가가 그의 정성으로 마술처럼 변화시키는 한 대상에서 출발하여 세계를 재건조(再建造)할 때, 우리들은 시인의 삶에서는 배아(胚芽)

---

61) 《불의 정신분석 *La Psychalyse du feu*》을 참조할 것.

아닌 것이 없다는 것을 확신하게 된다. 다음에 릴케에게서 긴 인용을 하겠는데, 약간의 불필요한 것들(장갑과 복장)이 있음에도 불구하고 우리들을 소박한 단순성에 잠기게 한다.

《어느 여류 음악가에게 보내는 편지》에서 릴케는 벤베누타에게, 그가 가정부가 없는 동안에 가구들을 닦았다고 쓰고 있다: '그러니까 청소에 대한 그 옛 열정에 불현듯 다시 사로잡혔을 때, 나는 기막히게도 홀로였소……. 그대에게 이것을 알게 하고 싶소: 청소야말로 아마 내 어린 시절의 가장 큰 열정이었고, 또한 음악과의 내 첫 접촉을 마련해 준 것이었다는 것을. 왜냐하면 우리 피아노는 내가 먼지를 터는 관할에 들어오는 것이었고, 내 청소에 즐겨 응하며 지겨움을 조금도 나타내지 않는 드문 물건의 하나였기 때문이오. 그렇기는커녕 열성적으로 움직이는 걸레 밑에서 그것은 느닷없이 금속성의 음향으로 둥둥둥둥 울기 시작하는 것이었소……. 그리고 그것의 아름답고 짙은 검은 빛은 점점 더 아름다워졌소. 이런 것을 체험한 다음이라면, 경험 안 한 것이 무엇이 있겠소! 청소할 때의 필수적인 복장——큰 에이프런과 또한 다치기 쉬운 손을 보호하기 위해 착용하는 스웨드 가죽제의, 세탁 가능한 조그만 장갑——만으로 벌써 자부심에 차서 나는, 편히 쉬게끔 너무나 정성들여 자리에 놓여져 훌륭한 대우를 받는 데 대해 너무나 행복해하는 사물들의 우정에, 장난기에 물든 정중함으로 응답하는 것이었소. 그와 마찬가지로 오늘——그대에게 고백하는 바이오만—— 내 주위의 모든 것이 깨끗해지고, 주위의 모든 것에 대면하고 있는 내 책상의 넓은 검은색 표면이…… 말하자면 방의 부피를 점점 더 잘 반영하면서——맑은 회색빛, 거의 입방체——그 부피를 새롭게 의식해 가고 있는 동안, 그렇소, 나는 감동을 느꼈소. 마치 어떤 일이, 사실대로 말하자면 단순히 표면적인 것만이 아니라 내 영혼에 닿아 오는 장엄한 어떤 일이 —— 노인들의 발을 씻어 주는 황제라든가, 혹은 자기 수도 원의 식기를 씻고 있는 성(聖) 보나벤투라[62]와 같은 그런 이미지에 걸 맞을 —— 거기에서 진행되고 있는 것처럼 감동을 느꼈소.'[63]

벤베누타는 이 에피소드에 대해 주석을 한 바 있는데, 그것은 시인의 텍스트를 경직되게 하고 말았다. 그녀는 이렇게 말하고 있다: 릴케의 어머니는 '그가 아주 어렸을 때부터 그에게 가구의 먼지를 털고 집안 일을 하도록 시켰었다.'[64] 릴케의 글에 비쳐 보이는 **일에의 향수**를 어찌 느끼지 못한단 말인가? 그리고 그것이 다른 정신적 연령들에서 기원된 다른 의미의 함축들을 보여주는 복잡한 심리 자료임을 어찌 이해하지 못한단 말인가? 왜냐하면 어머니를 돕는 기쁨에, 가난한 이들의 발을 씻어 주는 지상의 위대한 자의 한 사람이 된다는 영광이 더해져 있기 때문이다. 릴케의 이 글은 감정의 복합체이다. 그것은 정중함과 장난기를, 겸손과 행동을 합치고 있는 것이다. 그리고 글의 첫머리에 있는 그 위대한 표현을 잊지 말아야 한다: '나는 기막히게도 홀로였소!' 모든 참된 행동, '시킴'을 받지 않은 행동의 시원(始原)에 있어서 그러한 것처럼 그는 홀로였던 것이다. 그리고 쉬운 행동이 쉽더라도, 우리들을 행동의 시원에 데려다 놓는다는 것이야말로 바로 쉬운 행동의 경이인 것이다.

방금 인용한 릴케의 글은 그 문맥에서 떼내어 놓고 볼 때, 독서의 흥

62) [역주] 1221-1274, 프란체스코 회원이었던 이탈리아의 성인. 아우구스티누스적인 신비주의적 정신 세계를 가지고 있었음.
63) 릴케, 《어느 여류 음악가에게 보내는 편지 Lettres à une musicienne》, 불역판, p.109.
64) 벤베누타Benvenuta, 《릴케와 벤베누타 Rilke et Benvenuta》, 불역판, p.3o.

미에 대한 훌륭한 심리 검사가 될 것 같다. 그것을 대수롭지 않은 글로 생각할 수 있다. 거기에 흥미를 느낀다는 사실에 오히려 놀라워할 수도 있다. 반대로 흥미는 느끼나, 그것을 고백하지 않을 수도 있다. 마지막으로 그것은 생동하고 유익하며 원기를 북돋우는 것으로 느껴질 수 있다. 그것은 방 안에 살고 있는 모든 것을, 우리들에게 그들의 우정을 바치는 모든 가구들을 힘 있게 종합하면서, 우리들에게 우리들의 방을 의식할 수단을 제공하고 있지 않은가?

그리고 그 글에는, '의미 없는' 고백을 금하는 의식의 검열을 이겨 낸 작가의 용기가 나타나 있지 않은가? 하지만 의미 없는 것들의 중요성을 인정할 때, 얼마나 큰 독서의 즐거움을 얻게 되는가? 작가가 우리들에게 고백하는 '의미 없는' 추억을 우리들 개인의 몽상으로 보완한다면! 그럴 경우 의미 없는 것은, 작가와 독자 사이에 영혼의 공동체를 이루어 주는 내밀한 의미에 대한 지극히 예민한 감수성의 표징이 된다.

그리하여 스웨드 가죽제의 장갑은 없었지만 릴케가 가졌던 것과 같은 시간들을 체험했다고 스스로에게 말할 수 있다면, 추억 속에서 얼마나 큰 다사로움을 느끼겠는가!

IO

단순하고 위대한 이미지라면 어떤 것이나 하나의 영혼의 상태를 드러내게 마련이다. 집이란 풍경보다도 더 '한, 영혼의 상태'이다. 외적인 모습에서만 재현된 것일지라도 집은 내밀성을 이야기하게 마련이다. 심리학자들, 특히 프랑수아즈 민코프스카Françoise Minkowska와 그녀가 훈련시킨 연구가들이, 어린이들이 그린 집 그림들을 연구한 바 있다. 집 그림은 심리 검사의 제재(題材)가 될 수 있다. 게다가 집에 의한 심리 검사는 피검사자의 자발성 가운데 이루어질 수 있다는 이점이 있다. 왜냐하면 많은 어린이들이 연필을 손에 쥔 채 몽상에 잠겨 자발적으로 집을 그리기 때문이다. 더구나 발리프Balif 부인은 이렇게 말하고 있다: '어린이에게 집을 그리라고 하는 것은, 그에게 그가 그의 행복을 그속에 보호하고 싶어하는 가장 은밀한 꿈을 보여 달라고 하는 것과도 같다. 행복한 아이라면, 문이 닫혀서 잘 보호되고 있는 집을, 공고하고 깊이 뿌리박힌 집을 그릴 수 있을 것이다.'[65] 집은 물론 외형이 그려지지만, 그러나 거의 언제나 어떤 특징이 내밀한 힘을 가리켜 보인다. 어떤 그림들에서는——발리프 부인의 말에 의하면——명백히 '집 안은 따뜻하게 보인다. 집 안에는 불이 있는 것이다. 힘차게 활활 타오르는 불이기에, 그것이 굴뚝을 통해서까지 빠져나오는 것이 보인다.' 행복한 집이라면, 연기는 지붕 위로 부드럽게 너울거리며 즐긴다.

어린이가 불행할 경우에는, 집은 그의 불안의 흔적을 담고 있게 된다. 프랑수아즈 민코프스카는 특별히 감동적인, 제2차 세계대전 때에 독일 점령의 무서움을 겪었던 폴란드와 유대 어린이들의 그림들을 전시했었다. 경보가 조금이라도 있기만 하면 장롱 속에 숨어 있어야 했던 어떤 여자아이는, 그 저주받은 때가 지나간 훨씬 후에 비좁고 싸늘한, 문을 닫아건 집들을 그려 놓았다. 프랑수아즈 민코프스카가 '움직임 없는 집', 뻣뻣함 가운데서 움직임을 잃은 집이라고 말하는 것은 바로 그런 집을 두고 하는 말이다: '이 움직임 없는 뻣뻣함은 창문의 커

---

65) 《반 고흐와 쇠라에서 어린이들의 소묘까지 De Van Gogh et Seurat aux dessins d'enfants》, F. 민코프스카 박사가 설명문을 단, 교육박물관에서 개최된(1949) 한 미술전시회의 작품 카탈로그, 발리프 부인의 논문, p.137에서 재인용.

튼에도 발견되고, **연기**에도 발견된다. 집 주위의 나무들은 **곧추서** 있어서, 마치 집을 지키고 있는 듯이 보인다.'[66] 프랑수아즈 민코프스카는, 살아 있는 집이란 정녕 '움직임 없지는' 않다는 것을 알고 있다. 집은 특히 사람들이 문으로 다가가는 움직임을 품고 있는 것이다. 집으로 이르는 길은 흔히 올라가는 길로 되어 있다. 그것은 때로 올라오라고 초대하는 것 같기도 하다. 어쨌든 언제나 운동 감각을 자극하는 요소들이 있게 마련이다. 로르샤흐Rorschach 검사를 한다면, 집은 K를 가지고 있는 것으로 나타날 것이다.

위대한 심리학자인 프랑수아즈 민코프스카는 그림의 한 세부적인 부분에서 집의 움직임을 알아보았다. 여덟 살난 어린이가 그린 집에서, 그녀는 출입문에 '손잡이'가 있어서 '사람들이 집 안으로 들어가고 거기에서 산다'는 것을 주목하고 있다. 그것은 그냥 건축물로서의 집이 아니라, '거처로서의 집인 것이다.' 문의 손잡이는 분명히 하나의 기능성을 가리키고 있다. 운동 감각이, 가혹한 상황에서 자란 어린이들의 그림에서 그토록 자주 빠뜨려지는 그 손잡이의 표지로 표현되어 있는 것이다.

그리고 문의 '손잡이'는 집의 크기에 맞추어 그려질 수는 거의 없다는 것을 잘 주목해 두기로 하자. 그것의 기능이 크기에 대한 일체의 배려를 물리치는 것이다. 그것은 엶〔開〕의 기능을 표현한다. 논리적인 정신만이, 그것은 여는 데에뿐 아니라 닫는 데에도 사용된다는 이의를 제기할 수 있다. 그러나 가치의 영역에서는 열쇠는 열기보다는 닫는 것이고, 손잡이는 닫기보다는 여는 것이다. 그리고 닫는 동작은 여는 동

---

66) 위의 논문, p.55.

작보다는 언제나 더 확고하고 더 강하고 더 짧은 시간에 이루어지는 것이다. 이와 같은 미묘한 뉘앙스들을 가늠함으로써만 우리들은 프랑수아즈 민코프스카처럼 집의 심리학자가 될 수 있다.

———

제3장

서랍과 상자와 장롱

위대한 작가가 낱말 하나라도 나쁜 뜻으로 쓸 때, 나는 언제나 가벼운 충격, 가벼운 언어의 고통을 받는다. 우선 낱말들은, 모든 낱말들은 일상 생활의 언어 가운데서 정직하게 그들의 맡은 바를 이행한다. 다음 가장 상용되는 낱말들, 가장 범속한 현실에 결부되어 있는 낱말들이라도, 그렇다고 해서 그들의 시적 가능성을 잃어버리지는 않는다. 베르그송이 서랍에 관해 말할 때, 그것은 얼마나 경멸스러운가! 서랍이라는 낱말은 그의 입에서는 언제나 논쟁적인 메타포로서 나타난다. 그것은 명령하고 판단한다. 언제나 같은 방식으로 판단한다. 우리들의 철학자는 서랍 속의 논거는 좋아하지 않는다.[1]

베르그송의 서랍이라는 메타포는 우리에게는 이미지와 메타포 사이의 근본적인 차이를 드러내기 위한 좋은 예로 생각된다. 서랍과 상자에 관계되는 내밀성의 이미지들, 자물쇠의 위대한 몽상가인 인간이 그의 비밀들을 가두고 숨기는 일체의 은닉 장소에 관계되는 내밀성의 이미지들에 대한 우리의 연구로 되돌아오기 전에, 우리는 이, 이미지와 메타포의 차이를 약간 강조해 두려고 한다.

베르그송에게 있어서 메타포들은 넘칠 듯이 많으나, 필경 이미지들은 아주 드물다. 그에게 있어서 상상력이란 전적으로 메타포적인 것에

---

1) 〔역주〕 제2절을 읽어보면 알 수 있지만, 베르그송에게 있어서 서랍의 메타포는 개념을 가리키든, 기억들을 뇌 속에 분류하여 간직하기 위해 기억력이 갖추고 있다고 잘못 생각되고 있는 일종의 분류장치를 가리키든 간에, 철지난 합리주의자들과 기억력에 관한 종래까지의 그릇된 이론들을 비판하는 데 동원되고 있다. 그러므로 베르그송의 경우 서랍의 이미지는 폄하되어 있는 것이다.

지나지 않는 것 같다. 메타포란 표현하기 어려운 인상에 구체적인 형태를 주기 위해 있는 것이다. 그것은 그것과는 다른 정신적psychique 존재에 관계되는 것이다. '절대적 상상력'의 소산인 이미지는 이와는 반대로 그의 전 존재를 상상력으로부터 얻는다. 다음에 메타포와 이미지의 비교를 계속 밀고 나가면, 우리들은 메타포가 현상학적인 연구의 대상이 될 수는 거의 없다는 것을 이해하게 될 것이다. 그것은 그럴 가치가 없는 것이다. 그것은 현상학적인 가치가 없는 것이다. 그것은 기껏해야 조작된 이미지, 깊고 참되고 실제적인 뿌리가 없는 조작된 이미지에 지나지 않는다. 그것은 순간적인 표현, 혹은 지나가면서 한 번만 사용되고 버려짐으로써 순간적인 것이 될 수밖에 없을 표현이다. 메타포는 너무 생각하지 않도록 주의해야 한다. 메타포를 읽고 사람들이 그것을 깊이 생각하지나 않을까 저어해야 한다. 그런데 베르그송주의자들에게 있어서 서랍의 메타포는 얼마나 큰 성공을 얻었는가!

메타포와는 반대로 이미지에는 우리들은 독자로서의 우리들의 존재를 바칠 수 있다. 이미지는 존재의 증여자[2]이기 때문이다. 절대적 상상력의 순수한 소산인 이미지는 하나의, 존재의 현상, 말하는 존재의 특유한 현상의 하나이다.

2

모두들 알고 있는 바와 같이, 베르그송은 서랍의 메타포 및 기타 예컨대 '기성복'과 같은 몇몇 메타포들을, 개념의 철학의 불충분성을 말

---

2) 〔역주〕 이미지의 인간존재론적인 성격에 대한 다른 하나의 표현인 듯. '몽상가는 그의 이미지의 존재가 된다'(p.358)라는 말을 참조할 것.

하기 위해 사용하고 있다. 개념들은 지식들을 분류하는 데에 사용되는 서랍들이고, 체험된 지식들을 비개인화하는 기성복들이다. 범주(範疇)들의 장(欌)에 각각의 개념은 제 서랍을 가지고 있는 것이다. 이리하여 개념은 죽은 사상이 된다. 왜냐하면 그것은 원칙적으로 분류된 사상이기 때문이다.

베르그송 철학에 있어서 서랍의 메타포의 논쟁적인 성격을 잘 나타내 보이는 몇몇 텍스트들을 들어 보기로 하자.

1907년에 간행된 《창조적 진화 L'Evolution créatrice》[3] 가운데 다음과 같은 구절을 읽을 수 있다: '기억력이란, 우리가 이미 증명하려고 시도한 바 있듯이[4] 몇몇 기억들을 한 서랍 속에 분류해 넣거나, 혹은 한 장부에 기입하는 능력이 아니다. 장부나 서랍 같은 것은 없다……'

이성은 어떤 새로운 대상 앞에서도 이렇게 자문한다: '이미 있는 범주들 가운데 어떤 것이 이 새로운 대상에 맞는 것인가? 열릴 준비가 되어 있는 어떤 서랍에 우리는 그것을 들어가게 할 것인가? 이미 재단된 어떤 옷을 우리는 그것에 입힐 것인가?'[5] 말할 나위가 없지만, 기성복, 그것만으로 초라한 합리주의자를 의복 속에 감싸 버리기에는 충분한 것이다. 1911년 5월 27일 옥스퍼드에서 한 둘째 강연[6]에서 베르그송은, '뇌 속에 여기저기 기억의 상자들이 있어서 그것들이 과거의 편린들을 간직하고 있을 것'이라는 그런 이미지의 빈약성을 드러내려고 했다.

---

3) 앙리 베르그송, 《창조적 진화》, p.5.
4) 베르그송이 가리키고 있는 것은 《물질과 기억 Matière et mèmoire》, 제2·3장이다.
5) 앙리 베르그송, 《창조적 진화》, p.52.
6) 《사상과 운동자 La Pensee et Le mouvant》, p.172에 수록되어 있음.

베르그송은 또 〈형이상학 서설〉[7]에서, 과학이 '칸트에게 보여준 것은 서로 끼워넣어져 있는 틀들' 뿐이었다고 말하고 있다.

베르그송이 1922년에 《사상(思想)과 운동자(運動者)》를 쓰고 있었을 때, 메타포는 여전히 그의 정신을 사로잡고 있었는데, 이 시론은 여러 면에서 그의 철학을 요약하고 있는 저서이다. 그는 이 저서에서, 낱말들은 기억력 속에서 '뇌의 서랍에, 혹은 다른 그런 서랍에' 넣어져 있는 것은 아니라고 다시 말하고 있는 것이다.[8]

만약 이 자리가 그럴 장소라면, 우리는, 현대 과학에서 과학 사상의 발전으로 필연적인 것이 되고 만 개념 고안(考案)의 활동은 단순한 분류에 의해서, 우리들의 철학자의 표현을 따르자면 '서로서로 끼워넣어'[9] 짐으로써 결정되는 개념들을 넘어선다는 것을 보여줄 수도 있으리라.[10] 현대 과학에 있어서의 개념화 활동에 관해 배움을 얻으려고 하는 철학에는 어긋나게, 서랍의 메타포는 필경 불충분한 논쟁 수단으로 남는다. 어쨌든 여기서 우리의 문제가 되고 있는, 메타포와 이미지의 구별이라는 관점에서 볼 때, 우리는 서랍의 이미지에서, 경직되어 가는 메타포, 그 이미지적 자발성까지 잃어버리는 메타포의 예를 얻고 있다. 이것은 특히 학교에서 단순화하여 가르치는 베르그송 사상에서 현저하다. 서류함의 서랍이라는 이 논쟁적인 메타포는 유형화한 생각들을 비난하기 위해 기초적인 강의에도 흔히 나타난다. 심지어는 어떤 강의

7) 위의 책, p.221.
8) 위의 책, p.80.
9) 위의 책.
10) 《응용 이성주의 *Rationalisme appliqué*》에서 〈간개념(間槪念) Les Interconcept〉의 장(章)을 참조할 것.

들을 듣고 있노라면, 서랍의 메타포가 곧 나타나리라는 것을 예견할 수조차 있다. 그런데 이와 같이 어떤 메타포를 예감하게 되는 것은, 상상력이 무관한 것이 되어 버렸기 때문이다. 불충분한 논쟁 수단인 이 서랍의 메타포와 그리고 그것을 거의 변용시키지 않은 몇몇 다른 메타포들은, 인식의 철학들,——특히 베르그송이 섣불리 판단을 내리고 있는 수식어를 붙여서 '메마른 합리주의'라고 부르던 것에 대한 베르그송주의자들의 논쟁을 기계적인 것이 되게 하고 말았다.

3

이상의 개략적인 언급은, 메타포란 우발적인 표현에 지나지 않을 수 없는 것이며, 그것을 사상으로 만들 때에는 위험이 생긴다는 것을 보여주는 데에만 목적이 있다. 메타포는 거짓된 이미지인 것이다. 그것은 말의 몽상 가운데서 형성되는, 표현을 창조하는 이미지의 직접적인 힘을 가지고 있지 않기 때문이다.

한 위대한 소설가가 그 베르그송의 메타포를 만났다. 그러나 그것은 그에게, 칸트적인 합리주의자의 심리가 아니라 대가(大家) 바보의 심리를 특징짓는 데 사용되었다. 앙리 보스코의 어느 소설에 이 예가 나온다.[11] 이 경우, 게다가 베르그송의 메타포는 전도되어 있다. 이 경우, 지능이 서랍 달린 장이 아니라, 서랍 달린 장이 지능이 된다. 카르 브누아의 모든 가구들 가운데 그의 마음을 움직이게 하는 게 단 하나 있었는데, 그것은 떡갈나무로 만든 서류함이었다. 그 육중한 서류함

11) 앙리 보스코, 《시골에서의 카르 브누아 씨 *Monsieur Carre-Benoît à la campagne*》, p.90.

앞을 지나칠 때마다 그는 그것을 만족스럽게 바라보곤 했다. 적어도 그 서류함에서만은 모든 것이 공고하고 충직스러웠다. 보는 것이 보이는 것이었고, 만지는 것이 만져지는 것이었다. 그것은 불가능할 정도로 완벽하게 만들어져 있었다. 어느것 하나, 유용하도록 세심한 머리로 예견되고 계산되지 않은 게 없었다. 참으로 감탄할 만한 도구였다. 그것이 대신할 수 없는 것이라고는 없었다: 그것은 기억력이었고 지능이었다. 그토록 잘 짜여진 그 입방체 속에는 흐릿하거나 사라지는 것은 없었다. 거기에 한 번 집어넣은 것이라면 백 번, 만 번이라도, 말하자면 눈 깜짝할 사이에 다시 찾아낼 수 있었다. 마흔여덟 개의 서랍! 그것은 잘 분류된 확실한 지식들의 한 세계 전체를 담고 있을 수 있는 것이었다. 카르 브누아 씨는 그 서랍들에 일종의 마술적인 힘을 부여하고 있었다. 그는 때로 이렇게 말하곤 했다: '서랍이란 인간 정신의 토대란 말야.'[12]

되풀이하지만, 소설 속에서 그렇게 말하는 사람은 범용한 인물이다. 하지만 그로 하여금 그런 말을 하게 하는 것은 천재적인 소설가인 것이다. 소설가는 그 서랍 달린 서류함에 바보 같은 행정의 정신을 구현시키고 있다. 그리고 그런 바보스러움은 우롱되어야 하므로, 앙리 보스코의 그 인물이 그의 아포리즘을 말하자마자 '그 존엄스러운 장'의 서랍들을 열었을 때에 그는, 하녀가 거기에 겨자와 소금, 쌀, 커피, 완두콩, 렌즈콩 등을 차곡차곡 넣어 놓은 것을 발견하는 것이다. 생각하는 장이 찬장이 되어 있었던 것이다.

필경 그 이미지야말로 아마도 '소유의 철학'을 설명해 보일 수 있

---

12) 위의 책, p.126.

을 이미지일지 모른다. 그것은 그런 관점에서 본래적인 뜻으로, 또 비유적인 뜻으로 쓰일 수 있을 것이다. 저장물들을 모아 재는 석학(碩學)들이 없지 않은 법이다. 그러면서 그들은, 그것으로 영양을 취하려 할지 두고 보면 안다고 생각한다.

4

우리는 위에서, 비밀에 관한 이미지들에 대한 긍정적인 연구에 앞서 그 머리말삼아, 너무 빨리 의미를 생각케 하고 외적 현실을 내밀한 현실에 제대로 결합시키지 않는 메타포 하나를 살펴보았다. 그 다음, 앙리 보스코의 글을 가지고 우리는, 잘 묘사된 현실에 근거하여 내적 현실에 직접적으로 접할 수 있었다. 이제 우리는 창조적 상상력에 대한 전적으로 긍정적인 우리의 연구로 되돌아와야 한다. 서랍과 상자, 자물쇠, 그리고 장롱의 테마를 다룸으로써 우리는 무한히 저장된, 내밀함의 몽상들과 다시 접하려고 한다.

장롱과 그 선반들, 책상과 그 서랍들, 상자와 그 이중 바닥 등은 비밀스러운 심리적 삶의 참된 기관(器官)들이다. 이 '대상들'과 그리고 그것들과 마찬가지로 가치화(價値化)된 몇몇 다른 대상들이 없다면, 우리들의 내밀한 삶은 내밀함의 모델을 결(缺)할 것이다. 그것들은 혼합된 대상, 대상임과 동시에 주체인 것이다. 그것들은 우리들처럼, 우리들에 의해서, 우리들을 위해서 내밀함을 가지고 있는 것이다.

'장롱'이라는 말에 울림을 일으키지 않을 말의 몽상가가 한 사람이라도 있을까? 아르무아르armoire〔장롱〕라는 말은 불어에 있어서 위대한 말의 하나, 장중하고도 또 동시에 친숙한 말이다. 얼마나 크고 아름다운 부피의 숨결로 이루어진 말인가! 그것은 숨결을 첫 음절의 a발음으로써 얼마나 장중하게 여는가! 그리고 끝나는 음절에서 얼마나 부드럽고 서서히 닫는가! 낱말들에 그것들의 시적 존재를 부여하면, 우리들은 결코 서두르지 않게 된다. armoire의 마지막 글자 e는 그야말로 무음[13]이어서, 어떤 시인도 그것을 소리나게 하려 하지 않을 것이다. 아마도 바로 그 때문에 시에서 armoire라는 낱말은 언제나 단수로 사용되는 것일 것이다. 복수로 사용되면, 연음이 조금만 이루어져도 그것은 세 음절이 될 것이기 때문이다.[14] 그런데 불어에서는 위대한 말, 시적으로 지배력을 가진 말들은 두 음절밖에 가지고 있지 않다.

그리고 아름다운 말에는 아름다운 사물이 대응되는 법이다. 장중하게 소리나는 말에 대응되는 것은 깊이 있는 존재이다. 가구의 시인이라면 누구나——지붕 밑 방에 사는 시인, 가구가 없는 시인일지라도——오래된 장롱 속의 공간은 깊다는 것을 본능적으로 안다. 장롱 속의 공간은 **내밀함의 공간**, 누구에게나 열리지는 않는 공간인 것이다.

그리고 말이란 우리들을 강제하는 법이다. 장롱 속에는 오직 보잘

---

13) 〔역주〕 불어에 있어서 e는 음절 끝에서, 따라서 또한 단어 끝에서 음가를 가지지 않아 전혀 발음되지 않는다. 이 경우의 e를 무음이라고 한다.

14) 〔역주〕 불어에 있어서 복수형은 단수형에 s를 붙여서 만들어지나, 원칙적으로 이 복수 s는 발음되지 않음은 물론, 그것이 첨가된 음절의 발음에도 아무런 영향을 미치지 못한다. 그러나 그것은 물론 이른바 연음——단어 끝의 발음 안 되는 자음이 그에 뒤이어 온, 모음으로 시작하는 단어의 그 첫머리 모음과 어우러져 한 음절을 이루어 발음되는 현상——을 이룰 수 있다. 그런데 불어 작시법에 있어서 무음 e로 끝난 단어가 복수형을 취하고 그 복수형의 s가 연음을 이루면, 무음 e가 음가를 획득하게 되어 운율 단위로서의 음절 하나로 계산되게 된다. 저자는 이 사실을 말하고 있는 것이다. armoire가 시적 아름다움을 지니려면 e가 무음으로 남아 있어야 하는데, 위의 사실로 하여, 그렇게 되려면 그것이 복수형으로 나타나지 말아야 한다는 것이다.

것없는 영혼을 가진 이들만이 아무것이나 넣을 수 있을 것이다. 아무 가구에나, 아무렇게나, 아무것이나를 집어넣는다는 것은, 거주의 기능의 현저한 허약성에 대한 표징이다. 장롱 속에는, 한없는 무질서에서 집 전체를 보호하는 질서의 중심이 살고 있다. 거기에는 질서가 지배하는 것이다. 차라리 질서가 지배인 것이다. 질서란 단순히 기하학적인 것은 아니다. 장롱 속에서 질서는 집안의 역사를 기억한다. 이렇게 쓰는 시인은 그것을 알고 있다:

정돈과 조화
장롱 속에 차곡차곡 쌓인
시이트 더미
내의 속에 넣은 라벤더.[15) 16)]

라벤더와 더불어 장롱 속에는 또한 계절의 역사가 들어간다. 라벤더는 그것만으로, 시이트들이 쌓여 있는 시간적인 서열에 베르그송적인 지속을 부여하는 것이다. 그것들을 사용하려면, 그것들이 이전에 우리 고장에서 하던 말대로 충분히 '라방데lavandé(라벤더 향기에 밴)' 되기를 기다려야 하지 않는가? 평온했던 삶의 나라를 회상하면, 평온했던 삶의 나라로 되돌아가면, 얼마나 많은 꿈들이 저장되어 있는가! 기억 속에서 레이스 장식품들과 삼베, 모슬린 천의 옷들이 한결 거친 천의 옷들 위에 포개어져 놓여 있는 장롱의 선반을 다시 볼 때, 수많은 추억들이 떼지어 몰려드는 것이다. 밀로슈Milosz가 이렇게 말하고 있다: '장

15) 콜레트 바르츠Colette Wartz, 《남을 위한 말 Paroles pour l'autre》, p.26.
16) (역주) 라벤더 향수의 원료인 꽃. 이 꽃을 싸서 장롱에 넣음.

롱은 추억들의 소리 없는 소란으로 가득 차 있다.'[17]

베르그송은 기억력을 기억들의 장(欌)으로 생각하지 않도록 했다. 하지만 이미지는 생각보다 더 위압적인 것이다. 사실 그의 제자들 가운데 가장 베르그송주의자인 사람일지라도 그가 시인이기만 하면, 기억력이 장이라는 것을 인정하고 만다.

이 위대한 시구를 쓴 것은 페기Péguy가 아니었던가?:

　　기억력의 선반에, 장의 성전(聖殿)에.[18]

그러나 참된 장롱은 일상적인 가구가 아니다. 그것은 매일 열리지 않는 것이다. 가슴을 터놓지 않는 영혼마냥 그 열쇠는 문 위에 있지 않다.

　　── 장롱은 열쇠가 없었다! ……열쇠가 없었다, 그 큰 장롱이
　　갈색과 검은색의 그 문을
　　자주 바라보았다
　　열쇠가 없었다! ……이상했다!
　　그 목제(木製)의 몸통 속에 자고 있을
　　신비에 대한 생각에 자주, 자주 잠겼다
　　벙긋 구멍이 난 자물쇠 저 안에서
　　먼 데서 나는 것 같은 소리가, 어렴풋하나 즐겁게 중얼거리는 소리 같
　　은 것이
　　들려오는 것 같았다.[19]

---

17) 밀로슈, 《사랑 입문 L'amoureuse Initiation》, p.217.
18) 베갱Beguin의 인용에서 재인용. 샤를 페기Charles Péguy, 《이브 Eve》, p.49.

랭보는 여기서 희망의 축이라고 할 것을 지적해 보이고 있다: 닫혀 있는 가구에는 얼마나 큰 혜택이 저장되어 있는가? 장롱은 약속들을 품고 있다. 그것은 이번에는 역사보다 더한 것인 것이다.

다음의 시구에서 앙드레 브르통은 단 몇 마디로 비현실의 경이들을 열어 보이고 있다. 장롱의 수수께끼에 그는 지극히 다행스러운 해결 불가능성을 덧붙인다. 《흰 머리털이 난 권총》에서 그는 초현실주의의 태연스러움을 가지고 이렇게 쓰고 있다:

장롱은 내의들로 가득 차 있다
달빛까지 있어서 난 그걸 펼 수 있다.[20]

앙드레 브르통의 위의 시구와 더불어 이미지는, 합리적인 정신이 결코 거기까지 가려고 하지 않는 과장점에 인도되어 있다. 그러나 과장은 생동하는 이미지의 정상에 언제나 있게 마련이다. 장롱에 요정의 옷까지 보관한다는 것은, 지난 때의 장롱의 품속에 접혀 있고 쌓여 있고 모아져 있는 넘쳐나듯 많은 모든 재산을 말의 소용돌이 가운데 소묘한다는 게 아니겠는가? 장롱 속에서 꺼내 펴는 오래된 시이트는 얼

---

19) 랭보, 〈고아들의 새해 선물 Les Etrennes des orphelins〉.
20) 앙드레 브르통André Breton, 《흰 머리털이 난 권총 Le Revolver à cheveux blancs》, Cahiers libres, 1932, p.110.
다른 한 시인은 이렇게 쓰고 있다:

벽장의 죽은 내의들 속에서
나는 초자연을 찾는다.
—— 조제프 루팡주Josephe Rouffange,
《마음의 비탄과 호사 Deuil et luxe du cœur》, Rougerie.

마나 넓은가, 넓히는 힘이 있는가! 그리고 옛 식탁보는 얼마나 희었던가, 초원 위의 겨울 달빛처럼 희었던가! 약간 꿈꾸기만 하면, 브르통의 이미지를 전혀 자연스럽게 여기게 된다.

이토록 큰 내밀한 부(富)를 가지고 있는 존재가 주부의 가장 다정한 보살핌의 대상이 되어 있다는 것은 놀랄 일이 아니다. 안 드 투르빌 Anne de Tourville은 가난한 나무꾼의 아내에 대해서 이렇게 말하고 있다: '그녀는 다시 닦기 시작했다. 장롱에 비쳐 어른거리는 그림자들이 그녀의 마음을 즐겁게 했다.'[21] 장롱은 방 안에서 아주 부드러운 빛을, 교감적인 빛을 발산한다. 아주 당연하게, 한 시인이 장롱 위에서 시월의 햇빛이 어른대고 있는 것을 보고 있다:

시월의 붉은 황혼빛
을 반사하는 옛 장롱.[22]

사물들을 그것들에 의당(宜當)한 우정으로써 대할 때, 우리들은 약간 몸을 떨지 않고는 장롱을 열지 못한다. 장롱은 그것의 갈색 나무 안에서 아주 흰 편도이다. 그것을 연다는 것은 흼(白)의 사건을 산(體驗)다는 것이다.

5

'조그만 상자'에 관한 사화집(詞華集)을 만든다면, 그것은 심리학의

---

21) 안 드 투르빌, 《자바다오 *Jabadao*》, p.51.
22) 클로드 비제, 앞의 책, p.161.

한 큰 장을 이룰지 모른다. 목공이 만든 복잡한 가구는 **비밀에의 욕구**, 숨기는 장소에 관한 혜지(慧智)의 아주 뚜렷한 증거이다. 단순히, 아끼는 물건을 잘 간직한다는 것만이 문제가 아니다. 어떻게 해서라도 열려고 하는 강제적인 힘에 버틸 수 있는 자물쇠란 없는 법이다. 자물쇠란 모두 도둑을 부르게 마련이다. 자물쇠는 얼마나 유혹적인 심리적 입구인가! 그것이 장식으로 덮여 있을 때에는, 부주의로운 호기심에 대한 얼마나 큰 도전인가! 장식된 자물쇠 속에는 얼마나 많은 '콤플렉스'들이 있는가! 드니즈 폴름Denise Paulme에 의하면, 밤바라Bambara족은 자물쇠들의 중심 부분을 '사람이나 악어, 도마뱀, 거북…… 등의 모양으로' 조각해 놓는다고 한다.[23] 열고 닫는 힘은 생명의 힘, 인간의 힘, 성스런 동물의 힘을 가지고 있어야 하는 것이다. '도곤Dogon족의 자물쇠들은 사람 둘의 모습(조상(祖上) 부부)으로 장식되어 있다'[24]고 한다.

그러나 부주의로운 호기심에 도전하기보다는, 그것을 힘의 표지로써 겁내 주기보다는, 그것을 속여 버리는 게 낫다. 그래서 겹상자들이 나타나는 것이다. 가장 덜 중요한 비밀을 맨 겉상자에 넣는다. 그 비밀이 발견되면, 호기심이 만족될지도 모른다. 또한 그 호기심을 거짓 비밀로 채워 줄 수도 있다. 어쨌든 한마디로 '콤플렉스'적인[25] 가구들이 존재하는 것이다.

상자의 기하학과 비밀의 심리학 사이에 상동관계homologie가 있다는 것은, 긴 주석이 필요치 않은 사실이라고 생각된다. 때로 소설가들

23) 드니즈 폴름, 《아프리카 흑인 종족들의 조각 *Les Sculptures de l'Afrique noir*》, P.U.F., 〈L'œil du connaisseur〉 총서, 1956, p.12.
24) 위의 책, p.35.
25) 문맥으로 보아, 복잡하다는 뜻을 언어의 유희로 그렇게 표현한 듯.

이 많지 않은 문장들로 이 상동관계를 적어 두고 있다. 프란츠 헬렌스Franz Hellens의 어느 소설 인물이 그의 딸에게 선물을 하나 하려고 하는데, 비단 네커치프와 일본제 옷칠된 작은 상자를 두고 주저한다. 그는 상자를 택하게 되는데, '왜냐하면 딸애의 닫힌 성격에 상자가 더 잘 맞으리라고 여겨지기 때문이다.'[26] 표현이 이토록 간결하고 단순하므로 아마 성미 급한 독자의 주의를 못 끌지도 모른다. 하지만 그 말은 그 기이한 이야기의 바로 중심에 놓여 있는 것이다. 왜냐하면 그 이야기에서는 아버지와 딸이 동일한 신비를 숨기고 있기 때문이다. 그 동일한 신비는 동일한 운명을 마련하게 된다. 독자들에게 그 두 내밀한 영혼의 동일성을 느끼게 하기 위해서 소설가는 그의 전 재능을 발휘하고 있다. 그러니까 이 소설은 상자의 상징에 속하는 것으로서, 닫힌 영혼의 심리학에 관한 자료철에 첨가되어야 할 것이다. 그런 다음에야, 닫힌 존재의 심리학이 그의 거부들을 한데 모음으로써, 그의 냉담한 태도들의 목록을 만들거나 그의 침묵들의 역사를 기술함으로써 이루어지지는 않는다는 것을 알게 될 것이다. 차라리 아버지한테서 자신의 비밀들을 감추어도, 즉 자신의 신비를 숨겨도 좋다는 암암리의 허락을 받는 그 소녀처럼 닫힌 존재가 새로운 상자를 열 때, 그때에 그가 느끼는 긍정적인 기쁨 가운데 그를 관찰해야 할 것이다. 프란츠 헬렌스의 그 소설 속에서 그 두 존재는, 그것을 말하지도 않고 서로에게 말하지도 않고 그것을 알지도 못하는 가운데 서로를 '이해'하고 있는 것이다. 두 닫힌 존재가 동일한 상징을 통해 서로 통하고 있는 것이다.

---

26) 프란츠 헬렌스, 《살아 있는 유령 *Fantômes vivants*》, p.126, 《산문시 *Les Petits Poèmes en prose*》에서 보들레르가 '상자처럼 닫혀 있는 이기주의자'라는 표현을 하고 있음을 참조할 것(p.32).

우리는 앞의 어느 한 장에서, 집을 읽는다든가 방을 읽는다고 말함에 의미가 있다고 주장한 바 있다. 마찬가지로 작가들은 우리들에게 그들의 상자를 읽게 한다고 말할 수도 있으리라. 그런데 '상자를 쓸〔記〕' 수 있는 것은 다만 기하학적으로 잘 조립된 상자를 묘사하는 것만으로 이루어지는 것이 아님을 깨달아야 한다. 사실 이미 릴케가 단단히 닫히는 상자를 바라보면서 느끼는 그의 기쁨을 말한 바 있다. 《말테의 수기》에서 우리들은 다음과 같은 구절을 읽을 수 있다: '튼튼한 상자의 뚜껑이 가장자리가 돋을새김으로 장식되어 있지 않은 것이라면, 그런 상자 뚜껑은 상자 위에 그냥 놓여 있기를 바라는 것 이외의 다른 욕구는 가지고 있지 않으리라.'[27] 문학비평가는 이렇게 물을지 모른다: 《말테의 수기》처럼 힘들인 작품에서 그런 '진부한' 표현을 릴케가 남겨두었다는 것이 어떻게 가능할 수 있는가? 하지만 만약 고즈넉한 닫힘의 몽상의 배아를 받아들인다면, 그런 이의에 괘념하지 않을 것이다. **욕구**라는 말의 울림이 얼마나 멀리까지 가는가! 나는 내 고향 지방의 다음과 같은 낙관적인 속담을 생각한다: '맞는 뚜껑이 없는 단지는 없다.' 만약 단지와 뚜껑이 언제나 서로 잘 맞아 있기만 하다면, 이 세상의 모든 일은 얼마나 잘되어 가랴!

고즈넉한 닫힘에는 고즈넉한 열림이 딸리고, 우리들은 언제나 삶이 마찰 없이 원활했으면 하는 것이다.

이제 릴케의 상자를 '읽어'보기로 하자. 그리하여 어떻게 필연적으

---

27) 릴케, 《말테의 수기》, 불역판, p.266.

로 비밀스러운 생각이 상자의 이미지를 찾아가지는지를 살펴보기로 하자. 릴리안Liliane에게 보낸 릴케의 한 편지에서 다음과 같은 대문을 읽을 수 있다: '이 표현할 수 없는 경험에 관계되는 모든 것은 아직 낯선 것으로 남아 있거나, 혹은 얼마 후에 아주 조심스럽게나 알려져야 할 것이오. 그렇소, 고백하는 바이오만, 그것이 알려지는 것은 언젠가 이렇게 이루어져야 하리라고 나는 상상하오: 뚜껑 전면을 온갖 종류의 빗장들과 꺾쇠들, 쇠막대기들, 지렛대들로 뒤덮어서 상자를 잠그는, 17세기의 무겁고 튼튼한 자물쇠를, 가벼운 열쇠 하나가 쉽게 열어, 그 방어와 금지 장치 전체를 그것의 중심의 중심에서부터 들어내는, 그런 식으로 말이오. 그러나 열쇠 홀로 그리되게 하는 것은 아니오. 그런 상자의 자물쇠 구멍은 단추나 덮개 밑에 감춰져 있고, 그것들은 또 그것들대로 비밀스런 누름에만 움직여 준다는 것 또한, 그대는 알고 있을 거요.'[28] '열려라 참깨!'라는 알리바바의 주문을 구체화한 것 같은, 얼마나 많은 이미지들인가! 한 영혼을 열기 위해서는, 릴케의 마음과 같은 마음을 풀기 위해서는 어떤 비밀스런 누름이, 어떤 다사로운 말이 필요치 않으랴!

　의심할 나위 없이 릴케는 자물쇠를 좋아했을 것이다. 하지만 열쇠와 자물쇠를 누가 좋아하지 않겠는가? 이 테마에 관해 정신분석적인 문학은 풍부한 양을 헤아린다. 그러므로 그것에 관한 자료집을 만들기는 각별히 쉬울 것이다. 그러나 우리가 지금 추구하고 있는 목적을 위해서는, 성적 상징들을 드러낸다는 것은 내밀함의 몽상의 깊이를 가리우는 것이 될 것이다. 정신분석이 취하는 상징체계의 단조로움을 이와

---

28) 클레르 골Claire Goll, 《릴케와 여인들 *Rilke et les femmes*》, p.70.

같은 예보다 더 잘 느끼게 하는 것은 아마 결코 없을 것이다. 밤에 꾸는 꿈속에서 열쇠와 자물쇠의 투쟁이 나타난다면, 그것이야말로 정신분석에 있어서는 무엇보다도 명백한 징후, 너무나 명백하여 이야기를 요약해 버리고 마는 그러한 징후이다. 열쇠와 자물쇠의 꿈을 꾸면, 더이상 고백할 것이라고는 없다는 것이다. 하지만 시란 사방으로 정신분석을 넘어서는 것이다. 시란 언제나 꿈을 몽상으로 만들게 마련이다. 그리고 시적 몽상이란 기본적인 이야기만으로 만족할 수 없는 것이다. 그것은 콤플렉스의 응어리 위에서 형성될 수 없는 것이다. 시인은 깨어 있는 몽상을 사는(體驗) 것이며, 특히 그의 몽상은 세계 속에서, 세계의 대상들 앞에서 머무는 것이다. 그것은 하나의 대상 주위에, 하나의 대상 속에 우주를 모은다. 이제 그것은 상자들을 열고, 자그마한 상자 하나 속에 우주의 부를 응집한다. 그 상자 속에 패물과 보석들이 있다면, 그것은 하나의 과거, 하나의 오랜 과거, 시인이 소설식으로 이야기할 수 세대의 삶을 관통하는 과거를 구현하고 있는 것이다. 보석들은 물론 사랑을 이야기할 것이다. 그러나 또한 권력을, 또한 운명을 이야기할 것이다. 그 모든 것은 단순히 하나의 열쇠와 그것의 자물쇠보다는 얼마나 더 위대한 것인지 모른다!

상자 속에는 **잊지 못할** 물건들이, 우리들에게 잊지 못할 것일 뿐만 아니라 우리들이 우리들의 보물을 줄 사람들에게도 잊지 못할 그런 물건들이 있다. 그 속에는 과거, 현재, 미래가 응집되어 있다. 그리하여 상자는 기억을 넘어서는 것의 기억이 된다.

만약 심리학을 하기 위해 이미지들을 이용한다면, 하나하나의 중요한 기억——베르그송적인 순수 기억[29]——은 그것의 조그만 상자에 끼워져 있다는 것을 알게 될 것이다. 우리들에게만 속하는 이미지인 순수 기억, 우리들은 그것을 남에게 알려주고 **싶지** 않다. 그것의 화려한 세부 내용만을 이야기해 줄 뿐이다. 그것의 존재 자체는 우리들의 것이고, 우리들은 결코 그것을 전부 말하고 싶지 않을 것이다. 그리고 그리함에는 억압이라고 하는 것과 같은 것은 없다.[30] 억압은 서투른 힘이다. 바로 그렇기 때문에 그것은 그토록 드러나는 징후들을 보인다. 그러나 비밀이란 각각 제 조그만 상자를 가지고 있다. 잘 숨겨둔 그 절대적인 비밀은 일체의 힘을 벗어난다. 내밀한 삶은 이 경우 '기억력'과 '의지력'의 종합을 경험한다. 이 경우 **강철 같은 의지력**이 있지만, 그러나 그것은 외부에 대항하는, 타인들에게 대항하는 게 아니라 일체의 대항의 심리학을 넘어서는 그러한 의지력이다.[31] 우리들 존재의 어떤 기

---

29) [역주] 기억에 관계되는 심리 현상을 베르그송은 세 국면——순수 기억, 이미지로서의 기억, 지각으로 나누고, 그 각각의 국면은 원칙적으로 독립될 수 있다고 생각한다. 순수 기억은 기억이 무의식 가운데 잠재적인 상태에 머물러 있는 것이고, 이미지로서의 기억은 상상력을 통해 의식으로 떠오른 기억이다. 그런데 지속(제1장 각주 15 참조)으로서의 우리들의 삶이 체험한 것은 남김없이 순수 기억으로서 무의식에 저장된다. 이런 점에서 베르그송은 프로이트와 비슷하나, 순수 기억이 이미지로서의 기억으로 의식에 떠오르는 것은, 베르그송에 있어서는 현재의 관심사 또는 감각과의 상관관계가 계기가 되어서이다. 아는 바와 같이 프로이트에게 있어서는 무의식의 내용이 현재에 영향을 미치는 것은 그것의 성충동적인 힘 때문이다. 대표적인 베르그송주의자의 한 사람인 프루스트가 '잃어버린 시간'의 그 거대한 실체를 되찾는 것은, 바로 마들렌 과자의 미각이 계기가 되어서이다.

30) [역주] 얼마 앞서 열쇠와 자물쇠의 성적 암시와 관련하여 정신분석에 대한 비판이 있었는데, 이 말도 그런 맥락에서 이해되는 말일 듯. 이 경우에는 자물쇠가 아니라 상자 전체가 여성의 성을 암시하는 것으로 되어 있다. 즉 비밀을 감춘 **상자를 열지 않는 것**은, 성적 충동에 대한 억압이 아니라 요나 콤플렉스적인 내밀함에 대한 욕구라는 뜻.

31) [역주] 상상력의 본질적인 측면을 이루고 있는 것은 역동적 상상력imamgination dynamique인데, 바로 이것이 상상력의 창조력을 가능케 하는 것이다. 한결 쉽게

억들 주위에 우리들은 **절대적인**[32] 상자의 안전을 가지고 있는 것이다.[33]

그러나 그 절대적인 상자와 더불어 이젠 우리 역시 메타포를 통해 말하고 있는 셈이다. 그러니 우리의 이미지들로 다시 돌아오기로 하자.

7

상자는, 특히 우리들이 한결 더 전적인 지배력으로써 다스릴 수 있는 작은 상자는, **열리는 대상**이다. 상자가 닫히면, 그것은 일반적인 사물들의 공동체로 되돌려진다. 그때 그것은 외부 공간 가운데 제자리를 차지하게 된다. 그러나 그것은 열리는 것이다! 그리되면 그 열리는 대상은——수학자인 철학자는 이렇게 말할 수도 있으리라——발견의 최

말하자면, 상상력이 이미지를 원형으로 적극적으로 변화시켜 가려고 할 때에 그 적극적인 변화의 힘을 염두에 두고 상상력을 지칭하려는 것이 역동적 상상력이다. 그 힘을 바슐라르는 의지력이라고도 한다: '[…] 역동적 상상력은 정확히 말하자면 의지력의 꿈이다. 그것은 꿈을 꾸는 의지력인 것이다'(《공기와 꿈》, p.110). 그러므로 비밀을 상자의 이미지 속에 간직하여 **기억**할 때, 그것은 **상상력** 즉 **의지력과 기억력**의 종합을 이룬다고 할 수 있겠다. 구체적으로 말해, 이 경우 기억력은 상자라는 원형적 이미지를 구축하려는 상상력의 **궁극적인 의지**의 도움을 받는다고 하겠다. 그런데 상상력의 그러한 의지는 반응적인 것, 즉 상대적인 것이 아니라 절대적인 것이므로 '일체의 대항의 심리학을 넘어서는 […] 의지력'의 의지인 것이다.

32) [역주] 이 경우 상자의 이미지는 요나 콤플렉스라는 원형의 변형태이므로.

33) 오바넬Aubanel에게 보낸 한 편지에서 말라르메는 이렇게 쓰고 있다: '사람은 누구나 제 속에 비밀을 하나 지니고 있는 법입니다. 많은 사람들이 그것을 발견하지 못하고 죽으며, 그래 결국 그것을 발견하지 못할 것입니다. 왜냐하면 그들이 죽음으로써 그 비밀도, 그들 자신도 더이상 존재하지 않게 되기 때문입니다. 나는 죽었다가, 내 마지막 정신적 상자의, 보석으로 된 열쇠를 가지고 다시 태어났습니다. 일체의 차용된 인상을 느끼지 않으면서 그것을 여는 것이 이제 내가 할 일이며, 그것의 신비는 그지없이 아름다운 하늘에 퍼져 나갈 것입니다'(1866년 7월 16일자 편지).

초의 미분(微分)이 되는 것이다. 우리는 뒤의 한 장에서 안과 밖의 변증법을 연구하게 되겠지만, 그러나 상자가 열리는 순간에는 변증법이란 없다. 밖은 단 한 획으로 지워져 버리고, 일체가 새로움에, 놀라움에, 미지의 것에 지배된다. 밖은 더이상 아무것도 의미하지 않게 된다. 그리고 심지어는—— 더할 수 없는 역설이지만—— 부피의 차원까지 더 이상 의미를 지니지 못하게 되는데, 그것은 다른 하나의 차원, 내밀성의 차원이 개현(開顯)되었기 때문이다.

상상적으로 잘 가치화시키는 사람에게는, 내밀성의 가치의 관점에서는 사람에게는 그 차원은 무한한 것일 수 있다.

경탄할 만한 명철(明哲)로써 씌어진 어느 글을 하나 예로 들어 이것을 증명하겠는데, 그 글은 우리들에게 정녕 내밀성의 공간에 대한 장소분석의 정리(定理)라고나 할 것을 제공하고 있다. 이 글은, 문학 작품들을 지배적인 이미지들에 비추어 분석하는 어느 비평가의 작품에서 뽑아 온 것이다.[34] 장 피에르 리샤르는 에드거 앨런 포의 〈황금 벌레〉에서 '황금 벌레'의 인도로 발견된 보물 상자의 뚜껑이 열리는 순간을 우리들로 하여금 되살게 하고 있다. 우선 발견된 보석들은 가늠할 수 없는 값어치를 가지고 있는 것이다! 그것들은 '여느' 보석들일 수 없는 것이다. 그 보물 상자의 내용물들의 목록은 공증인에 의해서가 아니라 시인에 의해서 작성된 것인 것이다. 그 보물 상자는 '미지의 것과 가능한 것으로 차 있으며, 다시금 가정(假定)과 꿈을 잉태하는 상상적인 대상이 된다. 그리하여 스스로 깊어지고 스스로를 벗어나 무한량의 다른 보물들로 뻗어 가는 것이다.' 이리하여 이야기가 결론에, 탐정소설

---

34) 장 피에르 리샤르, 〈보들레르의 모험 Le Vertige de Baudelaire〉, 《비평 Critique》지 (誌) 100-101호, p.777.

의 그것처럼 냉철한 결론에 이르는 순간에도 그것은 꿈의 풍요로움을 고스란히 간직하고 있으려고 하는 것 같다. 상상력이란 결코 어떤 것을 두고 그것밖에 없다고 말할 수는 없는 것이다. 그것보다 언제나 더 있는 법이다. 여러 번 말한 바 있듯이, 상상력의 이미지[35]는 현실에 의한 확인에 예속되어 있는 게 아니다.

그리하여 상자의 가치화에 의해 내용물의 가치화를 완수하며 장 피에르 리샤르는 다음과 같이 밀도 높은 표현을 하고 있다: '우리들은 결코 상자의 밑바탕에는 도달하지 못하는 법이다.' 내밀성의 차원의 무한성을 이보다 어떻게 더 잘 말할 수 있겠는가?

때로 사랑에 찬 손길로 다듬어진 가구는 그 내적 전망이 몽상에 의해 끊임없이 변화하기도 한다. 장롱을 열고 그 안에서 살[居] 방을 발견하기도 하고, 상자 속에 집이 숨겨져 있기도 하다. 샤를 크로Charles Cros 의 어느 산문시에서 우리들은, 이와 같이 시인이 목공의 작업을 이어받아 계속하는 경이를 발견할 수 있다. 행복한 손으로 실현된 아름다운 대상들은 전혀 자연스럽게 시인의 몽상에 의해 '계속'되는 것이다. 샤를 크로에게 있어서는 상감세공(象嵌細工)된 가구의 '비밀'에서 상상적인 존재들이 태어난다.

'가구의 신비를 발견하기 위해서, 상감세공이라는 국면 배후로 뚫고 들어가기 위해서, 조그만 거울들을 통과해 상상적인 세계에 이르기 위해서' 그에게는 '재빠른 시선과, 아주 섬세한 귀와, 무척 날카로운 주의력'이 필요했다. 아닌 게 아니라 상상력은 우리들의 오관에 날카로운 침을 만들어 놓게 마련이다. 이를테면 상상력적 주의라고나 할 것이 우

___
35) [역주] 이 동의 반복적인 표현은, 현실의 기억이 아니라 상상력에 의해 창조된 이미지라는 뜻인 듯.

리들의 오관을 순간성(瞬間性)에 적응시키는 것이다. 시인은 계속해 이렇게 말한다:

'그러나 나는 마침내 비밀 축연을 엿보았다. 미세한 소리로 연주되는 미뉴에트를 들었고, 상자 안에서 꾸며지고 있는 복잡한 일들을 목격하였다. 상자의 두 문을 열면, 벌레들의 살롱이라고나 할 방이 나타나고, 실제보다 크게 보이는 흰색과 갈색과 검은색의 타일로 된, 바닥과 벽이 발견된다.'[36]

상자를 닫으면 시인은 상자의 내밀함 속에서 밤의 삶을 불러 온다. '상자가 닫히고 나면, 귀찮은 사람들의 귀가 잠으로 막히거나 밤의 소음들로 가득 차고 나면, 사람들의 생각이 실제적인 대상에 신경을 빼앗기고 나면, 그러고 나면 상자의 살롱 안에서는 기이한 장면들이 연출되고, 야릇한 모습과 크기의 몇몇 사람들이 상자의 조그만 거울들에서 빠져나온다.'[37]

이번에는 상자의 밤 가운데서, 그 속에 갇힌 그림자들이 사물들을 재현시키는 것이다. 안과 밖의 전도(顚倒)를 시인이 너무나 강렬하게 체험하기 때문에, 그것은 사물과 그 반영의 전도로 반향된다.

그리고 이와 같이 지난 때의 인물들의 무도회가 열띠게 하는 그 미세한 살롱을 꿈꾼 다음, 다시 한 번 시인은 상자를 열어 본다: '불빛과 벽난로의 불이 꺼지고, 우아하고 애교 있는 초대객들과 늙은 부모가 법석대며 그들의 품위를 잊어버리고 거울 속으로, 복도와 주랑(柱廊) 속

---

36) 샤를 크로, 《시와 산문 *Poèmes et proses*》, Gallimard, p.87. 《상탈의 상자 *Le Coffret de Santal*》에 실려 있는 시편 '장'은 모테 드 플뢰르빌Mauté de Fleurville 부인에게 헌정되어 있다.

37) 위의 책, p.88.

으로 사라진다. 그리고 소파와 테이블, 커튼들도 연기처럼 사라진다. 그리하여 살롱은 텅비어 조용하고 깨끗하게 남게 된다.'[38] 그러면 진지한 사람들[39]은 마지막 순간에 시인과 더불어 이렇게 말할 수도 있으리라: '이건 상감세공된 상자란 말야. 그뿐인걸.' 이 합리적인 판단에 대한 메아리인 양 큼과 작음의 전도, 외부와 내밀의 전도, 그 유희를 즐기려 하지 않는 독자는 또 그대로 이렇게 말할 수도 있으리라: '이건 시란 말야. 그뿐인걸.' 'And nothing more.'

그러나 실상, 여기서 시인은 아주 일반적인 심리적 테마의 하나를 구체적으로 표현한 것이다: 닫혀 있는 상자 속에는 언제나, 열려 있는 상자 속보다 더 많은 것들이 있다. 사실을 확인하려고 든다면, 이미지들은 죽어 버릴 것이다. 언제나 **상상함**이 **삶**보다 더 풍요로운 법이다.

비밀의 심리적 활동은 끊임없이 감추는 존재에서 스스로를 감추는 존재로 나아간다. 상자는 사물들의 감옥인데, 이제 몽상가가 자신의 비밀의 감옥 속에 갇힌 듯이 느낀다. 우리들은 비밀을 열고 싶고, 자신의 마음을 열고 싶다. 쥘 쉬페르비엘의 다음의 시구들을 이와 같은 이중의 의미로 읽을 수 있지 않을까?:

나는 나를 둘러싸고 있는 상자들 속을
난폭하게 찾는다, 어둠을
마구 휘저으며.
이 세상 것들이 아닌 듯이
깊고 깊은 상자들 속을 찾는다.[40]

---

38) 위의 책, p.90.
39) 〔역주〕 몽상을 덧없는 것으로 생각하는 실증적이고 실제적인 사람들.

보물을 땅속에 묻는 사람은 그것과 더불어 제 자신도 매장한다. 비밀은 무덤이며, 조심스러운 사람이 스스로를 비밀의 무덤이라고 자부하는 것은 의미가 없지 않다.

일체의 내밀함은 스스로를 숨긴다. 조에 부스케는 이렇게 쓴 바 있다: '아무도 나의 변화를 보지 않는다. 하지만 누가 나를 볼 수 있으랴? 내가 **나 자신의 은닉처인 걸**.'[41]

우리는 이 책에서 물질들의 내밀성을 다시 문제삼을 의도는 없다. 우리는 그 문제를 다른 저서들에서 시론적으로 다룬 바 있다.[42] 다만 인간의 내밀성을 추구하는 몽상가와 물질의 내밀성을 추구하는 몽상가의 동일한 움직임을 주의해 두어야 하겠다. 융은 연금술적 몽상가들에게 있어서 이와 같은 두 몽상의 조응을 잘 밝혀 준 바 있다.[43] 달리 말하면, 숨겨진 것의 최상급인 것에는 단 하나의 장소만이 있는 것이다. 인간 속에 숨겨져 있는 것과 사물 속에 숨겨져 있는 것은, 우리들이 그 기이한 최상급의 영역 —— 심리학에서 거의 연구되지 않은 영역 —— 에 들어서자마자 동일한 장소분석에 속하게 되는 것이다. 사실을 말하자면, 일체의 실제성(實際性)은 최상급을 비교급으로 되추락시키고 만다. 최상급의 영역에 들어가기 위해서는 실제적인 것을 떠나 상상적인 것에 이르러야 하는 것이다. 즉 시인의 말을 들어야 한다.

---

40) 쥘 쉬페르비엘, 《인력 *Gravitations*》, p.17.
41) 조에 부스케, 《지난 시대의 눈 *La Neige d'un autre âge*》, p.90.
42) 《대지와, 휴식의 몽상 *La Terre et les rêveries du repos*》의 제1장 및 《과학 정신의 형성 —— 객관적 인식의 정신분석에 대한 일기여(一寄與) *La Formation de l'esprit scientifique. Contribution à une psychanalyse de la connaissance objective*》의 제4장을 참조할 것.
43) 《심리학과 연금술 *Psychologie und Alchemie*》을 참조할 것.

제4장

새 집

송악의 뼈대 가운데서
나는 새집을 따냈네
들녘의 이끼와
꿈의 풀로 이루어진
부드러운 새집을.
—— 이방 골Yvan Goll,
　　　〈아버지의 무덤 Tombeau du père〉
　　　'오늘의 시인총서' 50,
　　　《이방 골》, Seghers, p.156.

흰 새집들아, 너희들의
새들은 꽃피어나리.
……
너희들은 날아가리,
깃털의 오솔길들이여.
—— 로베르 강조Robert Ganzo,
　　　《시집 L'Oeuvre poetique》, Grasset, p.63.

I

　빅토르 위고는 《노트르담의 꼽추》에서 몇 마디 표현으로 거주의 기
능의, 이미지들과 존재들을 결합시키고 있다. 콰지모도에게 있어서 노
트르담 성당은 연이어서 '알이고, 새집이고, 집이고, 조국이고, 우주' 였
다. '거의, 그는 마치 달팽이가 그 껍질의 형태를 띠듯이 노트르담 성당

의 모습을 가지게 되었다고나 할 만했다. 성당은 그의 거처였고, 소굴이었고, 피막(皮膜)이었다……. 이를테면 그는 마치 거북이 그의 등딱지에 붙어 있듯이 거기에 붙어 있었다. 그 울퉁불퉁한 성당은 바로 그의 갑각(甲殼)이었다.' 보기 흉한 콰지모도가 어떻게 그 복잡한 건물의 이곳저곳 구석에 있는, 제 몸을 숨기는 모든 장소들의 울퉁불퉁한 형태를 띠고 있는지를 말하기 위해서는, 위의 모든 이미지들이 필요했던 것이다. 이와 같이 시인은 수다한 이미지들로써 우리들에게 갖가지 은신처의 은닉의 힘을 민감히 느끼게 한다. 그러나 그는 곧 뒤이어 그 다양하게 늘어놓은 이미지들을 절제하는 표현을 덧붙여 놓고 있다: '한 인간과 한 건물의, 거의 동질적이라고나 할 이와 같은 기이하고 대칭적이고 즉각적인 합치를 표현하기 위해 방금 여기서 필자가 원용하지 않을 수 없었던 비유들을 독자들이 글자 그대로 받아들이지는 말라고 경고할 필요는 없을 것이다.'[1]

그런데 심지어 밝은 집 안에서도 안락함의 의식이 은신처에 몸을 숨기고 있는 동물과의 비교로써 표현되고 있음은, 무척 놀라운 일이다. 평온한 집에서 살고 있던 화가 블라맹크Vlaminck가 다음과 같이 쓴 바 있다: '바깥에서 나쁜 날씨가 극성을 떨고 있을 때에 내가 방 안 벽난로 불 앞에서 느끼는 안락함은 전혀 동물적인 것이다. 소굴 속의 쥐, 땅굴 속의 산토끼, 외양간 안의 소 등은 아마 지금 내가 행복하듯, 행복할 것이다.'[2] 이와 같이 안락함은 우리들을 은신처의 원초성(原初性)으로 되돌아가게 한다. 은신처의 느낌을 가지는 존재는 육체적으로 스스로의 내부로 수축하고, 은둔하고, 웅크리고, 스스로를 숨기고 감춘다. 모

1) 빅토르 위고, 《노트르담의 꼽추 Notre-Dame de Paris》, 제4권, 제3장.
2) 블라맹크, 《공손하게 Poliment》, 1931, p.52.

든 은둔의 역동성을 나타낼 동사들 전부를 사전 속의 풍부한 어휘에서 찾아낸다면, 그것들은 동물적인 움직임의 이미지들, 근육 속에 새겨져 있는 웅크리는 움직임의 이미지들을 보여줄 것이다. 만약 근육 하나하나에 대한 심리학을 창안할 수 있다면, 얼마나 깊은 심리학의 천착(穿鑿)이 되랴! 인간 존재 내부에는 얼마나 많은 동물적 존재들이 있는가! 우리의 연구는 그토록 멀리 가지는 못한다. 우리가 은신처의 가치화된 이미지들을 제시하고, 그 이미지들을 이해함으로써 다소나마 그것들을 살아(體驗) 볼 수 있다는 것을 드러낼 수 있다면, 그것으로 이미 상당한 일인 것이다.

새집과 더불어, 특히 조개껍질과 더불어 우리는 일련의 이미지군을 발견하게 되는데, 우리는 그것들을 원초적 이미지,——우리들 내부에서 원초성을 요구하는 이미지로 특징지어 보려고 한다. 그리고 그 다음, 인간 존재가 어떻게 육체적인 행복 가운데서 '그의 구석으로 숨어 들어가기'를 좋아하는지를 드러내 보려고 한다.

2

생명 없는 사물의 세계에서 이미 새집은 비상한 가치화를 이룩한다. 우리들은 그것이 **완전**하기를, 아주 확실한 본능의 하나 —— 집짓는 본능의 표징을 지니고 있기를 바라는 것이다. 그 본능은 우리들에게 경탄을 금치 못하게 하고, 그래 새집은 쉽사리 동물의 삶의 한 경이로 여겨진다. 이와 같은 새집의 완전성에 대한 예찬의 예를 앙브루아즈 파레Ambroise Paré의 어느 작품에서 들어 보기로 하자: '모든 동물들이 그들의 집을 만들 때에 나타내는 기술과 숙련은 너무나 그 일에 알맞은 것이어서, 그 이상일 수 없을 정도이다. 그래 그들은 모든 석공과 목수와 건축가들을 능가하는 것이다. 왜냐하면 어떤 인간도 그 조그만 동물들이 그들 스스로를 위해 집을 만드는 것보다 더 알맞게, 자기와 자식들을 위한 집을 지을 수는 없기 때문이다. 그리하여 인간은 새 집을 짓는 것말고는 만들 수 없는 게 없다는 속담이 있는 것이다.'[3]

실제적인 사실만을 서술하는 책을 읽으면, 이와 같은 열광은 금방 감소된다. 예컨대 랜즈버러 톰슨Landsborough-Thomson의 저서는 우리들에게, 새집은 흔히 지은 둥 만 둥으로 이루어져 있거나 때로는 되는 대로 만들어져 있다는 것을 가르쳐 주고 있다. '황금 독수리'가 나무 위에 집을 지을 때, 그것은 때로 나뭇가지의 더미를 엄청나게 쌓아올린다. 그러고도 거기에다 매년 다른 가지들을 덧붙여 올려, 언젠가는 그 쌓아올린 집 전체가 자체의 무게를 견디지 못해 무너져 버리고 만다.'[4] 만약 조류학사(鳥類學史)를 따라 내려와 본다면, 새집에 대한 이와 같은 열광과 과학적 비판 사이에 조금씩의 뉘앙스 차이를 가진 수많은 다른 태도들을 발견할 수 있을 것이다. 그것은 이 책의 주제가 아니다. 다만 여기서 우리들은 가치의 논쟁을 목도(目睹)하고 있는 것이며, 바로 그 때문에 아주 흔히 그 두 반대되는 입장의 각각에 있어서 사실이 변형되고 있다는 점을 주의해 두기로 하자. 비판적인 태도인 후자의 예에 있어서도 독수리 자체가 아니라 독수리의 집이 무너져 내린다는 것이, 그것을 이야기하고 있는 저자에게, 불경한다는 조그만 즐거움을 주고 있는 것은 아닌지 물어볼 만하다.[5]

---

3) 앙브루아즈 파레, 〈동물과, 인간의 지능 Le Livre des animaux et de l'intelligence de l'homme〉, 《파레 전집 Oeuvres completes》, J. -F. Malgaigne, 제3권, p.740.
4) A. 랜즈버러 톰슨, 《새 Les Oiseaux》, 불역판, Cluny, 1934, p.104.

3

　실제적으로 말한다면, 새집의 이미지의 **인간적** 가치보다 더 부조리한 것은 없다. 새집은 물론 **새**에게는 따뜻하고 아늑한 거소임에 틀림없을 것이다. 그것은 바로 생명의 집인 것이다: 그것은 알에서 깨어 나오는 새를 계속 품어 준다. 알에서 깨어 나오는 새에게는 새집이란, 그의 아직 벌거벗은 살갗이 자체의 솜털을 얻기 전에, 이를테면 외면의 솜털 역할을 하는 것이다. 하지만 그토록 보잘것없는 것을 인간적인 이미지로, 인간을 위한 이미지로 만든다는 것이 얼마나 성급하게 이루어지는가! 사랑하는 이들이 자신들에게 마련하려 하는, 잘 닫혀 있고 따뜻한 '새집 같은 보금자리'를, 나무 위 나뭇잎들 사이에 버려진 듯 걸려 있는 실제의 새집과 정녕 비교해 본다면, 새집의 이미지의 우스꽝스러움을 느낄 수 있을 것이다. 새들은——이 점을 말해 둬야 하는데——집 밖 숲속에서의 사랑밖에 모른다. 새집은 나중에, 들판을 날아다니며 하는 미친 듯한 사랑이 있은 후에, 짓게 된다. 이 모든 것을 생각해 보고 거기에서 인간적인 교훈을 이끌어 내야 한다면, 숲속에서의 사랑과 시가지의 집 방 안에서의 사랑의 변증법을 또한 창안해야 할 것이다. 그것 역시 이 책의 주제는 아니다. 다만 앙드레 퇴리에André Theuriet가 지붕 밑 방과 새집을 비교한 적이 있음을 말해 두기로 하자. 그

―――――――

5) 〔역주〕실증적이라고 할 비판적인 태도 역시, 거기에 감정적인 뉘앙스가 포함되어 있다는 점에서 객관적인 게 아니라 주관적이며, 따라서 그 '독수리의 집'을 은밀히 가치화하고 있다는 뜻. 물론 이 경우 그 가치는 부정적인 가치이지만, 그 부정적인 가치화는 원초의 긍정적인 가치의 토대 위에서 가능해진 것이다. 그 때문에 부정적인 가치화가 (긍정적인 가치에 대해) '불경한다는 〔…〕 즐거움을' 줄 수 있는 것이다.

는 그 비교에 다음과 같은 단 한마디의 설명을 덧붙이고 있다: '꿈은 높은 가지에 올라앉기를 좋아하지 않는가?'[6] 한마디로 말해, 문학에 있어서 일반적으로 새집의 이미지는 유치함을 벗어나지 못한다.

'경험적인 새집'은 그러므로 이미지로서는 잘못 시작된 이미지이다. 그러나 새집의 이미지는, 작은 문제들을 다루기 좋아하는 현상학자가 발견할 수 있는 원초적인 힘을 가지고 있다. 그것은 철학적 현상학의 주된 기능에 대한 오해를 지워 버릴 새로운 기회를 제공한다. 이 현상학의 작업은 자연 속에서 마주치는 새집들을 묘사하는 게 아니다. 그것이야 전적으로 실증적인 작업으로서, 조류학자에게 맡겨져 있는 일이다. 새집에 대한 철학적 현상학은, 우리들이 새집의 사진들을 모은 앨범의 페이지를 한 장 두 장 넘길 때에 느끼는 흥미의 내용을 밝힐 수 있다면, 혹은 한결 더 근본적으로, 옛날 우리들이 새집을 하나 발견했을 때에 느끼던 그 소박한 경탄을 되찾을 수 있다면, 가능해질 수 있을 것이다. 그 경탄은 낡아지지 않는 법이다. 새집을 발견함은 우리들을 우리들의 어린 시절로, 어떤 어린 시절로 되돌려보낸다. 우리들이 가졌을 여러 어린 시절들로 되돌려보낸다. 우리들 가운데 삶이 그것의 우주성(宇宙性)의 전 용량을 보여준 이들은 극히 드물다.[7]

얼마나 여러 번 나는 우리집 정원에서 새집을 너무 늦게 발견한 실망을 느꼈던가! 가을이 와 있고, 나뭇잎들이 이미 많이 떨어지고 있다.

---

6) 앙드레 뵈리에, 《콜레트 Colette》, p.209.
7) [역주] 제2장의 각주 17)에서 '자연적 외계'와 그에 대응되는 '우주적 드라마'에 대한 간단한 설명이 있었다. 바슐라르의 붓 밑에서 우주라는 말은 언제나 그러한 개인심리적, 사회적 함의가 없는 자연적 외계를 가리킨다. 그러므로 이 문장이 뜻하는 바는, 우리들의 삶의 한 큰 부분이 자연적 외계와의 관계로 이루어지는데, 그 부분을 모두 체험하는 이들은 드물다는 것인 듯.

그때에야 저 두 나뭇가지가 갈라지는 사이에 버려져 있는 새집이 보인다. 그러니 아빠새, 엄마새, 새끼새들이 저기에 있었던 게 아닌가, 그리고 나는 그들을 보지 못한 것이다!

겨울의 숲속에서 때늦게 발견된 빈 새집은 새집털이들을 비웃는다. 새집은 공중의 삶의 은둔처이다. 어떻게 그것이 안 보일 수 있었던가? 땅속의 잘 숨겨진 은둔처에서는 멀리 떨어져서, 하늘을 면하고 있으면서 어떻게 안 보일 수 있었던가? 그러나 한 이미지의 존재적인 뉘앙스를 규정하기 위해서는 그 이미지에 이를테면 초인상(超印象)이라고나 할 것을 더해야 하는 법이다.[8] 보이지 않는 새집에 대한 상상을 극단으로 밀고 간 어느 전설의 예가 있다. 이 예는 샤르보노 라세Charbonneau-Lassay의 훌륭한 저서, 《그리스도의 동물우화집 *Le Bestiaire du Christ*》에서 얻어 온 것이다. '이전에 사람들은, 오디새가 어떤 생물의 시선에서도 완전히 스스로를 감출 수 있다고 생각했다. 중세말까지만 해도 사람들이 아직, 오디새의 집에는 여러 가지 색깔을 가진 풀이 있어서 그 풀이 그것을 지니는 사람을 보이지 않게 한다고 믿었던 것은 그 때문이다.'[9]

그것이야말로 아마 이방 골의 《꿈의 풀》과 같은 것일 것이다.

그러나 우리 시대의 꿈은 거기에까지 미치지는 못하고, 버려져 있는 새집이 이젠 더이상 비가시(非可視)의 풀을 가지고 있지는 않다. 이운

---

8) 〔역주〕 이미지의 존재적인 차원은 이미지의 '직접적인' 차원, '원초적인' 차원, 즉 그 원인과 무관하게 존재하는 차원이고, 따라서 그것은, 이미지의 인과성을 주장하는 관점에서 그 원인으로 간주되는 실제적인 대상의 상(像), 다른 말로 그 대상의 인상을 넘어서는 차원이다. 머리말 각주 8) 및 제1장 각주 4), 39) 등을 참조할 것.
9) L. 샤르보노 라세, 《그리스도의 동물우화집》, Paris, 1940, p.489.

꽃처럼 산울타리에서 떼어낸 새집은 이젠 하나의 '물건'에 지나지 않는다. 나는 그것을 내 손 안에 쥐고서, 그것을 이루고 있는 풀잎들을 하나하나 떼내어 버릴 수 있는 것이다. 나는 감미로운 우수에 잠긴 채 나를, 들과 덤불숲의 사람으로 다시 되게 하여, '이건 박새의 집이란다'라고 말하며 어린아이들에게 전해 줄 지식을 가지고 있음에 다소 으쓱해한다.

이리하여 낡은 새집은 하나의 사물의 범주에 들어가고 만다. 한 범주의 사물들이 다양하면 할수록, 그 범주의 개념은 더욱더 단순해질 것이다. 새집들을 너무 많이 수집하다가 보면, 상상력의 활동을 죽이고 만다. 산 새집과의 접촉을 잃어버리는 것이다.

그런데 바로 산 새집이야말로 현실의 새집, 자연 속에서 발견된 새집에 대한 현상학을 도입하게 할 수 있는 것이며, 일순 우주의 중심이 ── 이것은 지나친 말이 아니다 ── 한 우주적 상황의 밑바탕이 되는 것이다. 나는 나뭇가지를 살며시 올린다. 새가 거기에 알들을 품고 있다. 그러므로 그 새는 날아가지 않는다. 다만 약간 떨고 있을 뿐이다. 그 새를 그렇게 떨게 했기 때문에 이젠 나 자신이 떤다. 알을 품고 있는 그 새가, 내가 사람임을, 새들의 신뢰를 잃어버린 존재임을 알까 봐 나는 겁이 나는 것이다. 그래 나는 움직임 없이 머물러 있다. 천천히 ── 나는 그렇게 상상한다! ── 새의 두려움과, 새를 두렵게 하지나 않을까 하는 나의 두려움이 가라앉는다. 그제서야 나는 숨을 놓는다. 그리고 나뭇가지를 다시 놓아 내려뜨린다. 나는 내일 다시 오리라. 어쨌든 오늘 내 마음에 기쁨이 자리잡는다: 새들이 내 정원에 새집을 만든 것이다.

그리하여 이튿날 내가 전날보다 더 살며시 정원 소로를 걸어 다시

왔을 때, 나는 새집 안에 발그레한 흰 빛깔의 새알 여덟 개를 발견한다. 맙소사! 얼마나 작은 알들인가! 덤불 속의 새알이란 얼마나 작은가!

이것이 바로 산 새집, 새가 살고 있는 새집인 것이다. 새집은 새의 집이다. 오래전부터 나는 그것을 알고 있다, 그것은 오래전에 사람들이 내게 말해 준 것이다. 그것은 너무나 오래된 이야기이기에 나는 그것을 다시 말하기가, 그것을 나 자신에게 다시 말하기가 주저롭다. 그렇지만 방금 나는 그것을 다시 체험한 것이다. 그리하여 나는 더할 수 없이 단순한 기억 속에서, 내가 내 생애 가운데 산 새집을 발견했던 날들을 되살려 본다. 한 사람의 생애 가운데 그러한 참된 추억들은 얼마나 드문가![10]

사정이 이러할 때, 나는 다음과 같은 투스넬Toussenel의 글을 얼마나 잘 이해하게 되는가!: '나 혼자 발견했던 최초의 새집에 대한 추억은, 내가 중학교에서 최초로 탔던 라틴어 번역상에 대한 그것보다 더 깊이 내 기억 속에 새겨져 있다. 그것은 상징적인 지도처럼 붉은 줄들로 장식된 네 개의 발그레한 회색의 알이 담겨 있는 예쁜 방울새 집이었다. 나는 그 자리에서, 말할 수 없는 충격적인 기쁨에 사로잡혀, 한 시간이 넘도록 내 시선과 다리를 움직이지 못했다. 그날 그렇게 우연이 내게 가리켜 보인 것은 바로 나의 소명이었던 것이다.'[11] 원초적인 흥미를 연구 과제로 삼고 있는 우리에게는 얼마나 아름다운 텍스트인

---

10) [역주] 이 경우 '단순한 기억'은 **순수히** '자연적 외계'를 만난 기억, 즉 개인심리적 및 사회적 함의가 **없는** 우주와의 만남의 기억을 뜻하는 듯하고, 그런 만남의 추억이 '참된 추억'이라는 뜻인 듯. 위의 각주 7)이 설명한 저자의 표현을 빌려 말하자면, '삶이 그것의 우주성의 전 용량을' 보여준 때의 추억이 그런 '참된 추억'일 듯.
11) A. 투스넬, 〈새들의 세계 Le Monde des oiseaux〉, 《열정적 조류학 *Ornithologie passionnelle*》, Paris, 1853, p.32.

가! 시발점에서부터 그러한 '충격'에 공명(共鳴)함으로써 우리는, 투스넬이 그의 삶 가운데 그리고 그의 작품 가운데 푸리에[12]와 같은 사상가의 조화로운 철학 전체를 통합하고, 새의 삶에 우주적 차원의 상징적인 삶을 덧붙일 수 있었다는 것을 더 잘 이해하게 된다.

그러나 가장 습관적인 삶 가운데서도, 숲과 들판 가운데서 사는 사람에게 있어서도 새집의 발견은 언제나 새로운 감동이다. 식물애호가인 페르낭 르켄Fernand Lequenne이 아내 마틸드와 함께 산책을 하다가, 검은 가시 덤불숲 속에서 꾀꼬리 집을 발견한다: '마틸드가 무릎을 꿇고, 손가락을 내밀어 섬세한 이끼에 살짝 댔다가 허공에 정지한 채로 멈춰 있다……'

갑자기 나는 몸을 흔드는 전율에 사로잡혔다.

두 가지가 벌어지는 곳에 놓여 있는 새집의 여성적인 의미를 나는 방금 발견한 것이다. 그 덤불숲은 너무나 인간적인 가치를 얻고 있었기에 나는 이렇게 외쳤다:

"거기에 손대지 마오. 손대지만은 말란 말이오."'[13]

4

투스넬의 '충격,' 르켄의 '전율'은 성실성의 표징을 지니고 있다. 두 필자의 글을 읽으며 그 전율과 충격에 우리는 공명했었다. 우리가 지

12) 〔역주〕 1772-1837. 프랑스의 철학자, 경제학자. 노동자들의 협동적 소집단 phalanstère에 토대를 둔 그의 유토피아적 사회 사상은 필경 우주적 조화라는 형이상학적인 뉘앙스까지 보여주는 것이었음.
13) 페르낭 르켄, 《야생 식물 *Plantes sauvages*》, p.269.

금 '새집을 발견하는' 놀라움을 즐기고 있는 것은 책들 속에서인 것이다. 그러니 새집들에 대한 탐구를 문학 속에서 계속하기로 하자. 우리는 이제, 작가가 새집의 주거적 가치를 한층 높여 말하고 있는 예를 들려고 한다. 이 예는 헨리 데이비드 소로에게서 가져온 것이다. 소로의 이 글에서는, 나무 전체가 새에게 새집의 현관 역할을 한다. 새집을 보호하는 영광을 가지는 나무는 이미 그로써 새집의 신비에 참여한다. 이미 나무는 새에게 있어서 은신처인 것이다. 소로는 우리들에게, 나무 전체를 거소로 삼고 있는 청딱따구리를 보여주고 있다. 그는 청딱따구리의 이와 같은 나무의 소유를, 오래전에 비워 두었던 집에 다시 살려고 돌아온 한 가족의 기쁨에 비교한다. '이웃집 가족이 오랫동안 집을 떠나 있다가 빈 집으로 되돌아왔을 때, 나는 즐거운 말소리와 어린아이들의 웃음소리를 듣는다. 부엌에서 나오는 연기를 본다. 문들은 크게 열려 있다. 어린아이들이 소리치며 홀 안을 달린다. 이와 똑같이 청딱따구리는 촘촘히 얽힌 나뭇가지들 사이로 몸을 던져 나르며, 이를테면 이쪽에서 창문을 열고 들어갔다가 다시 거기에서 우짖으며 나오고, 또 저쪽으로 몸을 날려가, 집 안에 바람을 통하게 한다. 그리고 제 울음소리를 위에서, 아래에서 울리게 하며, 그렇게 그의 거소를 마련하고…… 그리하여 그것을 소유하는 것이다.'[14]

소로는 여기서 우리들에게 새집과, 또 집이 확장되고 있는 것을 보여주고 있다. 소로의 이 텍스트가 두 방향으로 작용하는 메타포로써 생동하고 있음이 놀랍지 않은가?: 즐거운 집은 튼튼한 새집이며, 제 집을 그 안에 숨기고 있는 나무의 보호 속에서 청딱따구리가 느끼는

14) 헨리 데이비드 소로, 《숲속의 철학자 Un Philosophe dans les bois》, 불역판, p.227.

신뢰감은, 집의 소유와 같다. 우리들은 여기서, 비유와 알레고리[15]가 함축하는 의미의 범위를 넘어서고 있다. 나무의 창문에 나타나 발코니에서 노래하는, '집주인'인 딱따구리는 '과장'된 묘사라고, 합리적인 비평가는 틀림없이 말하리라. 그러나 시적인 영혼의 소유자라면, 소로가 그에게 나무의 크기를 가진 새집의 이미지로써 이미지의 신장(伸張)을 보여준 것에 대해 감사할 것이다. 위대한 몽상가가 나무 속에 몸을 숨길 때에는 그 즉시 그 나무는 새집이 된다. 샤토브리앙Châteaubriand의 《사후(死後) 회상록 Mémoires d'Outre-tombe》에서 우리들은 다음과 같은 그의 추억담을 읽을 수 있다: '나는 그 버드나무들 가운데 어느 하나 속에 마치 새집처럼 내 자리 하나를 만들어 놓았다. 거기에서 나는 하늘과 땅 사이에 나 홀로 되어 꾀꼬리들과 더불어 몇 시간이고 보내곤 했던 것이다.'

실제에 있어서, 정원에서 새가 살고 있는 나무는 우리들에게 더 사랑스러운 것이 된다. 몸 전체가 초록색인 딱다구리가 나뭇잎들 속에서 흔히 그토록 신비롭고 눈에 띄지 않을지라도, 그것은 우리들에게 정다운 것이 된다. 딱따구리는 조용한 주민이 아니다. 그리고 우리들이 그것을 생각하는 것은, 그것이 노래할 때가 아니다. 그것이 일할 때인 것이다. 나무의 둥치를 따라 그의 부리가 잘 울리는 소리로 나무를

---

15) 〔역주〕 메타포에 대한 바슐라르의 비판(소개 논문 각주 36) 참조)은 기실, 수사학의 모든 문채(文彩)가 그 자체로 표현적인 가치를 가지는 게 아니라, 그것이 표상하고자 하는 것, 즉 그것이 비유적으로 나타내고자 하는 것과의 편차적인 거리에 의해서 그리된다는 한, 그 비판은 전체 수사학으로 확장된다고 하겠다. 저자가 여기서 말하고자 하는 것은, 문제되고 있는 '새집'과 '집'의 이미지적인 성격, 표현적인 가치는 본질적으로 그 둘 사이의 비유적인 혹은 알레고리적인 관계에서 태어나는 게 아니라 '집'과 '새집'의 '원초적인' '내밀함'의 가치에서 '직접적'으로 태어나는 것이라는 것이다.

쪼아댄다. 딱따구리는 흔히 보이지 않게도 되지만, 그의 소리는 여전히 들린다. 그것은 정원의 일꾼이다.

이리하여 딱따구리는 내 음향의 세계에 들어왔던 것이다. 그것을 나는 나 자신을 위해 이로운 이미지로 만든다. 내가 사는 파리의 아파트에서 이웃사람이 밤늦게 벽에 못을 박는다든가 하는 경우, 나는 그 소리를 '자연화'한다. 나를 불편하게 하는 일체의 것에 대한 내 안정법(安定法)을 충실히 따라, 나는 내가 디종의 우리집에 있다고 상상하고, 내게 들리는 모든 소리를 자연적인 것이라고 생각하며 이렇게 나 자신에게 중얼거리는 것이다: '저건 아카시아나무를 쪼고 있는 내 딱따구리란 말야.'

5

새집은 모든 휴식과 평온의 이미지와 마찬가지로 곧 단순한 집의 이미지와 결합된다. 새집의 이미지에서 집의 이미지로의, 혹은 그 반대 방향으로의 이행은, **단순성**이 환기됨으로써만 가능해진다. 많은 새집과 많은 초가집을 그렸던 반 고흐는 동생에게 보낸 편지에 이렇게 쓰고 있다: '갈대 이엉의 초가집은 내게 굴뚝새 집을 생각케 했다.'[16] 화가가 새집을 그리면서 초가집을 꿈꾼다든가, 초가집을 그리면서 새집을 꿈꾼다든가 하면, 그의 눈에는 관심의 **배가**(倍加)가 있었던 게 아니겠는가? 이와 같은 이미지들의 핵에 있어서는, 우리들은 두 번 꿈꾸는 것처럼, 두 영역에서 꿈꾸는 것처럼 여겨진다. 가장 단순한 이미지

---

16) 반 고흐, 앞의 책, p.12.

는 이중화되어 그 자체이기도 하고, 동시에 그것 아닌 것이기도 하다. 반 고흐의 초가집들은 너무나 많은 이엉을 이고 있다. 빽빽한, 거칠게 엮은 밀짚들은 벽까지 덮어 내리면서, 보호하려는 의지를 강조하고 있다. 그 지붕은 그 집의 모든 보호의 힘에 대한 주된 증거이다. 그 지붕에 덮여 있는 벽은 흙벽돌로 이루어져 있다. 그리고 입구들은 나지막하다. 이리하여 초가집은 마치 들판 위에 만들어져 있는 새집처럼 땅 위에 놓여 있는 것이다.

그리고 굴뚝새 집은 정녕 하나의 초가집이다. 왜냐하면 그것은 덮여 있는 새집, 둥근 새집이기 때문이다. 벵슬로 신부는 굴뚝새 집을 다음과 같이 묘사하고 있다: '굴뚝새는 제 집을 아주 둥근 공 모양으로 만든다. 그 밑으로 조그만 출입 구멍을 뚫어 놓는데, 물이 집 안으로 들어갈 수 없도록 하기 위해서이다. 이 출입구는 보통 나뭇가지 밑에 가려져 있다. 나는, 암컷에게 길을 열어 주게 되는 그 출입구를 찾아내기 전에 새집을 모든 방향으로 조사해 봐야 한 경우가 흔히 있었다.'[17] 반 고흐의 초가집-새집의 그 명백한 결합을 체험하면서 나는, 갑자기 내 머릿속에서 말(言)들이 익살을 떨고 있는 것처럼 느낀다. 조그만 왕이 초가집에서 살고 있다고 되뇌면서 나는 즐거워한다. 이것이야말로 정녕 하나의 이미지-이야기, 이야기들을 떠오르게 하는 이미지인 것이다.[18]

---

17) 벵슬로Vincelot, 《새의 습관에 의한 새 이름 고(考) —— 조류학의 어원적 시론 Les Noms des oiseaux expliqués par leurs moeurs ou essais étymologiques sur l'ornithologie》, Angers, 1867, p.233.

18) 〔역주〕 이미지는 '사상과 스토리에뿐만 아니라 일체의 감정적인 동요에마저도 앞서' 위치하는 것이다(《공기와 꿈》, p.119). 바슐라르의 상상력 이론이 해석학 또는 문학비평에 대해서 가질 수 있는 흥미로운 점은, 그것이, 작품이 상징하는 사상과 작중인물의 심리를 해석하는 것뿐만 아니라 작품의 스토리의 전개를 이해하는 것마

6

집-새집은 결코 새(新)집으로 여겨지지 않는다. 현학적인 방식으로 말하자면, 그것은 거주 기능의 자연적인 장소이다라고 말할 수 있을 것이다. 우리들은 그 집으로 마치 새가 새집으로 되돌아오듯, 어린 양이 양우리로 되돌아오듯, **되돌아온다**, 되돌아오기를 꿈꾼다. 이 **회귀**의 표징은 한없는 몽상들에 나타나 있다. 왜냐하면 인간적인 회귀는 인간 삶의 거대한 리듬, 많은 햇(年)수를 거치는 리듬, 꿈으로써 모든 부재와 싸우는 그러한 리듬 위에 이루어지는 것이기 때문이다.[19] 새집과 집을 나란히 붙인 이미지 위에서는 그러므로 충직성이라는 내밀한 성분이 울림을 일으키는 것이다.

이 영역에서는 모든 것이 단순하고도 미묘하게 이루어진다. 영혼은 이러한 단순한 이미지들에 너무나 민감하여, 조화로운 독서를 통해 그것들의 모든 반향을 듣는다. 개념 차원에서의 독서는 무미하고 차가운 것이 되고 말 것이다. 그것은 선적(線的)인 것에 그칠 것이다. 그것은 우리들에게 이미지들을 차례대로 이해하기를 요구한다. 그런데 새집의 이미지의 그 영역에서는 대상의 묘사 선들은 너무나 단순하여, 시인이 거기에서 그토록 큰 기쁨을 얻을 수 있다는 데에 우리들은 놀라게 된다. 어쨌든 단순성은 모든 것을 잊게 하고, 갑자기 우리들은, 드문 필치로 그 이미지를 새롭힌 재능을 나타낸 시인에게 감사의 마음

저도 하나의 특권적인 이미지의 지배적인 분위기 가운데 가능하게 한다는 사실이다.

19) 〔역주〕 '꿈으로써 모든 부재와 싸우는' 즉 현실에서 **잃어버린** 원형적인 이상에 '회귀'하려는 노력은, 인간의 출현 이후 전체 인류사를 통해 되풀이되어 오는 것이므로 '거대한 리듬'을 이룬다고 하겠다.

을 느끼게 된다. 그 단순한 이미지의 이와 같은 새로움에 현상학자가 어찌 울림을 갖지 않을 수 있겠는가? 이런 연후에야 우리들은 〈따뜻한 새집Le nid tiede〉이라는 제목으로 씌어진 장 코베르Jean Caubère의 그 단순한 시 작품을 감동스러운 마음으로 읽게 된다. 그리고 이 작품이 사막을 주제로 하여 씌어진 준엄한 시집 속에 실려 있는 것이라는 것을 생각하면, 그것은 한층 더 깊은 의미를 띠게 된다:

　　새가 노래하고

　　있는 따뜻하고 조용한

　　새집

　　……

　　옛집의

　　노래와 매혹과 깨끗한

　　문간을 회상시키네.[20]

　이 경우, 문간은 환대하는 문간, 위엄 있는 모습으로 위압하지 않는 문간이다. 조용한 새집과 옛집의 두 이미지는 꿈의 베틀 위에서 내밀함의 강한 천을 짜는 것이다. 그리고 그 이미지들은 화려한 꾸밈에는 조금도 마음 쓰지 않고 전혀 단순하다. 바로 시인은, 우리들을 옛집으로, 최초의 거소로 되불러 가는 새집과 새의 노래와 옛집의 매혹을 환기함으로써, 일종의 음악적인 조화가 독자의 영혼에 울림을 일으키리라는 것을 느낀 것이다. 하지만 집과 새집을 그토록 아늑하게 비교하

---

20) 장 코베르, 《사막 *Déserts*》, Debresse, Paris, p.25.

기 위해서는 그 최초의 행복의 집을 잃어버린 후이어야 하지 않겠는가? 이 애정의 노래에는 탄식어린 아쉬움이 있다. 우리들이 새집을 되돌아보듯이 옛집으로 되돌아가는 것은, 그것은, 추억이 꿈이기 때문이며, 과거의 집이 한 위대한 이미지, 잃어버린 내밀함의 위대한 이미지가 되었기 때문이다.

7

이와 같이 가치는 사실을 변질시킨다. 한 이미지를 사랑하게 되면 그 즉시, 그것은 더이상 사실의 복사일 수 없게 된다. 공중의 삶에 대한 가장 위대한 몽상가의 한 사람인 미슐레에게서 이에 대한 새로운 증거를 얻어 보기로 하자. 그는 '새의 건축'에 대해서 단 몇 페이지만 할애하고 있지만, 그러나 그 부분에서 그는 동시에 생각하고, 꿈꾸고 있다. 미슐레는 말하기를, 새란 일체의 도구를 가지고 있지 않은 일꾼이라는 것이다. 새는 '다람쥐의 손도, 해리(海狸)의 이빨도' 가지고 있지 않다. '실제에 있어서 새의 도구는 새의 몸 그 자체, 그것의 가슴,—— 집의 재료들을 누르고 밀집시켜 전혀 마음대로 다뤄질 수 있도록 하여, 그것들을 뒤섞고 전체적인 작업 계획에 맞게 쓰이도록 하는 그것의 가슴이다.'[21] 그리고 미슐레는 우리들에게 새의 몸에 의해서, 새의 몸을 위해서 지어지는 집,——조개껍질처럼, 물리적으로 작용하는 내

---

21) 쥘 미슐레Jules Michelet, 《새 L'Oiseau》, 제4판, 1858, p.208 이하. 주베르Joubert 역시 이렇게 쓴 바 있다: '새가 어떤 새집도 본 적이 없이 제 집을 만들 때, 그 집의 형태가 그 새의 신체 내부 구조와 어떤 유사점을 가지고 있지 않을지 조사해 봄은 유용한 일일 것이다'(《명상록 Pensées》, 제2권, p.167).

밀함 가운데 내부를 통해 형태를 취하는 새집을 암시하고 있다. 새집의 안이 그 형태를 부과하는 것이다. '새집 안에서 볼 때, 새집에 원주상(圓周狀)의 형태를 부과하는 작업 도구는 새의 몸 이외의 다른 것이 아니다. 새가 그 원주상의 형태를 만들기에 이르는 것은, 끊임없이 몸을 궁굴려서 집 벽을 사방으로 짓누름으로써 그리하는 것이다.' 살아 있는 선반(旋盤)이라고나 할 암컷은 이렇게 집의 안을 파듯이 하여 만든다. 수컷은 바깥에서 잡다한 재료들, 단단한 풀잎 조각들을 가져온다. 그 모든 것으로, 암컷은 활발히 압력을 가함으로써 펠트 천과 같은 부드러운 안벽을 만드는 것이다.

그리고 미슐레는 계속해 말한다: '새집은 바로 새 자체이다. 그의 형태이고, 가장 직접적인 노력이다. 그의 고통이라고까지 말해도 좋으리라. 집이라는 결과는 새의 가슴으로 끊임없이 되풀이된 누름(壓)으로써만 얻어진 것이다. 그 풀잎 조각의 어느 하나라도 새집의 둥근 곡선을 얻고 유지하기 위해서는, 새의 가슴으로, 심장으로, 틀림없이 호흡의 혼란과 아마도 심장의 빠른 박동을 일으키게 하는 가운데, 수천 번이나 짓눌리고 짓눌리지 않은 게 없으리라.'

얼마나 믿을 수 없는 이미지의 전도(顚倒)인가! 이 경우 태반이 태아에 의해 창조된 것이 아닌가? 이 경우 일체가 내부로부터의 밀림, 물리적으로 지배적인 힘을 가진 내밀함인 것이다. 새집은 부풀어오르는 과일, 그것의 외적 한계를 밀어붙이는 과일이다.

어떤 몽상의 밑바탕으로부터 이러한 이미지들이 솟아나오는가? 그것들은 가장 밀접한 보호의 꿈, 우리들의 몸에 꼭 맞춘 보호의 꿈으로부터 오는 게 아닌가? 집-옷에 대한 꿈은 거주 기능의 상상적인 훈련을 즐기는 사람들에게는 잘 알려져 있는 것이다. 미슐레가 그의 새집을 꿈꾸는 방식으로 숙소를 다듬는다면, 우리들은 베르그송에 의해 너무나 흔히 나쁜 뜻을 부여받은 기성복을 입지는 않을 것이다. 우리들은 우리들 개개인 자신의 집을,── 우리들에게 알맞도록 펠트 천을 씌운, 우리들 몸의 새집을 가지게 될 것이다. 로맹 롤랑의 소설 주인공, 콜라브 뢰뇽이 여러 삶의 시련들을 겪은 다음, 사람들이 그에게 더 크고 더 편리한 집을 제공하려 하자, 그는 그에게 맞지 않는 옷인 양 그것을 거절한다. "이 집은 내 몸 위에서 구김살이 지거나, 터져서 찢어지거나 할 겁니다"고 그는 말한다.[22]

이와 같이 미슐레가 수집한 새집의 이미지들을 인간적인 차원에까지 끌고 오면서 우리는, 그 이미지들이 기실 그 원초에서부터 인간적인 것이었다는 것을 깨닫게 된다. 새집의 건조를 미슐레처럼 묘사할 조류학자가 있으리라는 것은 의심스러운 일이다. 그렇게 지어진 새집은 미슐레 새집이라고나 불러야 하겠다. 현상학자는 거기에서 한 기이한 웅크림, 끊임없이 다시 시작되는 능동적인 웅크림의 역동성을 경험할 것이다. 그것은, 잠자리 속에서 몸을 이리 굴리고 저리 굴리게 하는 불면증의 힘이 아니다. 미슐레는 우리들을 숙소의 빚음(塑)으로, 처음에는 꺼칠꺼칠하고 잡다한 것들이 모여서 된 표면을 섬세한 솜씨로 매끈매끈하고 부드럽게 하는, 그러한 빚음으로 유혹하고 있다. 지나치며 하는 말이지만, 미슐레의 그 글은 우리들에게, 드물고도 또 바로 그런 만큼 귀중한, 물질적 상상력의 자료 하나를 제공하고 있다. 물질의 이미지를 좋아하는 사람이라면 미슐레의 그 글을 잊을 수 없을 것이다. 왜냐하면 그것은 **물 없이 하는 빚음**을 묘사하고 있기 때문이

---

22) 로맹 롤랑, 《콜라 브뢰뇽 *Colas Breugnon*》, p.107.

다. 그것은 이끼와 솜털의 빚음, 마른 공기와 여름 햇빛 속에서의, 이끼와 솜털의 결혼인 것이다. 미슐레의 새집은 펠트 천의 영광을 위해 지어진 것이다. 그런 점에서 제비집을 좋아하는 새집의 몽상가들은 거의 없다는 사실을 주목해 두기로 하자: 그들은 말하기를, 제비집은 침과 진흙으로 만들어진다는 것이다. 집과 마을이 있기 전에는 도대체 어디서 제비들은 살았던가 하고 사람들은 의문스러워해 왔다. 그러니 제비는 '정상적'인 새가 아니라는 것이다. 샤르보노 라세는 이렇게 쓰고 있다: '나는 방데 지방의 농부들한테서, 제비집은 겨울에라도 밤 귀신들에게 겁을 준다는 이야기를 들은 적이 있다.'[23]

8

우리들이 새집을 마주하고 빠져드는 몽상을 약간 깊게 하기만 하면, 우리들은 미구에 일종의 감수성의 역설에 마주치게 된다. 새집은 —— 우리들은 곧 이 점을 **이해**하게 되는데 —— 허약한 것인데, 그런데도 그것은 우리들 내부에 **안전의 몽상**을 촉발시킨다. 새집의 그 명백한 허약성이 어떻게 그러한 몽상을 멈추게 하지 않는가? 이 역설에 대한 대답은 단순하다: 우리들은, 스스로 알지도 못하면서 현상학자로서 꿈꾸고 있기 때문이다.[24] 우리들은 일종의 소박성 가운데 새의 본능을 되살[再體驗]고 있는 것이다. 초록색의 나뭇잎들 속에 자리잡은, 그 또한 전체가 초록색인 새집의 모방성을 우리들은 강조하며 만족해한다. 우리들은 새집을 분명코 보았으면서도, 그러나 그것이 잘 감

---

23) 샤르보노 라세, 앞의 책, p.572.
24) [역주] 소개 논문 본문에서 각주 17)이 붙어 있는 부분을 참조할 것.

쳐져 있다고 말한다. 그 동물적 삶의 중심이 식물적 삶의 엄청난 부피 속에 숨겨져 있는 것이다. 새집은 노래하는 나뭇잎 다발이다. 그것은 식물적 평화에 참여하고 있다. 그것은 큰 나무들이 가지고 있는 행복의 분위기 가운데 한 점인 것이다.

어느 시인이 이렇게 쓰고 있다:

나는 나무들이 죽음을 몰아내고 있는
새집을 꿈꾸었네[25]

이리하여 새집을 관조하며 우리들은 세계에 대한 신뢰의 원초에 자리잡는다. 우리들은 신뢰의 실마리를, 우주적인 신뢰에의 부름을 받는 것이다. 만약 새가 세계에 대한 그의 신뢰의 본능을 가지고 있지 않다면, 그의 집을 지을 것인가? 만약 우리들이 그 부름을 듣는다면, 만약 우리들이 새집이라는 그 허약한 피난처를 절대적인 피난처로 한다면——물론 그것은 역설적인 일이긴 하나, 상상력의 약동 그 자체 속에서는 가능한 일인데——우리들은 바로 꿈속의 집의 근원에 되돌아오게 된다. 그것의 몽환적인 힘 가운데 파악된 우리들의 집은 세계 속에 있는 새집인 것이다. 만약 꿈속에서 우리들이 정녕 최초의 거소의 안전에 참여한다면, 우리들 집에서 우리들은 날 때부터의 신뢰감

---

25) 아돌프 슈드로브Adolphe Shedrow, 《약속 없는 요람 *Berceau sans promesses*》, Seghers, p.33. 슈드로브는 다시 말한다:

나는 나이[年輪]가 잠자고 있지 않는
새집을 꿈꾸었네

가운데 살 수 있을 것이다. 우리들 잠 속에 그토록 깊게 새겨져 있는 그 신뢰감을 살기(體驗) 위해서는 신뢰의 물질적인 이유들을 열거할 필요는 없다. 꿈속의 집은 물론 새집도, 새집은 물론 꿈속의 집도—— 만약 우리들이 정녕 우리들 꿈의 원초에 있다면—— 세계의 적대성을 알지 못한다. 인간에게 있어서 삶이란 잘 자고 있는 가운데 시작되는 것이며, 새집들 속의 모든 알들은 잘 품어져 있는 것이다. 세계의 적대성에 대한 경험은—— 그리고 따라서 우리들의 방어와 공격의 꿈은—— 훨씬 뒤의 일이다. 그 배아(胚芽)에 있어서 모든 삶은 안락이며, 존재는 안락으로 시작된다. 새집을 관조하는 가운데 철학자는 세계의 평온한 존재 속에서 자신의 존재에 대한 명상을 계속하며, 평온을 얻는다. 그리하여 그의 몽상의 절대적인 소박성을 오늘날의 형이상학자들의 언어로 표현하면서 몽상가는 이렇게 말할 수 있는 것이다: 세계는 인간의 새집이다.

세계는 새집이다. 가없는 힘이 세계에 있는 존재들을 그 새집 속에서 지켜 준다. 헤르더Herder는 그의 저서 《히브리 시사(詩史) *Histoire de la poésie des Hébreux*》에서, 가없는 땅에 지탱되어 있는 가없는 하늘의 이미지를 보여주고 있다. 그는 이렇게 말하고 있다: '대기는, 그의 집에 몸을 지탱하고 새끼들을 따뜻하게 품고 있는 비둘기이다.'[26]

내가 이와 같은 생각을 하고 이와 같은 꿈을 꾸고 있을 때, 《G. L. M. 수첩》지(誌) 1954년 가을호에서 다음과 같은 내용이 내 눈에 들어왔다. 그것은 내가 새집을 '세계화'한다는, 새집을 세계의 중심으로 한다는 공리(公理)를 주장하는 데에, 나를 도와줄 수 있는 내용이었다. 보리

---

26) 헤르더, 《히브리 시사(詩史)》, 불역판, p.269.

스 파스테르나크가, 우리들이 가지고 있는 '본능, 그것의 도움으로 우리들이 제비처럼 하나의 거대한 새집인 세계를 축조하는 그러한 본능'에 대해서 말하고 있는 것이다. 그런데 그 거대한 새집인 세계는 '하늘과 땅의, 삶과 죽음의, 그리고 우리들에게 주어져 있는 시간과 그렇지 않은 시간 그 두 시간의, 응고체'[27]이다. 그렇다, 두 시간인 것이다. 왜냐하면 우리들의 내밀함의 중심으로부터 평온의 파동이 퍼져 나가 세계의 끝까지 갈 수 있기 위해서는 과연 엄청나게 오랜 지속이 필요할 것이기 때문이다.

어쨌든 보리스 파스테르나크의 이, 세계-제비집의 이미지는 얼마나 강한, 이미지들의 응집을 보여주는가! 그렇다, 우리들은 어찌 우리들의 피난처 주위에 세계를 만들 반죽을 모으고 쌓기를 멈출 것인가? 인간의 새집, 인간의 세계는 결코 끝나지 않는 법이다. 상상력이 그것을 계속시키는 데에 우리들을 도와주고 있다. 시인은 그토록 위대한 이미지를 떠날 수 없다, 아니 한결 정확히, 그런 이미지가 그것을 창조한 시인을 떠날 수 없다. 보리스 파스테르나크는 바로 이렇게 썼던 것이다: '인간은 벙어리이다. 말하는 것은 이미지인 것이다. 왜냐하면 **오직** 이미지만이 자연과 보조를 같이할 수 있다는 것이 분명하기 때문이다.'[28]

---

27) 《G.L.M. 수첩 *Cahiers G.L.M.*》, 1954년 가을호, p.7.
28) 위의 책, p.5.

제5장

조개껍질

조개껍질에는 너무나 명확하고 확실하고 공고한 개념이 대응되어 있기 때문에, 시인은 단순히 그것을 묘사할 수가 없고 그것에 관해 이야기를 할 수 있을 따름이어서, 우선 이미지의 부족을 느낀다. 현실의 조개껍질의 기하학적인 형태가, 꿈에 그리는 가치를 향한 시인의 도피를 방해한다. 그리고 조개껍질들의 형태는 너무나 다양하고 흔히 너무나 새롭기 때문에, 그것들의 세계를 실제적으로 관찰하기만 하면 곧 상상력은 현실에 정복되고 만다.[1] 이 경우, 오히려 자연이 상상하고 자연이 능숙하다고나 하겠다. 중생대(中生代)가 되면서부터 연체동물들이 초월적인[2] 기하학의 가르침을 따라 그들의 껍질을 만들었다는 사실을 인정하기 위해서는 암몬조개들의 사진을 보는 것으로 충분할 것이다. 암몬조개들은 대수곡선(對數曲線)의 축(軸)을 따라 그들의 거소를 만들었던 것이다. 이와 같은 생명체들에 의한 기하학적인 형태의 건조에 관해서는 모노 에르장Monod-Herzen의 훌륭한 저서에서 아주 명쾌한 논술을 찾아볼 수 있다.[3]

---

1) 〔역주〕 1절의 내용은 이 책의 전체적인 주제인 내밀성의 주제에서 벗어나 있기 때문에 금방 이해되지 않을 우려가 있다. 바로 이 문장이 1절의 내용을 요약하고 있다고 해도 좋을 것이다. 즉 조개껍질은 외형이 너무 두드러져 보이기 때문에, 그 현실의 외형적 이미지가 그것이 내밀성의 상상을 촉발함을 어렵게 한다는 것이 이 절의 주된 내용이다.

2) 〔역주〕 바슐라르의 상상력 이론의 맥락에 연유하는 특별한 뜻을 가지고 쓰인 말은 아닌 것 같고, 인간이 연구해 낸 기하학이 아니라는 뜻인 듯한데, 굳이 주해해 보자면, 어떤 우주적인 질서가 나타내는 것이라는 뜻인 듯.

3) 에두아르 모노 에르장Edouard Monod-Herzen, 《일반 형태학 원리 *Principes de mor-*

물론 시인은 삶의 이 미적[4] 범주를 이해할 수 있다. 폴 발레리가 《조개》라는 제목으로 쓴 아름다운 글은 기하학적 정신으로 빛나고 있다. 발레리가 보기에는 '**수정, 꽃, 조개껍질**은 감각적인 사물들 전체의 통상적인 무질서에서 떨어져 나온다. 그것들은, 우리들에게 무차별하게 보이는 다른 모든 대상들보다, 우리들의 관찰에 더 명료해 보이고 그러나 그렇더라도 우리들의 성찰에 더 신비로워 보이는 특권적인 대상들이다.'[5] 대가(大家) 데카르트주의자인 발레리에게는 조개껍질이란 아주 잘 응고된, 따라서 '명백하고 뚜렷한', 동물기하학(이를테면)의 한 진리인 것처럼 여겨지는 것 같다. 실현된 대상은 큰 이해 가능성을 가진 것인 것 같다. 그러나 신비로운 것으로 남아 있는 것은 그것의 형태가 아니라 그것의 형성이다. 형태를 취하려고 함에 있어서 최초의 선택을 하기 위해서는 삶 자체에 관계되는 얼마나 중대한 결정을 내려야 하는가! 그 최초의 선택에는 조개껍질이 왼쪽으로 감길 것인가, 오른쪽으로 감길 것인가를 알아야 하는 문제가 걸려 있다. 형성을 위한 그 최초의 소용돌이에 대해서 사람들은 무슨 말을 하지 않았던가! 사실 삶은 도약하면서라기보다는 돌면서 시작되는 것이다. 생의 도약이

---

phologie générale》, Gauthier-Villars, 1927, 제1권, p.119. '조개껍질들은 수많은 나선상(螺旋狀) 표면의 예들을 제공하고 있는데, 연속적인 나층(螺層)들의 봉합선(封合線)들은 나선을 이룬다.' 공작 꼬리의 기하학적인 형태는 한결 공기적(空氣的)이다: '공작의 펼친 꼬리에 있는 눈들은 나선들의 양 다발이 만나는 점들에 위치하고 있는데, 그 나선들은 아르키메데스의 나선 같다'(위의 책, 제1권, p.58).

4) [역주] 이 역어의 원어는 esthetique인데, 경우에 따라 객관적인 뜻, 주관적인 뜻, 학문의 뜻으로 그 뜻을 달리하므로 각각 미적, 심미적, 미학적으로 번역했다.

5) 폴 발레리, 《바다의 경이들. 조개 *Les Merveilles de la mer. Les coquillages*》 《*Isis*》 총서, Plon, p.5.

회전한다. 얼마나 교묘한, 삶의 경이인가! 얼마나 미묘한, 삶의 이미지인가! 그리고 왼쪽으로 도는 조개껍질에 대해서, 자기 종(種)의 회전방식을 어기는 조개껍질에 대해서 우리들은 얼마나 많은 몽상을 할 수 있으랴!

폴 발레리는, 제 내용물을 보호한다는 단순한 배려에서 해방되어 아름답고 단단한 기하학적인 형태로써 제 존재 가치를 정당화할, 그러한 조소된 대상, 탁마된 대상의 이상 앞에서 오랫동안 머무른다. 이런 경우 연체동물의 신조는 다음과 같은 것일 것이다: 집을 짓기 위해 살아야 하며, 그 안에서 살기 위해 집을 짓지는 말아야 한다.

그러나 그의 명상의 둘째번 단계에서 시인은 다음과 같은 사실을 깨닫는다: 인간에 의해 탁마된 조개껍질은, 다듬어지는 아름다움을 겨냥하는 일련의 열거할 수 있는 작업 활동들을 통해, 외부로부터 얻어지는 데 반해 '연체동물은 그의 껍질을 발산하는 것이며', 건조에 사용할 재료를 '스며 나오도록 하고', '그 경이로운 유약을 리듬에 맞추듯 규칙적으로 방울져 내리게 한다.' 그리고 재료가 스며 나오기 시작하자마자 집은 완성된 것으로 나타난다. 이렇게 발레리는 형성적인 삶의 신비, 지속적이고 완만한 형성의 신비에 이르는 것이다.

그러나 필경 완만한 형성의 신비에 대한 이 언급은 시인의 명상의 일시적인 한 단계에 지나지 않는다. 그의 저서는 이를테면 형태들의 미술관에 대한 안내말인 것이다. 폴 A. 로베르Paul-A. Robert의 수채화들이 이 책을 장식하고 있다. 그러나 수채화를 그리기 전에 대상이 준비되어 있었다. 조개껍질들을 닦아 놓았던 것이다. 그리고 그 정교한 닦음질이 색깔들의 뿌리를 드러내 놓았다. 그리되면 화가는 색깔에의 의지, 바로 채색의 역사에 참여하게 된다. 이런 경우, 집은 너무나 아름다운 것으로, 너무나 강렬하게 아름다운 것으로 드러나서, 거기에 살기를 꿈꾼다면 그것은 독성(瀆聖)이 될 것처럼 여겨진다.

2

거주 기능의 이미지들을 살려고(體驗) 하는 현상학자는 외적인 아름다움의 유혹을 따르지 말아야 한다. 일반적으로 아름다움은 외현(外現)하는 것이며, 그래 내밀성에 대한 명상을 방해한다. 현상학자는 엄청나게 다양한 조개껍질들과 다른 패류(貝類)들을 분류해야 하는 패류학자를 오랫동안 따라갈 수도 없다. 패류학자는 패류의 다양함을 탐욕스럽게 구할 따름이다. 현상학자는 다만 패류학자한테서, 그가 조개껍질들을 보고 느꼈을지도 모르는 최초의 경이를 고백하고 있는지 알아볼 수 있을 것이다.

왜냐하면 이 경우에도 역시 새집의 경우에서와 마찬가지로, 소박한 관찰자의 지속적인 관심은 최초의 경이에서 출발한다고 생각해야 하겠기 때문이다. 한 존재가 돌 속에 살아 있다는 일이, 저 돌조각 속에 살아 있다는 일이 가능하단 말인가? 이와 같은 경이를 사람들은 되사는(再體驗) 법이 거의 없다. 삶은 최초의 경이들을 재빨리 마멸시켜 버리고 만다. 게다가 하나의 '살아 있는' 조개에 비해 얼마나 많은 죽은 조개들이 있는가! 집주인이 살고(居住) 있는 하나의 조개껍질에 비해 얼마나 많은 빈 조개껍질들이 있는가!

그러나 빈 조개껍질도 빈 새집처럼 은신처의 몽상을 불러 온다. 아마도 이토록 단순한 이미지들을 따라가 본다는 것은 하나의 몽상의 세련(洗鍊)이라고나 할 것이다. 그러나 현상학자는——우리는 그렇게 생각하는데 —— 단순성의 최대한에까지 갈 필요가 있다. 그러므로 우리는 주인이 살고〔居住〕있는 조개껍질의 현상학을 제의함을 바람직한 일이라고 생각하는 것이다.

3

경탄의 가장 훌륭한 표징은 과장이다. 조개껍질의 거주자가 우리들을 놀라게 하기에, 상상력은 머지않아 조개껍질 속에서 놀라운 존재들을, 현실보다 더 놀라운 존재들을 나오게 한다. 예컨대 쥐르지스 발트뤼제티스Jurgis Baltrusaitis의 아름다운 도해 저서 《환상적인 중세 *Le Moyen Age fantastique*》를 펼쳐 보라. 거기에는 기이한 고대 보석들의 그림들이 나와 있는데, 그 그림들 속에서는 '산토끼, 새, 사슴, 개와 같은 전혀 생각지도 않던 동물들이 마치 요술쟁이 상자 속에서처럼 조개껍질 속에서 나온다'[6]는 것이다. 이와 같은 요술쟁이 상자와의 비교는, 바로 이미지들이 전개되어 나가는 축(軸) 위에 자리를 잡는 몽상가에게는 정녕 무용한 것일 것이다. 조그만 경이를 받아들이는 사람은, 큰경이를 상상할 준비가 되는 것이다. 상상적인 것의 영역에서는, 코끼리와 같은 거대한 동물이 달팽이의 껍질에서 나오는 것이 정상적인 게 되는 법이다. 그러나 상상력의 활동 방식으로는 코끼리에게 달팽이 껍질속으로 되들어가라고 요구하는 것은 예외적인 것에 속한다. 우리는 앞으로 나올 한 장에서, 상상력에 있어서는 들어감과 나옴이 결코 대칭적인 이미지가 아니라는 것을 드러내 보일 기회를 가지게 될 것이다. '거

---

6) 쥐르지스 발트뤼제티스, 《환상적인 중세》, Colin, p.57.

대하고 자유로운 동물들이 신비롭게도 조그만 대상으로부터 빠져나온다'고 발트뤼제티스는 말하고 있다. 뒤이어 그는 이렇게 덧붙이고 있다: '아프로디테[7]는 이와 같은 조건 속에서 태어났던 것이다.'[8] 아름다운 것은, 큰 것은, 배아(胚芽)를 팽창시키는 법이다. 큰 것이 작은 것으로부터 나온다는 것은, 나중에 밝힐 때가 있겠지만, 세미화(細微畫)의 힘의 하나인 것이다.

조개껍질에서 나오는 존재에 있어서 일체의 것은 변증법적이다. 그것이 한꺼번에 몽땅 빠져나오지 않기 때문에, 빠져나오는 부분과 아직 갇혀 있는 부분은 서로 상충한다. 그 존재의 뒷부분은 단단한 기하학적인 형태 속에 갇혀 있지만, 나온 부분의 경우 삶은 밖으로 빠져나옴에 있어서 너무나 성급하여, 어린 들토끼나 낙타의 형태처럼 지정된 형태를 언제나 취하게 되는 것은 아니다. 여러 생명체들이 복합된 것 같은 기이한 모습이 껍질을 빠져나오는 것을 묘사한 판화 그림들이 있는데, 쥐르지스 발트뤼제티스의 저서에 수록되어 있는 달팽이의 경우가 그러하다.[9] 그 달팽이는 '수염 달린 사람 머리와 산토끼 귀에 네 발을 가지고 있고, 머리에 주교관(主教冠)을 쓰고' 있다. 조개껍질은 동물성이 준비되고 있는 마녀의 냄비인 것이다. 발트뤼제티스의 말을 계

---

7) 〔역주〕 로마 신화의 비너스에 대응되는, 희랍 신화의 사랑의 여신. 제우스와 디오네 사이에서 태어났다고도 하고, 하늘의 신 우라노스의 피가 바다의 여신 가이아를 수태시켜 태어났다고도 한다. 후자의 탄생 신화를 따르면, 가이아가 회태한 다음 아프로디테는 바다 파도의 물거품에서 나왔다고 하는데, 문제되어 있는 문장이 암시하는 것은 이 사실인 듯.
8) 위의 책, p.56. '하트리아의 금화에는, 아마도 아프로디테 자신인 것 같은 여인의 머리가 머리카락을 바람에 휘날리게 하면서 둥근 조개껍질에서 빠져나오는 모습이 찍혀 있다.'
9) 위의 책, p.58.

속해서 들어 보면, '마르그리트 드 보죄의 기도서에는 이러한 괴상한 모습들이 많다. 그 가운데 몇몇은 그들의 갑각을 버리고, 그 갑각의 꼬인 모습만 지니고 있기도 하다. 그와 같은 보호 없는 연체 위에 개와 이리와 새의 머리, 사람 머리들이 곧바로 붙어 있다.' 이리하여 제동 풀린 동물의 몽상은 축약된 동물 진화의 도표를 보여준다. 괴물을 태어나게 하기 위해서는 진화를 요약하면 되는 것이다.

사실상 조개껍질에서 나오는 존재는 우리들에게 혼합된 존재의 몽상을 암시해 준다. 그것은 '반은 사람 반은 물고기'인 존재일 뿐만 아니다. 그것은 반은 죽어 있고 반을 살아 있는 존재이기도 하며, 극단적인 경우, 반은 돌 반은 사람인 존재이기도 하다. 이것은 바로 화석화(化石化)의 몽상의 반대의 경우에 해당된다. 인간이 돌에서 태어나는 것이다. 융의 저서 《심리학과 연금술 *Psychologie und Alchemie*》 86페이지에 나와 있는 형상들을 한결 가까이 살펴보면, 그것들이 멜뤼진Mélusine[10]이라는 것을, 호수의 물에서 빠져나오는 낭만적인 멜뤼진이 아니라 연금술의 상징으로서의 멜뤼진이라는 것을 알게 된다. 그런데 그, 연금술의 상징으로서의 멜뤼진은, 삶의 원리가 추출되게 되어 있는 돌의 꿈을 표현함을 도와주는 것이다. 멜뤼진은 정녕 비늘에 덮이고 돌로 된 그녀의 꼬리에서,——바로 그녀의 먼 과거인, 완만하게 나선을 이루고 있는 그녀의 꼬리에서 나오는 것이다. 꼬리 부분을 이루고 있는 하위의 존재가 그녀의 힘을 지니고 있다는 느낌을 가질 수는 없다. 꼬리인 조개껍질이 그것의 거주자를 내쫓는 게 아니다. 차라리 상위의 삶이 하위의 삶을 소멸시키는 것이라고 하겠다. 이 경우에도 어디에서나

10) 〔역주〕중세의 전설에 나오는 인물로, 스스로 범한 잘못 때문에 매 토요일마다 여자와 뱀의 몸이 혼합된 모습으로 변했다고 함.

마찬가지로, 삶은 그것의 정상에서 힘이 강한 것이다. 그리하여 그 정상이 역동성을 가지는 것은, 인간 존재라는 완성된 상징 가운데서이다. 동물 진화에 대한 몽상가라면 누구나 인간을 생각하게 마련이다. 연금술의 멜뤼진을 나타낸 그림에서 인간의 형상은 보잘것없는 가느다란 형상에서 빠져나오는데, 화가는 후자를 그리는 데에 거의 공을 들이지 않았다. 움직임 없는 것은 몽상을 부추기지 못하고, 조개껍질은 이제 내버려질 껍데기이다. 반면 빠져나오려는 힘은 너무나 강하고 생산과 탄생의 힘은 너무나 활발하여, 모호한 형태의 조개껍질에서 인간 둘이 나오기도 하는데, 예컨대 위의 융의 저서의 그림 11에서는 그런 두 인간 모두가 왕관을 쓰고 있다. 그것은 doppelköpfige Melusine, 즉 두 머리의 멜뤼진이라고 하는 것이다.

이상의 모든 예들은 우리에게 동사 '나오다'의 현상학을 위한 현상학적인 자료들을 제공해 준다. 그것들은 각각 새롭게 고안된 '나옴[出]'을 보여주는 것들인 만큼 더욱더 순수히 현상학적이다. 이 경우 동물적인 것은 '나오다'의 이미지들을 수다히 만들어 내기 위한 핑계에 지나지 않는다. 인간은 이미지로써 사는 것이다. 모든 중요한 동사들과 마찬가지로 '……에서 나오다'라는 동사 역시 많은 연구가 필요할 것인데, 그것의 구체적인 이미지들의 경우와 함께 그것이 추상화되어 움직임이 거의 감지되지 않는 경우들도 수집해 볼 수 있으리라. 그것으로부터 문법적으로 파생된 단어들의 경우나, 연역법, 귀납법 등의 추상적인 사고 속에서 그것이 쓰일 경우에는 거의 동작을 느끼지 못하는 것이다. 동사들 자체가 마치 명사들인 양 굳어 버린다. 오직 이미지들만이 동사들을 다시 움직이게 할 수 있다.

4

조개껍질의 테마를 두고 상상력은 작음과 큼의 변증법 이외에 또한 자유로운 존재와 속박되어 있는 존재의 변증법도 작용시킨다. 그리고 해방된 존재에서 무엇을 기대하지 않을 수 있겠는가!

물론 현실에 있어서 연체동물은 그의 껍질에서 무기력하게 빠져나온다. 만약 우리의 연구가 달팽이의 '행동'의 실제적인 현상들을 대상으로 한다면, 그 행동은 큰 어려움 없이 우리의 관찰에 맡겨질 것이다. 그러나 만약 우리가 바로 그 관찰 자체 가운데 전적인 소박성을 회복시킬 수 있다면, 즉 원초의 관찰을 정녕 되살[再體驗] 수 있다면, 우리는 외계에 나타낸 모든 최초의 행동에 수반되는 그 공포와 호기심의 콤플렉스[11]를 다시 활동시킬 수 있을 것이다. 보고 싶어 안달하면서도, 보기를 겁낸다. 이것이야말로 일체의 앎의 감각적인 입구인 것이다. 이 입구에서 흥미는 물결치다가 흐려지고, 흐려지다가 되살아난다. 이 공포와 호기심의 콤플렉스를 지적하기 위해 우리가 마주친 예는 커다란 것이 아니다. 달팽이 앞에서의 공포는 곧 가라앉고, 마멸되고, '무의미한' 것이 되어 버린다. 그러나 이 책은 바로 그 무의미한 것의 연구에 바쳐진 것이다.[12] 때로 그 무의미한 것에는 기이한 미묘성이 드러난다.

---

11) [역주] 프로이트적인 정신분석, 융적인 정신분석을 막론하고 정신분석적인 함의 없이, 이 낱말의 통상적인 뜻으로서의 복합체라는 뜻일 듯. 즉 '공포와 호기심'이 복합된 감정이라는 뜻인 듯.

12) [역주] 여기서 '무의미한'은 제3장의 각주 39)에서 설명한 '진지한'에 대칭적인 말일 듯. 즉 합리적이고 인과적이고 실증적인 태도에서 볼 때에 무의미한 것이, 현상을 그 자체로(인과 적으로가 아니라) 파악하려는 현상학적인 입장에서 볼 때에는 오히려 의미 있는 것이 되는 것이다.

그 미묘성을 드러내기 위해 그것을 상상력의 확대경 밑에 두고 살펴보기로 하자.

이 공포와 호기심의 파동은, 우리들 눈앞에 보이는 현실이 그것을 완화하지 않으면, 그래 우리들이 상상 속에 빠져들게 되면 얼마나 증폭되는가! 하지만 여기서 아무것도 제멋대로 지어내지는 않기로 한다. 실제로 상상되고 실제로 그려져서 보석이나 돌 위에 새겨져 있는 이미지들에 관한 자료들을 제시하기로 한다. 우선 쥐르지스 발트뤼제티스의 저서의 몇 페이지를 더 고찰해 보기로 하자. 그는 '개가 그의 껍질에서 뛰어나와' 토끼에게 덤벼드는 무용(武勇)을 보여주는 어느 화가의 행동을 우리들에게 환기하고 있다. 공격성이 한결 더해진다면, 껍질 속의 개는 인간을 공격하려 들지도 모른다. 여기서 우리들은 정녕 상상력으로 하여금 현실을 넘어서게 하는 증가적(增加的)인 행동을 눈앞에 두고 있다. 여기서 상상력은 기하학적인 차원에 대해서뿐만 아니라 또한 힘에 대해서도, 속도에 대해서도 작용하고 있다: 증가된 공간 속에서가 아니라 가속된 시간으로 작용하는 것이다. 영화에서 꽃이 피어나는 모습을 빠른 속도로 나타내면, 그것은 장엄한 봉헌(奉獻)의 이미지가 될 것이다. 그렇게 눈에 보이는 속도로, 망설임 없이 열리는 꽃은 증여(贈與)의 감각을 가지고 있다고나, 그것 자체가 바로 세계의 증여라고나 하겠다. 만약 이처럼 영화로, 제 껍질을 빠져나오는 달팽이의 모습을, 하늘을 향해 제 두 뿔을 재빨리 쳐드는 달팽이의 모습을 빠른 속도로 보여준다면, 그것은 얼마나 힘찬 공격의 이미지가 될 것인가! 얼마나 공격적인 뿔일 것인가! 그러면 우리들의 공포는 일체의 호기심을 막아 버릴 것이다. 공포-호기심의 콤플렉스는 갈라져 버릴 것이다.

지나치게 흥분한 존재가 움직임 없는 껍질에서 빠져나오는 모습을 보여주는 이 모든 이미지들에는 난폭함의 표징이 있다. 화가가 그의 동물적 몽상을 서두른다. 머리와 꼬리가 맞붙은 이와 같은 생략적인 동물들도 네발짐승과 새, 인간 등이 빠져나오는 달팽이 껍질과 동일한 유형의 몽상에 속하는 것으로 생각해야 하겠다. 그림이 몸의 중개를 잊어버리고 있는 것이다. 중개물들을 없애 버린다는 것은 빠름〔速〕의 이상이다. 이를테면 상상된 생의 도약의 가속화라고나 할 것이, 땅속에서 빠져나오는 존재로 하여금 그 당장에 외형을 얻도록 하는 것이다.

그런데 이 과장된 이미지들의 명백한 역동성은 도대체 어디서 오는 것인가? 이 이미지들이 생동하는 것은, 바로 숨김과 드러냄의 변증법 가운데서이다. 스스로를 숨기는 존재, '제 껍질 속으로 들어가는' 존재는 '나옴'을 마련하는 법이다. 이것은 매장된 존재의 부활에서부터 오랫동안 침묵하던 사람의 갑작스러운 발언에 이르기까지, 일련의 전 메타포들에 있어서 진실이다. 우리가 지금 고찰하고 있는 이미지의 중심에 계속 머물러 있는 채로 살펴볼 때, 제 껍질의 움직임 없는 상태에 처해 있는 가운데, 존재는 존재의 일시적인 파열을, 존재의 소용돌이를 마련하는 듯이 여겨진다. 가장 힘 있는 탈출은 압축된 존재에서 시작되어 이루어지는 것이지, 다른 곳에 가서도 다시 게으름 피우기를 욕구할 수밖에 없는 게으른 존재의 맥없는 게으름 속에서 이루어지는 것은 아니다. 만약 기운찬 연체동물이라는 이 역설의 상상을 살아〔體驗〕본다면——우리가 설명하고 있는 판화 그림들은 이에 대한 뚜렷한 이미지들이 되고 있는데——공격성들 가운데서도 가장 결정적인 공격성, 미루어진〔延期〕 공격성, 기다리는 공격성에 이르게 된다. 껍질 속에 갇혀 있는 이리는 돌아다니고 있는 이리보다 더 잔인한 것이다.

이리하여 이미지의 현상학에 있어서 우리에게 결정적인 것으로 생각되는 방법——이미지를 상상력의 과잉으로 정의하는 데서 얻어지는 방법——을 따름으로써 우리는 큼과 작음의, 숨김과 드러냄의, 평온함과 공격적임의, 맥없음과 기운참의 변증법을 강조했다. 우리는 상상력을 그것의 확대 작업 가운데, 현실의 저편[彼岸]에까지 따라가 보았다. 잘 넘어서기[超越] 위해서는 우선 확대해야 하는 것이다. 우리들은 상상력이 얼마나 큰 자유로써 공간과 시간과 힘에 작용하는지를 살펴보았다. 그러나 상상력이 활동하는 것은 이미지의 차원에 있어서만이 아니다. 사상의 차원에 있어서도 그것은 과도함으로 밀고 간다. 꿈을 꾸는 사상들이 있는 것이다. 이전에 사람들이 과학적이라고 생각할 수 있었던 어떤 이론들은 넓디넓게 퍼져 나간 몽상들, 끝없는 몽상들이었다. 우리는 이제 그러한 사상-꿈의 예를 하나 들어 보겠는데, 그 사상에서는 바로 조개껍질이, 형태를 이룩하는 삶의 힘의 가장 명백한 증거가 되어 있다. 그리하여 형태를 가지고 있는 일체의 것은, 조개껍질적인 개체발생[個體發生]ontogenèse을 경험한 것으로 생각된다. 삶의 최초의 노력은 조개껍질을 만드는 것이다. J. -B. 로비네Robinet의 저작이 제시하고 있는 광대한, 생명체들의 진화 도표의 중심에는 위대한, 조개껍질의 몽상이 놓여 있다고 우리는 생각한다. 로비네의 저서의 하나는 그 제목 자체만으로 그의 사상의 향방을 잘 말해 주고 있는데, 그 제목은 다음과 같다: 《생명체 형태들의 자연적인 점진적 변화에 대한 철학적 조망, 또는 인간을 창조하기를 배우는 자연의 시도 *Vues philosophiques de la gradation naturelle des formes de l'être, ou les essais de la nature qui apprend à faire l'homme*)[13]가 저서 전체를 읽어낼 참을성이 있는 독자라면, 정녕 우리가 위에서 환기한 바 있는 판화 그림들에 대한 설명이라고나 할 것을 독단적인 형태로 다시 발견하게 될 것이다. **부분적인 동물 형태**들이 저서 도처에 나타난다. 화석들은 로비네에 의하면, 삶의 조각들, 갖가지 기관들의 초벌 형태이며, 그것들은 인간을 준비해 가는 진화의 정상에서야 일관성 있게 상호 연관적인 삶을 얻게 되리라는 것이다. 인간이란 내부에 있어서 조개껍질들의 집합체라 할 수 있으리라는 것이다. 각각의 기관은 고유한 형상인(形相因)을 가지고 있는데, 자연이 인간을 창조하기를 배워 온 오랜 세기들 동안, 어떤 조개에 의해 그 형상인은 이미 시도적으로 채택되었다고 여겨진다. 기능은 옛 모델들을 따라 형태를 만들고, 부분적인 삶은 그 거소를, 마치 조개가 그 껍질을 만들 듯이 만든다.

만약 우리들이 스스로의 형태를 만들어 가지는 삶의 정확성을 가지고 이와 같은 부분적인 삶을 되살 줄 안다면, 하나의 형태를 가지고 있는 존재는 수천 년의 세월을 굽어보고 있는 것으로 나타난다. 일체의 형태는 삶을 지닌다. 화석은 이젠 단순히 과거에 살았던 존재가 아니라, 그 형태 속에서 잠자고 있으면서 아직 살아 있는 존재가 된다. 조개껍질은 조개껍질을 지향하는 우주적인 삶의 가장 뚜렷한 예이다.

이러한 모든 사실을 로비네가 단호히 확언하고 있다: '화석들은 아마도 수족과 감각을 결하고 있을 것인 만큼 외적인 삶을 살고 있지는 않을지라도(그러나 이것마저 나로서는 감히 단언하려 하지 않겠는데), 적어도 내적인 삶은, —— 식물이나 동면하고 있는 동물보다 훨씬 열등한

---

13) Amsterdam, 1768.

것이겠지만 그 나름으로는 아주 현실적인, 그런 감싸인 내적인 삶은 살고 있다는 사실을 확신하므로, 나는, 그것들의 유기적인 생명 조직을 위한 여러 기능들에 필요불가결할 기관들을 그것들이 가지고 있지 않다고 주장할 생각은 조금도 없다. 그리고 그 기관들이 어떤 형태를 가지고 있을지라도 나는 그것을 식물류와 곤충류, 대수류(大獸類)에서, 그리고 필경에는 인간에게서까지 찾아질 수 있는 그 기관들의 유사 기관들의 형태를 향한 진화의 한 단계로 생각하는 것이다.'

이에 뒤이어 로비네의 저서에는 심장의 화석인 리토카르디트Litho-cardites, 뇌의 준비 단계인 앙세팔리트Encéphalithes, 그리고 턱, 발, 신장, 귀, 눈, 손, 근육 등의 모양을 한 화석들, 그 다음 남성의 성기관의 모양을 한 오르시스Orchis, 디오르시스Diorchis, 트리오르시스Trior-chis, 프리아폴리트Priapolithes, 콜리트Colites, 팔로이드Phalloides, 여성의 성기관의 모양을 한 이스트라프시아Histerapetia──이런 화석들에 대한 묘사가 무척 아름다운 판화 그림들을 곁들여서 나오고 있다.

이와 같은 묘사를 단순히 일반적으로 알려져 있는 대상들과의 비교를 이용하여 새로운 대상들을 명명하는 언어 관습을 보여주는 실례라고만 생각한다면, 그 핵심적인 의미를 읽지 못하는 것이 될 것이다. 이 경우, 바로 이름들이 생각하고 꿈꾸고 있고, 상상력이 활동하고 있다. 리토카르디트는 바로 심장의 껍질이며, 장차 고동하게 될 심장의 초벌 형태이다. 로비네의 광물 컬렉션은, 장차 '자연'이 인간을 창조할 수 있게 될 때에 그 인간이 해부된 부분들인 것이다. 18세기의 박물학자란 '상상력의 제물'이라고 비판적인 정신의 소유자는 반박할 것이다. 그러나 원칙적으로 자신에게 일체의 비판적인 태도를 금하는 현상학자는, 말(言)들에 사로잡힌 존재의 극단성 그 자체 가운데, 이미지들의 극단성 그 자체 가운데 깊이 있는 몽상이 나타나고 있음을 부인하지 못한다. 모든 경우에 있어서 로비네는 내부로부터 형태를 생각하고 있다. 그의 생각으로는 삶이 형태의 원인인 것이다. 그러므로 형태의 원인인 삶이 살아 있는 형태를 형성한다는 것은 전혀 자연스러운 일이다. 다시 한 번, 이와 같은 몽상에 있어서는 형태는 삶의 거처라는 것을 확인하게 된다.

조개와 화석들은 모두 인간의 몸의 여러 다른 부분들의 형태를 마련하기 위한 '자연'의 시도들이다. 그것들은 남자의 조각(斷片)들이고, 여자의 조각들이다. 로비네는 여자의 음문(陰門)을 나타내고 있는 '비너스의 소라'를 묘사하고 있다. 정신분석가라면, 그것을 그렇게 음문으로 지적하고, 또 상세히 묘사한 것을 두고 어김없이 성적인 강박관념이라고 치부해 버릴 것이다. 그는 조개껍질 박물관에서 어렵지 않게, 마리 보나파르트Marie Bonaparte[14] 부인이 에드거 포를 연구한 저서의 주된 테마의 하나인, 톱니상(狀)의 질(膣)의 환각과 같은 환각들의 표현을 발견할 것이다. 로비네의 말을 듣고 있으면, '자연'이란 인간에 앞서 광란했다고 믿고 싶어진다. 자기의 이론을 옹호하기 위해 로비네는 정신분석적인 혹은 심리학적인 관찰에 대해 얼마나 유쾌한 대답을 할 수 있겠는가! 그는 단순히, 침착하게 이렇게 쓰고 있다: '생식기관의 중요성으로 볼 때, '자연'이 그것의 모델들을 수다히 제시해 놓으려고 주의하는 것을 보고 놀라지 말아야 한다.'[15]

---

14) (역주) 1882-1962, 유명한 프랑스 여류 정신분석가. 문학 작품을 정신분석 자료로 한 연구가 많으며, 특히 포에 관한 연구는 유명함.
15) 위의 책, p.73.

로비네와 같은, 환상적인 생각들을 이론적인 체계로 조직하는 학문적 사상의 몽상가를 앞에 두고서는, 가족관계의 콤플렉스를 풀어 주기에 습관되어 있는 정신분석가는 전혀 힘을 쓰지 못할 것이다. 이때에 필요한 것은 우주적인 정신분석, 잠시 동안 인간적인 관심사를 떠나 '우주'의 모순에 불안해할 정신분석일 것이다. 또한 물질의 상상력의 인간적인 함축을 받아들임과 동시에 물질의 이미지들의 심층적인 작용을 한결 가까이 추적할 물질의 정신분석이 필요할 것이다. 이 자리에서는 지금 우리의 이미지의 연구가 이루어지고 있는 아주 제한된 분야 안에서는, 우리는 조개껍질의 모순,── 외부에 있어서는 때로 그토록 거칠고 내밀한 내부에 있어서는 그토록 부드럽고 그토록 진주모 빛으로 빛나는 조개껍질의 모순을 해결해야 할 것이다. 그 윤(潤)이 어떻게 연체의 존재의 마찰로써 얻어질 수 있단 말인가? 조개껍질 속의 내밀한 진주모를 문지르며 꿈을 꾸는 손가락은 인간적인, 너무나 인간적인 꿈을 넘어서는 게 아닌가?[16] 가장 단순한 사물들도 때로 심리적으로는 복잡한 것이다.

거소가 되어 있는 돌에 대한 모든 몽상에 몸을 맡기고 따라간다면, 끝이 없을 것이다. 기이하게도 그 몽상들은 길고도 짧다. 끝없이 그것들을 뒤쫓을 수도 있지만, 반성적인 사고가 그것들을 퉁명스럽게 느닷없이 멈춰 버리기도 한다. 조그만 징후라도 나타나기만 하면, 조개껍질은 인간적인 것으로 화하지만, 그렇더라도 우리들은 곧, 그 조개껍질이 인간적인 것이 아니라는 것을 안다. 조개껍질과 더불어 거주적 생의 도약은 너무 빨리 그 종말에 이른다. 자연은 갇힌 삶의 안정성

---

16) [역주] 제1장 각주 17)을 참조할 것.

을 너무 빨리 획득해 버린다. 그러나 몽상가는, 벽이 단단하게 되었다고 해서 일이 끝났다고 믿지 못한다. 그리고 바로 그렇기 때문에 그토록 기하학적으로 단단히 결합되어 있는 분자들에, 조개껍질의 건조의 꿈이 삶과 행동을 부여하는 것이다. 그 건조의 꿈에서 본다면, 조개껍질은 그것의 재료의 결 자체 가운데 살아 있는 것이다. 이에 대한 증거를 이제 우리는 한 위대한 자연적인 전설 속에서 찾아보려고 한다.

6

예수회 신부인 키르허Kircher는 이런 말을 한 바 있다: 시칠리아의 해변에서는 '조개류의 껍질들을 갈아서 가루로 만든 다음, 그 가루에 짠물을 뿌리면 그것이 다시 살아나고 번식하게 된다'는 것이다. 발르몽Vallemont 신부는 이 이야기를 스스로의 재 속에서 다시 태어나 는 '불사조'의 이야기와 비교하여 인용하고 있다.[17] 그러니 이것은 물의 불사조인 것이다. 발르몽 신부는 양 불사조 이야기의 어느것에도 신빙성을 두고 있지 않다. 그러나 상상력의 영역에 자리잡고 있는 우리로서는, 그 두 불사조가 상상된 것이라는 것을 확인해 두어야 하겠다. 그 두 불사조야말로 **상상력의 사상**(事象), 상상적인 세계의 아주 확실한 사상(事象)들인 것이다.

이 두 상상력의 사상은 게다가, 먼 옛날부터 지금까지 내려오는 어떤 알레고리들에 관계되어 있다. 쥐르지스 발트뤼제티스는 '카롤링거

---

17) 발르몽 신부, 《자연의 전이(珍異) 및 완성 상태의 식물재배술(植物栽培術) 혹은 농업·원예술의 진이 *Curiosités de la nature et de l'art sur la végétation ou l'agriculture et le jardinage dans leur perfection*》, Paris, 1709, 제1부, p.189.

왕조[18] 시대까지만 해도 묘 속에 흔히 달팽이 껍질을 집어넣'었으며, 그
것은 '인간이 재생하게 될 무덤의 알레고리임'을 환기시키고 있다.[19]
한편 샤르보노 라세 역시 이렇게 쓰고 있다: '외각(外殼) 및 감각 있는
유기체 부분을 합쳐 그 전체로 볼 때, 조개는 고대인들에게 있어서 영
혼과 육체를 모두 포함하는 완전한 인간 존재의 상징이었다. 고대인
들의 상징체계에 의하면, 조개껍질은 우리 육체의 상징이며, 그 육체
의 겉껍질 안에 숨어서 우리의 전 존재에 생명을 주는 영혼은 연체의
유기체 부분에 의해 표상된다. 그래 고대인들은 이렇게 말했던 것이
다: 영혼이 육체로부터 분리될 때에 육체가 생기를 잃게 되는 것처럼,
그와 마찬가지로 조개껍질 역시 그것에 생명을 주는 부분으로부터 분
리될 때에 몸을 움직일 수 없게 되는 것이다.'[20] '부활의 조개껍질'에
관해서는 두꺼운 자료철이 모아질 수 있을 것이다.[21] 그러나 이 저서
에서 우리가 수행하고 있는 단순한 연구에서는 먼 옛날부터 전승되
어 온 이야기들은 강조할 필요가 없다. 이 저서에서 우리가 해야 하는
것은 다만, 어떻게 가장 단순한 이미지들이 어떤 소박한 몽상들 가
운데서 어떤 전승적인 생각을 키워 나갈 수 있는가를 물어보는 일이
다. 샤르보노 라세는 이런 것들을 전적인 단순성과 바람직한 전적인
소박성을 가지고 말해 주고 있다. 〈욥기〉를 인용하고 거기에 표현되
어 있는 억누를 수 없는 부활의 희망을 말한 다음, 《그리스도의 동물

---

18) [역주] 751-987 동안 프랑스를 지배했던 왕조.
19) 쥐르지스 발트뤼제티스, 앞의 책, p.57.
20) 샤르보노 라세, 《그리스도의 동물우화집》, p.922.
21) 샤르보노 라세는 플라톤과 이암블리코스를 인용하고, 빅토르 마니앵Victor Mag-
nien의 저서 《엘레우시스의 신비 Les Mystères d'Eleusis》 제6권, Payot를 참조케 하고 있다.

우화집)의 저자는 이렇게 덧붙이고 있다: '어떻게 땅에 붙어 사는 조용한 달팽이가 그 격앙되고 억누를 수 없는 희망을 상징하도록 선택될 수 있었는가? 그것은, 겨울의 주검이 대지를 껴안는 음울한 때에 달팽이는 대지 속으로 파들어가, 마치 관 속에서처럼 제 껍질 속에서 단단한 석회질의 벽으로써 스스로를 가두고 있다가, 이듬해 봄이 돌아와 그의 무덤 위에서 부활절의 할렐루야를 노래 부를 때에…… 그때에 제 벽을 부수고 생명에 가득 차서 환한 바깥으로 다시 나타나기 때문이다.'[22]

이와 같은 열광을 우스꽝스럽게 생각하는 독자에게는, 앵드르에루아르Indre-et-Loire[23] 지방의 한 무덤에서 '해골의 발 밑에서부터 허리에 이르기까지 근(近) 3백여 개의 달팽이 껍질들이 차곡차곡 쌓여 있는 관'을 발견한 고고학자인 저자가 느꼈던 경이를 되살아(再體驗) 보라고 하겠다. 한 신앙과의 이와 같은 마주침은 우리들에게 신앙의 원초를 알게 한다. 사라져 버렸던 한 상징체계가 다시 꿈을 모으기 시작하는 것이다.

그리되면 우리가 지금 차례차례로 나열해야 하는, —— 쇄신과 부활의 힘, 존재의 깨어남의 힘이 얼마나 강력한가에 대한 모든 증거들은 엉겨붙는 몽상들 가운데 파악되어야 할 것이다. 만약 이와 같은 부활의 알레고리와 상징들에, 물질의 힘에 대한 몽상의 종합적인 성격을 합친다면, 우리들은 위대한 몽상가들이 불사조의 꿈을 물과 떼어놓지 못한다는 것을 이해하게 된다. 그 안에서 종합적인 몽상 가운데 부활이 마련되는 조개껍질은 그 자체가 부활의 물질이 된다. 만약 조

22) 위의 책, p.927.
23) [역주] 프랑스 중부 지방의 한 도(道).

개껍질 속의 먼지가 부활을 경험할 수 있다면, 먼지가 된 조개껍질도 어찌 나선상으로 만드는 그의 힘을 되찾을 수 없겠는가?

물론 비판적인 정신의 소유자는 이러한 절대적인 이미지들을 비웃을 것이다: 그것이 그의 기능인 것이다. 걸핏하면 실재론자(實在論者)는 경험을 요구한다. 그는 이 경우에도 어느 다른 경우와 마찬가지로, 이미지를 현실과 대조함으로써 확인하기를 바라는 것이다. 조개껍질들을 빻은 가루로 가득한 그릇을 앞에 두고 그는 우리들에게 이렇게 말할 것이다: 어디 달팽이를 만들어 보란 말이야! 그러나 현상학자의 기도(企圖)는 더 야심적이다: 그는 위대한 이미지의 몽상가들이 체험했던 **대로** 상상적인 체험을 하려고 하는 것이다. 그리고 우리는 그럴 필요가 있는 말들은 **굵은 글자**로 강조하는 만큼, 독자들에게 ……**대로**라는 말은 ……**처럼**이라는 말을 넘어서는 말이라는 것을 주목하라고 하자: ……**처럼**이라는 말은 바로 하나의 현상학적인 뉘앙스를 잊어버릴 가능성이 있는 것이다. ……**처럼**이라는 말은 단순히 모방하는 반면, ……**대로**라는 말은 우리들이 바로 몽상을 꿈꾸는 주체 자체가 된다는 것을 함축한다.

이리하여 우리들은 어떻게 달팽이가 그의 집을 만들고, 어떻게 더할 수 없이 무른 존재가 더할 수 없이 단단한 조개껍질을 이룩하며, 어떻게 그, 껍질 안에 갇힌 존재 내부에 겨울과 봄이라는 거대한 우주적인 리듬이 울리고 있는가를 **현상학적으로 이해하기**를 바란다면, 아무리 많은 몽상들을 모아 쌓더라도 충분치 못할 것이다. 그리고 이 문제는 심리적으로 부질없는 문제가 아니다. 그것은 우리들이 사물 자체로—— 현상학자들이 말하듯이—— 되돌아오면 바로 그 순간, 집에 살고[居住] 있는 몸이 자라는 바로 그만큼 함께 자라는 집을 우리들이 꿈꿀 수 있게 되면 바로 그 순간, 새롭게, 그 스스로 제기되는 문제이다. 석질(石質)의 벽으로 된 제 감옥 속에 갇힌 조그만 달팽이가 어떻게 자랄 수 있는가? 이것이야말로 하나의 **자연스러운** 의문, 하나의 자연스럽게 제기되는 의문인 것이다. 그러나 우리들은 이 의문을 제기하기를 좋아하지 않는다. 그것은 우리들을 우리들 어린 시절의 의문들로 되돌려보내기 때문이다. 이 의문은 발르몽 신부에게 있어서는 해답 없는 것으로 남아 있다. 그는 이렇게 덧붙여 쓰고 있는 것이다: '자연' 가운데서는 우리들은 우리들이 잘 아는 고장에 있다고 할 수 있는 경우는 극히 드물다. 한 발짝씩 떼어 놓을 때마다 '대단한 정신'의 소유자들에게 창피와 모욕을 줄 수 있는 것이 있는 것이다.' 달리 말하면, 달팽이의 껍질, 그 주인의 몸피대로 커가는 집은 '우주'의 경이인 것이다. 그리고 일반적으로 말해 조개는 '인간 정신에 있어서 훌륭한, 명상의 주제'라고 발르몽 신부는 결론을 내리고 있다.'[24]

7

황당한 이야기의 파괴자가 도리어 다른 황당한 이야기의 희생자가 됨을 보는 것은 언제나 재미있는 일이다. 발르몽 신부는 18세기초에 불의 불사조나 물의 불사조나 그 존재를 똑같이 믿지 않았다. 그러나 재생을 믿기는 믿었는데, 일종의, 불의 불사조와 물의 불사조를 합친 것 같은 것을 믿고 있었다. 예컨대 이렇다: 고사리를 불태워 재로 만들라. 그리고 그 재를 깨끗한 물에 타서, 그 물을 증발시키라. 그러면

---

24) 발르몽 신부, 앞의 책, p.255.

고사리 잎 모양을 한 아름다운 결정체들이 남을 것이다. 이 이외에도 많은 다른 예들,── 형상인(形相因)으로 충만한 성장하는 소금이라고 나 불러야 할 것을 발견하기 위해 몽상가들이 명상하고 있는, 그러한 많은 다른 예들을 인용할 수 있을 것이다.[25]

그런데 지금 우리의 연구 과제가 되어 있는 문제들에 한결 가까운 관점에서 발르몽 신부의 저서를 고찰해 보면, 거기에서 우리는 새집의 이미지와 조개껍질의 이미지의 혼합 작용을 느낄 수 있다. 발르몽 신부는 배의 나무 밑창에 붙어 자라는 '결점 없는 식물' 혹은 '결점 없는 조개'에 관해 말하고 있다: '그것은 여덟 개의 조개껍질이 집합되어 이루어진 것으로, 튤립 꽃다발과 아주 비슷해 보인다……. 그 재료는 섭조개 껍질의 그것과 전혀 같다……. 그 입구는 위에 있고 조그만 문들로 여닫히는데, 그 문들이 맞닿아 닫히는 모양은 아무리 경탄해도 모자랄 지경이다. 이 바다 식물이 어떻게 이루어지며, 그토록 정교하게 만들어진 방들에 사는 조그만 방주인들이 무엇인지 알아볼 일만이 문제이다.'[26]

몇 페이지 더 가면, 조개껍질과 새집의 섞임은 전혀 뚜렷하게 나타난다. 그 조개껍질들은 새들이 빠져나오는 새집들이라는 것이다: '그 결점 없는 식물의 조개껍질들 각각은……, 그 기원이 아주 애매한, 프랑스에서 우리들이 마크뢰즈[검둥오리]라고 명명하는 새들이 생겨나 부화해 나오는 새집들이라고 나는 주장한다.'[27]

우리들은 여기서 전과학시대(前科學時代)의 몽상들에 아주 공통적

---

25) 졸저 《과학 정신의 형성 La Formation de l'esprit scientifique》, Vrin, p.206을 참조할 것.
26) 발르몽 신부, 앞의 책, p.243.
27) 위의 책, p.246.

이었던, 유(類)의 혼동에 접하고 있다. 검둥오리는 냉혈의 조류로 생각되었었다. 이 새들이 어떻게 알을 품느냐고 물으면, 사람들은 흔히 이렇게 대답했던 것이다: 그것들이 무엇하러 알을 품겠는가? 본디 알과 새끼를 몸으로 덥힐 수 없게 되어 있는걸. 발르몽 신부는 이렇게 덧붙이고 있다: '소르본의 신학자들의 회의에서, 검둥오리를 조류에서 빼내어 어류에 넣기로 결정을 보게 되었다.'[28] 그것은 그래서 사순절의 음식인 것이다.

새-물고기라고나 할 그 검둥오리들은 그들의 새집-조개껍질을 떠나기 전에, 거기에 부리-육경(肉莖)이라고나 할 것에 의해 붙어 있는 것으로 상상된다. 이리하여 학자의 몽상 속에서는 전설적인 연결부호들[29]이 쌓여 가는 것이다. 위대한, 새집과 조개껍질의 몽상은 이 경우, 상호적인 기형화의 관계에 있다고 할 두 방향으로 나타나고 있다. 새집과 조개껍질은 그것들에 대한 몽상들을 반향하는 두 위대한 이미지이다. 이 경우, 형태는 그 둘의 접근을 결정하기에 충분치 못하다. 그와 같은 전설을 받아들이는 몽상들의 원리는 경험을 넘어서는 것이다. 몽상가는 보이고 만져지는 것 너머에서 태어나는 신념들이 자리잡는 영역에 들어가 있는 것이다. 만약 새집과 조개껍질이 가치가 아니라면, 그 이미지들을 그토록 쉽게, 그토록 무모하게 종합할 수 없을 것이다. 두 눈을 감고 형태와 색깔을 무시해 버린 채, 몽상가는 은신처에 대한 신념

---

28) 위의 책, p.250.

29) [역주] 물론 '새-물고기' '새집-조개껍질' '부리-육경'의 각 쌍을 합쳐진 한 대상으로 나타내기 위해 이어 주고 있는 연결부호를 말함. 그것이 '전설적인' 것은, 각 쌍을 하나의 대상으로 상상하는 것이 개인의 추억을 넘어서는 것이기 때문일 것이다. 즉 '전설적'이라는 표현 역시 상상력의 원형적 차원을 암시하기 위해 쓰인 듯.

에 사로잡혀 있는 것이다. 그 은신처에서 삶은 응집되고, 준비되고, 변모한다. 새집과 조개껍질은 그것들에 대한 꿈에 의해서만 그토록 강하게 결합될 수 있는 것이다. '꿈속의 집들'의 한 갈래 전체가 이 경우, 두 개의 먼 뿌리,——인간의 몽상 속에서 '먼' 것은 어떤 것이라도 그런 것처럼 서로 뒤섞여 있는, 두 개의 뿌리를 찾아 가지고 있다.

이 몽상들을 사람들은 밝혀 보기를 별로 좋아하지 않는다. 어떤 뚜렷한 추억도 그것들을 설명하지 못한다. 우리가 방금 인용한 텍스트들에서 그것들이 느닷없이 되나타나고 있는 모양을 보면, 상상력은 기억력에 앞선다는 생각을 어쩔 수 없다.

8

몽상의 먼 곳으로 이와 같이 오랫동안 돌아다닌 다음, 이제 한결 현실에 가깝게 있는 듯이 보이는 이미지들로 되돌아오자. 그러면서도 우리는——부수적으로 하는 말이지만——상상력의 이미지가 도대체 현실에 가깝게 있는 적이 있는가 하고 자문한다. 대부분의 경우, 묘사하고 있다고 주장하지만 기실 상상하는 것이다. 즐겁게 하면서 가르치는——그렇게들 생각하는데——묘사를 하기에 성공했다는 것이다. 이 그릇된 장르는 문학의 한 부분 전체를 차지하고 있다. 한 젊은 기사의 교육을 위한 저서임을 표방하고 있는 18세기의 어느 책에서, 저자는 자갈에 붙어 있는 입 벌린 섭조개를 다음과 같이 '묘사'하고 있다: '그것은 끈과 말뚝으로 쳐놓은 천막처럼 보인다.'[30] 저자는

---

30) 《자연의 광경 *Le Spectacle de la nature*》, p.231.

그 가느다란 끈들로 사람들이 천을 짜기도 했음을 일러두기를 잊지 않고 있다. 아닌 게 아니라 사람들은 그 조개의 끈들로 실을 만든 적이 있는 것이다. 저자는 또한 다음과 같이, 아주 평범하나 우리로서는 한 번 주목하지 않을 수 없는 이미지를 통해 철학적인 결론을 내리고 있다: '달팽이들은 조그만 집을 지어, 그것을 지니고 다닌다.' 그래 '달팽이는 어느곳을 돌아다니더라도 언제나 제 집에 있는 것이다.' 우리는 만약 그토록 대단찮은 것을 여러 텍스트에서 수많이 발견하지 않았다면, 그것을 말하지 않을 것이다. 그리고 이 경우, 그것은 열여섯 살 난 기사의 명상을 위해 제공되어 있다.

그리고 또한 언제나 그 자연적인 집들의 완전성에 대한 환기가 울림을 일으킨다. 저자는 이렇게 말하고 있다: '그 집들은 모두 동물을 보호한다는 똑같은 의도 위에 만들어져 있다. 하지만 그토록 단순한 의도 가운데 얼마나 큰 다양성이 있는가! 그것들은 각각 모두 완전하고, 제각각에 고유한 맵시와 편리함을 가지고 있는 것이다.'[31]

이 모든 이미지들과 성찰들은, 각각 따로따로 체험된 순진하고 표면적인 경탄을 보여주는 것이다. 그러나 상상력의 심리학은 그 모든 것을 주목해 두어야 한다. 가장 작은 관심사가 큰 관심사를 마련해 주기 때문이다.

그러나 뒤이어 또한 너무나 소박한 이미지들을 억압하고 낡은 이미지들을 무시하는 그런 시기가 온다. 조개껍질-집이라는 이미지보다 더 낡은 이미지는 없다. 그것은 성공적으로 복잡하게 재창조될 수 있기에는 너무 단순하고, 새롭혀질 수 있기에는 너무 오래된 것이다. 그

---

31) 위의 책, p.256.

것은 그것이 말해야 하는 것을 단 한마디로 말한다. 그러나 그렇더라도 그것이 **원초적 이미지**임은 여전한 사실이다. 그것은 파괴되지 않는 이미지인 것이다. 그것은 인간의 상상력의 고물들을 파는 없어지지 않을 바자에 속하는 것이다.

실상 민속문학에는 달팽이에게 그의 뿔을 내보이도록 노래하는 짧은 민요들이 많다. 어린아이들은 또한 풀잎으로 달팽이를 귀찮게 하여 제 껍질 안으로 되들어가게 하며 즐거워하기도 한다. 달팽이의 이 후퇴를 다음의 인용은 더할 수 없이 느닷없는 비유로써 이야기한다. 한 생물학자가 이렇게 쓰고 있다: 달팽이는 '마치 놀림받은 여자아이가 제 방에 들어가 울 듯이, 어느새라고 할 것 없이 제 집 안으로' 몸을 움츠리고 만다.[32]

너무 분명한 이미지는——우리는 이 절(節)에서 그 한 예를 보고 있는 것인데——통념적인 생각이 된다. 그리되면 그것은 상상력을 가로막는다. 즉 우리들은 보고, 이해하고, 규정해 버린 것이다. 모든 것이 끝나 버린 것이다. 그리되면 통념적인 이미지를 되살리기 위해 특수한 이미지를 발견해야 한다. 우리들을 너무나 진부한 이미지의 희생이 되게 하는 것 같은 이 절(節)을 다시 생동케 하기 위해, 다음의 예를 그러한 특수한 이미지로 들기로 하자.

로비네는 달팽이가 제 집 '층계'를, 제 몸을 비꼼으로써 만들었다고 생각했다. 그리하여 달팽이의 집 전체가 하나의 층계 곬이라고 하겠다. 몸을 한 번 비꼴 때마다 그 연체의 동물은 나선형 층계의 계단 하나를 만드는 것이다. 그것은 나아가고 커가기 위해 몸을 비꼰다. 새집을 만

---

32) 레옹 비네Leon Binet, 《동물의 삶의 비밀들 — 동물생리학 시론 Secrets de la vie des animaux, essai de physiologie animale》, P.U.F., p.19.

드는 새도 몸을 궁굴리는 일로 그쳤음을 우리들은 알고 있다. 로비네의 이 역동적인 달팽이 껍질 이미지를 미슐레의 그 역동적인 새집 이미지와 비교할 만하다.

9

자연은 우리들을 경이롭게 느끼게 하는 아주 단순한 방법을 가지고 있다: 그것은 크게 하는 것이다. 우리들이 보통 '대성수반(大聖水盤)'이라고 부르는 거거(車渠)라는 조개에 있어서 우리들은 자연이 거대한, 보호의 꿈, 보호의 광란을 이끌어 가는 것을, 그러다가 보호의 기형에 이르는 것을 보게 된다. 이 연체동물은 '14파운드[=6킬로그램 356그램]밖에 나가지 않으나, 그 껍질 한 짝의 무게는 250에서 300킬로그램까지 되고 그 길이는 1미터에서 1.5미터까지 된다.'[33] 유명한 '경이총서(驚異叢書)'의 한 권인 이 책의 저자는 이렇게 덧붙이고 있다: '중국에서는…… 부자 관리들이 이 조개의 껍질로 만든 목욕통을 가지고 있다고 한다.' 그러한 연체동물의 집을 목욕통으로 한다면, 얼마나 느긋하게 몸을 푸는 목욕을 경험하게 되겠는가! 14파운드의 동물이 그토록 넓은 공간을 차지하고 있으니, 얼마나 큰 휴식의 힘을 느낄 수 있었겠는가! 나는 생물학적인 사실은 아무것도 모른다. 나는 책의 몽상가일 뿐이다! 아르망 랑드랭의 이 글을 읽으며 나는 위대한 우주적인 꿈을 꾼다. 누가 '대성수반'의 껍질 속에서 목욕을 하는 상상을 하며, 우주적으로 기운이 회복됨을 느끼지 않겠는가!

---

33) 아르망 랑드랭Armand Landrin, 《바다괴물들 *Les Monstres marins*》, Hachette, 1879, p.16.

'대성수반'의 그러한 힘은 그 껍질이 이루는 벽의 높이와 부피에 비례하는 것이다. 어떤 저자는 말하기를, '대성수반'에게 '억지로 하품을' 시키기 위해서는 그 두 껍질의 각각에 두 마리의 말은 매달아야 한다고 했다.

'대성수반'을 하품시키는 그 힘든 일을 해내는 광경을 묘사한 그런 그림을 나는 여간 보고 싶지 않다. 나는 다만 내가 수많이 바라보면서 명상에 잠겼던, '마크데부르크의 실험'[34]을 보여주는 오래된 삽화――거기에는 두 반구(半球)를 붙여 그 속을 진공으로 만들어 놓고, 그 두 반구를 말들에 매달아, 말들이 그 각각을 잡아당기고 있는데――를 이용하여 그 광경을 상상해 볼 따름이다. 기초적인 과학적 교양에 있어서 전설적인 이 이미지에 생물학적인 설명이 주어질 만하다. 7킬로그램의 무른 조개살을 이겨내기 위해 네 마리의 말이 필요하다! 자연은 정녕 크게 할 수 있다. 그리고 인간은 쉽게, 한층 더 크게 상상한다. 〈항해하는 조가비 L'Ecaille naviguant sur l'eau〉라는 제목으로 알려져 있는 히에로니무스 보스Hiëronymus Bosch[35]의 그림에 근거한 코크Cock의 판화에는 10여 명의 어른, 네 명의 아이, 한 마리의 개가 자리를 잡고 앉아 있는 거대한 섭조개의 껍질을 볼 수 있다. 이, 사람들이 살고 있는 섭조개 껍질 그림의 아름다운 복제화가 히에로니무스 보스에 관한 라퐁Lafont의 훌륭한 저서에 실려 있다.[36]

---

34) 〔역주〕 마크데부르크는 동부 독일의 도시로, 17세기 중엽 그 시장이었던 오토 폰 게리케Otto von Guericke가, 저자가 뒤이어 설명하고 있는 진공 실험을 했던 곳인데, 여기서 말하고 있는 것은 그 진공 실험.
35) 〔역주〕 1450-1516, 플랑드르의 화가.
36) 그 책, p.106.

이 세계의 모든 우묵한 물건들에 들어가 살고자 하는 꿈의 과장된 양태가, 보스의 상상력에 고유한 기괴한 장면들에 동반되어 있다. 그 섭조개 껍질 속에서 항해자들은 대향연을 베풀고 있는 것이다. '우리들의 조개껍질 속으로 되들어갈' 때에 우리들이 꿈꾸고 싶어하는 평온함의 꿈이, 이 화가의 천재성을 특징짓고 있는 광란의 의지에 의해 망실되고 있다.

과장된 몽상 다음에는 언제나, 원초의 소박성으로 규정될 수 있는 몽상으로 되돌아와야 한다. 조개껍질 속에서 살기 위해서는 혼자가 되어야 한다는 것을 우리들은 잘 알고 있다. 이미지를 삶(體驗)으로써 우리들은 고독을 받아들여야 한다는 것을 아는 것이다.

집에서 홀로 산다! 얼마나 위대한 꿈인가? 조개껍질 속에서 산다는 것과 같은 더할 수 없이 굳어 버린 이미지, 물리적으로 더할 수 없이 터무니없는 이미지라도 그러한 꿈의 배아(胚芽)가 될 수 있다. 그 꿈은 약한 이들이나 강한 이들이나 모든 사람들을, 삶의 커다란 슬픔의 순간들에 인간과 운명의 부당함에 대항하여, 찾아오는 꿈이다. 예컨대 뒤아멜Duhamel의 소설의 살라뱅의 경우처럼. 그는 그의 그 눅진한 슬픔 속에서, 그의 좁은 방에 들어와 기운을 회복하는데, 그것은 그 방이 좁기 때문이고, 그가 스스로에게 이렇게 중얼거릴 수 있기 때문이다: '난 이 조그만 방, 마치 조개껍질처럼 깊고 은밀한 이 방을 가지고 있지 않은가? 아! 달팽이들은 그들의 행복을 깨닫지 못하고 있어.'[37]

때로 이미지는 아주 은밀하여 감지될까말까 할 정도이더라도, 그래도 힘을 행사한다. 다음의 이미지는 제 스스로의 세계에 침잠해 있는

---

37) 조르주 뒤아멜Georges Duhamel, 《한밤의 고백 *Confession de minuit*》, 제7장.

존재의 고절을 말하고 있다. 시인은 추억 속에서 아름다운 후광에 싸여 있는, 어린 시절의 어떤 집,

　　별과 이슬이
　　오가는 낡은 집

을 꿈꾸는데, 그와 동시에 이렇게 쓰고 있는 것이다:

　　내 그림자는 소리 울리는 조가비
　　시인은 제 몸 그림자의 조가비 속에서
　　제 과거를 듣네.[38]

　또 때로는 이미지는 모든 휴식의 공간들의 유질동상(類質同相)에서 오는 효과로 힘을 획득한다. 이럴 경우 모든 환대적인 우묵한 것들은 평온한 조개껍질이 된다. 가스통 퓌엘Gaston Puel은 이렇게 쓰고 있다: '오늘 아침 나는 나룻배의 우묵한 밑바닥에 누워 있는 사람의 단순한 행복을 이야기하련다.

　배의 길쭉한 조가비가 누워 있는 그 사람 위로 닫혔다.

　그는 잠을 잔다. 그 전체가 편도 같다. 배는 침대처럼 그 잠에 어울린다.'[39]

　사람, 동물, 편도, 그 모두가 조개껍질 속에서 최대의 휴식을 찾고 있

---

38) 막심 알렉상드르Maxime Alexandre, 《살갗과 뼈 La Peau et les os》, Gallimard, 1956, p.18.

39) 가스통 퓌엘, 《두 별 사이에서의 노래 Le Chant entre deux astres》, p.10.

다. 휴식의 가치가 그 모든 이미지들을 지배하고 있는 것이다.

IO

우리는 지금, 상상력이 그것들을 통해 가장 단순한 이미지들도 생동케 하는 변증법적인 뉘앙스들을 더욱더 많이 찾아내려는 노력을 하고 있느니만큼 조개의 공격성을 환기하는 몇몇 예들을 지적해 두기로 하자. 함정인 집들이 있는 것과 마찬가지로 조개껍질-함정들이 있다. 상상력은 그런 조개껍질을 미끼와 촉발 쇠고리까지 갖춘 완벽한 고기잡이 덫으로 그린다. 플린Pline은 속살이게와 공생하는 삿갓조개가 제 먹이를 다음과 같이 얻는 것을 이야기하고 있다: '앞 못 보는 조개는 그의 주위에서 놀고 있는 조그만 물고기들에게 제 몸을 드러내 보이며 껍질을 연다. 처음에 아무런 위해도 가해지지 않으니까, 그것들은 겁이 없어져 조개껍질 속으로 가득히 들어간다. 바로 그 순간, 망을 보고 있던 속살이게가 조개를 가볍게 물어 사태를 알린다. 조개는 갑자기 껍질을 닫아, 껍질 사이에 사로잡히게 된 모든 것을 으스러뜨려 그 희생물을 그의 동료와 나누어 먹는다.'[40]

동물 이야기의 분야에서 이보다 더 흥미 있는 이야기는 거의 없으리라. 많은 예들을 또 들고 들고 할 것 없이, 그냥 이와 같은 이야기를 다

---

40) 아르망 랑드랭, 앞의 책, p.15. 이와 같은 이야기를 앙브루아즈 파레Ambroise Paré 역시 하고 있다. 《앙브루아즈 파레 전집》, 제3권, p.776. 그 먹이 사냥의 보조자인 조그만 게는 '그 조개의 껍질 입구에 문지기인 양 앉아' 있다. 물고기 한 마리가 조개껍질 속으로 들어가면, 게에게 물림으로 연락받은 조개는 껍질을 닫고, '그런 다음 둘은 함께 그들의 먹이를 갉아먹는다.'

시 한 번 하자, 그 필자가 대가라는 밑받침이 있기에. 레오나르도 다
빈치의 《잡록집 Carnets》에 다음과 같은 이야기가 나온다: '굴은 만월
처럼 껍질을 완전히 열어 펼친다. 그것을 보면, 게는 돌조각이나 잔 나
뭇가지 조각을 조개에 던져, 그것이 다시 껍질을 닫지 못하게 하여 제
먹이가 되도록 한다.' 그리고 다 빈치는 이 이야기에——의당한 일이
지만——교훈을 맞춰 끼워 놓았다: '비밀을 털어놓다가 조심성 없는
상대자에게 발목을 잡히는 입이 이와 같다.'

동물들의 삶 가운데서 언제나 사람들이 찾아내었던 도덕적인 모범
의 가치를 규명하기 위해서는 오랜 심리학적인 연구가 이루어져야 할
것이다. 우리는 이 문제에 우연적으로 마주쳤을 따름이다. 그것을 지
나치면서 지적할 뿐이다. 게다가 그것들 스스로가 이미 이야기를 하기
시작하는 동물 이름들이 있다: '은자 베르나르'라는 이름이 그런 이름
의 하나이다. 이 연체동물은 껍질을 만들지 않는다: 사람들이 즐겨 되
풀이해 이야기하는 바로는, 그것은 빈 조개껍질에 들어가 산다는 것이
다. 그 조개껍질이 너무 좁게 느껴지면, 그것은 집을 바꾼다.

내버려진 조개껍질에 들어가 사는 '은자 베르나르'의 이미지에 사
람들은 때로, 다른 새들의 집에 들어가 알을 낳는 뻐꾸기의 습성을 연
상한다. 그 두 경우에 있어서 똑같이 '자연'은 자연적인 도덕을 거역함
을 즐기는 것 같다. 상상력은 어떤 예외라도 예외를 앞에 두고서는 발
분되는 법이다. 상상력은 그 불법 거주자 뻐꾸기의 습성에다, 짓궂은 이
야기들을 갖다붙이며 즐거워한다. 사람들이 이야기하는 바로는, 뻐꾸기
는 자기가 알을 낳으려는 새집에서 제 알들을 품고 있던 그 새집의 어
미새가 밖으로 나오는 것을 숨어서 보고 있다가, 거기에 들어가 그 알
의 하나를 떨어뜨려 깨뜨려 버린다는 것이다. 알을 두 개 낳을 경우

에는, 새집 안의 알도 두 개 깨뜨린다. '쿠쿠cou-cou'라고 우는 뻐꾸기 coucou는 그러므로 정녕 스스로를 숨기는 기술을 알고 있다고 하겠다.[41] 그것은 숨바꼭질로 익살을 떤다고나 할까. 하지만 뻐꾸기의 그러한 행태를 누가 보았는가? 생물계의 많은 경우에 있어서 그러하듯, 이 경우에도 존재 자체보다 그 이름이 더 많이 알려져 있는 것이다. 갈색 뻐꾸기와 회색 뻐꾸기를 누가 구별할 것인가? 뱅슬로 신부가 말한 바이지만, 갈색 뻐꾸기는 회색 뻐꾸기의 젊을 때의 모습이며, '전자는 북으로, 후자는 남으로 이주하므로, 철새들은 젊은 것들과 늙은 것들이 같은 지방으로 이주하는 법이 거의 없다는 규칙에 따라, 그 둘은 같은 장소에서 발견되지 않는다'[42]고 사람들은 주장하지 않았던가?

그토록 스스로를 잘 숨길 줄 아는 새이기에 엄청난 변형의 힘을 가진 것으로 여겨질 수 있어서, 뱅슬로 신부의 말에 의하면, 수세기 동안 '옛사람들은, 뻐꾸기는 새매로 변한다고 생각했다'[43]고 하는데, 이것을 놀라워하겠는가? 이와 같은 전설에 대해 하릴없는 몽상에 잠기며, 뻐꾸기가 새알 도둑이라는 것을 생각하며, 나는 새매로 변하는 뻐꾸기의 이야기가 다음과 같은, 원형태에서 거의 변화가 없는 속담으로 요약될 수 있으리라는 것을 발견하는 것이다: '달걀 도둑이 소 도둑 된다.'

---

41) 〔역주〕 뻐꾸기 암컷이 알을 다른 새집에서 낳는다는 사실에서 바람 피우는 여자가 연상되어, coucou〔뻐꾸기〕에서 cocu〔오쟁이진 남편〕가 파생되었다. 그런데 coucou는 또 뻐꾸기의 울음소리에서 만들어진 의성어이므로, '쿠쿠' 하며 우는 것 자체가 파생어 cocu를 연상시키고, 따라서 '나는 남편 몰래 바람 피운다' 즉 '나는 잘 숨는다'라고 말하는 것과 같다고도 하겠다.

42) 뱅슬로, 앞의 책, p.101.

43) 위의 책, p.102.

어떤 사람들에 있어서는 변함없이 특권적인 힘을 간직하고 있는 이미지들이 있다. 베르나르 팔리시Bernard Palissy가 그런 사람의 하나인데, 그에게 있어서 조개껍질의 이미지는 오랜 운명을 가진 이미지이다. 그의 물질적 상상력을 지배하는 사원소의 하나로써 그를 특징짓고자 한다면, 말할 나위 없이 그는 '대지적인 인간'에 분류될 것이다. 그러나 물질적 상상력 속에서는 일체가 뉘앙스이므로, 팔리시의 상상력을 한결 정확히 단단한 대지를 추구하는 상상력으로 규명해야 할 것이다. 그 대지는 불로써 단단하게 해야 하는 그런 것이기도 하고, 또한 응고하는 소금, 내밀한 소금의 작용에 의해 자연적인 견고성의 생성을 이룩할 수 있는 것이기도 하다. 그런데 조개껍질이 바로 그런 생성을 나타내는 것이다. 물렁물렁하고 끈적거리며 '진물이 나는' 존재가 이리하여, 제 껍질의 단단한 밀도의 작인(作因)이 되는 것이다. 그리고 그 고체화의 원리가 너무나 강하고 견고성의 정복이 너무나 멀리까지 나아가기 때문에, 조개껍질은 마치 불의 도움을 받은 듯이 그것의, 에나멜과도 같은 아름다움을 획득한다. 기하학적인 형태의 아름다움에 물질의 아름다움이 덧붙는 것이다. 도공이나 에나멜공에 있어서 조개껍질은 얼마나 위대한, 명상의 대상인가! 천재적인 도공이 만든 접시들에 얼마나 많은 동물들이 에나멜로 응결되어, 그 살갗이 더할 수 없이 단단한 조개껍질처럼 되어 있는 것을 볼 것 같은가! 만약 우리들이 물질들의 우주적인 드라마, 반죽과 불의 투쟁 가운데서 베르나르 팔리시의 열정을 되살(再體驗) 수 있다면, 우리들은 어째서 제 껍질을 분비해 내는 가장 작은 달팽이라도, 곧 살펴보게 될 것처럼 끝없는 몽상을 그에게 불러일으켰는지를 이해하게 될 것이다.

그러한 모든 몽상들 가운데 우리는 여기서, 가장 기이한 집의 이미지들을 추구하는 것들만을 살펴보려고 한다. 《참된 전통 *Recepte véritable*》[44]이라는 저서에 있는 《성채(城砦)의 도시 *De la ville de forteresse*》라는 제목의 이야기가 그 하나이다. 우리는 그것을 요약하지만, 그 풍부한 내용이 손상되지 않았으면 한다.

베르나르 팔리시는 '전쟁의 소름끼치는 위험' 앞에서 한 '성채의 도시'의 설계도를 만들 생각을 한다. 그는 '지금까지 건설된 도시들 가운데서는 본보기'를 찾을 희망을 그만둔다. 비트루비우스Vitruvius[45]조차도 대포의 시대에는 그를 도울 수 없다고 그는 설명한다. 그는 '교묘한 집들을 지어 놓았을 어떤 솜씨 좋은 동물이라도 발견할 수 있을까 하여 숲으로, 산으로, 골짜기로' 돌아다닌다. 수많은 조사 끝에 베르나르 팔리시는 '스스로의 진액으로 제 집과 성채를 짓는 어린 괄태충'에 대해서 명상한다. **안으로부터** 건조한다는 몽상이 수개월 동안 팔리시를 사로잡는다. 쉬는 때면 언제나 그는 해변을 산책하면서, '어떤 작은 물고기들이 스스로의 체액과 침으로써 만들어 놓은, 너무나 많은 가지가지의 집과 성채들을 발견하게 되어, 그때부터 나는 거기에서 내일을 위해 유익한 어떤 것을 찾아볼 수 있으리라 생각하기 시작했다.' 바다에서의 투쟁과 약탈'은 땅 위에서의 그것보다 더하므로, 신은 더할 수 없이 무방비 상태인 그 동물들, 연약한 몸의 그들에게, '그들의 각각에게, 아주 정교한 기하학과 건축술로써 고른 수평면의 집을 지을 수 있는

---

44) 베르나르 팔리시, 《참된 전통》, Bibliotheca romana, p.151 이하.
45) 〔역주〕 1세기경의 로마의 건축가. 특히 시이저 휘하에서 군사 건조물의 기술자로 일했다.

기술을 준 것이다. 그 정교함은 놀라울 정도여서, 솔로몬조차도 그의 모든 지혜를 동원하더라도 결코 그 집들과 비슷한 것을 만들 수 없었을 것이다.'

그리고 나선상으로 된 조개껍질로 말하자면, 그것은 '오직 아름다움을 위해서만' 그리되어 있는 것은 아니다. '명백히 다른 이유가 있는 것이다. 그 입이 너무 뾰족해서, 방금 말한 조개들의 집이 직선상으로 지어져 있다면 그것들을 대부분 잡아먹을 수 있을, 그런 물고기들이 여러 종류 있다는 것을 너는 알아야 한다. 그러나 사정은 그렇지 않아, 그 조개들이 문에서 적의 공격을 받을 때에 몸을 궁굴리면서 집 안으로 후퇴하게 되어 있다. 그것들은 스스로의 집의 나선상의 굴곡을 따라 들어가며, 이런 수단 때문에 그것들의 적은 그것들을 해칠 수 없는 것이다.'

그러다가 어느때, 누가 기니에서 주운 굵은 조개껍질 두 개를 베르나르 팔리시에게 갖다 준다: '하나는 자주 조개이고, 다른 하나는 쇠고둥이었다.' 자주조개가 더 약한 것이므로, 베르나르 팔리시의 철학을 따르자면, 그 조개껍질이 더 튼튼히 되어 있어야 할 것이다. 아닌 게 아니라, 그 조개껍질은 '주위에 상당수의 굵은 뿔'을 가지고 있어서, '그 모습을 보자마자 나는, 그 뿔들이 그렇게 이루어져 있는 것에 원인이 없지 않으며, 그것들은 그 성채를 보호하고 방어하기 위한 것이라고 확신했다.'

우리는 이 모든 예비적인 사항들을 알려줘야 한다고 생각했다. 왜냐하면 그것들은 베르나르 팔리시가 **자연의 영감**을 얻으려 한다는 것을 잘 보여주기 때문이다. 그는 그의 '성채의 도시'를 건설하기 위해 '그 자주조개의 성채에서 본보기를 취하기보다' 더 나은 어떤 것도 시도

하지 않는 것이다. 그런 연구 후에 그제서야 그는 컴퍼스와 자를 가지고 그의 설계도를 그리기 시작한다. 그 성채의 도시 바로 한가운데에, 성채 사령관의 저택이 자리잡을 정사각형의 광장이 있고, 그 광장에서부터 **단 한줄기** 가로가 시작되어 그것을 네 번 돌게 되는데, 처음 두 번은 정사각형의 형태를 따르고 다음 두 번은 팔각형의 형태를 이룬다. 네 번 휘감긴 이 가로에 있는 모든 문과 창문들은 성채의 안쪽을 향하게 되어 있어서, 집들의 등이 계속되는 벽을 형성하도록 한다. 마지막 집들의 벽이 도시 자체의 성벽에 기대어지게 됨으로써, 도시는 이리하여 하나의 거대한 달팽이가 된다.

베르나르 팔리시는 이 **자연적인** 성채의 이점들을 길게 설명한다. 적이 그 일부를 점령할지라도, 이 은둔처의 중핵 부분은 여전히 남아 있을 것이다. 중핵 부분을 향한 나선상의 후퇴의 움직임, 이것이 이 이미지의 전체적인 특징을 이룬다. 적의 대포 역시 후퇴를 따라잡지 못할 것이고, 도시를 휘감고 있는 가로를 '종사(縱射)로' 공격하지 못할 것이다. 적 포수들은, 휘감긴 조개껍질 앞에서 '뾰족한 입을 가진' 물고기들이 그랬던 것처럼 낙망하게 될 것이다. 이상의 요약은 독자들에게 너무 길게 보일지 모르나, 그래도 논거(論據)들과 이미지들이 뒤섞여 있는 세부적인 내용에까지 언급할 수 없었다. 팔리시의 텍스트를 한 줄 한 줄 따라가면서, 심리학자는 **논증을** 하는 이미지들을——, 추론을 하는 상상력의 증거들인 이미지들을 발견할 것이다. 그 단순한 글은 심리적으로 복잡하다. 우리들이 살고 있는 이 시대에서 우리들이 보기에는, 그런 이미지들은 이젠 '추론'하지 않는다. 이젠 우리들은 그런 자연적인 성채를 믿지 말아야 한다. 오늘날 군인들이 '고슴도치' 방어를 구축한다고 할 때, 그들은 그들이 이젠 이미지의 영역에 있는 게 아니라 단순한 메타포의 영역에 있다는 것을 잘 알고 있다. 만약 우리들이 종류를 혼동하여 팔리시의 달팽이-성채를 단순한 메타포로 생각한다면, 얼마나 큰 오류를 범하는 것이랴! 그것은 한 위대한 정신 속에서 살았던 이미지인 것이다.

개인적으로 우리로서는, 우리가 모든 이미지들을 즐기고 있는 이와 같은 여한(餘閑)의 책에서는, 이 기괴한 달팽이 앞에서 멈춰서지 않을 수 없었던 것이다.

그리고 단순한, 상상력의 작용에 의해 어떤 이미지라도 거대함의 부추김을 받는다는 것을 보여주기 위해, 한 마을의 크기로 커진 달팽이를 묘사하고 있는 다음의 시 작품을 인용하기로 하자:

산에서 내려온
커다란 달팽이
시냇물이 흰 거품으로
그를 동반해 주네
너무 늙어,
하나만 남은 뿔
그건 그의 네모난
나지막한 종루라네[46]

그리고 시인은 이렇게 덧붙인다:

---

46) 르네 루키에Rene Rouquier, 《유리알 *La Boule de verre*》, Seghers, p.12.

성이 바로 그의 껍질이니……

　그런데 팔리시가 상상력으로 체험한 그 조개껍질-집에서 우리들이
인지해야 하는 이미지의 생성적 운명을 강조하는, 그 책의 다른 부분
들을, 우리들은 찾아볼 수 있다. 아닌 게 아니라, 조개껍질-성채의 이 잠
재적인 건축가는 또한 정원의 조경사이기도 하다. 그는 정원의 설계도
를 보완하기 위해, '명상실'이라고 하는 것의 설계도를 덧붙인다. 그 '명
상실'이라고 하는 것은 굴껍질처럼 우둘투둘한 외면을 가진 은둔처
같은 것이다: '명상실의 외면은 다듬지도, 갈지도 않은 굵은 돌덩이들
을 쌓아 만들어서, 그 외면이 어떤 건물의 형태로도 보이지 않을 것이
다'고 베르나르 팔리시는 쓰고 있다. 반면에 그는, 그 방의 내면은 조개
껍질의 내면처럼 반들반들하기를 바란다: '명상실이 이와 같이 이루어
진 다음, 나는 그 안에 천정 끝에서부터 바닥까지 몇 겹으로 에나멜칠
을 하고 싶다. 그런 다음에는 방 안에 큰 불을 피워 놓아…… 그 에나멜
이 쌓인 돌덩이들에 녹아 붙도록 하겠다…….' 그리하여 명상실은 '안
에서 보면 전혀 한 덩어리로 이루어져 있는 것'으로 보일 것이고, '너
무나 윤이 나서, 그 안에 들어오는 도마뱀이나 새앙쥐들이 마치 거울
앞에서처럼 스스로를 비춰 볼 수 있을 것이다.'
　쌓은 돌들에 에나멜을 녹아 붙게 하기 위해 집 안에 피운 이 불은, '석
고 반죽을 말리는' 불과는 아주 다른 것이다. 아마도 팔리시는 이 경우
그의 도자기 가마 안의 광경을 눈앞에 되그리고 있는 것인지 모른다:
그 도자기 가마 안에서는 불이 가마 벽면에 벽돌 눈물을 남겨 놓았던
것이다. 어쨌든 비상한 이미지는 비상한 수단을 요구한다고 하겠다. 인
간은 이 경우 조개껍질 속에 살고자 하는 것이다. 그는 그의 존재를 보

호하는 벽이, 마치 그의 다치기 쉬운 살갗이 그 벽면에 접촉되는 상태에 있게 되기라도 하듯, 전혀 고르고 반들거리며 꽉 짜여 있기를 바라는 것이다. 베르나르 팔리시의 몽상은 거주의 기능을 촉각을 통해 나타내고 있다. 조개껍질은 전혀 육체적인 내밀성의 몽상을 제공하는 것이다.

지배적인 이미지들은 서로 결합하는 경향을 가진다. 베르나르 팔리시의 넷째번 명상실은 집과 조개껍질과 동굴의 종합이다: '그것은, 안이 너무나 훌륭한 솜씨로 쌓아올려져, 바로 자갈을 채취하기 위해 커다란 바위의 속을 파내어 이루어진 것처럼 보일 것이다. 그런데 그 방은 돌기처럼 솟아오른 부분들과 비스듬히 둥글게 파여 들어간 부분들이 있어서 뒤틀리고 울퉁불퉁한 모습을 하고 있으며, 어떤 형태의 새김이나 새김의 흔적도 지니고 있지 않을 뿐만 아니라 아예 인간의 손의 작업을 거치지 않은 것 같을 것이다. 천정은 비비 꼬여, 거기에서 처뜨려진 여러 돌기들 때문에 어쩌면 아래로 떨어지고 싶어하는 듯이 보일 것이다.'[47] 물론 이 나선처럼 구불구불한 집 역시 안에는 에나멜로 칠해져 있을 것이다. 그것은 휘감긴 조개껍질 모양의 동굴일 것이다. 엄청난 인간의 노력을 들임으로써 그 꾀바른 건축가는 그것을 하나의 **자연적인** 거소로 만들려고 하는 것이다. 명상실의 자연적인 성격을 강조하기 위해 그것을 흙으로 뒤덮을 것인데, '그 흙 위에는 또 나무를 여러 그루 심어, 건물 같은 모습은 거의 없을 것이다.' 이리하여 위대한 대지적 인간이었던 베르나르 팔리시의 진정한 집은 지하의 집이 되는 것이다. 그는 바위의 한가운데서, 바위로 된 조개껍질 속에서 살고 싶어하는 것이다. 처뜨려진 돌기들에 의해 그 바위의 거소는 짓눌림의 악몽

---

47) 베르나르 팔리시, 앞의 책, p.82.

을 받으며, 바위 속으로 파들어가는 나선상에 의해 괴로움으로 뒤틀린 깊이를 얻게 된다. 그러나 지하의 거소를 바라는 존재는 보통 사람들이 느끼는 공포를 제어할 줄 안다. 베르나르 팔리시는 그의 몽상 속에서 지하의 삶의 영웅이다. 그는 상상 가운데, 동굴의 입구에서 짖어대는——그 자신 그렇게 말하고 있는데——개의 공포를 오히려 즐기고, 비비 꼬인 미로 속에서 길을 찾아가는 동굴의 방문객의 주저로움을 즐긴다. 동굴-조개껍질은 이 경우 고독한 인간,——단순히 이미지들로써 스스로를 방어하고 보호할 줄 아는 한 위대한 고독자를 위한 '성채의 도시'인 것이다. 울타리나 쇠붙이를 씌운 문은 필요없는 것이다: 그러면 들어가기가 두려울 테니까…….

어두운 입구에 대해서는 또 얼마나 많은 현상학적 탐구를 해야 할 것인가!

12

새집과 조개껍질을 다루며 우리는 거주의 기능을, 기본적이나 아마도 너무 멀리까지 상상된 형태하에——생각건대——보여주는 이미지들을, 독자들의 끈기를 지치게 할 정도로까지 많이 살펴보았다. 거기에서 제기되고 있는 것은 상상과 관찰의 혼합상(狀) 문제라는 것을 정녕 느낄 수 있다. 우리의 문제는 물론 생물학적 공간에 대한 실증적인 연구가 아니다. 우리는 단순히, 생명체가 제 자신에게 거처를 마련해 주고 제 자신을 보호하고 덮고 숨길 때면 곧 상상력은 보호된 공간에 거주하는 그 존재와 공감하게 된다는 것을 드러내 보이고 싶을 따름이다. 상상력은 안전의 모든 뉘앙스에 있어서, 가장 물질적인 조개껍질 속의 삶에서부터 벽면의 단순한 모방을 통한 가장 미묘한 은닉에 이르기까지, 보호의 체험을 사는 것이다. 시인 노엘 아르노Noël Arnaud가 꿈꾸는 바와 같이, 존재는 유사성 밑에 스스로를 숨긴다.[48] 하나의 색깔 밑에 보호되어 있다는 것, 그것이야말로 거주의 평온함을 그 절정에까지, 부주의할 정도로까지 밀고 간 게 아니겠는가? 그림자 역시 하나의 거처인 것이다.

13

이상으로써 조개껍질에 대한 연구를 마친 다음, 우리는 갑각(甲殼)에 관계되는 몇몇 이야기를 덧붙여 살펴볼 수 있을 것이다. 거북은 걸어 다니는 집을 가지고 있는 동물이라고 하겠는데, 그러한 거북에만 대해서도 손쉬운 설명을 제시할 수 있겠다. 하지만 그 설명은, 우리가 위에서 개진해 온 주장들을 새로운 예로써 보여주는 것에 지나지 않을 것이다. 그래 우리는 거북의 집에 관한 한 장을 절약해 버리려고 한다.

그러나 원초적 이미지에 있어서 조그만 모순 요소들이 때로 상상력을 생동케 하므로, 우리는 이탈리아의 시인 주세페 웅가레티Giuseppe Ungaretti의 플랑드르 지방 여행기에서 뽑은 거북의 이미지 하나를 살펴보려고 한다. 시인 프란츠 헬렌스Franz Hellens의 집에서——그런 희귀한 이미지는 시인들만이 가질 수 있는 법이다——웅가레티는 '거북을 덮친 굶주린 이리가, 거북이 뼈 같은 갑각 속으로 움츠려 숨어 버리자, 제 주림을 진정시키지 못하고 미친 듯이 날뛰는 모습을 어떤 화

---

48) 노엘 아르노Noël Arnaud, 《초벌 상태 *L'Etat d'ébauche*》, Paris, 1950.

가가 표현한'[49] 목판화를 보았다.

이 세 줄의 문장은 내 기억을 떠나지 않고 있고, 나는 그것을 가지고 한없이 여러 이야기들을 상상하고 상상한다. 나는 그 이리가 먼 곳에서, 어느 기근이 든 지방에서 흘러 들어오는 것을 본다. 그는 야윌 대로 야위어 있고, 그의 혀는 붉은 열기를 뿜으며 늘어져 있다. 바로 그때에 거북이, 지상의 모든 미식가들이 탐하는 요리인 거북이 수풀에서 나온다. 그러자 한 발에 이리는 그 먹이 위로 뛰어 덮친다. 그러나 거북은 제 집으로 머리와 발과 꼬리를 집어넣을 때에는 놀라운 기민성을 발휘하는 능력을 자연으로부터 받았기에, 이리보다 더 재빠르다. 굶주린 이리에게 그것은 이젠 길 위의 돌 하나에 지나지 않는다.

이 주림의 드라마에서 어느쪽을 편들 것인가? 나는 편파적이지 않도록 노력했다. 나는 이리를 좋아하지 않는다. 하지만 이번 한 번쯤은 거북이 이리에게 당했다면 오히려 좋지 않을까? 그 옛 판화에 대해 오랜 몽상에 잠겼던 웅가레티는, 화가가 '이리를 공감적으로, 거북을 밉살스럽게' 보이도록 했다고 명백히 말하고 있다.

이 설명에 대해 또 얼마나 많은 설명을 현상학자는 할 수 있으랴! 아닌 게 아니라 우리들은 지금 **판화**의 **설명**이라는 차원을 마주하고 있는 것이다. 말할 나위 없이 심리적인 해석이 사실을 훨씬 넘어서고 있다. 그 그림의 어떤 선 하나도 밉살스런 거북을 표현할 수는 없는 것이다. 그런데 거북은 제 상자 속에서 스스로의 비밀을 확보하고 있다. 그것은 꿰뚫어볼 수 없는 외양의 괴물이 되어 있는 것이다. 따라서 현상학자는 이리와 거북의 우화를 지어낼 수밖에 없다. 그는 그 드라마를 우

---

49) 《유럽 문화 *La Revue de culture européenne*》지(誌), 1953년 제사반기호, p.259.

주적인 차원으로 올려 놓게 되고, 세계-내에서의-주림(현상학자들이 그들 스스로가 세계 안으로 들어가는 선을 묘사하기 위해 즐겨 사용하는 연결 부호로 기재된[50])에 대해 명상하게 된다. 더 단순히 말하자면, 현상학자는 한순간 돌로 변한 먹이 앞에서 이리의 내장을 가지게 되는 것이다.

만약 내가 그런 판화의 복제화를 가지고 있다면, 나는 그것을, 세계 내에서의 주림의 드라마에 대한 참여의 여러 다른 면모들을 가늠하고 그 각각의 깊이를 가늠하기 위한 검사 도구로 사용하겠다. 그 참여의 뉘앙스가 복잡함은 거의 확실히 드러날 것이다. 이야기를 꾸미는 기능이 무기력해져 있는 상태에 몸을 내맡기고 있는 이들은, 어린 시절에 그렸던 옛 이미지들을 그대로 떠올릴 것이다. 그들은 아마 고약한 이리의 울화에 치받힌 모습을 즐길 것이다. 그들은 제 집 속으로 들어가 버린 거북과 더불어 속으로 즐거워하며 웃을 것이다. 그런가 하면, 웅가레티의 해석에 자극되어 상황을 전도시켜 볼 수 있는 이들도 있을 것이다. 옛날부터 전승되어 온 상태대로 있는 우화가 이와 같이 전도되는 때에는, 이야기를 꾸미는 기능이 새롭혀진다고 할 수 있다. 이 경우, 현상학자가 이득을 얻을 수 있는 상상력의 새로운 출발이 있다. 그러한 상황의 전도는 '세계'를 한 덩어리로 맞대면하는 현상학자들에게는 정녕 대수롭지 않은 자료로 보일지 모른다. 그들은 즉시 '세계' 안에 있다는, '세계'에 있다는 의식을 가진다. 그러나 상상력의 현상학자에게는 문제는 한결 복잡하다. 끊임없이 그는 세계의 **이상함**들에 마주

---

50) [역주] 물론 이 말은 우리말이나 독일어의 경우에는 맞지 않는다. 우리말의 관행은 일반적으로 연결부호를 쓰지 않으며(이 역서에서는 쓰고 있지만), 독일어에서는 이런 경우 연결되는 낱말들을, 연결부호를 사용하지 않고 그냥 붙여서 한 낱말로 만들기 때문이다.

치는 것이다. 아니 그보다 더하다고 하겠다: 그의 신선함 가운데, 그 스스로의 약동 가운데 상상력은 범상한 것을 가지고 이상한 것을 만든다. 하나의 세부적인 시적 사상(事象)을 가지고 상상력은 우리들을 새로운 세계 앞에 내세운다. 그리되면 세부가 전경을 능가하는 것이다. 하나의 단순한 이미지가 그것이 새로운 것일 때에는, 하나의 세계를 여는 것이다. 상상적인 것의 수많은 창문들을 통해 보면, 세계는 끊임없이 변하는 것이다. 그것은 따라서 현상학의 문제를 새롭게 제기한다. 조그만 문제들을 해결함으로써 큰 문제들을 해결하기를 배우는 것이다. 그리하여 우리는, 기초적인 현상학의 차원에서 우리의 훈련을 제의하는 것으로 만족한 것이다. 게다가 우리는, 인간의 정신현상psyché에 있어서 무의미한 것이라고는 아무것도 없다고 확신하고 있다.

제6장

구 석

그곳의 사방을 막아라!

'캥거루'의 주머니를 닫아라! 거긴 따뜻해.

—— 모리스 블랑샤르Maurice Blanchard(《시의 시대

Le Temps de la poesie》, G.L.M., 1948년 7월호, p.32)

I

새집과 조개껍질의 경우에 우리들은 말할 나위 없이 거주의 기능의
전치된 형태들을[1] 마주하고 있었다. 그 경우 문제되었던 것은, 황당스
럽거나 투박한 내밀성, 나무 위의 새집처럼 공기적인 내밀성이거나 연
체동물처럼 돌 속에 힘들게 상감(象嵌)된 삶의 상징으로서의 내밀성을
연구하는 것이었다. 우리는 이제 덧없거나 상상적인 것으로 보임에도
그러면서도 한결 더 인간적인 뿌리를 가지고 있는 그러한 내밀함의
느낌들을 다루려고 한다. 이 장에서 우리가 살펴보려고 하는 느낌들
은 전치가 필요 없는 것이다. 그것들에 대해 우리는 심리학을 직접적
으로 전개할 수 있는 것이다.[2] 물론 실증적인 정신의 소유자는 그것들
을 여전히 헛된 망상으로 생각하겠지만.

---

1) 〔역주〕 새집과 조개껍질에는 우리들 자신이 들어가 사는 게 아니라, 우리들의 '거
주의 기능'을 거기에 상상적으로 '전치'해 보는 것이다.
2) 〔역주〕 이 장에서 다루려고 하는 구석에는 우리들이 직접 들어가 앉아 내밀한
느낌에 젖었던 경험이 있으므로, 그 느낌의 심리를 '전치' 없이 '직접적'으로 탐구할
수 있는 것이다.

우리의 성찰의 출발점은 다음과 같다: 집에 있는 구석, 방 안의 벽 구석은 어떤 것이나, 우리들이 스스로를 응집시켜 웅크리고 들어앉고 싶은 구석진 공간은 어떤 것이나, 우리들의 상상력에 대해서는 하나의 고독, 즉 하나의 방의 배아, 하나의 집의 배아가 된다.

독서를 하며 우리가 모을 수 있는 자료들은 그리 많지 못하다. 왜냐 하면 이 전혀 육체적인 스스로의 응집은 이미 하나의 거부증(拒否症) 의 징후를 띠는 것이기 때문이다. 우리들이 '체험한' 구석은 많은 측면 에 있어서 삶을 거부하고, 삶을 제한하고, 삶을 숨기는 것이다. 그러므 로 그때에는 구석은 '세계'의 부정이다. 구석에서 우리들은 스스로에 게 말하지 않는다. 구석에 있었던 시간들을 기억해 보면, 침묵이, 생각 에 싸인 침묵이 기억될 따름이다. 그렇다면 그토록 빈약한 고독의 기 하학[3]을 묘사할 이유가 무엇이겠는가? 심리학자는, 그리고 특히 형이 상학자는 장소분석이라는 이 에움길을 전혀 무용한 것으로 생각할 것 이다. 그들은 '폐쇄적인' 성격을 직접적으로 관찰할 줄 아는 것이다. 그들은 찌푸린 얼굴을 한 사람을 구석에 틀어박힌 사람으로 묘사해 받을 필요가 없다. 그러나 우리는 장소라는 조건을 그토록 쉽사리 무 시할 수 없다. 우리는 믿는 바인데, 영혼의 은둔처란 어떤 것이나 은신 처의 모습을 지니는 법이다. 은신처들 가운데 가장 누추한 것인 구석 이라도 검토의 가치가 있다. 제 구석에 들어앉는다는 말은 아마도 빈

---

3) (역주) 기하학은 공간에 관한 학문이고 또 이 책에서 다루어지고 있는 이미지들 은 공간에 관한 것이므로, 지금까지 '기하학'이란 말은 현실의 공간적 대상의 외형 을 가리키는 메타포로 쓰여 왔다. 그런데 이 경우에는 문맥으로 보아 굳이, 상상적 인 내밀성에 대립되는 현실의 대상의 외형이라기보다는, 한결 막연히 그 둘을 모두 포함하는 뜻으로 쓰인 것 같다.

약한 표현일 것이다. 그 표현이 빈약하다는 것이 사실이라면, 그것은 그 표현이 오히려 수많은 이미지들을,──아주 옛날부터 있어 온 이미지들, 아마도 심지어는 심리적으로 원초적이기까지 한 이미지들을 이끌고 있기 때문이다. 때로는 이미지가 단순하면 단순할수록 몽상이 더욱더 위대해진다.

우선 구석은 우리들에게 존재의 최초의 가치의 하나인 부동성을 확보해 주는 은신처이다. 그것은 나의 부동성이 자리잡을 수 있는 확실한 장소, 가까운 장소이다. 구석은 일종의 반상자──반은 벽이고, 반은 문인──이다. 그것은, 뒤에 나올 한 장에서 우리가 다루게 될 안과 밖의 변증법에 대한 한 실례가 될 것이다.

제 구석에 들어앉아 평화로움 가운데 있다는 의식은, 말하자면 부동성을 주위로 전파한다. 그 부동성은 방사되는 것이다. 우리들이 구석에 몸을 피하고 있을 때, 스스로가 잘 숨겨져 있다고 믿는 우리들의 몸 주위에 하나의 상상적인 방이 건조된다. 그늘은 이미 벽이 되고, 가구는 울타리가, 벽포는 지붕이 된다. 그러나 이 모든 이미지들은 너무 현란하다. 부동성의 공간은 존재의 공간으로서 지적되어야 한다. 한 시인이 《초벌 상태》라는 제목의 시집 가운데 다음과 같은 짧은 시구를 쓴바 있다:

내가 있는 공간, 나는 바로 그것이니[4]

이 시구는 위대하다. 하지만 그렇다는 것을 구석에서보다 더 잘 느

---

4) 노엘 아르노, 앞의 책.

낄 수 있는 곳이 어디이겠는가?

《나 없는 나의 생 *Ma vie sans moi*》[5]에서 릴케는 이렇게 쓰고 있다: '갑자기 방 하나가 나의 내부에서 거의 만져지기라도 할 듯이, 램프와 더불어 나와 대면하여 나타났다. 이미 나는 그 안에서 구석이 되어 있었다. 그런데 덧문들이 나를 느끼고, 스스로를 닫았다.' 구석이 존재의 칸막이임을 어찌 이보다 더 잘 말할 수 있겠는가?

2

그런데 제 구석에서 빠져나오는 바로 그 순간에 존재가 현현하는, 그런 상황을 보여주는 애매한 텍스트 하나를 이제 살펴보기로 하자.

보들레르에 관한 그의 저서에서 사르트르는, 긴 설명을 받아서 좋을 문장 하나를 인용하고 있는데, 휴스Hughes의 어느 소설에서 인용된 그것은 다음과 같다: '에밀리는 배의 아주 이물 쪽에 있는 어느 깊은 구석에서 제 집을 만드는 놀이를 했다……'[6] 그러나 사르트르가 이용하고 있는 것은, 이 문장이 아니라 그 다음 문장이다: '이 놀이에 지치자, 그녀는 망연히 고물 쪽으로 나아갔다. 바로 그때, 갑자기 하나의 섬광 같은 생각이 그녀에게 들이닥쳤는데, 그것은 나는 **나**라는 생각이었다…….' 그 생각을 여러 측면으로 살펴보기 전에, 아마도 그것은 휴스의 이 소설에 있어서, **꾸며낸 어린 시절**이라고 불리어야 할 것에 대응되는 것이리라는 것을 지적해 두기로 하자. 꾸며낸 어린 시절은 소설에 많이 나온다. 소설가들은, 꾸며낸 소박성을 달고 있는 사건들이 체

---

5) 불역판.
6) 휴스Hughes, 《자메이카의 구풍(颶風) *Un Cyclone à la Jamaïque*》, Plon, 1931, p.133.

험되지 않은 꾸며낸 어린 시절에 있었던 것으로 이야기하는 것이다. 문학 창조 활동에 의해, 작품이 진행되는 시간 이전의 먼 과거로 투사되는 이 비현실적인 과거는, 흔히 실제의 몽상을 숨기고 있는 수가 많은데, 그 몽상은, 작가가 그것을 정녕 실제적인 소박성 가운데 우리들에게 제시한다면 그것의 전 현상학적인 가치를 얻게 될 것이다. 그러나 **실재(實在)**와 **묘사**는 근접시키기가 쉽지 않은 법이다.

아무튼 사르트르가 인용한 그 문장은 그 자체로 귀중한 자료인데, 왜냐하면 그것은 장소분석적으로, 즉 공간적인 방식으로, 안과 밖에 대한 경험을 통한 방식으로, 정신분석가들에 의해 내향적, 외향적이라는 말로써 지칭되는 두 방향을 가리켜 보이고 있기 때문이다: 삶에 앞서, 열정에 앞서, 생존의 도식 그 자체 가운데 소설가는 이 이중성에 마주치는 것이다. 휴스의 그 소설에서 어린아이가 가지게 되는, 자기는 자기 자신이라는 그 섬광 같은 생각, 그것을 그 아이는 바로 '제 집'에서 빠져나오면서 얻는다. 그것은 이를테면 나옴[出]의 **코기토**cogito라고 부를 수 있겠는데, 이 경우 그에 앞서 스스로의 내부에 침잠한 존재의 **코기토**,── 먼저 배 위의 그 깊은 구석에 데카르트의 '난로방' 같은 방, 공상적인 거소를 스스로 지어 가지려는 놀이를 하던 어린아이의 다소간 흐릿한 **코기토**가 우리들에게 제시되어 있지 않다.[7] 어린아

---

7) 〔역주〕데카르트가 나중에 《방법서설(方法敍說) *Discours de la Méthode*》에서 개진하게 될, 진리를 추구하기 위한 보편적인 방법에 대한 생각을 열광으로써 얻었다고 하는 난로방. 1619년 11월 10일(그해 그는 23세였다) 그는 독일 여행중에 겨울의 첫 추위를 맞이하여 독일 어느곳의 난로방에 하루 종일 갇혀 있었다. 데카르트의 방법이 이른바 방법적 회의doute méthodique라는 것이고, 그것을 철저히 밀고 나갈 때 궁극적으로 도달하는 것은 저 유명한 명제 Cogito, ergo sum〔나는 생각한다. 고로 나는 존재한다〕이다. 그러므로 그가 진리 추구의 그 방법에 관한 생각을 얻는 그 난로방은, 바

이는 아마도 구석 속에서의 존재의 응집에 대한 반동으로 외부로 폭파하듯 튀어나오면서, 자기는 **자기 자신**이라는 것을 발견한 것이다. 왜냐하면 그 배 위의 구석은 존재의 구석이 아닌가. 그 어린아이는, 바다 한가운데 있는 배라는 넓은 세계를 탐험한 다음에도 그 조그만 제 집 안으로 되들어갈 것인가? 이제 그녀는, 자기가 **자기 자신**이라는 것을 알고 있는데도 제 집 만들기 놀이를 다시 하고, 그 제 집 안으로 되들어갈 것인가? 즉 자기 자신 안으로 되들어갈 것인가? 물론 우리들은 있는 장소에서 벗어나면서 실존한다는 의식을 얻을 수 있을 것이다. 그러나 이 경우 존재의 우화는 공간상의 추이와 연계되어 있다. 소설가는 우리들에게, 스스로의 존재를 찾아 제 집에서 세계로 나가는 몽상의 전환의 세부적인 이야기를 모두 들려줬어야 했다. 여기서 서술되고 있는 것이 꾸며낸 어린 시절, 소설화한 형이상학인 만큼 소설가는 집과 세계, 이 두 영역의 비밀을 모두 지니고 있음에 틀림없다. 그는 그 둘의 상관관계를 느끼고 있는 것이다. 그는 아마 존재의 각성을 달리 보여줄 수도 있으리라. 어쨌든 제 집이 세계에 앞서 있었던 만큼 조그만 집 속에서의 몽상도 우리들에게 제시되었어야 하는 것이다. 이리하여 소설가는 구석의 몽상을 희생시켜——아마도 억압해——버린 것이다. 그는 그것을 기껏 어린아이의 '놀이'로 치부해 버린 것이다. 그리하여 어찌 보면 삶의 진지한 면은 외부에 있다고 고백한 셈이다.

그러나 시인들은 구석 속에서의 삶에 대해서, 스스로의 내부에 침잠한 몽상가와 더불어 그 자체 구석 속에 웅크리고 들어가 있는 세계에 대해서, 우리들에게 더 많은 것을 들려줄 것이다. 그들은 주저하지 않

로 그가 최초로 그 코기토Cogito를 체험한 방이라고 하겠다. 그런데 바깥의 겨울 추위에 파묻혀 있는 그 난로방은 바로 '구석'과 같은 공간인 것이다.

고, 그 몽상에 그것의 전적인 현실성을 부여할 것이다.

3

시인 밀로슈의 소설 《사랑 입문 *L'amoureuse Initiation*》에서, 부끄러움을 모르는 성실성을 가진 그 중심 인물은 아무것도 잊지 않는다. 그리고 그가 회상하고 있는 것이 어린 시절의 추억인 것도 아니다. 일체가 생생한 현실성의 지배 밑에 놓여 있다. 그래 그가 흔히 찾아들곤 하는 정해 놓은 구석들이, 바로 그의 궁전, 그가 열렬한 삶을 영위하고 있는 그의 궁전 안에 있다. 예컨대 연인이 떠나 버린 동안 '네가 그 속에 들어가 웅크려 앉곤 하던, 벽난로와 참나무궤 사이의 조그만하고 어두컴컴한 구석'과 같은. 그는 불충실한 그녀를 그 넓은 궁전에서 기다렸던 게 아니라, 정녕 노여움을 삭일 수 있는 침울한 기다림의 구석에서 기다렸던 것이다. '차고 단단한 대리석 바닥 위에 엉덩이를 붙이고, 천정이 하늘이런 듯 거기에 망연히 시선을 보낸 채 책장을 자르지 않은 책[8]을 손에 들고, 슬픔과 기다림의 얼마나 감미로운 시간들을 오, 얼간이여, 너는 그 구석에서 보냈던가!'[9] 그것이야말로 대립하는 두 감정의 양립상을 위한 은신처가 아니겠는가? 몽상가는 슬프다는 것이 행복스러우며, 홀로 있고 기다린다는 것이 만족스러운 것이다. 그 구석 속에서 그는, 열정의 정상에서는 으레 그러하듯 삶과 죽음에 대해서 명상한다: '너는 생각하곤 했지, 이 감상적인 방구석에서 살고 죽으리라

---

8) 〔역주〕 전통적으로 프랑스에서는 책의 제본을, 종이를 낱장으로 자르지 않고 그냥 접어 놓기만 한 채로 했다.

9) 《사랑 입문》, p.201.

고. 그렇고말고, 거기서 살고 죽으리라. 왜 안 그럴까 보냐, 어둡고 먼지 쌓인 조그만 구석들의 친구인 피나몽트 씨여?'

모든 구석의 거주자들은 이 이미지를 읽으면 그것을 생동케 할 것이고, 구석의 거주자가 나타내는 모든 존재적 뉘앙스들을 느낄 것이다. 구석, 모퉁이, 구멍의 위대한 몽상가들에게는 비어 있는 것이라고는 없는 법이며, 가득 참(滿)과 빔(空)의 변증법은 두 가지의 기하학적인 비현실성에 대응할 따름이다.[10] 거주의 기능이 가득 참과 빔 사이의 관절의 역할을 하는 것이다. 하나의 산 존재가 하나의 빈 은신처를 채운다. 그리고 이미지들이 거기에서 산다. 모든 구석들에는 누가 들어가 있지는 않을지라도 이미지들이 유령처럼 출몰하는 것이다. 밀로슈가 창조한 그 구석의 몽상가, 피나몽트 씨는 벽난로와 궤 사이의, 필경 좁지는 않다고 해야 할 '소굴'에 자리잡은 채 계속해 이야기한다: '여기서는 명상에 잠긴 거미가 힘 있고 행복하게 산다. 여기서는 과거가 몸을 오그려 아주 조그맣게 된다, 겁에 질린 늙은 무당벌레처럼⋯⋯. 놀리듯하는 꾀바른 무당벌레처럼 과거는 여기에 있기는 하나, 번드레한 물건들을 모으는 수집가들의, 아는 체하는 안경 밑에서는 발견되지 않는다.' 시인의 마술 지팡이 아래에서 구석의 거주자는 어찌 무당벌레가 되지 않겠는가? 그 둥근 곤충, 동물들 가운데 가장 둥근 그 곤충의 시초(翅焦) 밑에 어찌 추억들과 몽상들을 모으지 않겠는가? 그 붉은 대지적인, 생명의 공은 날 수 있는 제 힘을 얼마나 잘 숨기고 있었던가! 그것은 제 생활권을 마치 구멍에서 빠져나오듯 벗어난다. 아마

---

10) 〔역주〕여기서 '비현실성'은 상상적인 것을 가리키는 특별한 말이 아니라, 그냥 있을 수 없는 것이라는 뜻인 듯. 즉 구석이 빈 것으로 상상되지 않는다는 뜻. 그러므로 오히려 상상 가운데서는 빈 구석이란 없는 것이라고 할 수 있겠다.

도 푸른 하늘에 날아올라, 마치 휴스의 그 소설 속의 어린아이처럼 그 것 역시 자기는 **자기 자신**이라는 섬광 같은 생각을 얻으리라! 갑자기 날아오르게 된 이 조그만 조개껍질 앞에서 어찌 몽상을 멈출 수 있으랴?

그리고 밀로슈의 글에서는 동물의 삶과 인간의 삶의 교환이 수없이 이루어진다. 그의 그 부끄러움 모르는 몽상가는 다시 이야기한다: 여기, 벽난로와 궤 사이의 구석 속에서 '너는 수많은 권태의 치료제들과, 셀 수 없으리만큼 많은, 영원토록 네 정신을 사로잡을 만한 것들을 발견한다: 3세기 전의 곰팡이 내음, 파리똥으로 써진 상형문자들의 비밀스런 뜻, 개선문 같은 새앙쥐 구멍, 뼈마디들이 불거져 있는 네 휘인 등을 포근히 받치고 있는 벽융단의 풀어진 결, 대리석 바닥을 닳게 할 듯한 네 발뒤꿈치 소리, 먼지를 자욱이 솟구치는 네 재채기 소리…… 마지막으로 깃털 비에 잊혀져 있는 방구석의 이 모든 오래된 먼지의 영혼.'[11]

하지만 우리와 같은 '구석의 독자들'이 아니라면 누가 그 **먼지의 소굴**에 대한 독서를 계속할 것인가. 아마 미셸 레리스 같은 사람은 그리 할지 모른다: 그는 핀을 무기로 하여 마룻바닥 틈 사이에서 먼지를 뽑아내려 하던 사람이니까.[12] 어쨌든 다시 한 번 되풀이하지만, 그런 것들은 누구나 고백하는 것은 아니다.

그러나 그런 몽상들에서는 과거는 얼마나 오랜 옛날을 가지고 있는 것일까? 그것들은 연대 없는 과거의 거대한 영역에 귀속되는 것이다. 상상력을 기억 밑 지하실 속에서 방황하도록 내버려둔다면, 우리들은 스스로 알지 못하는 가운데, 우리들 집의 조그만 지하 소굴들에서, 거

---

11) 위의 책, p.242.
12) 미셸 레리스, 《삭제선(削除線) *Biffures*》, p.9.

의 동물의 그것 같은 꿈의 숙소에서 우리들이 영위했던 몽상적인 삶을 되찾게 된다.

그런데 바로 그 먼 시간의 바탕 위에서 어린 시절이 되돌아오는 것이다. 그의 **명상의 구석** 속에서 밀로슈의 몽상가는 양심 성찰을 한다. 과거가 현재의 지평으로 되솟아오른다. 그리고 몽상가는 느닷없이, 자신이 울고 있다는 것을 발견한다: '왜냐하면 어렸을 때, 이미 너는 성의 지붕 밑 방이나, 옛날 책들이 꽂혀 있는 서재의 구석을 좋아했다. 너는 한마디도 이해하지 못하면서, 네덜란드에서이니까 간행될 수 있었던[13] 디아포이루스Diafoirus의 저서들을 게걸스럽게 읽었지. 오! 이 장난꾸러기, 네가 메로네 궁에의 향수(鄕愁)가 어린 먼지로 뒤덮인 구석들에 들어앉아——그 고약한 짓거리——보냈던 그 감미로운 시간들! 거기서 너는, 제 명을 다한 물건들의 영혼을 꿰뚫어보기에 네 시간을 얼마나 소비했던가! 거기서 너는 도랑 속에 버려졌을, 쓰레기 더미에서 벗어난, 제 길 잃은 낡은 슬리퍼로 변신하며 얼마나 큰 행복을 느꼈던가?'

여기서 한번 반격을 해볼 필요가 있을까? 몽상을 부러뜨리고, 독서를 멈추어 볼까? 누가, 구석에 버려져 있는 낡은 물건들과 동화하기까지에——거미와 무당벌레와 새앙쥐와 그리되는 것은 말할 것도 고——이를 수 있을까? 그러나 멈춰 버리는 몽상이란 무엇이겠는가? 어찌 조심성이라든가 좋은 취향으로 해서, 낡은 것들에 대한 경멸로 해서 몽상을 멈춰 버려야 하겠는가? 밀로슈는 멈추지 않는다. 그의 책에 인도되어, 그의 책을 넘어서 몽상을 하며, 우리들은 그와 함께 '지난 세기에 한 소녀가 그 방구석 속에 버리고 잊어버린 나무 인형'의 무덤이

─────────

13) [역주] 네덜란드는 전통적으로 지적 아방가르드의 역할을 해온 나라이다. 새로운 학술서적의 초판이 네덜란드에서 간행된 경우가 많다.

라고나 할 그 구석을 눈앞에 그리게 된다. 하잘것없는 것들의 커다란 박물관 앞에서 감동을 얻기 위해서는 아마도 몽상의 끝까지 가야 하리라. 낡은 물건들의 보관소가 아닐, **그 자체의** 낡은 물건들을 간직하고 있지 않을, 단순히 광적인 골동품 수집열에 의해 오래된 수출품들만으로 가득 차 있을 오래된 집,──그런 오래된 집을 상상할 수 있을까? 구석의 영혼을 복원시키기 위해서는, 밀로슈의 몽상가의 명상을 사로잡고 있는 낡은 슬리퍼와 인형의 머리가 더 나은 것이다. 시인은 이렇게 이야기를 계속한다: '사물들의 신비와, 시간 속에서의 조그만 감정들과, 영원의 거대한 허공이여! 전(全) 무한이 벽난로와 참나무궤 사이에, 이 대리석 구석 안에 자리잡는다…… 너의 그 커다란, 거미의 기쁨들, 상하고 죽어 버린 조그만 것들에 대한 너의 그 깊은 명상들, 그것들은 지금 이 순간 어디에, 제기랄! 어디에 있단 말인가?'[14]

그러자 그의 그 구석 깊숙한 데서 몽상가는 모든 고독의 대상들,──고독의 추억들 자체이며 어느 구석에 버려져 오직 망각에 의해서만 배신된, 그 고독의 대상들을 추억한다. '아주 멀리서부터 네게, 네가 생각에 잠겨 있던 창문에서, 지난해들의 햇볕에 탄 창문에서 인사하던 램프를, 그 오래된 램프를 생각해 보아라…….' 그의 구석 깊숙한 데서 몽상가는 더 오래된 다른 하나의 집, 다른 곳에 있는 집을 떠올린다. 그리하여 자기가 태어난 집과 몽상의 집을 종합한다. 대상들, 옛 대상들이 그에게 질문하듯, 다가온다: '버림받은 것 같은 느낌을 주는 겨울 밤들에 네 친구, 그 오래된 램프는 네게 대해 무엇을 생각할 것인가? 네게 다사로웠던, 그토록 우애롭게 다사로웠던 대상들은 네게 대해

---

14) 밀로슈, 앞의 책, p.243.

무엇을 생각할 것인가? 그것들의 보잘것없는 운명은 네 운명에 밀접히 이어져 있지 않았던가? ……말 못하고 움직임 없는 사물들은 무엇이든 결코 잊어버리지 않는다: 경멸받고 우수에 잠긴 채 그것들은, 우리들이 우리들 내부 깊숙한 곳에 지니고 다니는 가장 보잘것없고 가장 무시되는 것에 대해 털어놓는 이야기를 받아들이는 것이다.'[15] 몽상가는 그의 구석 안에서 얼마나 절실한, 겸허에의 호소를 들었는가! 구석은 궁전을 부인하고, 먼지는 대리석을 부인하고, 낡은 대상들은 화려와 호사를 부인한다. 몽상가는 그의 구석 안에서 세계의 모든 대상들을 하나하나 파괴해 버리는 세밀한 몽상 가운데 세계를 지워 버린 것이다. 구석은 추억의 장롱이 된다. 먼지에 싸인 물건들의 무질서의 수많은 작은 문간들을 넘어선 다음, 대상-추억들은 과거에 질서를 부여한다. 응집된 부동성과, 사라진 세계로의 더할 수 없이 먼 여행들이 하나로 손잡는다. 밀로슈에게 있어서 몽상은 과거 속으로 너무나 멀리 흘러가기 때문에, 이를테면 기억의 저편[彼岸]이라고나 할 것에 가닿는다: '그 모든 것들은 멀리, 너무나 멀리 있다. 그래 더이상 있지 않다. 아니 결코 있어 본 적이 없다. '과거'는 더이상 그것들에 대한 기억을 가지고 있지 않은 것이다……. 시선을 움직여 찾아보아라. 그리고 놀라워하고 전율하여라……. 네 자신이 이미 더이상 과거를 가지고 있지 않은 것이다.'[16] 이 책의 글을 명상하며 우리들은 일종의 존재의 선행(先行) 상태라고 할 것 속으로, 꿈의 저편[彼岸]이라고 할 것 속으로 이끌려 들어감을 느낀다.

---

15) 위의 책, p.244.
16) 위의 책, p.245.

4

밀로슈의 글로써 우리는 침울한 몽상,——구석 안에서 움직임을 잃어 가는 존재의 몽상의 가장 완전한 경험의 하나를 제시하려고 했다. 그는 거기에서 하나의 낡은 세계를 되찾는다. 우리들이 삶에 하나의 형용사를 갖다붙일 때, 그 즉시 그 형용사는 강력한 힘을 가지게 된다는 사실을, 지나치면서 지적해 두기로 하자. 침울한 삶, 침울한 존재는 세계에 서명을 한다. 그것은 사물들 위에 번져 가는 채색보다 더한 것이다: 사물들 자체가 슬픔으로, 아쉬움으로, 향수로 결정(結晶)되는 것이다. 철학자가 시인들에게, 밀로슈 같은 위대한 시인에게 세계의 개성화에 대한 교훈을 얻으러 갈 때, 그는 곧, 세계는 명사의 영역에 속하는 게 아니라 형용사의 영역에 속하는 것이라는 것을 확신하게 된다!

만약 우리들이 세계에 관한 철학체계들에 있어서 상상력에 그 의당한 몫을 부여한다면, 우리들은 그 각각의 체계의 근원에 하나의 형용사가 나타남을 보게 될 것이다. 그리고 다음과 같은 충고를 줄 수 있을 것이다: 세계에 관한 철학의 본질을 알아내기 위해서는 그 형용사를 찾으라.

5

그것은 그렇고 몽상으로 되돌아와서 이젠 사물들의 세부에 의해, 처음 보기에는 무의미한 현실의 특이점들에 의해 출발되는, 한결 짧은 몽상들을 살펴보기로 하자. 레오나르도 다 빈치가 자연 앞에서 영감의 부족을 느끼는 화가들에게 오래된 벽의 갈라진 틈들을 몽상에 잠긴 시선으로 바라보기를 권고했다는 사실을, 사람들은 얼마나 많이 환기시켰던가! 오래된 벽면에 시간이 그어 놓은 선들에는 세계 지도가 있지 않는가? 천정에 나타난 몇 개의 선에서 어느 누가 새로운 대륙의 지도를 보지 않았던가? 그 모든 것을 시인은 알고 있다. 그러나 소묘와 몽상의 경계에서 우연이 만들어 놓은 그 세계를 자기 식으로 이야기하기 위해서는 그는 거기에 가서 살려고 할 것이다. 그는 그 갈라진 천정의 세계에서 체류하기 위한 구석을 하나 찾을 것이다.

한 시인이 쇠시리의 오목한 길을 따라가다가, 그 구석에서 그의 오두막집을 발견하게 되는 것은 이의 한 예이다. 피에르 알베르 비로가 《다른 나에게 바치는 시 *Les Poèmes à l'autre moi*》에서 '따뜻함을 유지하는 곡선'에 '꼭 붙어 있다'고 하는 이야기를 들어 보자. 그것의 따뜻함은 얼마 안 있어 우리들에게, 우리들 몸을 무엇으로 휘감아 덮으라고 명령한다.

우선 알베르 비로는 쇠시리 안으로 살며시 들어간다:

　……나는 쇠시리를 곧장 따라가고
　쇠시리는 천정을 곧장 따라가고.

그러나 거기 사물들의 소묘를 '듣고 있으면' 곧 모퉁이,──몽상가를 사로잡는 함정인 모퉁이가 나타난다:

　그러나 내가 빠져나올 수 없는
　모퉁이들이 있다.

바로 그 감옥에 평화가 든다. 그 모퉁이들에서, 그 구석들에서 몽상가는 존재와 비존재 사이에 있는[17] 휴식을 체험하는 듯하다. 그는 그때에 비현실성의 존재인 것이다. 그를 그 밖으로 내던지기 위해서는 하나의 사건이 필요하다. 아닌 게 아니라 시인은 이렇게 덧붙인다: '그러나 내가 천사의 꿈으로 죽어 가기 시작하고 있는 그 모퉁이에서, 나를 경적 소리가 빠져나오게 했다.'

이런 글 앞에서 수사학적 비평들은 쉽사리 부정적이 된다. 이런 이미지들, 이런 몽상들을 비판적인 정신은 물리치고 지워 버릴 많은 이유들을 가지고 있다.

우선 왜냐하면 그런 이미지들은 '합리적'이지 못하기 때문이고, 편안한 침대에서 몸을 푹 쉴 수는 있지만 '천정의 구석'에서 살지는 못하기 때문이고, 거미줄은 시인 자신이 말하고 있는 것처럼 벽포인 것은 아니기 때문이고,── 그리고 한결 개인을 겨냥한 비판으로서, 이미지의 과장은 존재를 존재의 중심으로 응집시키려고 노력하는 철학자, 존재의 중심에서 일종의 장소 시간 행동의 일치를 찾는 철학자[18]에게는 조롱같이 보여야 할 것이기 때문이다.

좋다, 그러나 이성의 비판이, 철학의 경멸이, 시의 전통이, 그 모두가 하나가 되어 우리들을 시인의 미로 같은 몽상에서 떼어 놓을 때에라도, 그렇더라도 시인이 그의 시 작품을 몽상가의 함정으로 만들어 놓았다는 것은 변함없는 사실이다.

그리고 나로서는 그 함정에 즐겨 사로잡힌 것이다. 나는 그 쇠시리를 따라갔던 것이다.

---

17) 〔역주〕 제2장 각주 45) 및 그 각주의 대상이 되어 있는 표현을 참조할 것.
18) 〔역주〕 바슐라르 자신을 가리키는 듯.

집에 관한 한 장에서 우리는, 판화의 집 그림은 거기에 살고 싶다는 욕구를 쉽사리 촉발한다고 말한 바 있다. 우리들은 거기에서, 잘 새겨진 소묘의 선들 바로 그 사이에서 살고 싶다는 느낌을 느낀다. 우리들을 구석 안에서 살기를 바라게끔 부추기는 우리들의 망상은, 때로 그것 역시 단순히 하나의 아취로운 소묘에 의해 태어나기도 한다. 그러나 그 경우, 곡선의 우아함은 단순히 알맞은 위치에서 굴곡을 이루는 베르그송적인 운동[19]이 아니다. 그것은 펼쳐지는 시간인 것만은 아닌 것이다. 그것은 또한 조화롭게 형성되는 거주할 수 있는 공간이기도 하다. 이와 같은 '구석-판화'의 하나를, 아름다운 문학의 판화를 여전히 피에르 알베르 비로가 우리들에게 보여준다. 그는 《다른 나에게 바치는 시》에서 이렇게 쓰고 있다:

이제 장식 대상이 되었네, 나는

감정의 소용돌이

휘감긴 나선

---

19) [역주] 베르그송에 의하면 운동에는 두 가지 요소를 구별해 볼 수 있다: 하나는 운동이 이루어진 거리, 즉 공간이고, 다른 하나는 그 거리를 달려가는 행동 자체이다. 우리들은 대개 운동을 두고 전자만을 생각하기 쉽다. 그러나 운동을 그 행동 자체로 생각해 보면, 그것은 기실 하나의 사물(공간)이 아니라 하나의 내적 체험이다. 운동에서 그것이 달려간 거리의 모든 지점들만이 아닌 다른 어떤 것을 우리들의 의식이 감지한다면, 그것은 우리들의 의식이 그 연속적인 지점들을 기억하기 때문일 것이다. 즉 행동 자체로서의 운동은 우리들의 정신 속에서의 그 지점들의 종합 과정이라고 할 수 있다. 달리 말해 운동은 그 모든 지점들과 나란히, 연속적으로, 그 운동 가운데서 얻어지는 감각들의 점진적인 조직인 것이다. 따라서 운동은 정신의 계속되는 상태들의 연속성, 즉 베르그송적인 지속, 달리 말해 체험된 시간과 같은 것이다(제1장 각주 15)를 참조할 것).

흑백으로 조직된 표면

허나 방금 나는 내 숨소리를 들었네

이건 정녕 대상인가

이건 정녕 나인가[20]

　그 나선은 두 손을 합장하고 우리들을 맞이하는 듯하다. 소묘는 그
것이 벗겨내는[21] 것에 대해서보다, 그것이 둘러싸는 것에 대해서 더 생
동하는 표현을 할 수 있는 것 같다. 기둥의 소용돌이 장식의 반원 안
에서 살고 곡선의 품속에서 따뜻함과 평온한 삶을 찾으려고 하는 시
인은, 그것을 잘 느낀다.

　말들의 뜻을 정확하게 유지하려 하고 그것들을 명확한 사고의 많은
조그만 도구들로 사용하는 주지주의적인 철학자는, 시인의 그 무모함
에 놀랄 수밖에 없다. 하지만 통합적인 감수성[22]은, 말이 완전하고 확
고한 것으로 결정(結晶)됨을 막는다. 명사의 중심적인 뜻에 예기치 못

---

20) 피에르 알베르 비로, 《다른 나에게 바치는 시》, p.48.

21) 〔역주〕 내밀성을 암시하는 그 다음의 표현 '둘러싸는'을 강조하기 위해, 거기에
대립적으로 생각해 낸 동작인 듯. 소묘가 '벗겨낸다'고 한다면, 그것은 소묘의 대상
을 잘 묘사한다, 드러낸다는 것의 메타포로 이해될 수도 있겠고, 한결 직접적인 뜻
으로 파악하여, 소묘의 선은 필경 대상의 많은 부분을 사상해 버리게 되므로 그러한
소묘의 추상성을 가리키는 것으로 이해될 수도 있겠다. 어쨌든 여기서 그 자체로 중
요한 내용은 아니다.

22) 〔역주〕 '울림'을 중심으로 모든 감각을 통합한 감수성이라는 뜻인 듯. 즉 이 경우
내밀성에 대한 존재의, 영혼의 참여에서 '울림'이 있었다면, 이 울림은 모든 감각에 '반
향' 된다. 그 중심적인 울림이 없었다면 서로 무관하게 느껴졌을 그 반향들이 이 경우
통일적으로 느껴지게 되고, 그리하여 서로 조응할 수 있게 된다. 이 때문에, 바로 뒤에
저자가 말하듯이, '명사의 중심적인 뜻에 **예기치 못한** 형용사들이 모여' 듦이 가능해
지고, '곡선이 따뜻하다'고 할 수 있게 되는 것이다.

한 형용사들이 모여든다. 새로운 분위기가 말로 하여금 사고 속으로뿐만 아니라 또한 몽상 속으로도 들어가게 한다. 언어가 꿈꾸는 것이다.

비판적인 정신이 뭐라고 해도 소용 없는 것이다. 곡선이 **따뜻하다고** 몽상가가 쓸 수 있다는 것은 하나의 시적인 사실이다. 베르그송이 곡선에는 **우아함**을, 그리고 아마도 직선에는 **뻣뻣함**을 부여함으로써 그 감각들을 넘어서지는 않았다고 사람들은 생각하는가? 우리들이 모서리는 차고 곡선은 따뜻하다고, 곡선은 우리들을 맞아들이고 너무 날카로운 모서리는 우리들을 내쫓는다고, 모서리는 남성적이고 곡선은 여성적이라고 말할 때, 그것이 베르그송의 경우보다 더한 것일까? 정녕 미미한 가치가 일체를 변화시키는 것이다. 곡선의 우아함은 거주에의 초대이다. 되돌아올 희망 없이 거기에서 빠져나올 수는 없다. 사랑받는 곡선은 보금자리의 견인력을 가지고 있다. 그것은 소유에의 유혹이다. 그것은 곡선상(狀)의 구석인 것이다. 그것은 거주되는 기하학이라고 하겠다. 이 경우 우리들은 휴식의 몽상의 극단적으로 단순화된 도식을 통해 최소치의 은신처에 접하고 있다. 오직 곡선들의 고리를 바라보며 스스로의 몸을 둥글게 하는 몽상가만이 이, 소묘된 휴식의 단순한 기쁨을 아는 법이다.

아마도 저자가 저서의 한 장의 마지막 부분에서 터무니없이 연맥 없는 생각들이나 세부의 하찮은 이미지들, 즉 아주 성실하더라도 순간적인 생명밖에 가지고 있지 않은 신념들을 긁어모은다는 것은, 아주 부주의로운 일일 것이다. 하지만 이미지들로 가득 차 있는 상상력을 마주하려고 하는 현상학자로서 그보다 더한 어떤 일을 할 수 있으랴? 그에게 있어서는 흔히 단 한마디의 말이 꿈의 배아가 된다. 미셀 레리스 같은 위대한 말의 몽상가의 작품들을 읽고 있노라면(특히 《삭제선(削除

線)》을 보라), 우리들은 자신이 말들 속에서, 말 한마디의 내부에서, 내밀한 움직임들로써 살고 있음을 느닷없이 발견하게 된다. 우정처럼 말은 때로 한 음절의 고리 속에서 몽상가의 뜻대로 부푼다. 또 어떤 말들에서는 모든 것이 평온하고 꼭 죄어져 있다. 주베르[23]는, 그 분별 있는 주베르조차 기이하게도 '오두막집'이라는 관념에 관해 말할 때에 그 말 속에서 내밀한 휴식을 느끼지 않았던가? 말들은——나는 흔히 그렇게 상상하는데——지하실과 지붕 밑 방을 갖춘 조그만 집들이다. 통상적인 뜻은, 결코 몽상가이지 않은 통행인일 뿐인 타인과 같은 수준에서 언제나 '무역(외부와의 교역)'을 할 준비가 되어 있는 채로 일층에 거주하고 있다. 말이라는 집에서 충계를 올라간다는 것은 단계적으로 추상(抽象)한다는 것이며, 지하실로 내려간다는 것은 꿈꾼다는 것이고, 불확실한 어원의 먼 복도들 속에서 헤맨다는 것이고, 말 가운데 회귀한 보물들을 찾는다는 것이다. 말 자체 속에서 오르내리는 것, 그것이야말로 바로 시인의 삶이다. 너무 높이 올라가는 것이나 너무 깊이 내려가는 것이나 시인에게는 허락되어 있는데, 그는 이리하여 대지적인 것과 공기적인 것을 잇는 것이다. 오직 철학자만이 그의 동료들에 의해, 언제나 일층에서 살도록 처단되는 것일까?

---

23) 〔역주〕 1754-1824, 프랑스의 문필가. 혁명 전후의 난폭한 시대와 너무나 큰 대조를 이루는 예지로써 삶을 살았다.

제7장

세미화(細微畵)

심리학자는——하물며 철학자는 말할 것도 없고——동화에 흔히 등장하는 세미화적인 사상(事象)들의 작용에 거의 주의를 기울이지 않는다. 심리학자의 눈에는 작가가 이집트 콩 한 개 속에 들어가는 여러 채의 집을 만들면서 그냥 **즐거워하고** 있는 것 같다. 그것이야말로 시작에서부터 터무니없는 짓거리로서, 동화를 더도 덜도 아닌 단순한 공상의 서열에 위치시키는 것이라는 것이다. 그러한 공상 속에서는 작가는 환상적인 것의 위대한 영역에 정녕 들어가지 못한다. 작가 자신, 그의 그 손쉽게 지어낸 이야기를 펼쳐 나갈 때에는——흔히는 아주 서투르게——그러한 세미화에 관계 있는 **심리 현실**을 믿고 있지 않은 듯하다. 거기에는, 작가에게서 독자에게로 옮아갈 수 있을 그 미량의 꿈이 빠져 있다. 남에게 믿게 하기 위해서는 스스로 믿어야 하는 법이다. 철학자에게는, 그 '문학적' 세미화들, 그, 문학가에 의해 그토록 쉽게 축소되는 대상들을 두고 하나의 현상학적 문제를 제기해 볼 만한 가치가 있을까? 의식——작가의 의식, 독자의 의식——은 그러한 이미지들의 시원에 있어서도 진지하게 활동하고 있을 수 있는 것일까?

어쨌든 그러한 이미지들에도, 그것들이 많은 몽상가들의 애착, 아니 흥미라도 불러일으킨다는 사실, 그것만으로도 어느 정도의 객관성을 허여(許與)하지 않을 수 없다. 그 세미화의 집들은 헛된 대상들이기는 하나, 참된 심리적 객관성을 가지고 있다고 말할 수 있다. 상상력의 활동 과정은 이 경우 전형적이다. 그것은, 기하학적인 유사성이라는 일반적인 문제와는 구별해야 할 하나의 문제를 제기한다. 기하학자는 다른 축도율(縮圖率)로 그린 두 닮은꼴을 두고 **정확히 똑같은 사물**이라고 생각한다. 축소된 집의 도면은 상상력의 철학에 속하는 어떤 문제도 함축하지 않는다. 심지어 우리들은 표상(表象)이라는 일반적인 차원에 위치하지도 말아야 한다. 이 차원에서는 그래도 유사성의 현상학을 연구함은 크게 바람직한 일일 터인데. 우리의 연구는 확실하게 상상력에 속하는 것으로 특수화되어야 한다.

예컨대 우리들이 상상을 하는 영역에 들어가기 위해 불합리의 문턱을 넘어서기만 한다면, 일체의 것이 명확해질 것이다. 이제 잠시 동안 샤를 노디에(Charles Nodier[1])의 주인공,── 요정의 마차 속에 들어가는 '잠두콩의 보배'를 따라가 보기로 하자. 제비콩 크기만한 그 마차 속에 그 젊은이는 어깨에 6 '리트롱'[2]의 제비콩을 메고 들어간다. 이와 같이 숫자와, 또 동시에 공간의 크기가 모순을 보인다. 6천 개의 제비콩이 한 개의 제비콩 속에 들어가는 것이다. 마찬가지로 뚱뚱한 미셸이 '꼬마 요정'의 집, 풀덤불 밑에 숨겨져 있는 그 작은 집에 들어갈 때에도── 얼마나 놀라워하며!── 그는 거기에서 편안한 것이다. 그는 거기에서 '거처를 잡는다.' 조그만 공간 속에서 행복해하며, 그는 하나의 공간 애호의 경험을 얻는다. 일단 그 세미화적인 대상의 내부에 들어온 다음에는, 그것이 이루는 드넓은 아파트를 발견하게 된다. 그는 내부로부터 **내부의** 아름다움을 발견하게 된다. 여기서 우리들은 하나의 전망의 전도를 마주하고 있는데, 그것은 작가의 재능과 독자의 몽상의 힘에 따라 일시적인 무력한 것일 수도 있고, 한결 독자를 사로

---

1) [역주] 1780-1844, 프랑스의 낭만주의 작가의 한 사람.
2) [역주] 옛 부피의 단위로 대략 5/8리터의 용량.

잡는 것일 수도 있다. 흔히 노디에는 '즐겁게' 이야기를 이끌어 가고 싶은 마음이 너무 크고 상상력을 끝까지 따라가기에는 너무 장난기가 많아, 잘 숨기지 못한 합리화 작용을 잔존시키는 경우가 많다. 세미화적인 집에 들어감을 심리적으로 설명하기 위해, 그는 어린아이들이 가지고 노는 마분지로 만든 조그만 장난감 집을 환기시킨다: 상상력의 '세미화'들은 우리들을 그저 어린 시절로 되돌려보낼 뿐이라는 것이다. 즉 우리들로 하여금 장난감에 참여시킴으로써, **장난감의 현실성**을 되깨닫게 할 뿐이라는 것이다.

그러나 상상력은 그보다는 가치 있는 것이다. 실상 세미화적인 상상력은 자연스러운 상상력이다. 그것은 타고난 몽상가들의 몽상 속에서 모든 나이에 걸쳐 나타난다. 바로 말하자면, 우리들을 즐겁게 하는 장난스러운 요소의 실제적인 심리적 밑뿌리를 발견하기 위해서는 그 요소를 떼내어 버려야 한다. 예컨대 《샘》지에 게재된 헤르만 헤세의 다음의 글을 우리들은 진지하게 읽을 수 있는 것이다. 한 수인이 그의 감방의 벽에 풍경을 하나 그려 놓았다: 그 그림에서는 조그만 기차가 터널 속으로 들어가고 있다. 간수들이 그를 찾으러 오면, 그는 그들에게 '내가 내 그림에 있는 저 조그만 기차 안에 들어가 뭘 좀 검사하고 나올 수 있도록 잠시 동안 기다려 달라고 상냥하게' 요구한다. '그들은 언제나처럼 웃기 시작했다. 왜냐하면 그들은 나를 좀 모자라는 사람으로 생각하고 있었기 때문이다. 나는 나 자신을 아주 조그마하게 만들었다. 그리고 내 그림 속으로 들어가, 그 조그만 기차에 올랐다. 그러자 기차는 굴러가기 시작했고, 그 조그만 터널의 깜깜한 구멍 속으로 사라져 버렸다. 얼마 동안 터널의 그 동그란 구멍에서 빠져나오는 약간의 솜 같은 연기가 보였다. 그러다가 그 연기는 흩어졌고, 그리고 연기와 더불어 그림마저, 그림과 더불어 나 자신까지 흩어져 버렸다 …….'3) 얼마나 여러 번 그 시인-화가는 그의 감방 속에서 그 감방의 벽을 터널로 뚫어 관통해 나가지 않았으랴! 얼마나 여러 번 그는 그의 꿈을 그리며 벽의 갈라진 틈으로 빠져나가지 않았으랴! 감옥에서 나가기 위해서는 어떤 방법도 좋은 것이다. 필요하다면 불합리성이, 그 자체만으로 우리들을 해방시켜 주는 것이다.

이와 같이 만약 우리들이 세미화의 시인을 공감으로써 따라간다면, 그리하여 감옥에 갇힌 화가의 그 조그만 기차를 타 본다면, 기하학적인 모순은 사함을 받게 되고, '표상'은 '상상력'에 의해 지배되게 된다. 그리되면 '표상'이란 타인들에게 우리들 자신의 이미지들을 전달하기 위한 표현들의 모음에 지나지 않는다. 상상력을 기본적인 능력으로 받아들이는 철학의 주된 입장에서 우리는 쇼펜하우어식으로 말해, 다음과 같이 말할 수 있을 것이다: '세계는 나의 상상력이다.' 내가 세계를 세미화화하기에 더 능숙하면 할수록, 나는 세계를 그만큼 더 잘 소유하는 것이다. 그러나 그렇게 하면서 다음과 같은 사실을 이해해야 한다: 세미화 속에서는 가치는 응집되고 풍요로워진다. 세미화의 역동적인 힘을 알기 위해서는 큼과 작음의 플라톤적 변증법4)으로는 충분치 않다. 작은 것 속에 있는 큰 것을 체험해 보기 위해서는 논리를 넘어서야 한다.

---

3) 《샘 *La Fontaine*》지 57호, p.725.
4) [역주] 플라톤의 저작들에는, 논의의 대상이 큰 것인가 작은 것인가에 따라 설명의 상대적인 용이함 때문에 큰 것은 작은 것의 설명을 통해, 작은 것은 큰 것의 설명을 통해 이해시키는 경우가 자주 나온다. 여기서 지적되고 있는 것은 그것인 듯. 그리고 이 경우 변증법은 플라톤적인 뜻에서의 변증법. 즉 감각적인 세계의 외관에서 초월적 현실, 즉 이데아로 영혼이 나아가는 과정.

우리는 이제 몇 가지 예를 살펴보면서, 문학적 세미화——즉 크기의 관점에서 발견되는 전도(顚倒)를 주해(註解)하는 문학적 이미지들의 전체——가 어떤 깊은 가치들을 생동케 한다는 것을 드러내려고 한다.

2

우리는 우선 피에르 막심 쉴Pierre-Maxime Schuhl의 한 훌륭한 논문에 인용되어 있는 시라노 드 베르주락Cyrano de Bergerac의 텍스트를 들겠다. 〈걸리버의 테마와 라플라스[5]의 가정(假定) Le Thème de Gulliver et le postulat de Laplace〉이라는 제목을 달고 있는 그 논문에서, 필자는 시라노 드 베르주락의 장난스러운 이미지들의 주지적인 성격을 강조하여 그것들과 수학자이며 천문학자인 라플라스의 사상을 접근시키는 결과에 이른다.[6]

시라노의 텍스트는 다음과 같다: '이 사과는 그 자체로서 하나의 조그만 우주이다. 그 씨앗은 다른 부분들보다 더 더운데, 스스로의 주위로 사과 전체를 보존하는 열을 방사한다. 그리고 이 견해에 따르면, 그 씨앗은 그 조그만 우주의 조그만 태양이며, 그 조그만 덩어리의 생장 촉진적인 요소인 소금을 데우고 배양한다고 한다.'

이 텍스트 가운데 실사적(實寫的)인 것이라고는 아무것도 없으며, 일체가 상상되고 있는데, 그 상상적인 세미화는 하나의 상상적인 가치를 감싸안고 있는 것으로 제시되어 있다. 그 한가운데 씨앗이 있는데, 그

---

5) 〔역주〕 1749-1827, 프랑스의 천문학자, 물리학자, 수학자.
6) 《심리학보 Journal de psychologie》, 1947년 4-6월호, p.169.

이외의 전체 사과보다 **더 덥다**는 것이다. 그 응집된 열, 인간이 사랑하는 그 따뜻한 안락, 이것이 이 이미지를, 보는 이미지의 서열에서 체험하는 이미지의 서열로 옮겨가게 하는 것이다. 상상력은 생산촉진적인 소금이 배양하는 그 씨앗의 힘으로 기운을 전적으로 회복한 듯이 느낀다.[7] 사과, 과일이 이젠 근본적인 가치가 아니다. 참된 역동적인 가치는 씨앗인 것이다. 씨앗이 역설적이게도 사과를 만든다. 그것은 그것의 방향성(芳香性) 즙을, 그것의 보존적인 힘을 사과에 보내어 준다. 씨앗은 과일 덩어리의 보호를 받으며 다사로운 요람 속에서 태어나는 것만은 아니다. 그것이 오히려 생명의 열의 생산자이기도 한 것이다.

이와 같은 상상 가운데서는 관찰자적인 태도에 반하는 하나의 전적인 전도가 있다. 상상하는 정신은 이 경우, 관찰하는 정신과 정반대의 길을 따르고 있다. 상상력은 지식들을 요약해 놓은 도표에 이르기를 바라지는 않는다. 상상력은 이미지들을 더욱더 많이 만들 구실을 찾을 뿐이다. 그러다가 한 이미지에 흥미를 가지게 되면, 그 즉시 상상력은 그것의 가치를 크게 불린다. 시라노가 '사과 씨앗-태양'을 상상하게 된 그 순간, 그 씨앗이 삶과 열의 중심이며 한마디로 하나의 가치라는 신념을 그는 가졌던 것이다.

물론 우리들이 지금 마주하고 있는 이미지는 극단적인 것이다. 시라노에게 있어서도 장난스러운 요소가 많은 다른 작가들에게 있어서처럼, 예컨대 위에서 환기된 노디에에게 있어서처럼 상상적인 명상을 해치고 있다. 이미지들이 너무 빨리, 너무 멀리 전개되어 가고 있다. 하

---

7) 사과를 먹은 후에 사과씨를 공격하는 사람들이 얼마나 많은가! 씨를 잘 맛보기 위해 그 껍질을 벗기는 해 없는 괴벽을 사회에서는 제어한다. 씨앗을 먹을 때, 우리들은 얼마나 많은 생각을, 얼마나 많은 몽상을! ……

지만 천천히 독서하는 심리학자, 이미지 하나하나에, 필요한 만큼의 시간 동안 멈춰 있으면서 이미지들을 느린 속도로 검토하는 심리학자는 거기에서 한없는 가치들의 융합이라고 할 그런 것을 느낀다. 그 가치들은 세미화 속으로 빨려 들어가고, 그 세미화는 우리들을 꿈꾸게 하는 것이다.

피에르 막심 쉴은 이 대표적인 예를 다루면서 잘못과 그르침의 스승으로서의 상상력의 위험을 강조하며, 그의 연구를 끝내고 있다. 우리도 그와 마찬가지로 생각하나, 몽상하기는 달리한다. 아니 한결 정확히는, 우리가 하는 독서에 몽상가로서 반응하기를 우리는 받아들인다. 여기서 제기되고 있는 것은, 몽상적인 가치의 몽상적인 향수(享受)라는 전체 문제이다. 하나의 몽상을 **객관적으로** 묘사한다는 것은 이미, 그것을 줄이고 멈추게 한다는 것이다. 객관적으로 이야기되는 몽상이란 얼마나 많은 경우에 있어서, 먼지처럼 흩어지는 몽상에 지나지 않는 것일까! 몽상하는 이미지 앞에서는, 그것을 창조한 몽상을 계속하도록 하는 권유로서 우리들은 그것을 받아들여야 한다.

이미지의 확실성을 몽상의 역동성으로써 규명하려고 하는 상상력의 심리학자로서는, 이미지의 창조를 정당화해야 한다. 우리가 살펴보고 있는 예에서 제기된 문제는 터무니없는 것이다: 사과 씨앗은 사과의 태양인가? 충분한 몽상을 가지고 생각해 본다면 —— 아마도 많은 몽상이 필요하겠는데 —— 필경 우리들은 이 문제가 몽상적으로 타당한 것이라고 생각하게 된다. 시라노 드 베르주락은 불합리한 문제들에 즐겁게 부딪히기 위해 초현실주의를 기다리지 않았다. 상상력의 측면에서는 그는 '틀린' 게 아니다. 왜냐하면 상상력은 결코 틀리는 법이 없기 때문이고, 상상력은 이미지를 객관적인 현실과 대조할 필요가 없기 때문이다. 우리들은 더 멀리 나아가 보아야 한다: 시라노는 그의 독자들을 틀리게 하기를 바라지 않았다. 그는 독자들도 '틀리게 알지 않으리라'는 것을 잘 알고 있었다. 다만 그는 언제나, 그의 상상력 수준의 독자들을 발견하게 되기를 바랐을 따름이다. 일종의, 존재[8] 차원의 낙관주의가 모든 상상력의 작품에 내재해 있다. 제라르 드 네르발은 이렇게 말하지 않았던가?: '인간의 상상력은 이 세계에서나 다른 세계들에서나, 참되지 않은 어떤 것도 창조하지 않았다고 나는 생각한다.'[9] 태양계로 표상된 시라노의 사과와 같은 이미지를 그것의 자발성 가운데 체험한 후에라면, 우리들은 이 이미지가 사고에 의해 마련된 게 아니라는 것을 이해하게 된다. 그것은 과학적인 관념들을 주장하고 해설하는 그런 이미지들과 공통점이라고는 조금도 없다. 예컨대 보어Bohr[10]의, 원자를 표상하는 태양계의 이미지는——어떤 통속화된 철학에서 몇 가지 발견되는 빈약하고 유해로운 가치 결정(結晶)에 있어서는 안 그렇더라도[11] 과학 사상에 있어서는——순전히 수학 사상의 종합적인 도식에 지나지 않는다. 보어의 태양계적인 원자에 있어서 그 중심에 있는 작은 태양은 **덥지 않다.**

우리가 간단하게 이 점을 지적하는 것은, 스스로 성취되는 절대적인 이미지와, 사상의 요약밖에 되기를 원치 않는 후관념적(後觀念的)인 이미지 사이에 있는 본질적인 차이를 강조하기 위해서이다.

---

8) 〔역주〕 다음 문장에 계속되는 문맥으로 보면, 바로 상상력 자체인 것으로서의 인간 존재를 뜻하는 듯.

9) 《오렐리아 Aurelia》, p.41.

10) 〔역주〕 1885-1962, 덴마크의 물리학자.

11) 〔역주〕 이 경우의 가치 결정은 긍정적인 것이 아니더라도, 그것이 가치화인 이상 상상 현상이지 단순히 수학 사상의 알레고리는 아니라는 뜻.

가치화된 문학적 세미화의 둘째번 예로 우리는 어느 식물학자의 몽상을 따라가 보기로 한다. 식물학적인 영혼은, 꽃이라고 하는 존재의 세미화 가운데 즐거움을 얻는다. 문제의 식물학자는 꽃의 내밀성을 묘사하기 위해 천진하게, 보통 크기의 사물들에 대응하는 말들을 사용한다. 1851년에 간행된 《새신학(神學) 백과사전 *Nouvelle Encyclopédie théologique*》 가운데의 한 권인 두꺼운 《기독교 식물학사전 *Dictionnaire de botannique chrétienne*》에서 우리들은 '두루미냉이épiaire'의 항목 밑에, 일명 독일 수수라고도 하는 '두루미냉이의 꽃에 대한 다음과 같은 묘사를 읽을 수 있다: '솜털로 덮인 요람 속에서 자라난 그 꽃들은 작고 섬세하며 흰색이나 장미색을 띤다……. 나는 그 조그만 꽃받침을, 그것을 덮고 있는 그, 긴 비단실로 된 것 같은 그물로써 들어낸다……. 순형(脣形) 꽃잎의 아래 것은 곧게 뻗어 나가면서 약간 휘어 있다. 그것은 안쪽으로 강렬한 분홍색을 띠고, 바깥쪽에는 모피 같은 빽빽한 솜털로 덮여 있다. 이 식물 전체가, 거기에 사람의 피부가 닿으면 따끔거리게 한다. 그것은 조그만 진짜 북극 지방 옷을 입고 있는 듯하다. 네 개의 조그만 수술은 마치 노란색의 조그만 솔 같다.' 여기까지 텍스트는 객관적이라고 생각될 수 있다. 그러나 머지않아 그것은 심리화한다. 점차적으로 하나의 몽상이 묘사를 동반하게 된다: '그 네 개의 수술은 아래쪽 꽃잎들이 만들고 있는 일종의 조그만 벽감(壁龕) 같은 아늑한 공간에서 곧게, 그리고 서로 아주 사이좋게 서 있다. 그것들은 아주 두터운 매트리스를 벽에 댄 조그만 지하 방공호 같은 곳에서 따뜻함을 유지하고 있다. 조그만 암술은 수술들의 발 밑에 공손한 자세를 취하고 있다. 그러나 그 크기가 너무나 작으므로, 그것에 말을 건네기 위해서는 수술들 또한 무릎을 굽히지 않으면 안 된다. 작은 여인들이 집 안에서 큰 비중을 차지한다. 그 가운데서도 말소리가 가장 공손한 듯한 여인들이 흔히 살림살이에서 가장 결연한 행동을 취한다. 네 개의 벌거벗은 씨앗은 꽃받침 밑바닥에 머물면서 자라난다. 마치 인도에서 어린아이들이 해먹 속에서 흔들리며 자라나듯이. 각각의 수술은 스스로의 작품을 알아보며, 질투는 존재하지 않는다.'

이와 같이 꽃 속에서 식물학자는 어떤 부부 생활의 세미화를 발견한 것이다. 그는 모피로 유지되는 다사로운 열을 느꼈고, 씨앗을 흔들어 잠재우는 해먹을 보았다. 형상들의 조화에서 거소의 안락함을 확인하는 결론에 이르렀다. 시라노의 텍스트에서와 마찬가지로 둘러싸인 장소의 다사로운 열은 내밀함의 최초의 표지라는 것을 강조할 필요가 있을까? 그 따뜻한 내밀함은 모든 이미지들의 밑뿌리이다. 이미지들은——이 점이 충분히 살펴지는데——이젠 어떤 현실에도 대응하지 않는다. 돋보기 밑에서 조그만 노란 솔 같은 수술들이 아직도 인지될 수 있었지만, 그러나 어떤 **관찰자**도 '기독교 식물학'을 이야기하는 저자가 모아 놓은 심리적인 이미지들을 정당화할 단 하나의 현실적인 요소도 찾아볼 수 없을 것이다. 만약 문제된 것이 통상적인 크기의 대상이었다면, 서술자는 한결 조심스러웠으리라는 점을 우리들은 생각해야 한다. 그러나 그는 세미화 속에 **들어간** 것이다. 그러자 곧 이미지들은 많아지고 커지고 현실을 벗어나기 시작했던 것이다. 큰 것이 작은 것에서 태어난다. 그러나 그것은 반대되는 것들의 변증법이라는 논리적인 법칙에 의해서가 아니라, 크기에 관계되는 일체의 제약에서 자유로워진다는 사실에 힘입어서인데, 그 자유로움이야말로 상상력의 활동의 특성 자체인 것이다. 위의 그 기독교 식물학사전에 실려 있는 '빙카pervenche'의 항목에는 다음과 같이 씌어 있다: '독자들은 '빙카'를 세부적으로 관찰해 볼 것이다. 그러면 얼마나 세부가 관찰의 대상을 크게 하는지를 알게 될 것이다.'

단 두 줄의 글로, 돋보기를 든 인간이 한 위대한 심리적 법칙을 표현한 것이다. 그는 우리들로 하여금, 보이지 않던 세부를 받아들이고 통어해야 하는 그 순간에, 객관성이 힘을 잃는 위치에 자리잡게 한다. 돋보기는 이 경험에 있어서 세계 속으로의 한 진입을 조건짓는다. 돋보기를 든 인간은 이 경우, 두 눈이 보기에 지쳐 있음에도 불구하고 여전히 신문을 읽으려고 하는 늙은이가 아니다. 돋보기를 든 인간은 '세계'를 새것인 양 파악하는 것이다. 그가 우리들에게 그의 체험으로서의 발견들을 털어놓고 들려준다면, 그는 우리들에게 순수한 현상학에 관한 자료들을 주는 것이 될 것이고, 그 자료들에서는 세계의 발견이라든가 세계 속으로의 진입이라는 말이 낡아빠진 말, 철학적으로 그토록 자주 쓰이기에 빛을 잃은 말보다는 더한 어떤 것일 것이다. 철학자는 그의 '세계 속으로의 진입,' 그의 '세계 내(內) 존재'를 현상학적으로 묘사할 때, 흔히 친숙한 어떤 대상을 통하여 그리한다. 그는 예컨대 그의 잉크병을 현상학적으로 묘사한다. 그런 때, 한 보잘것없는 대상이 광대한 세계의 문지기가 되는 것이다.

그런데 돋보기를 든 인간은——그냥——친숙한 세계를 지워 버린다. 그는 새로운 대상 앞에서 신선한 시선이 된다. 식물학자의 돋보기는 바로 되찾아진 어린 시절인 것이다. 그것은 식물학자에게 어린이의, 대상을 크게 하는 시선을 되준다. 그것을 가지고 그는 정원에——그 안에서는

어린이들이 크게 보는[12]

정원으로 되들어간다.

이리하여 미세한 것 —— 그것은 문치고는 정녕 좁은 문인데 ——
이 하나의 세계를 열어 준다. 한 사물의 세부는 한 새로운 세계, 다른
모든 세계들과 마찬가지로 위대함의 속성들을 지니고 있는 그런 한
세계의 표징일 수 있는 것이다. 세미화는 위대함의 숙소의 하나인 것
이다.

4

말할 나위 없는 사실이지만, 돋보기를 든 인간의 현상학을 개괄하
면서 우리는 실험실의 연구가를 염두에 두고 있는 것은 아니다. 과학적
연구가는 객관성의 기율을 가지고 있어서, 그것이 상상력의 모든 몽상
을 막아 버린다. 그가 현미경을 통해 관찰하고 있는 것은, 그가 이미 본
것이다. 역설적으로, 그는 결코 처음으로 보는 법이 없다고 말할 수 있
을 것이다. 어쨌든 확실한 객관성 가운데 이루어지는 과학적인 관찰의
영역에서는 '처음'이란 중요치 않다. 그러니 관찰이란 '여러 번'의 영
역에 속하는 것이다.[13] 과학적인 연구에 있어서는 우선 심리적으로 놀
라움을 소화해야 한다. 과학자가 관찰하는 것은 여러 생각들과 실험들

12) P. 드 부아시 de Boissy, 《원초의 손 Main premiere》, p.21.
13) [역주] 과학적 관찰은 객관적인 결과에 이르기까지 되풀이됨으로써, 그 관찰들
에 수반되어 있던 주관성의 흔적들, 바슐라르의 상상력 이론의 맥락에서 말하자면
상상적인 가치화의 흔적들에서 순수해져야 한다.

의 집적체 가운데 정확히 정의되게 된다. 그러므로 우리들이 상상력을 연구할 때에 주목의 대상을 찾아야 하는 것은, 과학적인 실험이 제기하는 문제들의 차원에서가 아니다. 〈머리말〉에서 말한 바와 같이 과학적 객관성의 모든 습관들을 잊어버림으로써 우리들은 **처음의 이미지**들을 찾아야 하는 것이다. 만약 과학사에서 심리적인 자료들을 얻으려고 한다면——왜냐하면 과학사에는 가득히 모아진 그 '처음'들의 저장분이 있지 않은가라고도 사람들은 주장할 터이므로——우리들은, 최초의 현미경 관찰들이 조그만 대상들에 관한 전설 같은 이야기들이었으며, 그 대상들이 생명을 가진 것이었을 때에는 그 관찰들은 바로 삶의 전설들이었음을 알게 될 것이다. 어떤 관찰자는 아직 천진난만의 영역을 벗어나지 않은 채 '정자 동물'[14] 가운데 인간의 형태를 보지 않았던가!

따라서 다시 한 번 더 우리는 '상상력'의 문제들을 '처음'이라는 말을 써서 제기할 수밖에 없게끔 된 것이다. 이 사실은 우리가 가장 극단적인 공상들에서 예들을 취하는 것을 정당화해 준다. 돋보기를 든 인간이라는 테마의 놀랄 만한 변주의 하나로, 우리는 앙드레 피에르 드 망디아르그André Pieyre de Mandiargues의, 〈풍경 속의 달걀 L'Oeuf dans le paysage〉[15]이라는 제목을 가진 산문시를 살펴보려고 한다.

시인은 많은 다른 시인들처럼 유리창 뒤에서 꿈에 잠긴다. 그런데 그는 바로 그 창유리 자체 속에서 조그맣게 응어리처럼 변형된 부분을 발견하는데, 그것이 우주 가운데로 변형을 퍼뜨리게 된다. 망디아르그는 그의 독자에게 이렇게 말한다 : '창문에 가까이 다가가 그대의 주

---

14) 졸저, 《과학 정신의 형성 La Formation de l'esprit scientifique》을 참고할 것.
15) 《변형 Métamorphoses》, Gallimard, p.105.

의를 바깥으로 너무 내달리게 버려두지 않도록 노력하라. 유리의 낭종(囊腫) 같은 응어리 하나가 그대의 눈앞에 나타나 보일 때까지 그렇게 하라. 조그만 뼈마디 같은 그 창유리의 응어리는 때로 투명하나, 가장 흔히는 안개 낀 듯 흐릿하거나 몽롱하게 반투명인데, 고양이의 눈동자를 연상시키는 길쭉한 형태를 하고 있다.' 이 조그만 유리의 방추(紡錘)를 통해, 이 고양이의 눈동자를 통해 외계는 어떻게 되는가? '세계의 본성이 변하는가? 아니면 진짜 본성이 겉모습을 지우고 나타나는 것인가? 어쨌든, 경험적인 사실은, 풍경 속에 그 유리의 응어리를 끌어들임으로써 거기에 물렁물렁한 성격을 부여하기에 충분하다는 것이다……. 벽, 바위, 나무 밑둥치, 금속 구조물 등이 그 동적인 유리 응어리의 구역 안에서 일체의 견고성을 잃어버리는 것이다.'[16] 그리하여 시인은 사방에서 이미지들을 솟아나오게 한다. 그는 우리들에게 증식 과정에 있는 원자상(狀) 우주를 주는 것이다. 시인의 인도를 받아 몽상가는 그의 얼굴을 옮기면서 그의 세계를 새롭힌다. 유리 낭종 속의 세미화에서 몽상가는 하나의 세계를 태어나게 하는 것이다. 몽상가는 세계로 하여금 '더할 수 없이 야릇한 파행(爬行)'[17]을 하도록 강요한다. 몽상가는 현실 세계이던 것 위로 비현실성의 파문을 내달리게 한다. '외계는 만장일치로 그 단단하고 날카롭게 번득이는 유일무이한 대상 앞에서, 우리들이 바라는 대로 빚을 수 있는 공간으로 변해 버린 것이다. 그 유리의 응어리는 그대의 얼굴이 약간 움직이기만 해도, 공간을 관통하여 움직이는 진짜 철학적 달걀인 것이다.'

이와 같이 시인은 그의 몽상의 도구를 찾아 아주 멀리 가지 않았다.

---

16) 위의 책, p.106.
17) 위의 책, p.107.

하지만 그는 얼마나 교묘한 기술로 풍경 전체를 핵화했는가! 얼마나 환상적으로 그 공간에 수다한 곡선들을 부여했는가! 그것이야말로 정녕 환상적인 리만Riemann[18]의 곡면(曲面) 공간이다. 우주란 어떤 것이나 곡선들 속에 갇히는 법이다. 우주란 어떤 것이나 하나의 핵 속에, 하나의 씨앗 속에, 하나의 역동화한 중심 속에 응집되는 법이다. 그리고 그 중심은 강력한 힘을 가지고 있다. 왜냐하면 그것은 상상된 중심이기 때문이다. 피에르 드 망디아르그가 우리들에게 제공하는 이미지들의 세계 속으로 한 발짝 더 내디디면, 우리들은 상상하는 중심을 살게(體驗) 된다. 그리되면 우리들은 유리의 핵 속에서 풍경을 읽게 된다. 이젠 그 풍경을 유리를 통해 바라보는 게 아닌 것이다. 그 핵화하는 핵은 바로 하나의 세계이다. 세미화는 하나의 세계의 차원으로 펼쳐지는 것이다. 다시 한 번 큼이 작음 속에 포함되어 있는 것이다.

돋보기를 든다는 것은 주의를 한다는 것이다. 하지만 주의를 한다는 것, 그 자체가 이미 돋보기를 가진다는 게 아니겠는가? 주의는 그것만으로 돋보기인 것이다. 다른 하나의 작품에서, 피에르 드 망디아르그는 '버들옷'의 꽃을 두고 명상을 하며 이렇게 쓰고 있다: '버들옷은 너무나 주의 깊은 그의 시선 밑에서, 현미경의 렌즈 밑에 놓인 벼룩의 단면처럼 신비하게 커졌다. 그것은 이제, 흰 바위들이 흩어져 있는 사막 가운데서 그의 앞에 엄청난 높이로 솟아오른 오각형의 성채(城砦)였다. 그리고 불모지에 식물군의 전위로 내던져진 그 성을 별 모양으로 만드는 다섯 개의 탑, 장밋빛 첨탑들은 다가갈 수 없는 것처럼 보였다.'[19]

합리적인 철학자는 —— 그런 철학자들은 드물지 않은데 —— 아마

18) 〔역주〕1826-1866, 독일의 수학자.
19) 《대리석 Marbre》, Laffont, p.63.

도 우리에게 이런 반론을 펼 것이다: 이 자료들은 과장되었으며, 너무나도 터무니없이 말만으로 큼을, 광대함을 작음에서 이끌어 낸다고. 그것은 골무에서 자명종을 꺼내는 요술쟁이의 재간에 비하면 정녕 빈약한, 말의 요술에 지나지 않는다는 것이다. 하지만 우리는 '문학적' 요술을 옹호할 것이다. 요술쟁이의 행위는 놀라게 하고, 즐겁게 한다. 시인의 행위는 꿈을 꾸게 한다. 그런데 나는 전자의 행위를 살고(體驗) 되살 수 없으나, 시인의 글은 내가 몽상을 사랑하기만 하면 나의 것이다.

만약 우리가 제시한 이미지들이 어떤 마약이나 독약의 효과로 나타날 수 있는 것이라면, 합리적인 철학자는 그것들을 용납해 줄지 모른다. 그럴 경우 그것들은 그에게 하나의 생리적인 현실로 여겨질 것이다.

그는 그것들을 가지고, 영혼과 육체가 어떻게 연결되는가에 관한 문제들을 밝히려 할 것이다. 그러나 우리는 문학적 자료들을 **상상력의 현실로**, 상상력의 순수한 산물로 여긴다. 왜냐하면 어째서 상상력의 행위가 지각의 행위만큼 현실적이지 못할 것인가?

그리고 또 어째서, 우리들 자신이 형성하지는 못하나 독자로서 우리들이 시인으로부터 진지하게 받아들일 수 있는 그 '극단적인' 이미지들이 —— 마약이라는 관념을 굳이 쓴다면 —— 잠재적인 '마약'일 수 없겠는가? 그것들은 우리들에게 몽상의 씨앗을 가져다 주는 것이다. 그 잠재적인 마약은 아주 순수한 효력을 가지고 있다. 우리는 '과장된' 이미지에 접하여, 자주적인 상상력의 축에 위치하고 있음을 확신하게 된다.

5

우리는 조금 위에서, 《새신학(神學) 백과사전》의 식물학자가 두루미냉이의 꽃에 대해 긴 묘사를 한 것을 세심하게 인용한 바 있다. 그 글은 너무 빨리 몽상의 씨앗을 방기하고 있다. 수다를 떨고 있는 것이다. 농담을 할 시간이 있는 사람이라면 그것을 받아들이겠지만, 상상적인 것의 살아 있는 씨앗들을 되찾고 싶은 사람이라면 내던져 버릴 것이다. 그것은 말하자면 큰 단편(斷片)들이 드문드문 세미화인 것이다. 우리는 세미화화하는 상상력과의 한결 나은 접촉을 찾아보지 않으면 안 된다. 제 방 안에 진치고 있는 철학자로서 우리는 중세——그 위대한, 고독한 끈기의 시대——의 세미화가들의 채색 작품들을 관조하는 혜택을 얻을 수 없다. 하지만 우리는 정녕 바로 그 끈기를 상상하는 것이다. 그 끈기는 손가락들 가운데 평화를 가져다 준다. 그 끈기를 상상하는 것만으로 평화가 영혼을 사로잡는다. 모든 작은 것들은 느림을 요구하는 것이다. 세계를 세미화로 그리기 위해서는 정녕, 조용한 방 안에서 많은 여한(餘閑)을 가져야 했었다. 마치 세계의 분자들이 있기라도 하듯이 공간을 그토록 세밀하게 묘사하기 위해서는, 소묘(素描)의 분자 속에 하나의 광경 전체를 가두어 넣기 위해서는, 그 공간을 사랑할 줄 알아야 한다. 이 공든 작업에 있어서 언제나 크게 보는 직관과, 일필휘지적인 운필을 거부하는 작업 사이에는 얼마나 강한 변증법이 작용했을까! 사실 직관은 단 한번의 시선으로 전체를 파악하는 반면, 세부의 모습들은 하나씩 둘씩 차례로 섬세한 세미화가의, 정묘하나 여기저기 손을 대는 식의 작업으로 끈기 있게 찾아지고 정돈되는 것이다. 세미화가는 직관론 철학자의 게으른 관조에 도전을 하는 것 같다. 그는 직관론 철학자에게 이렇게 말하지 않겠는가?: '당신은 그것을 보지 못했을 것이다! 시간적인 여유를 가지고, 그 전체로 관조될 수 없는 이 작은 것들을 모두 살펴보라.' 세미화를 관조하는 데는 세부를 빠뜨리지 않기 위해 되솟구치고 되솟구치는 주의력이 필요하다.

물론 세미화는 그리기보다는 이야기하기가 더 쉽다. 그래 우리들은 세계를 축소하는 문학적 묘사들을 손쉽게 모을 수 있을 것이다. 이 묘사들은 작은 사물들을 이야기하기 때문에, 자동적으로 장황하게 된다. 예컨대 빅토르 위고의 다음의 글이 그렇다(우리는 그것을 요약한다). 이 예에 밑받침을 받아 우리는, 무의미하게 보일 수도 있는 한 유형의 몽상에 대해 독자들에게 약간의 주의를 요구하려고 한다.

사람들의 말로는 빅토르 위고는 크게 보는 묘사가이지만, 또한 세미화를 그릴 줄도 안다. 《라인 강 *Le Rhin*》[20]에 이런 묘사가 나온다: '프라이베르크에서 나는 오랫동안, 내 눈 아래에 펼쳐져 있는 광활한 풍경을 잊고, 내가 앉아 있는 사각형의 풀밭에 시선을 빼앗기고 있었다. 그것은 산언덕의 솟아오른 넓지 않은 황량한 부분이었다. 거기 또한 하나의 세계가 있었다. 풍뎅이들이 풀잎들의 긴 섬유 밑에서 천천히 기어가고 있었다. 양산 모양의 독당근 꽃들이 이탈리아 소나무를 흉내내고 있었다……. 황색과 흑색의 비로드로 덮인 듯한 몸통을 한 뒝벌 한 마리가 가엾게도 물기에 젖어 가시난 잔가지를 따라 힘겹게 올라가고 있었다. 빽빽한 모기떼들이 그 뒝벌에게 햇빛을 가리고 있었다. 조그만 방울 모양의 푸른 꽃이 바람에 떨고 있었다. 한 족속 전체라고 할 만한 진디떼가 그 거대한 텐트 밑에 몸을 숨기고 있었다……. 나는, 땅벌레 한 마리가 진흙에서 빠져나와 공기를 빨아들이며 하늘을 향해 몸을 뒤트는 것을 보았다. 그것은 노아의 홍수 이전의 괴사(怪蛇)처럼

---

20) 빅토르 위고, 《라인 강》, Hetzel, 제3권 p.98.

생겼는데, 아마도 그것 역시 그 미세한 세계 안에서 그를 죽일, 헤르쿨
레스에 해당하는 것이 있을 것이고, 그것을 묘사해 줄 퀴비에Cuvier[21]
같은 학자가 있을 것이다. 요컨대 그 세계 또한 이 세계만큼 큰 것이
다.' 글은 길어지고, 시인은 즐긴다. 그는 미크로메가Micromégas[22]를
연상시키는데, 그래 손쉬운 이론을 따른다. 그러나 성급하지 않은 독
자라면——우리 자신이 희망할 수 있는 유일한 독자인데——여기서
어김없이 세미화적인 몽상으로 들어갈 것이다. 이 한가로운 독자는 그
런 몽상에 잠기는 적이 자주 있었겠지만, 그러나 결코 그것을 글로 써
놓을 생각을 감히 하지는 못했으리라. 시인은 바로 그런 몽상에 문학
적인 품위를 준 것이다. 우리로서는 그런 몽상에——위대한 야심인
저!——철학적인 품위를 주고 싶은 것이다. 이렇게 말하는 것은, 마
침내 시인은——그는 틀리지 않았다——정녕 하나의 세계를 발견한
것이기 때문이다. '거기 또한 하나의 세계가 있었다.' 어찌 형이상학자
는 그 세계에 마주치지 말아야 할 것인가? 그는 비싼 값을 치르지 않
고 '세계로의 열림' '세계로의 진입'에 대한 그의 경험을 새롭게 할 수
있을 것이다. 너무나 흔한 경우, 철학자에 의해 지적된 '세계'는 비아
(非我)에 지나지 않는다. 그것의 굉대(宏大)함은 부정성(否定性)들의 더
미인 것이다. 그러고는 철학자는 너무나 빨리 긍정으로 건너오고, '세계'

---

21) 〔역주〕 1769–1832, 프랑스의 박물학자.
22) 〔역주〕 볼테르의 동명 소설의 주인공. 이 소설은, 공허한 형이학상적 사변을 비
판하기 위해 일체는 상대적이라는 것을 보여주려는 것이 그 주제이다. 주인공 미크
로메가Micromégas(작으면서 크다는 뜻으로 상대성을 상징함)는 천랑성(天狼星)에서 지구
로 여행 온 사람인데, 지구인에 비해 엄청난 거인이다. 그는 지구의 학자들에게 그들
의 독선적인 생각을 버리게 하고 보편적인 상대성을 깨닫게 하려고 한다. 여기서 '손
쉬운 이론'이란 그 상대주의를 뜻하는 듯.

를, 유일한 '세계'를 스스로 가져 버린다. 세계에 있음être-au-monde, '세계'의 존재 등의 표현은 내게는 너무 위풍(威風)스럽다. 나는 그런 표현들을 살기(體驗)에 이르지 못한다. 나는 세미화의 세계 속에서 한결 편안하다.[23] 내게는 그것은 제어된 세계인 것이다. 나는 그 세계를 살면서(體驗), 꿈꾸는 내 존재로부터 세계를 새롭히는 힘의 파동이 뻗쳐 나가는 것을 느낀다. 세계의 굉대함은 내게는 그 새롭히는 힘의 파동에 대한 방해에 지나지 않는다. 성실하게 살아진(體驗) 세미화는 나를 주위의 세계로부터 떼어내고, 내가 그 주위 세계의 해체 작용에 저항하는 데 나를 도운다.

세미화는 형이상학적 신선함을 얻기 위한 훈련이다. 그것은 작은 위험의 부담으로 세계를 새롭게 해준다. 그리고 그러한 세계 제어의 훈련에는 얼마나 큰 휴식이![24] 세밀화는 결코 잠재우는 법 없이 휴식케 한다. 상상력은 거기에서 주의를 게을리하지 않고 있으나 행복하다. 그러나 이러한 세미화로 장식된 형이상학에 거리낌 없이 몰두하기 위해서는 우리는 근거가 될 수 있는 것들을 많이 들어 놓을 필요가, 몇몇 텍스트를 모아 놓을 필요가 있다. 그러지 않고서는 우리는 세미화에 대한 우리의 취향을 고백함으로써, 사반세기 전 파베 부토니에Favez-Boutonier 부인이 우리 둘 사이의 오래고 변함없는 우정이 막 시작될 즈음 내게 내렸던 알코올중독 증세의 진단을 공고히 하게 될까 두려워질 것

---

23) 〔역주〕 세미화적인 세계와 상상적인 의식의 조화롭고 마찰 없는 일원화에 반해, 서양 철학에 있어서 일반적으로 세계와 자아의 이원성에는 깊은 간극이 있다는 것, 그리고 그 간극을 메우고 일원화가 이루어졌더라도 그것이 참되어 보이지 않는다는 것, 이런 사실들을 암시하는 듯.

24) 〔역주〕 물론 이 경우 그 휴식은 '세계 제어의 훈련' 자체에서 오는 게 아니라, 그 제어된 세계가 세미화의 세계, 즉 내밀함의 세계라는 데서 오는 것이다.

이다: 당신의 소인국 환각 증세는 알코올중독의 특징이지요.

풀밭이 숲으로, 풀덤불이 총림으로 나타나는 텍스트들은 수다하다. 토머스 하디의 한 소설에서는 한 움큼의 이끼가 전나무 숲으로 되어 있다. 섬세하고 다양한 열정의 소설 《닐스 뤼네 *Niels Lyhne*》에서 J.-P. 야콥센Jacobsen은 가을 잎들과, '붉은 열매 송이들의 무게'로 휘어져 있는 마가목들이 널려 있는 '행복의 숲'을 묘사하면서, '전나무들이나 종려들 같아 보이는 힘차게 밀생한 이끼'를 이야기하며 그 숲 풍경을 끝내고 있다. 그리고 '또 나무 밑둥치들을 덮고 있는, 요정들의 밀밭을 생각나게 하는 가는 이끼가 있었다.'[25] 야콥센의 경우와 같이 강렬한 인간적 드라마를 따라가는 것을 할 일로 삼고 있는 작가가[26] '이러한 세미화를 묘사하기' 위해 열정의 이야기를 중단한다는 것, 이것이야말로 우리들이 문학에 대한 흥미를 정확히 가늠하려고 한다면 밝혀 놓지 않으면 안 될 역설이다. 이 텍스트를 한결 가깝게 느껴 보면, 큰 나무들의 숲속에 끼워넣어져 있는 그 미세한 숲을 보려는 노력 가운데는 인간적인 어떤 것이 섬세해지는 듯하다. 이 숲에서 저 숲으로, 확장된 숲에서 수축된 숲으로 넘어가면서 일종의 우주성이 호흡하고 있다. 역설적이지만, 세미화 속에 삶으로써 우리들은 좁은 공간에서 휴식을 얻는 듯하다.

그것이야말로 이 세계 밖으로 우리들을 데려가는, 우리들을 다른 한 세계로 데려가는 수많은 몽상들 가운데 하나인 것이다. 소설가는 이 세계의 그 피안——그것은 새 사랑의 세계인데——에 우리들을 옮겨가기 위해 그것이 필요했던 것이다. 인간사로 바쁜 사람들은 그 세

---

25) 《닐스 뤼네》, 불역판, p.255.
26) 《닐스 뤼네》는 릴케가 머리맡에 두고 읽던 책이었다.

계에 들어가지 않는다. 한 위대한 열정의 파동을 쫓는 책의 독자로서는 우주성에 의한 이와 같은, 이야기의 중단에 놀랄 수도 있을 것이다. 그는 인간의 사건들의 흐름을 따라가면서 그 책을 거의 **선상**(線狀)으로밖에 읽지 않는다. 그에게는 사건들은 그림을 필요로 하지 않는 것이다. 하지만 선상의 독서는 우리들에게서 얼마나 많은 몽상들을 빼앗아 버리는가!

그러한 몽상들은 수직에의 부름[27]이다. 그 몽상들은 이야기의 휴지의 순간들인데, 그 순간들 동안 독자는 꿈에 잠기도록 권유받는다. 그 몽상들은 아주 순수한데, 왜냐하면 어디에도 소용되지 않기 때문이다. 그것들은 오누아Aulnoy 부인의 《노란 난쟁이 *Le Nain jaune*》의 경우에서처럼 난쟁이가 주인공에게 함정을 놓으려고 상추 뒤에 숨어 있다는 투의 설화의 관습과는 구별되어야 한다. 우주적인 시는 동화의 줄거리와는 별개의 것이다. 그것은 우리가 인용한 예들에 있어서, 정녕 내밀한 식물성, 무기력에서 빠져나오는 식물성——베르그송 철학은 식물성을 무기력에 처단해 버렸지만——에의 참여를 요구한다. 과연 세미화의 힘과 하나가 됨으로써 식물 세계는 작음 속에서 크고, 부드러움 속에서 발랄하며, 식물적인 상황 가운데서도 생동한다.

때로 시인은 미세 세계의 드라마를 포착하는데, 예컨대 자크 오디베르티Jacques Audiberti는 그의 놀랄 만한 작품 《아브락사스*Abraxas*》에서, 쐐기풀과 석벽이 투쟁하는 가운데 '쐐기풀이 회색 돌비늘을 들어올리는' 극적인 순간을 우리들에게 느끼게 한다. 얼마나 힘센 식물 아틀라스인가! 《아브락사스》에서 오디베르티는 꿈과 현실을 촘촘하게

----

27) [역주] 특별한 뜻을 가지고 있는 표현인 것 같지는 않고, '선상'의 독서에 대립적인 표현인 듯.

짠 천을 만들어 내고 있다. 그는 직관을 가장 가까운 곳에 두는 몽상들을 알고 있는 것이다. 그래 우리들은 그 쐐기풀의 뿌리가 그 오래된 석벽 위에서 돌비늘을 한 조각 더 떼내는 것을 도와주고 싶어진다.

그런데 우리들은 이 세계에서, 스스로의 작음을 즐기고 있는 사물들을 발견했을 때에 그것들을 사랑하고 가까이에서 살펴볼 시간을 가지고 있는가? 지금까지 살아온 가운데 단 한번, 나는 지의(地衣)가 갓 돋아나 벽 위에 펼쳐져 나가는 것을 본 적이 있다. 벽 표면을 찬양하기 위한 것이기라도 하듯, 얼마나 힘찬 젊음이었던가!

말할 나위 없이 큼과 작음의 단순한 상대성 가운데 세미화를 해석한다면, 그것은 그 실제적인 가치에 대한 감각을 잃어버리는 것이 될 것이다. 조그만 이끼 조각이 전나무가 될 수는 있으나, 전나무가 조그만 이끼 조각이 되는 법은 결코 없을 것이다. 상상력은 그 두 방향으로 똑같은 신념으로서 작용하지는 않는 것이다.

미세의 정원에 들어가서야 시인은 꽃의 배아를 알게 되는 법이다. 나는 앙드레 브르통처럼 이렇게 말할 수 있었으면 한다: '내 꿈속의 미세한 백리향이여, 내 지극한 창백함의 만년랑이여, 나는 너희를 따기 위해 손을 가지고 있노라.'[28]

6

설화는 추론을 하는 이미지이다. 그것은 기이한 이미지들을, 마치 그것들이 서로 사이에 조리가 있는 이미지들인 양, 결합하려는 경향을

---

28) 앙드레 브르통, 《흰 머리털이 난 권총》, *Cahiers libres*, 1932, p.122.

가지고 있다. 그러므로 설화는 원초의 이미지에 주어지는 신념을 파생된 전체 이미지들에게까지 주려고 한다. 그러나 이미지들 사이의 그 연관은 너무나 손쉽게 갖다붙인 것이고, 그 추론은 너무나 거침없는 것이어서, 우리들은 얼마 안 있어 그 설화의 배아가 어디에 있는지 알지 못하게 된다.

《엄지동자 Le Petit Poucet》[29] 이야기의 경우와 같은 설화 세미화의 경우, 우리들은 어려움 없이 원초의 이미지가 품고 있는 원리를 찾아낼 것 같다: 단순히 작음이 주인공의 모든 놀라운 활약들을 쉽게 이루어지도록 한다. 하지만 한결 가까이 살펴보면, 이 설화 세미화의 현상학적인 상황은 불안정한 것이다. 아닌 게 아니라 그것은 경탄과 우스개의 변증법에 지배되어 있다. 필요 없이 덧붙여진 표현 하나가 때로 경탄에 참여함을 막기에 충분하다. 그림에서라면 그래도 찬탄할 만하겠지만, 설명의 경우에는 한계를 넘고 있다: 가스통 파리Gaston Paris가 인용한 어떤 이야기의 엄지동자는 너무나 작아서 '그의 머리로 먼지 알갱이를 뚫고 들어가 몸 전체로 그것을 가로질러 빠져나온다.'[30] 또 어떤 다른 엄지동자는 개미의 뒷발길질로 죽임을 당한다. 이 마지막 삽화에는 어떤 몽상적 가치도 없다. 우리들의 동물적 몽상은 아주 강하지만 큰 동물들이 그 대상이 되어 있지, 미세한 동물들의 행동들을 담고 있지는 않다. 미세의 측면에 있어서 우리들의 동물적 몽상은 식물적 몽상만큼 멀리 나아가 있지 않은 것이다.[31]

---

29) [역주] 프랑스 작가 샤를 페로Charles Perrault(1628-1703)의 유명한 동화.
30) 가스통 파리, 《엄지동자와 큰곰좌 Le Petit Poucet et la Grande Ourse》, Paris, 1875.
31) 하지만 세균들이 자기의 내장을 갉아먹는 것이 보인다고 주장한 신경증 환자들이 있음을 지적해 두기로 하자.

엄지동자가 개미의 뒷발길질로 죽임을 당한다는 그런 방향에서는 곧, 작은 존재에 대한 경멸을 표현하는 풍자시, 일종의 이미지에 의한 욕지거리에 귀결된다는 것을 가스통 파리는 잘 지적하고 있다. 우리들은 바로 반참여(反參與)[32]의 상황을 마주하고 있는 것이다. '이와 같은 재치놀음은 로마인들에게서 이미 발견된다. 퇴폐기의 한 풍자시는 난쟁이에게 말하기를, "벼룩의 살갗으로 만든 옷도 네게는 너무 클 거야"라고 했다.' 가스통 파리는 덧붙여 말하기를, 오늘날에도 이와 같은 우스개가 '작은 남편'을 노래하는 가요에서 발견된다고 한다. 게다가 가스통 파리는 이 가요를 동요적이라고 말하고 있는데, 그것은 정신분석가 여러분들을 틀림없이 놀라게 할 것이다.[33] 7, 80여 년 전부터 심리학적인 설명 방법은 다행히도 발전해 온 것이다.

어쨌든 가스통 파리는 이 전설의 취약점을 분명히 지적하고 있다:[34] 작음을 야유하는 이야기들은 원초의 설화, 순수한 세미화를 왜곡한다는 것이다. 현상학자가 언제나 복원해야 할 원초의 이 설화에서는 '작음은 우스꽝스러운 게 아니라 경이로운 것이다. 이 설화의 흥미를 이루는 것은, 엄지동자가 그의 작음 덕택에 수행하는 비범한 일들이다. 사실 모든 경우에 있어서 그는 재치와 꾀로 가득 차 있고, 그래 그가 어떻게

---

32) 〔역주〕 이미지의 가치화가 이루어지려면, 그 이미지에 대한 상상력의 참여가 있어야 한다. 왜냐하면 그 가치화는 가치가 객관적으로 이미지에 존재하게 되는 결과로 나타나는 게 아니라, 상상력이 상관주관적으로 이미지에 가치를 부여하는 것이기 때문이다. 다음을 참조할 것: '[⋯] 시에 있어서 상상하는 존재의 참여는 너무나 큰 것이어서, 그는 이윽고 동사 적응하다의 단순한 주어가 아니게끔 된다.'(p.79) 즉 이 경우 그러한 상상력의 참여가 이루어지지 않는 상황이라는 뜻.
33) 〔역주〕 정신분석가들이 '작은 남편'의 성적인 함축을 연상할 것을 비아냥거려 한 말인 듯.
34) 가스통 파리, 앞의 책, p.23.

빠져 버린 어려운 처지에서 언제나 승리하는 가운데 빠져나온다.'

그렇다면 이 설화에 정녕 참여하기 위해서는 그 정신의 기민함에 육체의 기민함을 겹쳐야 한다. 이 설화는 우리들을 어려움들 사이로 '끼어들도록' 이끈다. 달리 말하자면, 묘사뿐 아니라 세미화의 역동성을 받아들여야 하는 것이다. 그것이야말로 보충적인 현상학적 분야이다. 그리하여 작음이라는 원인성을 따른다면, 이 설화에서 얼마나 큰 활력을 얻게 될 것인가!: 미세한 존재에서 나온 움직임이 육중한 존재에 작용하게 되는 것이다. 세미화의 역동성은 예컨대 다음과 같은 이야기들에 흔히 드러난다: 말의 귓속에 자리잡은 엄지동자가 쟁기를 끄는 힘을 마음대로 조종한다. '내 견해로는 바로 그것이 엄지동자 이야기의 원초적인 바탕이다. 바로 그것이 모든 민족의 같은 종류의 설화에 되풀이되어 발견되는 특징이다. 반면, 엄지동자 설화에 귀속시키는 그렇지 않은 이야기들은 기실, 그 재미있는 조그만 아이에 대해 환상적인 상상력이 일단 일깨워지자 그 상상력이 만들어 낸 것들로, 대개 민족에 따라 다르다'고 가스통 파리는 말하고 있다.[35]

물론 말의 귓속에서 엄지동자는 말에게 이러쩌쩌하고 말하고 있다. 그는 우리들의 의지의 몽상이 우리들로 하여금 조그만 공간에 구축하도록 하는 **결정(決定)의 중심**에 해당하는 것이다. 우리는 위에서, 미세는 거대의 숙소라고 말한 바 있다. 만약 우리들이 활동적인 엄지동자에 역동적으로 공감한다면, 그 순간부터 미세가 원초적인 힘의 숙소로 나타나는 것이다. 데카르트주의자는 —— 만약 데카르트주의자가 농담을 할 수 있다면—— 이 이야기에서 엄지동자는 쟁기의 송과선(松果

---

35) 위의 책, p.23.

腺)[36]이라고 말할지 모른다. 어쨌든 이 경우 미세함이 힘의 주인이고, 작음이 큼을 지휘하는 것이다. 엄지동자가 말을 하면, 말과 보습, 사람은 그 말을 따를 뿐이다. 이 세 하위자가 더 잘 복종하면 할수록, 밭고랑은 더 확실하게 곧아지는 것이다.

엄지동자는 귀의 공간, 소리의 그 자연적인 공동의 입구가 제 집이다. 그는 귓속의 귀이다. 이리하여 시각적인 표상들로 나타내어진 이야기가, 우리가 아래에서 소리의 세미화라고 부르려고 하는 것과 겹쳐져 있다. 아닌 게 아니라 우리들은 그 이야기를 따라가면서 우리들의 실제 청력의 한계 아래로 내려가도록, 우리들의 상상력을 가지고서 듣도록 권유된다. 엄지동자는 말의 귓속에 자리를 잡고서 낮게 말하는데, 즉 강하게 지휘하는데, 그 말소리는 그것을 '들어야〔傾聽〕' 하는 이 이외에는 아무에게도 들리지 않는 것이다. '듣는다'라는 말은 여기서 듣는다와 복종한다라는 이중의 뜻을 가진다. 기실 그 이중의 뜻이 가장 섬세하게 작용하는 것이 바로 가장 낮은 음조의 말소리의 경우가, 엄지동자 전설이 보여주는 것과 같은 소리의 세미화의 경우가 아니겠는가?

그의 지혜와 의지로써 농부의 한 쌍의 말을 인도하는 이 엄지동자는 우리 어린 시절의 엄지동자와는 아주 멀어 보인다. 하지만 그는 그 위대한, 원초성의 측량인인 가스통 파리를 뒤따라 우리들을 원초적인 전설로 데려갈 그런 이야기들과 같은 선상에 있는 것이다.

가스통 파리에 의하면, 엄지동자 전설의 열쇠는——수많은 다른 전설들의 경우도 마찬가지로!——하늘에 있다: 엄지동자가 큰곰좌를 끌고 간다. 아닌 게 아니라, 큰곰좌 위에 있는 조그만 별을 엄지동자로 지

---

36) 〔역주〕 좌우 대뇌 반구 사이에 있는 내분비기관. 어린이에게 발달되어 있어서 성장을 촉진함.

칭하는 나라가 많다는 것을 가스통 파리는 지적하고 있다.

우리는 가스통 파리의 저서에 제시되어 있는, 이 점에 있어서 귀일적인 모든 증거들을 일일이 따라갈 필요가 없다. 독자들은 그것들을 그책에서 찾아볼 수 있을 것이다. 다만 우리들에게 몽상할 줄 아는 귀의좋은 예를 보여줄 스위스의 한 전설을 주목하도록 하자. 가스통 파리가 들고 있는 이 전설에서[37] 큰곰좌는 한밤중에 요란한 소리를 내며 뒤집힌다. 이런 전설은 우리들에게 밤을 듣는 것을 가르쳐 주지 않는가? 밤의 시간을, 별들이 뿌려진 하늘의 시간을 듣는 것을 가르쳐 주지 않는가? 어느 수도하는 은자가 기도를 잊은 채 그의 기도용 모래시계를바라보고 있다가, 귀를 짓찢는 듯한 소리를 들었다는 이야기를 나는어디에서 읽었던가? 모래시계 속에서 그는 갑자기 시간의 붕괴를 들었던 것이다. 우리들의 시계의 똑딱거리는 소리는 너무나 거칠고 너무나 기계적으로 단속적이기에, 이제 우리들은 흘러가는 시간을 들을 수있을 만큼 섬세한 귀를 가지고 있지 않은 것이다.

7

하늘 위에 전치된 엄지동자 설화는, 이미지는 작음에서 큼으로, 큼에서 작음으로 어려움 없이 옮겨갈 수 있음을 보여준다. 걸리버적인 몽상은 자연적인 것이다. 위대한 몽상가란 그의 이미지들을 이중으로 땅위에서, 또 하늘 위에서 사는(體驗) 법이다. 그러나 이미지들의 이와 같은 시적인 삶에는 단순한 크기의 유희 이상의 것이 있다. 몽상이란 기

---

37) 위의 책, p.11.

하학적인 게 아닌 것이다. 몽상가는 밑바닥까지 참여하는 법이다. C. A. 해키트Hackett의 논문《랭보의 서정성 Le Lyrisme de Rimbaud》의, 〈랭보와 걸리버〉라는 제목으로 붙어 있는 부록 가운데, 우리들은 랭보를 그의 어머니 옆에서는 작게, 그에게 지배되어 있는 세계에서는 크게 묘사하고 있는 훌륭한 글을 찾아볼 수 있다. 그의 어머니 옆에서는 그는 '브롭딩내그[38] 나라에 있는 조그만 사람'에 지나지 않는 반면, 학교에서는 그 꼬마 '아르튀르는 스스로를 릴리퍼트[39] 나라에 있는 걸리버로 상상한다'는 것이다. 그리고 C.A. 해키트는 빅토르 위고가《정관시집(靜觀詩集) Les Contemplations》에서(〈아버지의 추억〉),

소름 끼치는 바보 천치 거인들이
꾀 많은 난쟁이들에게 지는 걸 보고

깔깔대고 웃는 어린이들을 묘사하고 있는 것을 인용하고 있다.

C. A. 해키트는 그 기회에 아르튀르 랭보의 정신분석을 위한 모든 요소들을 지적해 놓고 있다. 그러나 정신분석이——우리가 지금까지 자주 주의한 바 있듯이——우리들에게 작가의 깊은 본성에 대한 귀중한 견해들을 얻도록 해주는 것은 사실이지만, 그것은 때로 우리들을 이미지의 직접적인 힘에 대한 연구에서 빗나가게 할 수도 있다. 이런 이미지들이 있는 것이다: 그것들이 너무나 거대하고, 그것들의 시적 교감의 힘이 우리들을 삶으로부터, 우리들의 삶으로부터 너무나 멀리 불러내기 때문에, 정신분석적인 설명은 그것들의 참된 가치 변두리에

---

38) 〔역주〕 조너선 스위프트의《걸리버 여행기》에 나오는 대인국.
39) 〔역주〕 같은 책에 나오는 소인국.

서나 이루어지는 것일 뿐인, 그러한 이미지들이 있는 것이다. 랭보의 다음의 두 시행에는 얼마나 거대한 몽상이 있는가!:

　　몽상에 찬 엄지동자, 나는 방랑길에 운(韻)
　　맞추었고, 내 여숙(旅宿)은 큰곰좌에 있었지.

　　물론 우리들은 랭보에게 있어서 큰곰좌는 그의 어머니 '랭보 부인의 이미지'[40]였다는 것을 인정할 수 있다. 그러나 이 심리의 천착은 시인으로 하여금 왈로니 지방의 엄지동자 전설을 다시 발견케 한, 그 이미지의 도약의 역동성을 우리들에게 알려주지 못한다. 심지어 그 몽상가, 그 열다섯 살의 예언자의 이미지가 주는 현상학적인 혜택을 받아들이기를 바란다면, 나는 내 정신분석의 지식을 괄호 속에 집어넣지 않으면 안 된다. 만약 큰곰좌의 여숙이 구박받는 소년의 엄한 집일 뿐이라면, 그것은 나의 내부에 어떤 적극적인 추억도, 어떤 능동적인 몽상도 불러일으키지 못할 것이다. 나는 여기서 랭보의 하늘 위에서만 꿈꿀 수밖에 없다. 정신분석이 작가의 삶으로부터 이끌어 내는 특이한 원인성은 심리적으로는 옳겠지만, 임의의 독자에게 대한 작용력을 가질 가능성은 거의 없는 것이다. 그런데 그토록 비상궤적인 이 이미지에서 나는 시적 교감을 얻는 것이다. 그것은 한순간 나를 내 삶에서, 삶에서 떼어 놓으면서 상상하는 존재로 만든다. 바로 그러한 독서의 순간들을 통해 나는 조금씩 조금씩, 시적 이미지의 정신분석적인 인과성뿐만 아니라 또한 일체의 심리적인 인과성을 의심하기에 이르렀던 것이다. '시'는 그

---

40) C.A. 해키트, 《랭보의 서정성》, p.69.

것의 역설 가운데 반인과적(反因果的)일 수 있으며, 그리고 그 반인과적인 시, 그것 역시 이 세계에 속하는 양식, 열정들의 변증법 속에 참여하는 양식의 하나이다.[41] 그러나 시가 그것의 자주성에 이르게 될 때, 정녕 우리들은 그것이 무인과적이라고 말할 수 있는 것이다. 고립된 한 이미지의 힘을 **직접적**으로 받아들이기 위해서는——이미지는 고립 속에서 그것의 전적인 힘을 가진다——우리에게는 이젠 현상학이 정신분석보다 더 유리할 것으로 보인다. 왜냐하면 바로 현상학은 우리들 자신이 비판 없이 열광으로써 그 이미지를 받아들이기를 요구하기 때문이다.

그렇다면 '큰곰좌의 여숙'은 그 **직접적인 몽상**의 국면에 있어서, 어머니가 지배하는 감옥도 아니고 마을 여관의 간판도 아니다. 그것은 '하늘의 집'이다. 우리들이 정사각형을 보면서 강렬하게 꿈꿀 때, 우리들은 곧 그것의 견고성을 느끼게 되고, 그것이 아주 안전한 은신처임을 알게 된다. 큰곰좌의 네 별 사이에 위대한 몽상가는 가서 살 수 있는 것이다. 그는 아마도 이 땅을 도피해 갔을지도 모르고, 정신분석가는 그의 도피의 이유들을 열거하지만, 그러나 우선 몽상가는 거기에서 숙소를, 그의 꿈에 걸맞는 숙소를 발견함을 확신하는 것이다. 그리고 그 하늘의 집은 얼마나 잘 돌아가는가! 하늘의 물결 위에 흩어져 있는 다른 별들은 잘 돌아가지 못한다. 그러나 큰곰좌는 제 길을 잃지 않는다. 큰곰좌가 그토록 잘 돌아가고 있는 것을 보고 있노라면, 그렇게 그것을 보는 것이 이미 여행의 지배자가 되는 길이다. 그리고 말할 나위 없

---

41) 〔역주〕 반인과성은 인과성의 토대 위에서 가능한 것이므로, 인과성에서 완전히 해방되었다고 할 수 없다는 뜻인 듯. 완전한 자유, 순수 승화는 다음에 나오는 무인과성에 이르러서야 가능해진다고 하겠다.

이 시인은 꿈에 잠겨, 전설들의 융합체를 살아(體驗) 간다. 그리고 그 전설들은, 그 모든 전설들은 이미지에 의해서 다시 생동케 되는 것이다. 그것들은 오래된 지식이 아닌 것이다. 시인은 할머니의 옛날 이야기들을 되풀이하는 게 아니다. 그는 과거를 가지고 있지 않다. 그는 새로운 세계에 존재하는 것이다. 과거와 이 세계의 사물들에 대해 그는 절대적인 승화를 실현한 것이다. 이러한 시인을 현상학자가 뒤따라야 한다. 정신분석가는 승화의 부정성에만 관심을 가질 따름이다.

8

엄지동자의 테마를 통해 우리들은, 민간전승에서나 시인들에게서나 똑같이 시적 공간에 이중의 삶을 부여하는 크기의 전치를 살펴보았다. 노엘 뷔로Noël Bureau의 다음의 두 시행처럼, 그러한 전치를 위해서는 때로 시행 둘만으로 충분하다:

> 그는 풀잎 뒤에 누웠다
> 하늘을 크게 하러. [42]

그런데 때로 작음과 큼의 거래는 수없이 되풀이되고, 반향된다. 한 친숙한 이미지가 하늘의 크기로 커질 때, 우리들은 그에 상관적으로 친숙한 대상들이 한 세계의 세밀화들로 나타나는 느낌에 갑자기 놀란다. 대우주와 소우주는 상관적인 것이다.

---

42) 노엘 뷔로, 《두 손을 내밀고 Les Mains tendues》, p.25.

쥘 쉬페르비엘의 많은 시편들, 특히 《인력(引力) *Gravitations*》이라는 의미 있는 제목으로 모아진 시편들은 바로, 큼과 작음의 양방향으로 작용할 수 있는 이 상관관계에 근거하고 있다. 그 시편들에서 시적 관심의 중심은 일체, 그것이 하늘에 있든, 땅에 있든, 능동적인 인력의 중심이다. 그런데 얼마 안 있어 시인에게 있어서 그 시적인 인력의 중심은, 이를테면 하늘과 땅에 동시에 있게 된다. 예컨대 얼마나 자재로운 이미지의 융통무애함으로써 가족의 식탁이, 태양을 램프로 가진 대기 가운데의 식탁이 되는가!:

> 아버지, 어머니, 아이들이,
> 규명(糾明)되려고 애쓰는 기적(奇蹟)에
> 지탱된 대기의 식탁에
> 앉아 있다. [43]

그러고 나서 시인은 그 '비현실의 폭발'이 있은 다음, 땅 위로 되돌아온다:

> 나는 되돌아와 있네, 내 일상의 식탁에
> 경작된 땅 위에
> 옥수수와 가축을 생산해 주는 땅 위에,
> ……
> 나는 내 주위의 얼굴들을 되찾았지

---

43) 쥘 쉬페르비엘, 《인력》, pp.183-185.

진리의 실(實)과 허(虛)와 더불어.

번갈아 가면서 대지적이고 공기적이며, 가정적이고 우주적인 이 변형적인 몽상의 축이 되어 있는 이미지는, 램프-태양과 태양-램프의 이미지이다. 세계만큼 오래된 이 이미지에 관한 문학적인 자료들은 수천 개라도 모을 수 있을 것이다. 그러나 쥘 쉬페르비엘은 그것을 양방향으로 작용시킴으로써 그 중요한 변양태 하나를 가져왔다. 그리하여 그는 상상력에 그것의 모든 신축성을,—— 너무나 기적적인 신축성이어서 이미지는 확대하는 방향과 응축하는 방향을 합일한다고 말할 수 있게 하는, 그런 신축성을 되돌려 주는 것이다. 시인은 이미지가 고정됨을 막는 것이다.

《인력》이라는 제목은 우리 시대의 인간에게는 과학적인 의미로 가득 차 있지만, 그러나 그것을 두고 쉬페르비엘적인 우주성을 살아(體驗) 본다면, 우리들은 위대한 과거를 가진 사상[44]들을 되찾게 된다. 과학사를 함부로 근대화하지 않는다면,[45] 예컨대 코페르니쿠스를, 그의 몽상과 그의 사상을 몽땅 합친 채로 가지고 있는 당대의 그 사람 그대로 생각해 본다면, 우리들은 천체들이 인력으로 돌아가는 중심은 빛이라는 것을 알게 된다. '태양'은 무엇보다도 '세계'의 큰 '등불'인 것이다.

---

44) [역주] 그 다음 내용으로 보아 '사상'은 구체적으로 과학 사상을 뜻하는 듯하다. 실증적인 과학 이전까지의 과학사는 기실 몽상들로 이루어진 것이었다. 그 몽상들은 객관적인 인식을 불가능하게 함으로써 실증적인 과학의 입장에서는 부정적인 것이었지만, 그것들이 순수한 상상력의 소산이었을 때에는 '위대한' 인간적인 가치를 지니는 것이었다고 할 수 있을 것이다.

45) [역주] 근대의 실증과학에 아직도 잔존하고 있는 비실증적인 부분, 몽상의 부분을 고려해 본다는 뜻인 듯.

그런 다음에 수학자들이 그것을, 끄는 힘을 가진 거대한 덩어리라고 한 것이다. 빛은 하늘 위에서 중심성의 원리이다. 그것은 이미지들의 위계 가운데 그토록 큰 가치인 것이다! 세계는 상상력에게는 하나의 가치를 중심으로, 그것의 인력으로 도는 것이다. 가족 식탁 위의 저녁의 램프 역시 하나의 세계의 중심이다. 램프에 밝혀진 식탁은 그것만으로 하나의 조그만 세계이다. 몽상가 철학자는, 오늘날 우리들의 간접 조명이 우리들로 하여금 저녁 때의 방의 중심을 잃어버리게 하지 않을까 저어하지 않겠는가? 그리하여 우리들의 기억은

진리의 실(實)과 허(虛)와 더불〔은〕

이전의 얼굴들을 간직하겠는가?
쉬페르비엘의 위의 시편 전체를, 그것이 천공으로 올라가고 인간 세계로 되돌아오는 대로 따라가 보면, 우리들은 우리들의 친숙한 세계가 눈부신, 우주의 세미화로서 새롭게 드러남을 깨닫게 된다. 우리들은 이 친숙한 세계가 그토록 거대한 것인지를 몰랐던 것이다. 큼이 작음과 양립하지 못하지 않음을 시인은 우리들에게 보여준 것이다. 그리고 우리들은 보들레르가 고야의 석판화들에 대해서 '세밀화로 이루어진 드넓은 그림'[46]이라고, 또 에나멜 화가인 마르크 보Marc Baud에 대해서 '그는 작음 속에 큼을 이룰 줄 안다'[47]고 말할 수 있었음을 생각하게 된다.
무한한 광대의 이미지들을 한결 특별히 다룰 때에 다시 살펴보게 되겠지만, 기실 미세함과 광대함은 조화로운 것이다. 시인은 언제나 작

---

46) 보들레르, 《미술 비평 Curiosités eshétiques》, p.429.
47) 위의 책, p.316.

음 속에서 큼을 읽어내려 한다. 예컨대 클로델 같은 시인의 우주발생론은 이미지 덕택에 오늘날의 과학의 어휘를──사상까지는 아니더라도──재빨리 동화해 버렸다. 클로델은 《장시오편(長詩五篇) *Les cinq grandes Odes*》에서 다음과 같이 쓰고 있다:

솜과 새틴 천의 지갑 속에 잘 감춰져 있는 보석들 같은 작은 거미들이나 어떤 애벌레들을 보듯이.
그렇게 사람들은 아직도 성운의 찬(冷) 주름에 사로잡혀 있는 태양 형제들 모두를 내게 보여주었다.[48]

시인은 현미경으로 보든, 망원경으로 보든, 언제나 같은 것을 보는 것이다.

9

하기야 먼 거리는 지평선의 어느 지점에서나 세미화를 만든다. 몽상가는 멀리 있는 자연의 그 광경들 앞에서 그 세미화들을 모두, 그가 살기(居)를 꿈꾸고 있는 고독의 둥우리들로서 두드러져 보이게 한다.
예컨대 조에 부스케는 이렇게 쓰고 있다: '나는 먼 거리가 주는 미세한 차원 속으로 끼어 들어가며, 나를 가두고 있는 부동성을 그와 같이 작아짐에 의해 가늠하고 불안해한다.'[49] 침대 위에 움직임 없이 누운 채로 그 위대한 몽상가는 미세함 속으로 '끼어 들어'가기 위해 자기

---

48) 클로델, 《장시오편》, p.180.
49) 조에 부스케, 《달의 인도자 *Le Meneur de lune*》, p.162.

와 그 세미화 사이의 먼 공간을 성큼 건너가는 것이다. 그러면 지평선 위에서 가물가물한 마을들은 시선의 고향이 된다. 먼 거리는 아무것도 흩뜨리지 않는다. 반대로 그것은 우리들이 살고 싶은 곳을 세미화로 응축한다. 먼 거리가 만드는 세미화 속으로는 뒤죽박죽인 사물들이 들어와 조화롭게 '구성된다.' 그리하여 그것은 그것을 창조한 먼 거리를 부인하면서 우리들의 '소유'로 바쳐진다. 우리들은 멀리서 —— 그리고 그것도 얼마나 평온하게! —— 소유하는 것이다.

종각 위의 몽상을 통해 보이는 풍경들은 바로, 이와 같은 지평선 위의 세미화와 같은 범주에 넣어야 할 것이다. 그것들은 너무나 흔한 것이기에 평범한 것으로 생각된다. 그것들을 작가들은 그냥 지나치면서 적어두듯이 하고, 또 그 변양태들을 거의 보여주지 않는다. 하지만 거기에는 얼마나 큰 고독의 교훈이! 종각의 고독 가운데 있는 인간은 여름 햇빛으로 환한 광장 위에서 '부산을 떠는' 저 아래 인간들을 가만히 바라보는 것이다. 그 인간들은 '파리만하고' '개미처럼' 이유 없이 움직인다. 이, 너무나도 낡아 이젠 쓸 생각도 감히 하지 못하는 직유의 표현들이, 종각의 몽상을 이야기하고 있는 많은 글들 가운데 마치 부주의에 의해서인 양 나타난다. 하지만 그렇더라도 이미지의 현상학자는, 부산스러운 세계에서 몽상가를 그토록 쉽사리 떼어내는 그 명상의 극단적인 단순성을 주목해야 한다. 이 경우 몽상가는 힘 안 들이고 지배의 인상을 얻는다. 그러나 이 몽상의 평범성이 모두 지적되고 난 다음에는, 우리들은 그것이 높은 곳의 고독이라고 할 수 있는 것을 명시적으로 보여준다는 것을 알 수 있다. 갇힌 고독 가운데 있는 몽상가라면 다른 생각들을 했을 것이고, 다른 방식으로 세계를 지웠을 것이다. 갇힌 고독 가운데 있는 몽상가라면, 세계를 지배하기 위해 구체적인 이미지를 원용하지 않을 것이다. 그가 있는 종탑 꼭대기에서 지배의 철학자는 세계를 세미화화한다. 일체가 작다. 왜냐하면 그가 높기 때문이다. 그는 높으니, 따라서 크다. 그가 있는 곳의 높이가 바로 그 스스로의 크기의 증거인 것이다.

우리들의 내부에 있어서의 공간의 모든 활동을 규명하기 위해서는 얼마나 많은 장소분석의 정리들을 설명해야 할 것인가! 공간의 이미지는 스스로를 가늠하도록 허락하지 않는다. 그것은 공간을 말하나, 그 공간을 가늠하는 데 도움이 되지 않는다: 그것은 크기를 변화시키는 것이다. 가장 작은 가치라도 공간의 이미지를 넓히고, 높이고, 많게 한다. 그리고 몽상가는 그의 이미지의 존재가 된다. 그는 그의 이미지의 전 공간을 흡수한다. 아니면 그의 이미지들이 이루는 세미화 속에 칩거한다. 형이상학자들이 말하는 우리들의 현존재être-là를 우리들이 규명해야 하는 것은, 각각의 이미지에서인 것이다.[50] 때로 우리들의 내부에 존재의 세미화밖에 발견하지 못할 위험을 무릅쓰고서라도. 우리가

---

50) 〔역주〕 현존재être-là는 독일어 Dasein의 역어, 우리들은 소개 논문에서 바슐라르의 이미지의 현상학이 함축하는 실존주의적인 인간관을 알아본 바 있다(pp.15-21). 그런데 독일의 실존철학에서 Dasein은 하이데거와 야스퍼스에게 있어서 약간 다른 뉘앙스를 가진다고 한다. 전자에게 있어서는 실존적 자각을 한 실존existeng과 구별되어, 이른바 세인(世人)das Man의 세계 즉 일상적 세계에서 의식이 잠들어 있는 상태를 가리키는 반면, 후자에게 있어서는 이미 실존적 자각을 배태하고 있는 상태를 나타낸다는 것이다. 그러므로 이미지의 생성이 존재의 생성이라는 이 대문의 문맥으로 볼 때, 이 경우의 현존재는 생성을 가능케 하는 실존적 자각을 배태하고 있는 야스퍼스의 Dasein에 가깝다고 하겠다. 따라서 실존으로 이해되어 좋으나, 바슐라르가 굳이 현존재라는 말을 쓴 까닭을 추측해 본다면, 그 뜻이 존재의 생성의 현상태를 가리키기에 알맞기 때문일 듯. 실존이든 현존재든 한결 쉽게 인간 존재를 가리키는 것으로 이해하면 되겠다.

추구(追究)하는 문제의 이러한 국면들에 대해서는 뒤의 한 장에서 다시 언급하게 될 것이다.

IO

지금 우리가 우리의 모든 성찰을 경험된 공간의 문제들에 집중하고 있는 데 비추어 볼 때, 세미화는 우리의 생각으로는 전적으로 시각적인 이미지에 속한다. 그러나 **작음**이라는 **원인성**은 기실 모든 감각을 움직이게 하며, 각각의 감각에 있어서 그 감각의 '세미화'들을 연구할 수 있을 것이다. 미각과 후각과 같은 감각에 있어서 아마도 문제는 심지어 시각에 있어서보다 더 흥미 있을 것 같다. 시각은 그것의 드라마를 줄여 버린다. 그러나 향기의 자취 하나, 더할 수 없이 얇은 내음 한 가닥이라도 상상 세계에서는 정녕 하나의 풍토를 규정할 수 있다.

작음의 원인성에 관한 문제들은 물론 감각의 심리학에 의해 검토되어 왔다. 심리학은 전혀 실증적으로, 여러 감각기관들의 기능을 확정하는 그 기관들의 **역**(閾)[51]을 완벽한 조심성을 가지고 규정하고 있다. 그 역들은 서로 다른 개인들에게 있어서 다를 수 있지만, 그러나 그 실재성은 이론의 여지가 없는 것이다. 역이라는 관념은 현대 심리학의 가장 명백히 객관적인 관념의 하나이다. 이 절에서 우리는, 상상력은 우리들을 방금 말한 역 아래로 부르지는 않는가, 마음속의 말에 지극히 주의 깊은 시인은 색깔과 형태로 하여금 말하게 하면서 감각의 저편에

---

51) [역주] 증대되고 감소될 수 있는 한 심리현상의 역은, 확정된 조건 밑에 그 현상이 관찰될 때에 그 현상의 최소의 발현태를 가리킨다. 예컨대 감각역 seuil de sensation 은, 그 아래로는 감각이 없어지는 최소한의 감각을 말한다.

서 들을 수 있는 것은 아닌가, 이런 문제를 검토하려고 한다. 이 문제에 관해서 역설적인 메타포들이 너무나 많기 때문에, 그것들을 조직적으로 검토하지 않을 수 없다. 그것들은 어떤 현실을, 어떤 상상력의 진리를 숨기고 있을 것이다. 우리는 우리가 간단히 소리의 세미화라고 부르려고 하는 것의 몇몇 예를 제시하려고 한다.

우선 우리는 이 문제를 통상적으로 환청 문제에 비추어 보는 것을 배제해야 할 것이다. 환청 환자의 실제 행동은 '상상적인' 말소리로 불안에 사로잡힌 그의 얼굴을 사진으로 찍음으로써 확실하게 파악할 수 있고, 따라서 환청은 그 실제 행동 가운데 밝혀질 수 있는 객관적인 현상인데, 그 현상에 비추어 본다는 것은 우리가 순수한 상상력의 영역에 정녕 들어가는 것을 방해할 것이다. 우리가 생각하기에는, 진짜 감각과, 진짜이든 가짜이든 환각, 이 둘의 혼합을 가지고 창조적 상상력의 독자적인 활동을 파악할 수 없다. 우리에게 있어서 문제는, 되풀이하지만, 인간을 검토하는 게 아니라 이미지를 검토하는 것이다. 그리고 우리는 전달될 수 있는 이미지만을, 행복된 전달 가운데 우리가 받아들이는 이미지만을 현상학적으로 검토할 수 있는 것이다. 심지어 이미지의 창조자에게 환각이 있었더라도, 그 이미지는 우리들, 환각에 사로잡히지 않은 독자들의 상상하려는 욕구를 잘 채워 줄 수도 있는 것이다.

에드거 포의 작품들 같은 이야기에 있어서 정신의학자가 환청이라고 지칭하는 것이 위대한 작가로부터 문학적인 품위를 받게 될 때, 우리들은 거기에서 정녕 하나의 존재상의 변화를 인정해야 한다. 그러므로 예술 작품의 작가에 대한 심리적인 혹은 정신분석적인 설명은 창조적 상상력의 문제를 잘못 제기하도록 —— 아니면 제기하지 않도록—— 오도할 수 있다고 하겠다. 일반적으로 **사실**은 **가치**를 설명하지 못한다. 시적 상상력의 작품들에 있어서 가치는 너무나 뚜렷한 새로움의 징후를 나타내기에, 그런 작품들에 관한 한 과거에 속하는 일체의 것은 무기력한 것이다. 일체의 기억은 되상상되어야 하는 것이다. 우리들은 기억력 속에 미세한 필름들을 지니고 있는데, 그것들은 상상력의 강렬한 빛을 받음으로써만 판독될 수 있다.

물론 사람들은, 에드거 포가 《어셔 가(家)의 몰락》이라는 단편소설을 쓴 것은 그가 환청의 '고통'을 겪었기 때문이라고 언제나 주장할 수 있을 것이다. 하지만 '고통'은 '창조'에 역행하는 것이다. 포가 그 단편소설을 쓴 것은 그가 '고통'을 겪고 있을 때가 아니었다고 우리들은 확신할 수 있다. 그 단편소설에 있어서 이미지들은 천재적으로 결합되어 있다. 그림자들과 침묵들이 미묘하게 대응한다. 밤에 사물들이 '어둠으로부터 희미하게 빛을 발한다.' 말(言)들이 중얼거린다. 민감한 귀를 가진 이라면 누구나, 그 산문을 쓰고 있는 것은 시인이라는 것을, 때맞추어 시가 나타나·의미를 제압한다는 것을 알게 된다. 요컨대 이 경우 청각의 영역에 있어서 우리들은 거대한, 소리의 세미화, 나지막이 말하는 한 우주 전체의 세미화를 마주하고 있는 것이다.

이와 같은 세계의 소리들의 세미화를 앞에 두고 현상학자는 객관적으로, 기관(器官)상으로 감각의 영역을 넘어서는 것을 조직적으로 지적해야 한다. 귀 자체가 우는 것도 아니고, 벽의 갈라진 틈이 커지는 것도 아니다. 지하실에 죽은 여인이, 죽으려 하지 않는 죽은 여인이 있다. 책장의 한 선반 위에는, 몽상가가 체험했던 과거와는 다른 과거를 가르쳐 주는 아주 오래된 책들이 꽂혀 있다. 기억을 넘어서는 기억력이 이 세계를 넘어서는 세계에서 활동하고 있다. 꿈, 생각, 추억이 하나의 직물을 이루게 된다. 영혼은 꿈꾸고, 생각하고, 그리고 상상한다. 시인은 우리들을 하나의 **한계상황**으로,―― 우리들이 넘어서기를 두려워 하는, 정신착란과 이성, 산 자와 죽은 자 사이에 있는 한계로 이끌어 간 것이다. 더할 수 없이 작은 소리가 큰 파국을 마련하고, 사방에서 불어 오는 바람이 사물들의 혼란 상태를 마련한다. 중얼거림과 소음들이 잇 닿는다. 거기에서 우리들은 예감의 존재론을 배운다. 우리들은 전(前) 청각[52]의 영역에 디밀어진다. 우리들은 더할 수 없이 약한 표지들도 의 식하도록 요청된다. 이 한계의 우주에서는 일체의 것이 현상이기 전에 표지이다. 표지가 약하면 약할수록, 거기에는 더 많은 뜻이 함축되는 데, 왜냐하면 그것은 하나의 시초를 지적하는 것이기 때문이다. 시초 로 파악될 때에 그 모든 표지들은 이 이야기를 끊임없이 시작시키고, 되시작시키는 것 같다. 우리들은 거기에서 천재의 기본적인 교훈을 얻 는다. 이야기는 필경 우리들의 의식 속에 태어나게 되는데, 바로 그렇 기 때문에 그것은 현상학자의 재산이 되는 것이다.

그리고 이 경우, 의식은 인간관계―― 가장 빈번히 정신분석의 관찰 의 토대가 되는―― 에서 진전되는 게 아니다. 우주가 위험에 처해 있 는 것을 앞에 두고 어찌 인간에게 신경을 쓸 것인가? 그리하여 장차 허물어지게 될 집 안에서, 허물어지면서 죽은 여인을 매장하게 되고

52) 〔역주〕 조금 뒤에 나오는 '전(前)진동'(p.363), '앞서 들린다'(p.363) 등의 표현과 같 은 선상에 놓이는 표현일 듯. 이 표현들은 일차적으로 각주 51)에서 설명된 '역'과 관련지어 이해해야 하겠으나, 한걸음 더 나아가, 지금까지 간헐적으로 나타난 '추억 을 넘어서는' '전(前)인간적인' '선역사' '세계 밖의 세계' '이미지들의 저편' 등의 표 현들과도 필경 맥락을 같이하는 것으로 이해해야 할 듯하다. '전(前)청각'의 경우는 그야말로 감각적으로 지각되지 않는다는 뜻이 되겠고, '전진동' '앞서 들린다'의 경 우는 그러한 실제적인 지각의 부재 상태에서 상상력이 자유롭게 활동하여 나타나는 이미지의 영역을 뜻하게 되겠다.

말 벽 밑에서, 모든 것은 전진동(前振動)[53] 가운데 살아가는 것이다.

그러나 그 우주는 **실제적인** 것이 아니다. 그것은 에드거 포 스스로의 표현을 사용하자면, '유황질의' 관념성의 것이다. 몽상가가 그의 이미지들의 파동의 매순간에 그것을 창조해 낸 것이다. '인간'과 '세계', 인간과 그의 세계는 그리하여 가장 가까이 있게 되는데, 왜냐하면 시인은 그 둘이 가장 근접한 순간에 그 둘을 우리들에게 가리켜 보일 수 있기 때문이다. 인간과 세계가 공통의 위험 가운데 있는 것이다. 그 둘은 서로에 의해서 위험한 것이다. 그 모든 것이 저 밑에서 웅웅대는 시의 중얼거림 가운데 들리고, 앞서 들린다.[54]

II

그런데 소리의 시적 세미화의 현실성에 대한 우리의 논증은, 만약 우리가 한결 덜 복잡하게 짜인 세미화들을 예로 든다면, 아마도 한결 간단할 것이다. 그러니 몇 줄의 시행 속에 담긴 예들을 골라 보기로 하자.

시인들은 흔히 우리들로 하여금 **불가능한** 소리의 세계에 들어가게도 하는데, 그 소리는 너무나 불가능한 것이어서 정녕, 흥미 없는 신기(新奇)로 치부될 수 있는 그런 것이다. 사람들은 빙그레 웃고는 지나가 버린다. 하지만 대부분의 경우 시인은 그의 시 작품을 유희로 생각하지는 않았는데, 뭐라고 말할 수 없는 애정이 이미지들을 이끌어 가고 있기 때문이다.

르네 귀이 카두René-Guy Cadou는 '행복한 집의 마을'에서 살고 있

---

53) 54) 〔역주〕 각주 52)를 참조할 것.

었는데, 이렇게 썼던 것이다:

병풍의 꽃들이 재잘대는 소리 들리고.[55]

왜냐하면 모든 꽃들은 말하고 노래하기 때문이다, 그려지는 꽃들까지. 묵묵히 있으면서 꽃을, 새를 그릴 수는 없는 법이다.
다른 한 시인은 다음과 같이 말한다:

그의 비밀은 꽃이
......
제 색깔을 바래게 하는 것을
듣는 것이었다.[56]

클로드 비제 역시 많은 다른 시인들처럼, 풀이 돋아나는 것을 듣는다. 그는 이렇게 쓰고 있다:

나는 듣네,
어린 개암나무가 푸르러
가는 소리를.[57]

이와 같은 이미지들은 적어도 **표현의 현실**[58]이라는 그것들의 존재

---

55) 르네 귀이 카두, 《엘렌 혹은 식물계 *Hélène ou le règne végétal*》, Seghers, p.13.
56) 노엘 뷔로, 앞의 책, p.29.
57) 클로드 비제, 앞의 책, p.68.

에 있어서 파악되어야 한다. 시적 표현으로부터 그것들은 제 전 존재를 이끌어 내는 것이다. 만약 그것들을 외부 현실에, 한걸음 더 나아가 심리 현실에 비추어 보려고 한다면, 그것은 그것들의 존재를 줄이는 짓일 것이다. 그것들은 심리를 제압하는 것이다. 그것들은 자연 속에서 말하지 못하는 일체의 것이 들리게 될 때에 우리들이 존재의 여한(閑餘) 가운데 가지게 되는, 표현하고 싶은 순수한 욕구 이외에 어떤 심리적인 충동과도 관계 없는 것이다.

이러한 이미지들이 참된 것이라는 것은 말할 필요가 없다. 그것들은 존재한다. 그것들은 이미지의 절대성을 가지고 있다. 그것들은 조건적 승화와 절대적 승화를 가르는 경계를 뛰어넘은 것이다.

그런데 심리에서 출발하더라도 심리적인 인상에서 시적 표현으로의 전환은 때로 너무나 미묘하므로, 사람들은 순수한 표현인 것에, 토대로서의 심리 현실을 부여할 유혹을 받는다. 모로Moreau(드 투르de Tours)는 '테오필 고티에Théophile Gautier가 시인으로서, 하시시에 취한 스스로의 느낌을 표현한 것을 인용하는 즐거움에 저항하지 못한다.'[59] 테오필 고티에의 표현은 이렇다: '내 청각은 엄청나게 개발되었다. 나는

---

58) [역주] 바슐라르에게 있어서 상상 현상은 이미지, 달리 말해 심상(心像) 현상일 뿐만 아니라, 문학의 경우 언어 현상이기도 하다. 회화의 경우에는 이미지-심상과 이미지-회화 작품 사이에는 필연적으로 큰 거리가 있으나, 문학의 경우에는 이미지-심상과 이미지-언어 사이에는 거리가 거의 없다. 그렇기 때문에 언어 현상이 상상 현상이 될 수 있는 것이다. 그러므로 문학의 경우 이미지가 독자적인 존재를 가지고 있다는 말은, 바로 그것을 표현하는 언어 자체도 독자적인 현실을 가지고 있다는 뜻이 된다. 즉 시적 언어 표현은 외계에서 대응물을 찾을 필요가 없는 것이다. '표현의 현실'의 뜻은, 표현 자체가 바로 현실이라는 것인 듯.

59) J. 모로(드 투르), 《하시시와 정신착란에 관하여 Du haschisch et de l'aliénation mentale》, 《심리학 연구 Etudes psychologiques》지(誌), Paris, 1845, p.71.

색깔의 소리를 들을 수 있었다. 초록색, 붉은색, 푸른색, 노란색의 소리들이 완벽히 구별되는 파장으로 내게 이르는 것이었다.' 그러나 모로는 속지 않고, 시인의 그 말을 '거기에 흔적을 남기고 있는, 지적할 필요 없는 시적 과장에도 불구하고' 인용한다고 써놓고 있다. 하지만 그렇다면, 이 자료는 누구를 위한 것인가? 심리학자를 위한 것인가, 시의 존재를 연구하는 철학자를 위한 것인가? 또 달리 말하면, 이 경우 '과장'하고 있는 것은 누구인가: 하시시인가, 시인인가? 하시시는 그 자체만으로는 그토록 잘 과장할 줄 모를 것이다. 그리고 우리들, 문학의 대리 역할을 통해서밖에 '하시시에 취'할 수 없는 평온한 독자들은, 만약 시인이 우리들로 하여금 듣게, 초월적으로 듣게 해줄 수 없었다면, 색깔들이 떠는 소리를 들을 수 없을 것이다.

사정이 이러하니, 어찌 듣지 않으면서 볼 수 있으랴? 휴식 속에서도 소음을 내는 복잡한 형태들이 있다. 비틀려 있는 것은 삐걱대는 소리를 내면서 계속 스스로를 비튼다. 랭보는

우둘투둘한 껍질을 한, 과수장(果樹墻)의 과수들이
우글거리는 소리를 그는 들었다[60]

고 썼는데, 그때에 그는 그런 사실을 알고 있었던 것이다.
만드라고라mandragore[61]는 그 형태 가운데서도 그것에 관한 전설을

---

60) 〈일곱 살의 시인들 Les Poetes de sept ans〉.
61) [역주] 유대의 랍비 전승에 의하면 이 풀은 옛 지상낙원에서도 자랐다고 하는데, 굵은 뿌리를 가지고 있어서, 그 뿌리가 대개 두 줄기로 갈라져 사람의 두 다리와 닮아 있다. 그래서 뿌리의 전체 모습이 사람의 몸을 연상시킨다. 이 풀을 두고 많은

나타내고 있다. 인간의 모습을 한 그 뿌리는, 뽑히고 있었을 때에 울부짖었을 것이다. 그리고 또 그 이름의 음절들은 몽상하는 귀에는 어떤 소리를 내는가! 말, 말들은 아우성으로 가득 찬 조개껍질들이다. 단 하나의 낱말이 만드는 세미화 속에도 많은 이야기들이 담겨 있다!

그리고 시 작품들 가운데는 커다란, 침묵의 파동이 진동하기도 한다. 마르셀 레이몽Marcel Raymond의 훌륭한 서문을 붙여 간행한 조그만 시집에서 페리클 파토키Pericle Patocchi는 멀리 떨어진 세계의 침묵을 시행 하나에 응축하고 있다:

멀리서 대지의 샘들이 기도하는 것을
나는 들었노라. [62]

마치 기억 속으로 내려가듯이 침묵으로 다가가는 시 작품들이 있다. 예컨대 다음의 밀로슈의 위대한 시편:

세찬 바람이 죽은 여인들의 이름을 소리쳐 부르고
아니면 어느 길 위에 내리는 오래된 찬비 소리
....
들어 보라 ── 더이상 들리지 않노라 ── 오직 거대한 침묵만이 ──
들어 보라. [63]

전설이 만들어진 것은 바로 그 뿌리의 모습 때문이라고 추정된다고 한다.

62) 《시 20수 *Vingt poèmes*》.

63) 《문학 *Les Lettres*》지(誌), 제2년분, 제8호.

여기에는 빅토르 위고의 저 유명하고 아름다운 시편 〈신령(神靈)들 Les Djinns〉에서처럼 모사적(模寫的) 시를 필요로 하는 어떤 것도 없다. 차라리 침묵이 시인으로 하여금 침묵을 듣도록 강요하는 것이다. 그리되면 몽상은 한결 내밀한 것이 된다. 우리들은 침묵이 어디에 있는지 이젠 알지 못한다: 광활한 세계에 있는가, 아니면 아득한 과거에 있는가? 침묵은 진정되어 가는 바람보다, 부드러워져 가는 빗줄기보다 더 먼 곳에서 온다. 다른 한 시편에서 밀로슈는 다음과 같은 잊지 못할 시구를 쓰지 않았던가!:

오래고 오래된, 침묵의 내음이여……[64]

아! 늙어 가는 삶 가운데 어떤 침묵들을 회상하지 않을 수 있으랴!

I2

중요한 존재적, 비존재적 가치들[65]을 위치시키기는 얼마나 어려운가! 침묵, 그것의 뿌리는 어디에 있는가, 그것은 비존재의 영광인가 아니면 존재의 군림인가? 그것은 '깊다.' 하지만 그 깊이의 뿌리는 어디에 있는가? 이제 태어나려 하는 샘들이 기도하고 있는 우주에 있는가, 아니면 고통을 겪은 인간의 마음속에 있는가? 그리고 존재의 어느 높이에서, 들을 수 있는 귀는 열릴 것인가?

형용사의 철학자로 자처하는 우리로서는 깊음과 큼의 변증법, 깊이

---

64) 위의 책, p.372.
65) [역주] 여기서 존재는 일반적인 뜻인 듯.

를 천착하는 무한히 축소된 것과 한없이 펼쳐지는 광대한 것의 변증법
이 주는 곤혹스러움에 사로잡혀 있다.

《마리아에의 기별 *L'Annonce faite à Marie*》에서 비올렌과 마라가 주고
받는 그 짧은 대화는 존재의 어느 깊이에까지라도 내려가지 않겠는가?
그것은 몇 마디 말로 비가시적인 것과 비가청적인 것의 존재론을 서로
묶는다.

> 비올렌(눈이 멀어) ── 난 들려……
> 마라 ── 뭐가?
> 비올렌 ── 사물들이 나하고 존재하는 게.

이 경우 작가의 필치는 너무나 심오하여, 우리들은 자체의 소리에 의
해 심층적으로 현존하는 세계, 그 전 현존이 바로 말소리의 현존일 그러
한 세계에 관해 긴 성찰을 해야 할 것이다. 연약하고 덧없는 존재인 말소
리가 가장 강렬한 현실을 증언할 수 있는 것이다. 그 말소리는 클로델
작품 속의 대화들 가운데서는 ── 이에 대한 많은 증거들을 쉽사리 찾
을 수 있겠는데 ── 인간과 세계를 결합하는 어떤 현실에 대한 확신을
가진다. 그러나 말하기 전에 들어야 한다. 클로델은 위대한 듣는 자였다.

13

우리들은 방금, 보이는 것의 초월과 들리는 것의 초월이 존재의 위
대감 가운데 결합되어 있는 것을 보았다. 그 이중의 초월을 더 단순한
표현으로 지적해 보이련다면 우리는 다음과 같이 대담하게 쓴 시인의

예를 들 수 있다:

　　나는 듣고 있었다, 내가 눈을 감았다가 다시 뜨는 소리를.[66]

　　고독한 몽상가라면 누구나, 눈을 감았을 때에는 달리 듣는다는 것을 알고 있다. 성찰을 하려 할 때, 내면의 말소리를 들으려 할 때, 사상(思想)의 '밑바탕'을 말해 주는, 응축된 중심적인 문장을 쓰려 할 때, 누구인들 엄지손가락과 집게손가락과 가운뎃손가락으로 눈꺼풀을 누르지, 세게 누르지 않는가? 그럴 때, 귀는 눈이 감겨 있다는 것을 안다. 사유하고 글을 쓰는 존재의 책임이 그에게 있다는 것을 안다. 긴장의 이완은 차라리 눈꺼풀을 다시 열 때에 오게 되는 것이다.

　　그러나 감긴 눈, 반쯤 감긴 눈, 또는 크게 뜨인 눈의 몽상을 누가 우리들에게 이야기해 줄 것인가? 초월로 열리기 위해서 세계에서 버리지 않고 지녀야 할 것은, 무엇인가? 한 세기도 전에 쓰인 책인, J. 모로의 저서에서 우리들은 다음과 같은 말을 읽을 수 있다: '어떤 환자들에게 있어서, 잠 안 자는 밤에 눈꺼풀을 그냥 내리기만 하면 그것으로 환시(幻視)를 일으키기에 충분하다.'[67] J. 모로는 바이야르제Baillarger를 인용하고 이렇게 덧붙이고 있다: '눈꺼풀을 내리면, 환시뿐만 아니라 환청도 일으켜진다.'

　　그 옛날의 좋은 의사들, 그리고 그 부드러운 시인 루아 마송이 남겨 놓은 이와 같은 관찰들을 모으면서, 나는 얼마나 많은 몽상들을 즐기고 있는가! 시인은 얼마나 섬세한 귀를 가지고 있는가! 보기와 듣기,

---

66) 루아 마송Loys Masson, 《이카로스 혹은 여행자 *Icare ou le voyageur*》, Seghers, p.15.
67) J. 모로, 앞의 책, p.247.

한외(限外)로 보기와 한외로 듣기, 스스로가 봄(見)을 듣기 —— 이러한 몽상의 기구들을 작동시키는 데 그는 얼마나 숙달되어 있는가!

다른 한 시인은 우리들에게 —— 감히 말해 보자면 —— 우리들 자신이 듣고(傾聽) 있음을 듣는 것을 가르쳐 주고 있다:

하지만 잘 들어 봐. 내 말이 아니라, 네가 너 스스로를 듣고 있을 때에 네 몸 속에서 일어나는 동요를 들으란 말야.[68]

르네 도말은 정녕, 여기서 동사 듣다의 현상학을 향한 출발이 이뤄지고 있음을 파악하고 있다.

말들과 더할 수 없이 덧없는 인상들과 유희하기를 즐기는 몽상들에 관한, 환상에 관한 모든 자료들을 수집하면서 우리는 한 번 더, 표면에 머물러 있고자 하는 우리의 의도를 고백한다. 우리는 태어나는 이미지들의 얇은 층만을 탐험할 따름이다. 아마도 가장 약한 이미지, 가장 단단하지 못한 이미지라도 깊은 진동을 드러내기도 한다. 그러나 우리들의 감각적인 삶의 피안 전체에서 형이상학을 이끌어 내기 위해서는, 다른 양식의 조사가 필요할 것이다. 특히 침묵이 어떻게 인간의 시간과, 인간의 말과, 인간의 존재에 동시에 작용하는지를 말하기 위해서는, 커다란 책 한 권이 소요될 것이다. 그 책은 씌어졌다. 막스 피카르트의 《침묵의 세계》를 읽어볼 것이다.[69]

---

68) 르네 도말Rene Daumal, 《흑색의 시, 백색의 시 *Poésie noire, poesie blanche*》, Gallimard, p.42.

69) 막스 피카르트, 《침묵의 세계 *Die Welth des Schweigens*》, Rentsch Verlag 1948, Zürich. 불역판(*Le Monde du silence*) 있음.

제8장

내밀(內密)의 무한

'세계는 크다. 하지만 우리들의 내부에서 그것은
바다처럼 깊다.'
—— 릴케

'공간은 언제나 나를 침묵케 했다.'
—— 쥘 발레스Jules Vallès, 《어린이 *L'Enfant*》, p.238.

I

무한은 몽상의 한 철학적 범주라고 말할 수 있으리라. 아마도 몽상
은 다양한 풍경들로 길러지겠지만, 그러나 웅대함을 관조함이 몽상의,
이를테면 타고난 경향이다. 그리고 웅대함의 관조는 너무나 특수한 태
도를, 너무나 특별한 영혼의 상태를 결정해 주므로 그 몽상은 몽상가
를 가까이 있는 세계 밖으로 들어내어, 무한의 표징을 지니고 있는 세
계를 대면케 한다.

바다나 광야의 무한에서 멀리 떨어져 있으면서도 우리들은 명상을
하는 가운데 단순한 추억에 의해 그 웅대함의 관조의 반향을 우리들
의 내부에서 새롭힐 수 있다. 하지만 그렇다면 그것은 정녕 추억에 지
나지 않는 것일까? 상상력이 그 홀로 무한의 이미지들을 한없이 크게
할 수 있지 않을까? 상상력은 관조가 시작되자마자 이미 활동적이 되지
않을까? 기실 몽상은 원초의 순간부터 온전히 이루어져 있는 상태이
다. 우리들은 그것이 시작되는 것을 거의 보지 못하지만, 그러나 그것은

언제나 똑같은 방식으로 시작된다. 그것은 가까이 있는 대상에서 떠나가, 곧 멀리, 다른 곳에, **다른 곳의 공간**에 있게 된다.[1]

그 **다른 곳**이 **자연의 장소**일 때, 그것이 과거의 집들 속에 있는 게 아닐 때, 그것은 무한한 것이 된다. 그리고 이때에 몽상은 **원초적인 관조**[2]라고 할 수 있을 것이다.

만약 우리들이 무한의 인상들, 무한의 이미지들, 아니면 무한이 한 이미지에 가져다 주는 것을 분석할 수 있다면, 우리들은 미구에 가장 순수한 현상학의 영역 —— 현상 없는 현상학 또는 덜 역설적으로 말해, 넘쳐나는 이미지들의 산출을 알기 위해 상상력의 현상들이 완결된 이미지들로 형성되어 고정되기를 기다릴 필요가 없는 현상학, 그런 현상학의 영역에 들어가게 될 것이다. 달리 말하자면, 무한함은 대상이 아니기 때문에, 무한함의 현상학은 우리들을 곧바로 우리들의 상상하는 의식으로 돌려보낼 것이리라는 것이다. 무한의 이미지들에 대한 분석에 있어서 우리들은 우리들의 내부에 순수한 상상력의 순수한 존재를 인지하게 될 것이다. 그때, 예술 작품이란 상상하는 존재의 그 실존성의 **부산물**이라는 것이 명백히 드러날 것이다. 무한의 몽상의 이와 같은 전개에 있어서 진정한 **산물**은, 크게 함의 의식이다. 우리들은 찬탄하는 존재의 존엄성에 우리들이 승격되어 있음을 느낀다.

그렇다면 바로 그때부터 이와 같은 명상 가운데서는, 우리들은 '세계

---

1) 쉬페르비엘의 '거리(距離)가 나를 그것의 움직이는 유적지로 이끌고 간다'라는 표현을 참조할 것. 《층계 L'Escalier》, p.124.
2) [역주] 비경험적인 관조, 즉 관조의 대상이 없는 관조, 뒤에 나오는 바슐라르의 표현으로 '현상 없는 현상학'의 대상, 즉 현상 없는 현상에 대한 관조이기 때문에 '원초적인' 것이다. 제4장 각주 8)을 참조할 것.

속에 던져진' 것이 아니게 된다. 왜냐하면 우리들은 말하자면 세계의 문을 열어, 세계로 하여금 그것이 있는 그대로, 우리들이 몽상하기 이전에 그것이 있던 그대로 보여진 그 상태를 초월하게 하기 때문이다. 우리들이 우리들의 취약한 존재를 의식하고 있을지라도, 바로 난폭한 변증법의 작용 자체에 의해 우리들은 웅대함의 의식을 얻게 된다. 그리하여 우리들은 무한하게 하는 작용을 하는 우리들의 존재의 자연적인 활동에 되돌아와진 것이리라.

무한은 우리들의 내부에 있는 것이다. 그것은, 삶이 억제하고 조심성이 멈추게 하나 고독 가운데서는 다시 계속되는 일종의 존재의 팽창에 결부되어 있다. 우리들은 움직임 없이 있게 되자마자 다른 곳에 가 있게 된다. 우리들은 무한한 세계 속에서 꿈꾼다. 무한은 움직임 없는 인간의 움직임이다. 무한은 조용한 몽상의 역동적인 성격의 하나이다.

우리는 우리의 모든 철학적인 배움을 시인들에게서 얻고 있으니, 여기서 세 행의 시구에 모든 것을 말하고 있는 피에르 알베르 비로를 읽어보기로 하자:

그래 나는 펜을 한 번 휘갈겨
'세계'의 '주인', 무한한 인간으로
나를 창조하노라.[3]

2

---

3) 피에르 알베르 비로, 《자연의 즐거움》, p.192.

아무리 역설적으로 보일지라도, 우리들의 조망에 제공되는 세계에 관한 어떤 표현들에 참된 무한의 의미를 주는 것은, 흔히 이 **내면의 무한**이다. 특정의 예를 두고 논의하여, '**숲**'**의 무한**이란 것이 무엇에 해당되는 것인지 좀 가까이 살펴보기로 하자. 그 '무한'은 기실 지리학자가 주는 정보들과 바로 관계되는 것은 아닌 인상들의 집적에서 태어난다. 한없는 세계에 '빠져 들어가는' 것 같은, 언제나 약간 불안한 인상을 경험하기 위해서는 숲속에 오랫동안 있을 필요가 없다. 미구에, 어디로 가는지 모르면, 지금 어디에 있는지도 모르게 된다. 숲의 이미지들의 원초적인 속성인 무한한 세계라는 테마의 여러 변양태라고 할 문학적인 자료들을 제시하기는, 우리에게 어렵지 않을 것이다. 어쨌든 마르코Marcault와 테레즈 브로스Thérèse Brosse의 아주 실증적인 저서에서 빌어온 다음의, 격별한 심리적 깊이를 보여주는 간단한 예가, 우리에게 중심 테마를 잘 확정시키도록 해줄 것이다. 그들은 이렇게 쓰고 있다: '특히 숲은, 나무 둥치들과 잎들의 장막 너머로 무한하게 퍼져 나간 그것의 공간——눈에 대해서는 장막이 쳐진 공간이나, 행동에 대해서는 투명한 공간——의 신비와 더불어 정녕 하나의 심리적 초월체이다.'[4] 우리로서는 심리적 초월체라는 용어에 대해서는 주저롭다. 그러나 적어도 그것은 통상적 심리의 피안을 향해 현상학적 탐구를 지도하기 위한 훌륭한 지표가 된다. 이 경우 묘사——객관적인 묘사뿐만 아니라 심리적인 묘사도——의 기능이 작용하지 않고 있다는 것을 어떻게 더

---

4) 마르코와 테레즈 브로스Marcault et Thérèse Brosse, 《내일의 교육 *L'Education de demain*》, p.255. A. 피에르 드 망디아르그Pieyre de Mandiargues는 이렇게 말한 바 있다: '숲의 성격은 어느 부분에서나 닫혀 있음과 동시에 열려 있다는 것이다.' 《바다의 백합 *Le Lis de mer*》, p.57.

잘 말할 수 있겠는가? 객관적으로 표현에 제공되고 있는 것과는 **다른 것**으로서, 표현될 것이 있다는 것을 우리들은 느낀다. 표현해야 할 것은 숨겨져 있는 웅대함, 즉 깊음이다. 장황하게 이어지는 인상들에 몸을 내맡기기는커녕, 세부적인 빛과 그림자들 속으로 빠져 들어가기는커녕, 우리들은 제 표현을 찾아 헤매고 있는 하나의 '본질적인' 인상을 마주하고 있음을 느낀다. 한마디로, 그 두 필자가 '심리적 초월체'라고 부르고 있는 것의 관점에 우리들이 위치하고 있음을 느끼는 것이다. '숲의 체험'은 현장에 있는 무한 앞에 있다는 것임을, 숲의 깊이가 갖는, 현장에 있는 무한 앞에 있다는 것임을 어떻게 더 잘 말할 수 있겠는가? 시인은 오래된 숲의 이와 같은 현장에 있는 무한을 느낀다:

주검들이 치워져 있지 않은 부서진, 경건한 숲
오래되고 곧은 장밋빛 줄기들로 촘촘하고, 무한히 닫혀 있다.
회색의 분을 바르고 더욱 늙은 채로
드넓고 깊은 이끼층 위에 벨벳의 외침으로서
무한히 촘촘하게 서 있다.[5]

시인은 이 경우 묘사를 하고 있는 게 아니다. 그는 그의 일이 그보다 더 큰 일이라는 것을 잘 알고 있다. 경건한 숲은 부서져 있고, 닫혀 있고, 촘촘히 죄여 있고, 더욱 죄여 있다. 그것은 자신의 무한을 그 현장에 쌓아 놓고 있다. 시인은 같은 시편에서 뒤이어, 나무 꼭대기들의 움직임 가운데 살고 있는 '영원한' 바람의 교향악을 말한다.

---

5) 피에르 장 주브, 《서정 *Lyrique*》, Mercure de France, p.13.

이리하여 피에르 장 주브의 '숲'은 **직접적으로 신성하다**. 일체의, 인간들의 이야기에서 멀리 떨어져서 그 본성의 전통으로써 신성한 것이다. 신들이 거기에 있기 이전에 숲들은 신성했다. 그 신성한 숲들에 신들이 와서 살게 된 것이다. 신들은 숲의 몽상의 위대한 법칙에 인간적인, 너무나 인간적인 특이성들을 덧붙였을 따름이다.

지리학자의 소관에 속하는 차원을 환기할 때에라도 시인은, 그 차원이 특별한 몽상적 가치에 뿌리를 내리고 있기에 당장에 이해된다는 것을, 본능적으로 알고 있다. 예컨대 피에르 그강Pierre Gueguen이 '깊은 '숲'(브로슬리앙드 숲)'을 환기할 때,[6] 그는 다른 한 차원을 덧붙이는데, 그러나 그 차원은 이미지의 강도를 드러내는 게 아니다. 깊은 '숲'은 또한 '녹색의 삼백 리로 엉겨 있는 그 엄청난 고요 때문에 '평온한 '대지''라고도 불린다고 말함으로써 그강은 우리들을 '초월적인' 평온, '초월적인' 고요로 초대한다. 왜냐하면 숲은 기실 아련한 소리를 내고 있기 때문이다. '엉겨 있는' 고요는 기실 떨고, 전율하고, 수많은 삶들로 생동하고 있기 때문이다. 그러나 그 소리와 움직임들은 숲의 고요와 평온을 흩뜨리지 않는다. 그강의 이 글을 살아[體驗] 보면, 우리들은 시인이 일체의 근심을 가라앉혔음을 느낄 수 있다. 숲의 평화는 그에게는 영혼의 평화인 것이다. 숲은 하나의 영혼의 상태인 것이다.

시인들은 그것을 알고 있다. 그것을, 평화로운 시간에 우리들은

우리 자신의 숲의 미묘한 거주자

---

6) 《브르타뉴 *La Bretagne*》, p.71.

라는 것을 알고 있는 쥘 쉬페르비엘처럼 한마디로 지적하는 시인들이 있는가 하면, 각 나무에 한 시인을 연결지어 놓은 찬탄할 만한, 나무들의 앨범을 보여주는 르네 메나르René Ménard처럼 한결 산만하게 지적하는 시인들도 있다. 메나르의 내밀한 숲을 살펴보기로 하자: '이제 햇빛과 그늘의 보증을 받은 나를 고랑들이 지나가고 있다……. 나는 훌륭한 무성함에서 살고 있다……. 피난처가 나를 부른다. 나는 목을 나뭇잎들로 덮인 어깨 사이에서 속으로 밀어넣는다. 숲속에서는 나는 나의 온전한 전체로 있다. 내 마음속에서는 작은 협곡의 숨을 장소에서처럼 모든 것이 가능하다. 초목이 무성한 먼 거리가 나를 도덕과 도시로부터 떼어 놓고 있다.'[7] 그러나 시인의 말대로 '‘천지 창조'의 ‘상상력' 앞에서의 외경(畏敬)'으로 생동하고 있는 이 산문시 전편을 읽어보아야 한다.

우리가 지금 연구하고 있는 시적 현상학의 영역에서는, 상상력의 형이상학자가 경계해야 할 말이 하나 있다: 그것은 ‘선조 때의'라는 형용사이다. 아닌 게 아니라 이 형용사에는 흔히 전혀 말로만 이루어지고 잘 통제되는 적이 결코 없는, 너무 성급한 가치화가 관찰되는데, 그러한 가치화는 심층적 상상력, 나아가 일반적으로 심층심리[8]가 가지는 직접적 성격을 결하게 한다. 그러니까 ‘선조 때의' 숲은 싸구려 ‘심미적 초월체'인 것이다. 선조 때의 숲은 어린이들 책을 위한 이미지이다. 이 이미지에 관해 제기해야 할 현상학적인 문제가 있다면, 그것은 어떤 **현재적**인 이유로, 활동중인 상상력에 기인하는 어떤 가치의 힘으로 그러한 이미

7) 르네 메나르, 《나무들의 책 *Le Livre des arbres*》, Arts et Metiers graphiques, pp.6-7.
8) 〔역주〕여기서 ‘심층심리'는 프로이트 쪽의 고전적 정신분석과 관계 있는 게 아니고, 바슐라르의 상상력 이론과 마찰이 없는 융 쪽과 관련지어 이해해야 할 듯.

지가 우리들을 매혹하고, 우리들에게 말을 건네는가를 알아야 한다는 문제이다. 무한히 오랜 옛시대로부터 내려와 우리들에게 밴 반응이라는 주장은 근거 없는 심리적 가설이다. 그러한 가설은, 만약 그것을 현상학자가 취한다면, 게으름에의 초대가 된다고나 하겠다. 우리로서는 원형(原型)의 현행성을 수립하지 않을 수 없다고 생각한다. 어쨌든 '선조 때의'라는 말은 상상력에 기인하는 가치의 영역에서는 설명되어야 할 말이지, 설명하는 말은 아니다.[9]

도대체 누가 우리들에게 '숲'의 시간적 차원을 말할 수 있을 것인가? 역사는 그러기에 충분치 않다. 어떻게 '숲'이 그의 오랜 나이를 살고 있는지, 어째서 상상력의 영역에서는 젊은 숲이 없는지를 알아야 할 것이다. 나로서는 내 고장의 사물들밖에 명상할 수 없다. 나는——내 잊지 못할 친우 가스통 루프넬Gaston Roupnel이 그것을 가르쳐 주었지만——들판과 숲의 변증법을 살[體驗] 줄 안다.[10] 드넓은 비아(非我)의 세계에서 들판의 비아는 숲의 비아와 같지 않다. 숲은 전아(前我)avant-moi이며, 우리들의 전아avant-nous이다. 들판과 초원으로 말하자면 내 꿈과 추억들은 경작과 수확의 모든 시기에 들판과 초원을 찾아간다. 자아와 비아의 변증법이 유연해질 때, 나는 초원과 들판이 나와 더불어 있음을, ——나와의 공존체(共存體)avec-moi, 우리들과의 공존체avec-nous 가운데 있음을 느낀다. 그러나 숲은 선행계(先行界)anté-cédent에서 군림

---

9) [역주] '선조 때의'라는 표현이 가지는 시적 가치는, 그 자체가 가능케 한 게 아니라 무한의 몽상이라는 원형적 토대에서 얻어진 것이라는 뜻인 듯. 예컨대 '선조 때의 숲'이라는 이미지의 시적 가치는 그 확정될 수 있는 시간적 거리에 기인하는 게 아니라, 숲에 자연적으로 따르는 무한의 몽상에 기인하는 것이다.
10) 가스통 루프넬, 《프랑스의 전원 La Campagne française》, Club des Libraires de France에서 '숲La forêt'이라는 장을 참조할 것.

하는 것이다. 내가 알고 있는 어떤 숲은, 우리 할아버지가 길을 잃어 사라져 버린 곳이다. 사람들은 그 이야기를 내게 해주었고, 나는 그것을 잊지 않고 있다. 그것은 내가 태어나기 전인 옛날에 있었던 일이다. 하지만 내 가장 오랜 추억들은 백년 아니면 더해야 조금 더한 햇수로 올라가는 것들이다.

이것이 내 선조 때의 숲인 것이다. 그리고 그 나머지는 모두 문학인 것이다.

3

명상하는 인간을 사로잡는 이와 같은 몽상들 가운데서는 세부 사항들은 지워지고 현란한 색채는 바래며, 시간은 더이상 종소리를 내지 않고, 공간은 한없이 펼쳐진다. 이러한 몽상들에 정녕 우리들은 무한의 몽상이라는 명칭을 줄 수 있을 것이다. '깊은' 숲의 이미지들을 살펴보면서 우리는 방금, 하나의 가치 가운데 드러나는 그 무한의 힘을 간단히 묘사했다. 그런데 우리들은 반대 방향의 길을 따라가 볼 수도 있어서, 밤의 무한과 같은 명백한 무한 앞에서 시인은 우리들에게 내밀한 깊이로 향한 길들을 지적해 줄 수 있다. 다음에 드는 밀로슈의 예는 우리들에게 세계의 무한과 내밀한 존재의 깊이의 어울림을 느끼게 할 수 있는 중심점이 될 것이다.

《사랑 입문》에서 밀로슈는 이렇게 쓰고 있다: '나는 그 공간의, 경이들로 가득 찬 정원을 바라보고 있었는데, 나 자신의 가장 깊은 곳, 가장 은밀한 곳에 시선을 던지고 있는 것 같은 느낌이 들었다. 그리고 나는 미소를 머금었다. 나는 그 이전에 나 자신을 그토록 순수하고 그토록 위대하고 그토록 아름답게 꿈꾼 적이 결코 없었기 때문이었다! 내 마음속에서는 우주의 은혜로운 노랫소리가 터져 나왔다. 저 모든 성좌들이 네 거야, 그것들은 네 안에 있단 말이다. 그것들은 네 사랑 밖에서는 조금도 현실성이 없어! 아아! 스스로를 모르고 있는 사람에게는 이 세계는 얼마나 무섭게 보일 것인가! 네가 바다 앞에서 고독하고 버림받은 것 같은 느낌이 들었을 때, 밤 가운데 그 바다의 고독이, 또 끝없는 우주 가운데 밤의 고독이 어떠했을까를 생각해 봐!' [11] 그리고 시인은 몽상가와 세계의, 그 사랑의 이중창을 계속하는데, 그래 세계와 인간을, 그들의 고독의 대화 가운데 역설적으로 합일된 두, 짝 이룬 피조물이 되게 하는 것이다.

다른 한 페이지에서 밀로슈는 이를테면 열광적인 명상 가운데, 응축하고 확장하는 두 움직임을 연결시키면서 또 이렇게 쓰고 있다: '공간이여, 바닷물을 갈라 놓는 공간이여, 내 즐거운 친우여, 나는 정녕 사랑으로써 그대를 내게로 끌어들이노라! 그래 나는 이제 폐허의 다사로운 햇빛 속에 꽃핀 쐐기풀처럼, 샘 속의 날선 자갈처럼, 따뜻한 풀 속의 뱀처럼 되었노라! 아니, 순간이 정녕 영원인가? 영원이 정녕 순간인가?' [12] 그리고 미소(微小)함을 무한함에, 흰 쐐기풀을 푸른 하늘에 연결시키면서 시인의 글은 계속된다. 날카로운 자갈과 맑은 샘물 사이의 모순과 같은 첨예한 모순들이 모두, 몽상하는 존재가 작음과 큼의 모순을 넘어서자마자 곧 동화되고 소멸되고 만다. 그 열광의 공간은 일체의 한계를 뛰어넘는다: '무너지라, 지평선들의 사랑 없는 경계들이여! 나타나라, 진짜 먼 곳이여!' [13] 그리고 더 뒤에 가서는: '일체가 빛이요, 다사로

---

11) 《사랑 입문》, p.64.
12) 위의 책, p.151.

움이요, 잔조로움이었다. 그리고 비현실적인 대기 속에서 먼 곳이 먼 곳에 신호를 보내는 것이었다. 내 사랑은 우주를 감싸안았다.'[14]

　말할 나위 없이 만약 이 장에서의 우리의 목적이 무한의 이미지들을 객관적으로 연구하는 것이라면, 우리는 두꺼운 자료철을 열어야 할 것이다. 왜냐하면 무한은 시적 테마로서는 무진장하기 때문이다. 우리는 이 문제를, 앞서의 우리의 한 저서에서[15] 무한한 우주 앞에서 명상하는 인간의 대결적인 의지를 강조하면서 다룬 바 있다. 우리는 그때 본다는 것의 오연함이 관조하는 존재의 의식의 핵심이 되어 있는 장관(壯觀) 콤플렉스complexe spectaculaire라는 것을 말했다. 그러나 우리가 지금 쓰고 있는 이 저서에서 살펴보고 있는 문제는, 무한의 이미지들에 대한 한결 이완된 참여, 작음과 큼의 한결 내밀한 교류라는 문제이다. 우리는 시적 관조의 어떤 가치들을 경직시킬 수 있는 장관 콤플렉스를, 이를테면 청산하려고 하는 것이다.

4

　명상하고 꿈꾸는 이완된 영혼 가운데서 무한은 무한의 이미지들을 기다리고 있는 듯하다. 정신은 대상들을 보고, 또 본다. 반면 영혼은 한 대상 가운데 무한의 둥지를 발견한다. 보들레르의 영혼 속에서 오직 '드넓은vaste'이라는 말의 영향 밑에서 열리고 있는 몽상들을 따라가 본다

---

13) 위의 책, p.155.
14) 위의 책, p.168.
15) 《대지와, 의지의 몽상 La Terre et les rêveries de la volonté》에서 제12장, 제7절, 〈무한한 대지 La Terre immense〉를 참조할 것.

면, 우리들은 그에 대한 다양한 증거들을 얻게 될 것이다. '드넓은'이라는 말은 가장 보들레르적인 말의 하나로서, 시인에게 있어서 내밀의 공간의 무한성을 가장 자연스럽게 표시하는 말이다.

물론 보들레르에게서 '드넓은'이라는 말이 빈약한, 객관적인 기하학적 뜻밖에 가지고 있지 않은 예들도 발견될 것이다: 《미술 비평》에 나오는 어떤 묘사에 '달걀 모양의 드넓은 식탁 주위에……'라는 표현을 쓰고 있다.[16] 그러나 그 말에 스스로를 민감하게 만든 다음에는, 우리들은 그것이 행복스러운 넓음에 대한 애착을 나타낸다는 것을 알게 될 것이다. 게다가 보들레르에게 있어서 '드넓은'이라는 말의 여러 쓰임새들에 대한 통계를 내어 본다면, 객관적이고 확실한 뜻에 있어서의 그것의 쓰임새가, 그것이 내밀한 반향을 가지고 있는 경우와 비교해서 드물다는 사실에 놀라게 될지 모른다.[17]

관습적으로 쓰이는 말들을 그토록 멀리하는 보들레르, 특히 사용할 형용사에 대해 심사숙고하고 그것이 그것과 관계하는 명사의 지배를 받지 않도록 주의하는 보들레르가, '드넓은'의 쓰임새는 통제하지 않고 있다. '드넓은'이라는 말은 한 사물, 한 생각, 한 몽상에 웅대함이 찾아왔을 때, 그에게 강요된다. 우리는 이제 이 말의 놀랄 만큼 다양한 쓰임새에 대해 몇몇 지적을 하려고 한다.

아편 흡입자는 진정적(鎭靜的)인 몽상의 이득을 보기 위해서는 '드넓은 여한(餘閑)'[18]을 가져야 한다. 그 몽상은 '시골 들판의 드넓은 침

---

16) 보들레르, 《미술 비평》, p.390.
17) 그러나 자크 크레페Jacques Crépet가 편한 《화전집(火箭集)과 내면 일기 *Fusees et journaux intimes*》(Mercure de France)의 끝에 붙어 있는 훌륭한 어휘 색인에는 '드넓은'이 나와 있지 않다.

묵'¹⁹⁾의 도움을 받는다. 그러면 '정신적인 세계는 새로운 빛으로 가득 찬 드넓은 시야를 열어 보인다.'²⁰⁾ 어떤 꿈들은 '기억의 드넓은 화폭 위에' 그려져 있다. 보들레르는 또 '커다란 계획들에 사로잡혀 드넓은 생각들에 짓눌려 있는 사람'을 이야기하기도 한다.

한 민족을 정의하고 싶다면? 그럴 경우 보들레르는 이렇게 쓴다: '민족…… 그 조직이 그 환경에 적합한 드넓은 동물.' 그는 다시 이렇게 말하기도 한다: '드넓은 집단적 존재인 민족.'²¹⁾ '드넓은'이라는 말이 메타포의 색깔을 짙게 하고 있는 좋은 예이다. 그 자신이 가치를 얻게 한 '드넓은'이라는 말이 없었더라면, 보들레르는 아마도 이 메타포들이 나타내는 생각 자체의 빈약함 때문에 그것을 포기했을지도 모른다. 그러나 '드넓은'이라는 말은 모든 것을 구해 주고 있고, 보들레르는 이렇게 덧붙이고 있다: 그런 비유는 독자가 조금이라도 '그 드넓은 관조'에 친숙해 있기만 한다면, 이해할 수 있을 것이다.

'드넓은'이라는 말은 보들레르에게 있어서 정녕, 드넓은 세계와 드넓은 생각을 합일시키는 하나의 형이상학적인 논거가 되어 있다고 함은, 지나친 말이 아니다. 하지만 웅대함이 더 활동적인 것은 내밀의 공간 쪽이 아닐까? 그 웅대함은 외부의 광경에서 오는 게 아니라, 드넓은 생각의 헤아릴 수 없는 깊이에서 오는 것이다. 아닌 게 아니라 《내면 일기 Journaux intimes》에서 보들레르는 이렇게 적고 있다: '거의 초자연적이라고 할 만한 영혼의 어떤 상태들에 있어서는, 삶의 깊이는 그 전

---

18) 보들레르, 《아편 흡입자 Le Mangeur d'opium》, p.181.
19) 보들레르, 《인공낙원 Les Paradis artificiels》, p.325.
20) 위의 책, p.169, p.172, p.183.
21) 보들레르, 《미술 비평》, p.221.

체가 눈앞에 펼쳐져 있는 외부 광경 —— 그것이 아무리 평범한 것일지라도 —— 가운데 드러나는 법이다. 그 광경은 그것의 상징이 된다.'[22] 이것이야말로 정녕 우리가 따라가 보려고 노력하고 있는 현상학적인 방향을 가리켜 보이는 텍스트이다. 외부 광경이 내밀의 웅대함을 펼치는 것을 도와주는 것이다.

'드넓은'이라는 말은 보들레르에게 있어서, 또한 지고한 종합의 말이기도 하다. 정신의 추론적인 진행 방식과 영혼의 힘 사이에 어떤 차이가 있는가 하는 것은, 보들레르의 다음과 같은 생각을 숙고해 보면 알 수 있을 것이다: '서정적인 영혼은 종합과도 같이 드넓은 걸음을 한다면, 소설가의 정신은 분석에서 즐거움을 찾는다.'[23]

이리하여 '드넓은'이라는 말의 기치 밑에서 영혼은 그의 종합적 존재를 발견하는 것이다. '드넓은'이라는 말은 모순적인 것들을 결합시킨다.

'밤처럼 그리고 밝음처럼 드넓은'[24] 이 유명한 시구, —— 모든 보들레르 연구가들의 기억에서 떠나지 않는 이 시구를 이루는 요소들을 우리들은 하시시에 관한 시편에서 발견할 수 있다: '정신적인 세계는 새로운 빛으로 가득 찬 드넓은 시야를 열어 보인다.'[25] '정신적인' 자연은, 웅대함을 그 원초의 힘과 함께 지니고 있는 '정신적인' 사원은, 그러한 것이다. 시인의 전 작품들을 통해 우리들은, 뒤죽박죽으로 존재하는 귀한 것들을 통합할 준비가 언제나 되어 있는 '드넓은 통일'의 활동을

---

22) 보들레르, 《내면 일기》, p.29.
23) 보들레르, 《낭만주의 예술 L'Art romantique》, p.369.
24) 〔역주〕 보들레르의 유명한 시편 〈조응(照應)Correspondances〉에 나오는 시행.
25) 보들레르, 《인공낙원》, p.169.

따라가 볼 수 있다. 철학적 정신은 일자(一者)와 다자(多者)의 관계에 관해서 끝없이 논의한다. 그런데 정녕 시적 명상의 전형이라고 할 보들레르의 명상은, 오관의 여러 인상들을 서로 조응(照應)케 하는 종합의 힘 자체 속에서 깊고도 어두운 통일을 발견하는 것이다. '조응'은 흔히 너무 경험적으로, 감수성의 현상으로만 연구되어 왔다.[26] 그런데 감각의 폭은 이 몽상가와 저 몽상가 사이에서 거의 일치하지 않는다. 안식향(安息香)benjoin은, 그 말소리〔뱅주앵〕가 모든 독자들에게 제공하는 청각적인 즐거움 이외에는 누구에게나 주어지는 게 아니다. 그러나 시편 '조응-Correspondances'에서 조화로움이 이루어지기 시작하자마자, 서정적인 영혼의 종합의 활동은 작업에 임하고 있는 것이다. 시적 감수성이 이 시편의 주제인 '조응'의 여러 변양태들을 즐길지라도, 그 주제가 그 자체로 더할 수 없는 즐거움임을 인정해야 한다. 그리고 보들레르는 바로 그러한 상황에서 '생존의 느낌이 무한히 증가된다'[27] 고 말하고 있다. 여기서 우리들은 내밀의 세계에서의 **무한**은 하나의 **강렬성**, 하나의 존재의 강렬성, 내밀의 무한의 드넓은 전망 속에서 발전해 가는 존재, 그런 존재의 강렬성이라는 것을 발견하게 된다. 그 원칙에 있어서 '조응'은 세계의 무한을 받아들여, 그것을 우리들의 내밀한 존재의 강렬성으로 변화시킨다. 그것은 두 가지 유형의 웅대함 사이에 타협을 이룩한다. 보들레르가 그러한 타협을 살았다〔體驗〕는 것은 잊을 수 없는 사실이다.

---

26) 〔역주〕시편 〈조응〉에는 이를테면 보들레르의 시학이 개진되어 있다고도 할 수 있다. 그가 말하는 조응에는 두 종류가 있는데, 여기서 문제되어 있는 것은 그 한 종류인 이른바 공감각(共感覺)synesthésie이라고 하는 것이다.
27) 보들레르, 《내면 일기》, p.28.

움직임 자체도, 말하자면 행복된 부피를 가지고 있다. 보들레르는 움직임을, 그것의 조화를 통해 드넓음이라는 미적 범주에 들게 한다. 배의 움직임에 관해 그는 이렇게 쓰고 있다: '조화로운 움직임의 조작에서 얻게 되는 시적 관념은 어떤 드넓고 무한하고 복잡하나 조화로운 리듬을 가진 존재,―― 고통스러워하고 모든 한숨과 모든 인간적인 야망을 뿜어내는, 천재성으로 가득 찬 어떤 동물을 보고 있다는 가정이다.'[28] 이리하여 물 위에 지탱되어 있는 아름다운 부피라고나 할 배는, **드넓은**이라는 말――묘사하지 않으나, 묘사되어야 할 모든 것에 근원적인 존재를 부여하는 말――의 무한을 함유하게 되는 것이다. 보들레르에게 있어서 **드넓은**이라는 말 밑에는 이미지들의 복합체가 있다. 그 이미지들은 서로의 깊이를 키워 가는데, 왜냐하면 그것들은 한 드넓은 존재 위에서 자라고 있기 때문이다.

　우리는 우리의 논증을 분산시킬 위험을 무릅쓰면서도, 보들레르의 작품들 가운데서 그 기이한 형용사――기이한, 왜냐하면 서로 사이에 공통되는 아무것도 가지고 있지 않는 여러 인상들에 웅대함을 부여하기 때문에――가 나타나는 노출 가능점들을 모두 지적하려고 애썼다. 그러나 우리의 논증이 더 큰 통일성을 가지게 하기 위해, 우리는 보들레르에게 있어서 무한은 내밀한 차원임을 보여줄 일련의 이미지들, 일련의 가치들을 아직 더 따라가 보려고 한다. 보들레르가 리하르트 바그너에 관해 쓴 글보다, 무한의 관념의 내밀한 성격을 더 잘 표현한 것은 없다.[29] 보들레르는 이 무한의 인상에 세 가지 상태를 설정하고 있다고 말할 수 있을 것이다. 그는 우선 〈로엔그린〉의 서곡이 연주되었던 연주

28) 위의 책, p.33.
29) 보들레르, 《낭만주의 예술》, 제10장.

회의 프로그램을 인용하고 있다: '음악의 첫 박자에서부터, 성배(聖杯)를 기다리는 경건한 고독자의 영혼은 **무한한 공간 속으로 잠겨 들어간다.** 그는 한 기이한 환영이 조금씩 조금씩 모습을 이루어 몸과 얼굴을 취해 가는 것을 본다. 그 환영은 더욱 정확한 모습을 띠어 가고, **경이로운 천사들의 무리가** 그들 가운데 성배를 들고 그의 앞으로 지나간다. 성스러운 행렬이 다가오자 그, 신에게 선택된 자의 마음은 조금씩 격앙되어 간다. 그의 마음은 넓어지고 팽창된다. 말로 표현할 수 없는 열망이 그의 내부에서 깨어난다. **그는 증대하는 지복감을 이기지 못한다. 빛나는 환영과의** 거리가 계속 가까워지다가, 마침내 성배 자체가 그 성스러운 행렬 가운데 나타났을 때, **그는 마치 세계 전체가 갑자기 사라진 것처럼 법열에 찬 경배의 마음속으로 빠져 들어간다.'**[30] 이 가운데 굵은 글자로 강조된 것은 모두 보들레르 자신에 의한 것이다. 강조된 부분들을 보면, 몽상이 점진적으로 확장되어 황홀감 가운데 내밀하게 태어난 무한이 감각적인 세계를, 이를테면 용해하고 흡수하는 그런 지고한 경지에까지 이르는 것을 우리들은 잘 느낄 수 있다.

우리가 존재의 확장이라고 이름지을 수 있다고 생각하는 것의 둘째번 상태는 리스트의 텍스트에서 찾아진다. 이 텍스트는 우리들을 음악에 대한 명상에서 태어난 신비적인 공간에 참여시킨다. '잠자는 듯한 넓은 멜로디의 천(위에) 김 같은 에테르가…… 펼쳐진다.'[31] 이에 뒤이어 이 리스트의 텍스트에서는 빛의 메타포들이 투명한 음악적 세계의 그 확장을 이해시키는 데 도움이 되고 있다.

그러나 위의 두 텍스트는 보들레르 자신의 글을 예비하는 역할을 할

---

30) 위의 책, p.212.
31) 위의 책, p.213.

따름인데, 그 글에서 '조응'은 오관의 감각의 다양한 증대로 나타나며, 그래 한 이미지가 한 번씩 확대될 때마다 그것은 다른 한 이미지의 크기를 확대시킨다. 그리하여 무한은 전개되는 것이다. 보들레르는 이번에는 음악의 몽상에 전적으로 빠져, 그의 말을 따르자면 '상상력이 풍부한 사람이라면 거의 누구나 잠자는 동안, 꿈을 통해 체험한 적이 있는 그 행복된 인상의 하나를' 경험한다. '나는 **중력의 속박**에서 해방되었다고 느꼈고, **높은 장소**에 감도는 그 야릇한 **관능적인 기쁨**을 추억을 통해 되찾았다. 그리하여 나는 스스로 뜻하지도 않은 채로 절대적인 고독,── **무한한 지평선과 넓게 퍼진 희미한 빛**, 달리 말해 그 자체 이외에는 다른 배경이 없는 **무한**과 더불어 있는 그런 고독 속에서 거대한 몽상에 사로잡혀 있는 사람의 감미로운 상태를 눈앞에 그렸다.'

이에 뒤이은 내용에서 우리들은 확장extension의, 팽창expansion의, 황홀extase의 현상학──한마디로 접두사 ex의 현상학[32]을 위한 요소들을 많이 발견할 수 있다. 어쨌든 우리들은 방금 보들레르가 오랫동안 예비해 온 표현, 우리의 현상학적 관찰의 중심에 놓아야 할 표현에 접했다: '그 자체 이외에는 다른 배경이 없는 무한'이 그것이다.

이 무한은, 보들레르가 방금 세부적으로 말한 대로 내밀함의 획득이다. 내밀함이 깊어짐에 따라, 세계에서는 웅대함이 진척된다. 보들레르의 몽상은 관조되는 우주 앞에서 이루어진 게 아니다. 시인은──스스로 그렇게 말하고 있는데──그의 몽상을 두 눈을 감고 펼치고 있다. 그는 추억을 살고 있는 게 아니다. 그의 시적 황홀은 조금씩 조금씩 사

───────────
32) [역주] 물론 ex는 앞에 든 세 낱말을 한데 묶어 나타내는 것인데, 그 세 낱말은 바로 내밀의 공간의 무한에 대해 우리들이 갖게 되는 세 주된 인상을 표현하는 것일 것이다.

건 없는 삶이 되어간 것이다. 푸른 날개를 하늘에서 펴 보이던 천사들이 우주적인 푸름 속으로 녹아든 것이다. 서서히 무한은 근원적인 가치, 근원적인 내밀한 가치로 설정되는 것이다. 몽상가가 정녕 **무한**이라는 말을 삶(體驗) 때, 그는 그의 근심에서, 그의 생각에서 자신이 해방됨을, 그의 꿈에서 자신이 해방됨을 본다. 그는 더이상 그의 무게 속에 갇혀 있지 않다. 그는 더이상 그 자신의 고유한 존재에 사로잡혀 있지도 않다.

만약 보들레르의 이 텍스트들을 연구하기 위해 심리학의 정규적인 방법들을 따른다면, 시인은 세계의 여러 배경들을 버리고 오직 무한의 '배경'만을 삶으로써 하나의 추상 —— 옛 심리학자들이 '실현된 추상'이라고 명명했던 것 —— 밖에 체험할 수 없다고 사람들은 결론내릴 수 있을지 모른다. 시인에 의해 이렇게 이루어진 내밀한 공간은 기하학자들의 외부 공간과 짝을 이루는 것일 뿐이라고도 할 수 있을지 모른다. 기하학자들 역시 무한 그 자체 이외에는 다른 표시가 없는 무한한 공간을 바라기 때문이다. 그러나 이와 같은 결론은 오랜 몽상의 구체적인 진행 과정을 알아보지 못한 것일 것이다. 이 경우 몽상이 너무 다채로운 표상 하나를 버릴 때마다, 그것은 내밀한 존재의 추가적인 넓이를 더 얻게 된다. 〈탄호이저〉를 듣는 특전을 못 가진 독자라도 보들레르의 위의 텍스트들을, 시인의 몽상의 단계적인 상태들을 상세히 살펴보면서 명상한다면, 거기에서 너무 안이한 메타포들을 밀쳐 버리고 나면 자신이 인간적인 깊이의 존재론[33]에 초대되어 있음을 어김없이 깨달을 수 있을 것이다. 보들레르에게 있어서 인간의 시적 운명은 무한의

---

33) (역주) 즉 그 자체로 직접적으로 파악되는 내밀의 무한에 관한 주장.

거울이 되는 것이며, 더 정확히 말한다면, 무한은 인간 내부에서 스스로를 의식하게 된다. 보들레르에게 있어서 인간은 드넓은 존재인 것이다.

이상으로 여러 방향에 걸쳐 우리는, 보들레르의 시학에 있어서 '드넓은'이라는 말은 정녕 객관적인 세계에 속하는 것은 아니라는 것을 증명했다고 생각한다. 여기에 덧붙여 우리는 현상학적인 뉘앙스를 하나 더 이야기하려 하는데, 그것은 말[言表]parole[34]의 현상학에 속하는 것이다.

우리의 견해로는, 보들레르에게 있어서 '드넓은vast'이라는 낱말은 하나의 음성적 가치이다. 그것은 발음된 말이지, 결코 그것과 관계지어지는 대상들 가운데서 단순히 보아진, 단순히 읽어진 말만은 아니다. 그것은 작가가 그것을 쓰면서 언제나 나지막이 말해 보는 그런 낱말의 하나이다. 그것은 운문 가운데 있든, 산문 가운데 있든, 시적인 작용, 음성적인 시적 작용을 행사한다. 이 낱말은 이웃하는 말[言表]parole들 가운데서 곧 두드러지며, 이미지들 가운데서도, 아마도 생각 가운데서도 두드러진다. 그것은 하나의 '말[言表]의 힘'이다.[35] 우리들이 보들레르의 작품 속에서, 운문의 운율 가운데서, 혹은 산문시의 폭넓은 리듬 속에서 이 낱말을 읽게 되면, 대뜸 시인은 우리들로 하여금 그것을 발음하지 않을 수 없도록 하는 것 같다. '드넓은'이라는 낱말은 그리하여 호흡의 말이다. 그것은 우리들의 내쉬는 숨 위에 놓인다. 그것은 숨이 느

---

34) [역주] 뒤이어 개진되는 바로 알 수 있듯이, 이 경우 parole은 소리로 발해진 언어를 뜻함. 독자들의 이해를 돕기 위해 덧붙인 언표(言表)라는 한자 역어는 그러므로, 구조언어학과 구조주의 비평에서 말하는 énoncé의 번역 용어로 쓰이기도 하는 언표(言表)의 엄격한 뜻과 혼동하지 말 것.

35) 에드거 포, 《새단편소설선(選) Nouvelles histoires extraordinaires》, 보들레르 역, p.238에서 '말의 힘'을 참조할 것.

리고 고요하기를 요구한다.[36) 그리고 언제나, 아닌 게 아니라 보들레르의 시학에서는 '드넓은'이라는 낱말은 고요와 평화와 평온을 부른다. 그것은 사활(死活)적인 신념, 내밀한 신념을 표현한다. 그것은 우리들에게, 우리들의 존재의 은밀한 방들에 울리는 메아리를 가져다 준다. 그것은 소란의 적이고 낭.독의 지나친 발성에 적대적인, 장중한 낱말이다. 운율에 맞춘 낭독으로는 그것은 부스러질 것이다. '드넓은'이라는 낱말은 존재의 평화로운 침묵 위에 군림해야 한다.

만약 내가 정신의라면, 나는 불안에 괴로워하는 환자에게, 증세가 발작되자마자 보들레르의 시를 읽으라고, 지배적인 보들레르적 낱말,——고요와 통일을 가져다 주는 그 '드넓은'이라는 낱말, 하나의 공간을 열어 주는, 무한한 공간을 열어 주는 그 낱말을 아주 부드럽게 말해 보라고 권고하겠다. 그 말은 우리들에게, 우리들을 불안하게 하는 망상적인 감옥의 벽에서 멀리 떨어져, 지평선 위에서 쉬고 있는 공기를 호흡하기를 가르쳐 준다. 그것은 말소리의 권능의 바로 입구에서 활동하는 음성적인 힘을 가지고 있다. 시에 예민한 가수인 팡제라Panzera가 어느 날 내게 한 말로는, 경험심리학자들의 말에 의하면 우리들이 모음 a[아]를 **생각할** 때에는 반드시 성대 신경이 자극된다는 것이다. 글자 a를 눈앞에 두고 있을 때, 목소리는 이미 노래하고 싶어지는 것이다. '드넓은vaste'이라는 낱말의 둥치인 모음 a는 언표적 감수성의 애너컬류던

---

36) 빅토르 위고에게 있어서 바람은 드넓은 것이다. 바람이 이렇게 말한다:

> 그 거대한 길손이노라, 드넓고, 물리칠 수 없고, 헛된(《신(神) Dieu》, p.5).

마지막 세 말(드넓고vaste, 물리칠 수 없고invincible, 헛된vain)에서 입술은 세 v자를 발음하면서 거의 움직이지 않는다.

anacoluthe[37]으로서, 그 미묘함 가운데 홀로 두드러진다.

'보들레르의 조응'에 관해서 이루어진 수많은 주해들은, 말소리를 빚고 거기에 억양을 주기에 골몰하는 그 여섯번째 감각을 잊어버린 것 같지 않은가? 자연에 의해 우리들의 숨의 문 앞에 놓여진, 무엇보다도 섬세한, 아이올로스[38] 신의 그 조그만 하프는 과연 다른 감각들 다음에 오지만 그것들 위에 오는 여섯번째 감각이다. 이 하프는 단지 메타포의 움직임에도 떤다. 그것을 통해 인간의 생각은 노래를 한다. 이처럼 방만한 철학자의 몽상을 끝없이 계속하고 있을 때에 나는, 모음 a는 무한의 모음이라고 생각하게 된다. 그것은 한숨 속에서 시작되어 한없이 확장되어 가는 소리의 공간이다.

'드넓은vaste'이라는 낱말에서 모음 a는 확장시키는 말소리로서의 그 갖가지의 힘을 모두 지니고 있다. '드넓은vaste'이라는 낱말은, 그것을 말소리로서 살펴보면, 단지 공간적인 것만은 아니다. 그것은 부드러운 물질인 양, 무한한 고요의 향기로운 힘을 받아들인다. 그것과 더불어 무한이 우리들의 가슴속에 들어온다. 그것을 통해 우리들은 인간적인 불안들로부터 멀리 떨어져 우주적으로 호흡한다. 시적 가치를 가늠함에 있어서 어찌, 가장 약한 요인이라고 하여 고려에서 등한히 할 수

---

37) [역주] anacoluthe는 본디 문법적 교양의 결여에서 비롯된 통사적인 오류였는데, 그것이 수사적인 효과를 가지게 됨으로써 수사학의 문채(文彩)가 되었다. (예컨대 Vous voulez que ce Dieu vous comble de bienfaits et ne l'aimer jamais라는 문장에 있어서 et(그리고)라는 등위접속사가 절(que 이하)과 부정법(aimer)을 연결시키는 잘못을 범하고 있다.) 그러므로 anacoluthe의 문채적인 효과는 그러한 통사적인 오류를 일으키게 한 심리적인 동요를 나타내는 데 있다고 하겠다. 여기서는 물론 메타포로 쓰인 것인데, vaste라는 낱말의 말소리에서 a음이 '두드러진다'는 사실을 가리키는 듯.
38) [역주] 바다의 신 포세이돈의 아들로서, 바람의 신. 아이올로스의 하프는 바람에 저절로 울리는 자명금의 명칭.

있겠는가? 시에 그것의 결정적인 정신적psychique 작용을 가지게 하는데 기여하는 일체의 것은, 역동적 상상력의 철학에 포함시켜야 한다. 때로 더할 수 없이 다르고 더할 수 없이 섬세한 감각적 가치들이 서로 번갈아서 시 작품을 역동화하고 확장시킨다. 보들레르적 조응에 대한 오랜 탐구를 통해 각각의 의미와 그것에 대응되는 말〔言表〕 사이의 조응이 밝혀져야 할 것이다.

때로 한 언어 요소의 소리, 한 글자의 힘이, 그것이 그 한 구성 요소로 되어 있는 낱말의 깊은 생각을 열어 주고, 확정한다. 막스 피카르트의 훌륭한 저서, 《인간과 말 *Der Mensch und das Wort*》에서 우리들은 다음과 같은 구절을 읽을 수 있다: '파동Welle이라는 낱말 안의 W는 그 낱말 안의 파동을 함께 움직이게 하고, 숨결Hauch이라는 낱말 안의 H는 숨결을 올라가게 하며, 단단한fest, 굳은hart이라는 낱말 안의 t는 단단하고 굳게 한다.'[39] 이러한 고찰로써 《침묵의 세계》[40]의 철학자는 우리들을, 음성 현상과 로고스의 현상이 —— 언어가 그 고귀성을 전부 지니고 있을 때 —— 서로 조화하게 되는, 가장 예민한 감수성의 경지로 데리고 간다. 그러나 우리들이 낱말의 내적인 시, 한 낱말의 내적인 무한을 살기 위해서는 명상을 얼마나 느리게 이끌 줄 알아야 할 것일까! 모든 위대한 낱말들, 시인에 의해 웅대함에 초대되는 모든 낱말들은 우주의 열쇠, 외부의 우주와 인간 영혼의 깊이 —— 이 이중의 우주의 열쇠들이다.[41]

---

39) 막스 피카르트, 《인간과 말》, Eugen Rentsch Verlag, p.14. 이와 같은 문장은 번역하지 말아야 한다는 것은 말할 나위 없다. 왜냐하면 그것은 독일어의 말소리에 귀를 기울일 것을 요구하기 때문이다. 모든 자연어는 말소리의 효과를 크게 가진 낱말들을 가지고 있다.

40) 〔역주〕 앞서 인용된 바 있는 막스 피카르트의 다른 한 저서.

41) 〔역주〕 p.394로부터 여기까지는 바슐라르 자신이 낱말의 '음성적 가치' 라고 한 것

이리하여 보들레르와 같은 위대한 시인에게 있어서 무한을 두고 볼
때에 우리들은 외부에서 온 메아리 이상의 것, 무한에의 내밀한 부름을
들을 수 있다는 것이 증명되었다고 여겨진다. 그러니 우리는 철학적으
로 말해, 무한은 시적 상상력의 한 '범주'이며 단순히 웅장한 광경들의
관조에서 이루어진 일반적인 관념만은 아니라고 할 수 있었던 것이다.
그 두 경우를 대조하기 위해 '경험적인' 무한의 예를 하나 들어 본다면,
텐Taine의 글에서 뽑은 것을 이야기해 볼 수 있겠다. 우리는 이 예에서
시 대신에 나쁜 문학,──어떻게 해서라도, 근본적인 이미지들을 희생
해서라도 현란한 표현을 바라는 문학, 그런 문학이 작용하고 있음을 보
고자 한다.

《피레네 산맥 여행기 Voyage aux Pyrénées》에서 텐은 이렇게 쓰고 있다:
'내가 처음으로 바다를 보았을 때, 나는 더할 수 없는 불쾌한 환멸을 맛
보았다……. 파리 부근에서 볼 수 있는, 네모진 녹색 양배추밭들과 다
갈색 보리밭 지대를 이웃하고 있는, 길게 퍼진 사탕무 벌판을 보는 것
같았다. 멀리 보이는 돛들은 마치 되돌아오는 비둘기들의 날개 같았다.
그 원경은 내게는 좁아 보였다. 화가들의 그림에서 본 바다는 더 넓었
었다. 무한의 감정을 되찾기 위해서는 나는 사흘이 필요했다.'

사탕무, 보리, 양배추, 그리고 비둘기들은 아주 조작적으로 연결되어
있다! 그것들을 하나의 '이미지'로 결합한다는 것은, '독창적인' 것들만
을 이야기하려고 하는 사람에게는 우연한 대화의 한 토막에 지나지 않

(p.421), 달리 말해 언어 자체의 환기성에 대한 개진이라고 하겠다. 《물과 꿈》의 결론
〈물의 말〉 및 소개 논문 p.26을 참조할 것.

는 것처럼 쉬운 것일지 모른다. 바다 앞에서 어찌 그 정도로 아르덴 들판의 사탕무밭에 사로잡혀 있는가?

현상학자는 텐이 어떻게 사흘 동안 그러지 못하다가 그의 '무한의 감정'을 되찾았는지, 어떤 경로로 소박하게 관조되는 바다로 되돌아가 마침내 그것의 웅대함을 보게 되었는지, 알았으면 기쁠 마음인 것이다.

이 막간의 이야기를 끝내고 다시 시인들에게로 돌아오기로 하자.

6

시인들은 우리들이 우리들의 내부에, 너무나 큰 팽창력을 가진 관조하는 즐거움을 발견케 하는 데 도움이 될 터인데, 그 즐거움은 때로 우리들로 하여금 가까이 있는 대상 앞에서도 우리들의 내밀의 공간의 확장을 체험케 한다. 예컨대 릴케가 그의 관조의 대상인 나무에 무한적인 생존을 줄 때, 그의 시를 들어 보기로 하자:

> 공간은 우리들 밖에서 사물들로 퍼져 나가 그것들을 표현한다:
> 만약 네가 한 나무의 생존을 훌륭히 이루어 내련다면,
> 그것에 내부 공간을 주라, 네 안에
> 그 존재가 있는 그 공간을.
> 그것을 속박으로 둘러싸라. 하나
> 그것은 경계가 없고, 네 자신의 포기(抛棄)
> 한가운데서 질서를 찾을 때에야
> 정녕 한 나무가 된다. [42]

마지막 세 행에서 말라르메적인 난해성이 독자로 하여금 명상하지 않을 수 없도록 한다. 그는 시인으로부터 한 흥미 있는 상상력의 문제를 받는다. '나무를 속박으로 둘러싸라'는 권고는 우선 그것을 묘사해야 한다는, 그것으로 하여금 **외부** 공간 속에서 한계를 가지도록 해야 한다는 것일 것이다. 그러니 단순한, 지각의 규칙을 따라야 한다는 말이고, '객관적'이어야 한다는 말일 것이다. 즉 더이상 상상하지 말아야 할 것이다. 하지만 나무는 어떤 참된 존재와도 마찬가지로 그것의 '경계가 없는' 존재 가운데 파악된다. 그것의 한계는 우연적인 것일 따름이다. 우연적인 한계에 반하여 나무는, 네가 네 내밀의 공간, '네 안에 그 존재가 있는 그 공간'으로 길러진 넘쳐나리만큼 많은 네 이미지들을 제게 줄 것을 필요로 한다. 그리하여 나무와 그것을 몽상하는 사람은 함께 질서를 찾고 커간다. 결코 나무는 꿈의 세계에서는 완성된 존재로 정립되는 법이 없다. 나무는 제 영혼을 찾고 있다고 쥘 쉬페르비엘은 어느 시편에서 말하고 있다:

나무마다 제 영혼을
찾아 종려가지들의 분지점까지
발돋움해 오르는
어느 공간의 생동하는 푸름.[43]

그러나 세계의 한 존재가 그의 영혼을 찾고 있다는 것을 시인이 알

---

42) 〈시〉(1924년 6월작), 클로드 비제 역, 《문학 *Les Lettres*》지(誌), 제4년, 14·15·16 합병호, p.13.
43) 쥘 쉬페르비엘, 《층계 *L'Escalier*》, p.106.

고 있을 때, 그것은 바로 시인 자신이 제 영혼을 찾고 있다는 뜻이다. '떨고 있는 높은 나무는 언제나 영혼을 두드린다.'[44]

상상적인 힘에 맡겨지고 우리들의 내부 공간을 받아서, 나무는 우리들과 웅대함을 두고 경쟁을 하게 된다. 1914년 8월에 쓰인 다른 한 시편에서 릴케는 이렇게 말했던 것이다:

……우리들을 거쳐 새들이
침묵 가운데 날아오른다. 오, 크고자 하는 나여,
나는 밖으로 시선을 향하고, 나무는 내 안에서 커간다.[45]

이와 같이 나무는 언제나 웅대함의 운명을 가지는 것이다. 그 운명을 그것은 또 퍼뜨린다. 나무는 그것을 둘러싸고 있는 것들을 키워 주기도 하는 것이다. 클레르 골Claire Goll의 너무나도 인간적인 조그만 저서에 실려 있는 한 편지에서, 릴케는 그에게 다음과 같이 썼던 것이다: '그 나무들은 장려합니다. 그러나 그것들 사이에 있는 장엄하고도 비장한 공간은 더욱 장려하지요. 마치 그것들이 자람과 동시에 그 공간 역시 커지는 것 같습니다.'[46]

내밀의 공간과 외부 공간, 이 두 공간은 끊임없이, 이를테면 그들의 자람에 있어서 서로를 고무하는 것이다. 심리학자들이 정당하게 그리하는 것처럼 체험된 공간을 감성적 공간으로 지칭하는 것은, 그러나 공간성에 대한 몽상의 밑뿌리에 이르지는 못한다. 시인은 더 깊이 들어

---

44) 앙리 보스코, 《앙토냉 *Antonin*》, p.13.
45) 릴케, 앞의 책, p.11.
46) 클레르 골, 《릴케와 여인들 *Rilke et les femmes*》, p.63.

가 시적 공간에 이르러, 우리들을 감성 속에 가두지 않는 공간을 발견하는 것이다. 한 공간을 물들이는 감성이 어떤 것이든, 슬픈 것이든 무거운 것이든, 그것이 표현을, 시적 표현을 얻게 되자마자 슬픔은 바래지고 무거움은 가벼워진다. 시적 공간은, 그것이 표현되었기 때문에 팽창expansion의 가치를 얻는다. 그것은 ex의 현상학에 속하는 것이다. 적어도 이것이 우리가 어떤 경우에라도 환기하고자 하는 우리의 주장인데, 우리의 다음번 저서에서도 우리는 이에 대해 언급하게 될 것이다. 말이 나온 김에 그 증거를 하나 들면: 시인이 내게

　　나는 파인애플 내음을 가진 슬픔을 알고 있다[47]

고 말할 때, 나는 덜 슬픈 것이다, 더 부드럽게 슬픈 것이다.

　같이 팽창되어 가는 가운데 결합된, 깊은 내밀성과 무한히 펼쳐지는 외부 공간──이 둘 사이에 이루어지는 시적 공간성의 그 교류 속에서, 우리들은 웅대함이 솟아오름을 느낀다. 그것을 릴케는 이렇게 말한 바 있다:

　　모든 존재들을 통해 유일한 공간, 내밀의 공간이 세계에 펼쳐진다…….

　그리되면 공간은 시인에게 동사 '펼쳐지다', 동사 '커지다'의 주어로서 나타난다. 공간이 하나의 가치가 되자마자──내밀성보다 더 큰 가치가 있는가?──그것은 커진다. 가치화된 공간은 하나의 동사인 것

---

47) 쥘 쉬페르비엘, 《층계》, p.123.

이다. 우리들의 내부에서나 외부에서나 웅대함은 결코 '대상'이 아니다. 하나의 대상에 그것의 시적 공간을 준다는 것은, 그것이 객관적으로 가지고 있는 것보다 더 많은 공간을 그것에 준다는 것이며, 아니 더 잘 말해 보자면, 그것의 내밀의 공간의 팽창을 따라간다는 것이다. 앞의 릴케의 예와 동질적인 예가 되도록, 조에 부스케가 나무의 내밀의 공간을 다음과 같이 표현한 예를 들기로 하자: '공간은 다른 어디에도 없다. 공간은 마치 꿀이 벌통 속에 있듯이, 그 내부에 있는 것이다.'[48] 이미지의 영역에 있어서는 벌통 속의 꿀은 내용물과 용기 사이의 기본적인 변증법을 따르지 않는다. 이 경우 메타포로서의 꿀은 스스로가 가두어지도록 버려두지 않는다.[49] 나무의 내밀의 공간 속에서 꿀은 목수(木髓)와는 전혀 다른 것이다. '나무의 꿀'은 바로 꽃을 향기롭게 할 것인 것이다. 그것은 나무의 내부의 태양이다. 꿀을 꿈꾸는 이는, 꿀이 번갈아 가며 응축하고 방사하는 힘이라는 것을 잘 알고 있다. 나무의 내부 공간이 꿀이라면, 그것은 나무에 '무한한 사물들의, 팽창'을 주게 되는 것이다.

물론 우리들은 조에 부스케의 글을 이미지에 멈추지 않고 읽을 수도 있다. 그러나 우리들이 이미지의 밑바탕에까지 내려가 보고 싶어한다면, 이미지는 얼마나 많은 꿈들을 불러일으키는가! 공간의 철학자는 그 자신 꿈꾸기 시작한다. 형이상학의 합성어들을 좋아한다면, 우리들은 조에 부스케가 우리들에게 하나의 공간-물질, 꿀-공간, 혹은 공간-

---

48) 조에 부스케, 《다른 시대의 눈 *La Neige d'un autre âge*》, p.92.
49) [역주] 메타포로 쓰인 '꿀'은 일차적으로 내용물이라는 메타포적인 뜻을 가지지만, 그러나 이미지적인 가치, 즉 그 자체의 가치(메타포적인 가치가 아니라)를 가지고 있으므로 내용물이라는 뜻 이상의 뜻을 가진다는 내용인 듯.

꿀을 드러내 보여주었다고 말할 수 있지 않을까? 각각의 물질마다 그것의 위치 획정이 있고, 각각의 물질substance마다 그것이 자리하는 공간exstance[50]이 있다. 각각의 물질마다 제 공간을 쟁취하고, 기하학자가 그것을 그 외면으로써 한정하려고 하면, 그 외면 너머로 팽창하는 힘을 가지고 있다. 그러므로 내밀의 공간과 세계의 공간, 이 두 공간이 어울리게 되는 것은 그들의 '무한'에 의해서인 것 같은 것이다. 인간의 커다란 고독이 깊어질 때, 그 두 무한은 맞닿고, 혼동된다. 릴케의 한 편지는 '매일매일을 하나의 삶으로 만드는 그 한없는 고독, 세계와의 그 합일, 한마디로 공간,──보이지 않으나 그렇더라도 인간이 거기에 살〔居〕 수 있으며, 또 인간을 무수한 존재들로 둘러싸는 그러한 공간과의 그 합일'을 향해 전 영혼으로써 뻗어 가는 릴케를 보여주고 있다.

우리들 자신의 생존에 대한 우리들의 의식은 공간에 겹쳐져 있는데, 그 공간에서의 이와 같은 사물들의 공존은 얼마나 구체적인가! 공존자들의 장소로서의 공간이라는 라이프니츠의 테마[51]는 릴케에게서 그 시적인 표현을 얻는 것이다. 내밀의 공간이 부여된 대상은, 제각각 그러한 공존성 가운데 전 공간의 중심이 된다. 모든 대상에 있어서 거리성(距離性)은 현전성(現前性)이며, 지평선은 중심에 못하지 않은 현존을 가지고 있는 것이다.[52]

---

50) 〔역주〕 exstance는 바슐라르의 신조어. exstance의 어원인 라틴어 동사 substare가 '밑에 위치하다'라는 뜻이므로, 짐작건대 '밑에'를 뜻하는 sub 대신에 '밖에'를 뜻하는 ex를 넣어서 만든 말이니, 그것은 '밖에 위치하는 것'이라는 뜻일 것이다.
51) 〔역주〕 라이프니츠에게 있어서 공간은 그 자체로 독립적인 범주가 아니라 사물들이, 라이프니츠 자신의 말로 '단자(單子)monade'들이 질서 있는 관계를 이루며 차지하는 장소가 공간이라고 한다. 따라서 라이프니츠에게 있어서 공간은 그 안에서 질서 있게 공존하는 사물들이 먼저 생각되지 않고는 있을 수 없는 것이다.

7

이미지의 영역에 있어서는 모순은 있을 수 없으며, 똑같이 민감한 영혼들이라도 중심과 지평선의 변증법을 서로 다른 방식으로 예민하게 할 수 있다. 이런 점에서 볼 때, 무한을 획득하는 서로 다른 유형의 방식들을 헤아릴 수 있게 할, 이를테면 **벌판의 검사**라고 부를 만한 것을 제의할 수도 있을지 모른다.

이 검사의 한 극단에, 릴케가 '벌판은 우리들을 크게 하는 감정이다'라는 비상한 표현으로써 간략하게 말한 것을 위치시켜야 할 것이다. 이 심미적(審美的) 인류학(人類學)[53]의 정리(定理)는 너무나 분명히 언명되었기에, 다음과 같이 표현할 수 있을, 그에 상관적인 또 하나의 정리가 태어날 수 있을 것 같다: 우리들을 크게 하는 감정은 어떤 것이나 세계 속에서의 우리들의 상황을 평탄하게 한다.

벌판의 검사의 그 반대쪽 극단에는 앙리 보스코의 다음의 글을 위치시킬 수 있을 것이다: 들판에서는 '나는 언제나 다른 곳에 가 있는데, 그곳은 부동하고 유동하는 곳이다. 오랫동안 나 자신으로부터 빠져나가 있으면서, 또 어디에도 일정하게 있지 않으면서, 나는 너무나 쉽사리 내 변덕스러운 몽상과, 그것을 쉽게 하는 무한한 공간을 조화시키는 것이다.'[54]

굽어봄과 흩어짐의 이 양극 사이에, 몽상가의 기질과 계절과 바람을

---

52) 〔역주〕 내밀의 공간과 세계의 공간의 합일에 대한 다른 하나의 표현인 듯.
53) 〔역주〕 인간 현상의 하나를 다루는 것으로서 심미감에 관한 것이라는 뜻을, 현학적인 언어 유희로 표현한 것인 듯.
54) 앙리 보스코, 《이야생트 *Hyacinthe*》, p.18.

고려한다면 얼마나 많은 다른 뉘앙스들을 찾아볼 수 있을 것인가! 그리고 벌판이 마음을 가라앉히는 몽상가들과 불안하게 하는 몽상가들 사이에 언제나, 다양한 뉘앙스들로 서로 차이나는 경우들이 찾아질 것인데, 그것들은 벌판이 흔히 단순화된 세계로 간주되기 때문에 더욱 연구해 보기에 흥미로운 것이다. 균일성을 불러 오는 광경, 하나의 관념으로 요약되는 광경 앞에서 새로운 뉘앙스를 살〔體驗〕 수 있다는 것은, 시적 상상력의 현상학이 가지는 매력의 하나이다. 만약 그 뉘앙스가 시인에 의해 성실하게 살아〔體驗〕진 것이라면, 현상학자는 이미지의 시발을 파악하게 될 것을 확신할 수 있다.

그 모든 뉘앙스들에 있어서, 우리의 조사보다 더 상세한 조사를 한다면, 그것들이 어떻게 벌판이나 고원의 웅대함에 통합되는가를 드러내어야 할 것이며, 예컨대 어째서 고원의 몽상은 결코 벌판의 몽상일 수 없는가를 말해야 할 것이다. 이것은 힘든 연구인데, 왜냐하면 때로 작가는 묘사를 하고 싶어하거나, 또는 그의 고독의 크기를 미리, 수 킬로미터에 걸친 것으로 알기 때문이다. 그리되면 지도 위에서 꿈꾸는 게 되며, 즉 지리학자로서 꿈꾸는 게 되는 것이다. 예컨대 그의 모항(母港)인 다카르에서 나무 그늘에 앉아 이렇게 말하는 로티가 그렇다: '눈을 그 고장의 내부로 돌린 채, 우리들은 한없는 모래의 지평선에 의문에 찬 시선을 던지는 것이었다.'[55] 그 한없는 모래의 지평선은 초등학교 학생이 알고 있는 사막, 초등학교 지리부도에 나오는 사하라 사막이 아니겠는가?

필립 디올레Philippe Diolé의 훌륭한 저서, 《세계에서 가장 아름다운 사막 *Le plus beau Désert du monde*》에 나오는 사막의 이미지들이야말로

---

55) 피에르 로티Pierre Loti, 《가난한 젊은 사관 *Un jeune Officier pauvre*》, p.85.

현상학자에게는 얼마나 더 귀중한 것인가! 체험된 사막에서의 무한이 내밀한 존재의 강렬성 가운데 울려 오는 것이다. 꿈으로 가득 찬 여행가인 필립 디올레의 말대로, 사막을 '방랑인의 내면에 비치는 그대로'[56] 살아야(體驗) 하는 법이다. 그리고 디올레는 우리들을, 우리들이 그 가운데서 이를테면 **방랑의 응축**을 살(體驗) 수 있을── 두 반대 항의 종합── 명상으로 유도한다. 디올레에게 있어서 '흩어진 조각들처럼 널려 있는 그 산들, 그 모래들과 그 물 없는 강들, 그 돌들과 그 강렬한 햇볕', 사막의 표시를 달고 있는 그 세계 전체는 '내부의 공간에 합병'된다. 이 합병에 의해 다양한 이미지들은 '내부의 공간의' 깊이 속에서 통일되는 것이다.[57] 우리가 지금 하려고 하는, 외계의 공간의 무한과 '내부의 공간'의 깊이 사이의 조응에 대한 논증을 위해서는 결정적인 표현이다.

게다가 이와 같은 '사막'의 내면화는 디올레에게 있어서 내면의 공허에 대한 의식에 조응하는 게 아니다. 반대로 디올레는 우리들로 하여금 하나의, 이미지들의 드라마, 물과 메마름의 물질적 이미지들 사이의 근본적인 드라마를 살게(體驗) 한다. 사실 '내부의 공간'은 디올레

---

56) 필립 디올레, 《세계에서 가장 아름다운 사막》, Albin Michel, p.178.
57) 앙리 보스코 역시 이렇게 쓴 바 있다: '우리들이 우리들 내부에 지니고 있는, 모래와 돌의 사막이 침투해 들어간, 숨겨져 있는 사막에서는, 영혼의 넓은 공간이, 지상의 고독을 비탄에 잠기게 하는 가없이 버려진 아득한 공간 속으로 사라진다.' 《골동품상 L'Antiquaire》, p.228, p.227도 참조할 것.
또 다른 곳에서는, 《이야생트》를 쓴 이 위대한 몽상가는, 하늘에 닿아 있는 벌판을 굽어보는 벌거벗은 고원 위에서, 세계의 사막과 영혼의 사막의 깊은 상호 모방성을 이렇게 표현하고 있다: '내 내부에는 다시 그 공허가 펼쳐져 있었고, 나는 사막 속의 사막이었다.' 이 명상의 대문은 다음과 같은 언급으로 끝나고 있다: '나는 더이상 영혼을 가지고 있지 않았다.' 《이야생트》, p.33, p.34.

에게 있어서 바로 한 내밀의 물질의 수락(受諾)으로 이루어지는 것이다. 그는 깊은 물 속으로의 침잠의 경험을 오랫동안 살았던, 감미롭게 살았던 적이 있다. 그래 '대양'은 그에게 있어서 하나의 '공간'이 되었다. 수면 밑 40미터에서 그는 '깊이의 절대치', 더이상 재어지지 않는 깊이, 그것을 두곱할지라도 혹은 세곱할지라도 다른, 몽상과 사념의 힘을 주지 않을 그러한 깊이를 발견했었다. 그의 그 잠수 경험을 통해 디올레는 **정녕 물의 부피 속으로 들어가** 보았다. 디올레와 더불어 그의 앞선 저서들을 통해 그를 뒤따라 그, 물의 내밀성의 정복을 살아(體驗) 볼 때, 우리들은 그 공간-물질에서 일차원의 공간을 알게 된다. 일물질, 일차원. 그리고 우리들은 지상으로부터, 지상의 삶으로부터 너무나 멀리 있어서, 그러한 물의 차원은 무한의 표시를 지니고 있다. 자체의 물질에 의해 그토록 잘 통일되어 있는 세계 속에서 높은 쪽, 낮은 쪽, 왼쪽, 오른쪽을 찾는다는 것, 그것은 생각하는 것이지, 사는 것은 전혀 아니다 —— 이전에 지상의 삶에서 그랬듯이 생각하는 것이고, 잠수를 통해 정복한 새로운 세계에서 사는 것은 아닌 것이다. 나로서는, 디올레의 저서들을 읽기 전에는, **무한**이 그토록 쉽사리 우리들이 미칠 수 있는 곳에 있다는 것을 상상하지 못했다. 순수한 깊이를, 존재하기 위해 측량이 필요치 않는 깊이를 몽상하기만 하면 충분한 것이다.

그런데 그렇다면 어째서 디올레는, 그, 바다 밑 인간의 삶의 존재론자, 심리학자는 '사막'으로 가는 것일까? 어떤 잔인한 변증법에 의해 그는 무한한 물에서 무한한 모래로 건너가려는 것일까? 이와 같은 질문들에 디올레는 시인으로서 답한다. 일체의 새로운 우주성은 우리들의 내적 존재를 새롭히며, 어떤 새로운 우주라도 우리들이 앞서의 감수성의 속박에서 스스로를 해방시킬 때에 열린다는 것을 그는 알고 있다.

그의 저서의 첫부분에서 디올레는, 그가 '잠수부로 하여금 깊은 물 속에서 시간과 공간의 일상적인 속박을 풀고 삶을 내면의 어두운 시와 일치시킬 수 있도록 하는 마술적인 조작, 그 조작을 '사막'에서 완수'[58]하려 했다고 우리들에게 말한다.

그리고 책의 마지막에 가서 디올레는 이렇게 결론짓게 된다: '물 속으로 내려가는 것이나 사막에서 헤매는 것은, 공간을 바꾸는 것이다.'[59] 그리고 공간을 바꿈으로써, 통상적인 감수성의 공간을 떠남으로써 우리들은 심리적으로 새롭히는 공간과 교감하게 된다. '사막에서나 바다 밑바닥에서나, 납으로 봉인된 분할 불가능한 조그만 영혼은 그대로 유지되지 않는 것이다.'[60] **구체적인** 공간의 이와 같은 변화는 더이상 기하학의 상대성에 대한 의식이 그럴 것처럼, 단순한 정신의 조작일 수 없다. 이 경우 자리를 바꾸는 게 아니라, 본성을 바꾸는 것이다.

어쨌든 구체적인 공간, 고도로 질적인 공간 속에서의 존재의 혼융에 관한 이와 같은 문제들은 상상력의 현상학에 관계되는 것인 만큼——왜냐하면 새로운 공간을 '살기[體驗]' 위해서는 많이 상상해야 하므로——어떻게 디올레가 근본적인 이미지들에 지배되는지를 살펴보기로 하자. '사막'에서도 디올레는 대양을 벗어나지 않는다. '사막'의 공간은 깊은 물의 공간과 배치되기는커녕 디올레의 몽상 속에서 큰 물의 언어로 표현되게 된다. 여기서 문제되는 것은 정녕 하나의 물질적 상상력의 드라마,——사막의 메마른 모래와, 거대한 용적이 확보된 물이라고 하는 그토록 적대적인 두 요소에 대한 상상력의, 반죽과 진흙을 통한 타

---

58) 필립 디올레, 앞의 책, p.12.

59) 위의 책, p.178.

60) 위의 책, p.178.

협이 없는 갈등에서 태어난 드라마이다. 이 부분에서 디올레의 글은 너무나 **성실한 상상력**을 보여주고 있어서, 우리는 그 전부를 다음에 인용하기로 한다:

이전에 나는, 깊은 바다를 체험한 이는 더이상 다른 사람들과 같은 사람이 다시 될 수는 없다고 쓴 바 있다. 지금 이 순간(사막 한가운데 있는)과 같은 순간에 나는 그 증거를 얻는다. 왜냐하면 나는, 내가 걸음을 계속하면서 머릿속으로는 이 '사막'의 외관을 물로 가득 채우고 있음을 깨달았기 때문이다. 상상 속에서 나는, 나를 둘러싸고 있으며 그 가운데서 내가 걸어가고 있는 공간에 물이 흘러넘치게 하고 있었다. 나는 지어낸 침수 가운데 살고 있었던 것이다. 나는 유동적이고 빛나며 유익하고 밀도 있는 물질 가운데서 몸을 옮겨가고 있었는데, 그 물질은 바닷물이었고 바닷물의 추억이었다. 그 상상의 작위적인 기술로써 바위와, 침묵과, 고독과, 하늘에서 떨어지는 황금빛의 햇볕을 내게 우호적이 되도록 하여, 나를 위해 그 진저리나는 메마름의 세계를 인간적인 것으로 만들기에 충분했다. 내 피곤마저 그로 하여 가벼워지는 것이었다. 내 무게는 몽상 속에서 그 상상적인 물 위에 받쳐져 있었던 것이다.

내가 무의식적으로 그 심리적인 방어에 도움을 얻은 것은, 그때가 처음이 아니라는 사실에 내 생각이 미쳤다. 침묵과 내 사하라 생활의 느린 전진이 내 내부에 잠수의 추억을 일깨우는 것이었다. 그러자 일종의 아늑함이 내 내부의 이미지들을 적셨고, 이렇게 몽상에 떠오른 잠행(潛行)의 광경에는 물이 전혀 자연스럽게 넘쳐올랐다. 나는 내 내부에, 바로 깊은 바다의 추억들에 다름 아닌, 빛나는 반사된 이미지들을, 반투명의 두꺼움을 지닌 채 걸어갔다.[61]

이와 같이 필립 디올레는 우리들에게, 다른 곳에 가 있기 위한, 이곳의 감옥에 우리들을 가두고 있는 힘을 저지하는 절대적인 다른 곳에 가 있기 위한 한 심리적 기술을 가르쳐 주었다. 여기에 문제되어 있는 것은 단순히 사방에서 모험으로 열려 있는 공간으로의 도피가 아니다. 시라노를 태양의 제국으로 싣고 가는 상자 속에는 영사막과 거울들을 모아 만든 기계가 설비되어 있는데, 그런 기계 설비 없이 디올레는 한 다른 세계에 있는 다른 곳으로 우리들을 옮겨가는 것이다. 그는 심리의 가장 확실하고 가장 강한 법칙들을 작용케 하는 심리 기계밖에 이용하지 않는다고 말할 수 있으리라. 그는 그 강렬하고도 안정된 실재(實在)들인, 근본적인 물질적 이미지들, 즉 어떤 상상력에 있어서도 그 토대에 놓여 있는 이미지들에만 도움을 청하는 것이다. 거기에 공상이나 환영에 속하는 것은 아무것도 없다.

시간과 공간은 이 경우 이미지의 지배 밑에 있다. 다른 곳과 예(昔)가 이곳과 지금hic et nunc보다 더 강한 것이다. **현존재**는 다른 곳의 존재에 의해 지탱되어 있는 것이다. 공간, 위대한 공간은 존재의 친구이다.

아! 만약 철학자들이 시인들을 읽기를 응낙한다면, 그들은 얼마나 많은 배움을 얻을 것인가!

8

우리는 방금 잠수의 이미지와 사막의 이미지 —— 이 두 영웅적인 이미지를, 우리가 결코 어떤 구체적인 경험으로 살찌울 수 없고 다만

---

61) 위의 책, p.118.

상상 속에서만 살 수 있는 그 두 이미지를 살펴보았으므로, 이제 이 장을 한결 우리 가까이에 있는 한 이미지,——우리가 평원에 대한 우리의 모든 추억들로 살찌울 수 있는 한 이미지를 살펴보는 것으로 끝내려고 한다. 우리는 아주 특별한 한 이미지가 어떻게 공간을 지배할 수 있는가, 공간에 자체의 법칙을 부과할 수 있는가를 살펴볼 것이다.

평온한 세계 앞에서, 평화로움을 불러일으키는 벌판 가운데서 인간은 평정과 휴식을 체험할 수 있다. 그러나 환기된 세계, 상상되는 세계에서는 벌판의 풍경은 흔히 낡은 효과밖에 가지지 못한다. 거기에 작용력을 되돌려 주기 위해서는 새로운 이미지가 필요하다. 하나의 문학 이미지, 하나의 예기치 못했던 이미지의 덕택으로 감동된 영혼은 평온의 유도를 따라간다. 문학 이미지는, 영혼이 터무니없이 미묘한 인상이라도 받아들일 수 있을 정도로 영혼을 예민하게 한다. 예컨대 찬탄할 만한 어느 글에서 다눈치오D'Annunzio는 우리들에게 불안에 떨고 있는 동물의 시선, 그러나 괴로움 없는 한순간 가을 세계에 평화를 투사하는 산토끼의 시선을 전해 주고 있다: '당신들은 아침녘, 쟁기가 파놓은지 얼마 안 되는 밭고랑에서 산토끼 한 마리가 빠져나와 은빛 서리 위로 얼마 동안 달려가다가, 침묵 가운데 멈춰서서, 뒷다리 위에 몸을 앉히고 귀를 곧추세운 채 지평선을 바라보는 것을 본 적이 있는가? 그 시선은 '세계'를 평화롭게 하는 것 같다. 끊임없는 불안이 잠시 멈춘 사이, 김이 오르는 들판을 응시하는 움직임 없는 산토끼. 그 부근에 그보다 더 확실한, 깊은 평화의 표지를 상상할 수 없으리라. 그 순간 그것은 경배해야 할 성스러운 동물이다.'[62] 벌판에 퍼져 나갈 평정의 투사

---

62) 다눈치오, 《불 Le Feu》, 불역판, p.261.

의 축이 분명히 지적되어 있다——'그 시선은 '세계'를 평화롭게 하는 것 같다.' 그 시선의 움직임에 스스로의 몽상을 맡길 몽상가는, 아득히 펼쳐져 있는 들판의 무한을 한결 증폭된 인상 가운데 살〔體驗〕게 될 것이다.

이러한 글은 그 자체로 수사학적 감수성에 대한 훌륭한 검사가 된다. 그것은 비시적(非詩的)인 정신들의 비판에 평온스럽게 스스로를 내맡긴다. 그것은 정녕 아주 다눈치오다운 글로서, 이 이탈리아 작가가 거추장스러우리만큼 메타포를 많이 쓴다는 것을 드러내는 데 소용될 수 있다. 들판의 평화를 **직접적으로** 묘사하는 것은 여간 단순한 일이 아닐 것이다!라고 실증적인 정신의 소유자들은 생각한다. 무엇하러 응시하는 산토끼라는 중개물을 선택해야 하는가? 하지만 시인은 이와 같은 훌륭한 논거들을 아랑곳하지 않는다. 그는 정관(靜觀)의 발전의 모든 단계들을, 이미지의 모든 순간들을, 그리고 우선 동물의 평화가 세계의 평화 속에 들어가는 그 순간을 드러내려고 한다. 우리들은 여기서 아무런 할 일도 없는 시선, 더이상 어떤 특별한 대상을 바라보지 않고 전체 **세계를 바라보는** 시선의 기능을 의식하게 된다. 만약 시인이 우리들에게 그 자신의 정관을 이야기했다면, 우리들은 그토록 철저하게 원초성으로 되돌려지지 않을 것이다. 시인은 철학적인 테마 하나를 또다시 다루는 것일 뿐일 것이다. 어쨌든 다눈치오의 산토끼는 한순간 그의 반사 운동에서 해방된다: 눈은 더이상 노려보지 않는 것이다. 눈은 더이상 동물 기계 속의 대갈못이 아닌 것이다. 눈은 도망을 명령하지 않는 것이다. 그렇다, 정녕 무서움의 짐승에 있어서 그러한 시선은 정관의 성스러운 순간이다.

얼마 앞서 시인은, 보는 자-보이는 자의 이원성을 드러내는 전환을 따라, 산토끼의 그 아름답고 크고 평온한 눈 속에서 초식동물의 시선의 수정적(水性的)인 본성을 보았었다: '그 커다란, 물에 젖은 두 눈……, 등심초가 잠겨 있고 하늘 전체가 변모되어 비쳐 보이는, 여름 저녁 동안의 연못처럼 빛나듯 아름다운…….' 우리는 우리의 저서《물과 꿈 *L'Eau et les rêves*》에서, 연못은 풍경의 눈 자체이며 그 물 위에 비친 것은 세계가 처음으로 본 스스로의 모습이며, 그 비친 풍경의 증가된 아름다움은 우주적인 나르시시즘의 뿌리 자체라는 것을 우리들에게 말해 주는, 많은 다른 문학 이미지들을 모아 본 바 있다.《월든 *Walden*》에서 소로 역시 전혀 자연스럽게 이미지들의 이와 같은 확대를 따라간다. 그는 이렇게 쓰고 있다: '호수는 풍경에 있어서 가장 아름답고 가장 표현이 풍부한 부분이다. 그것은 관상자가 거기에 제 시선을 빠뜨려 넣어 제 자신의 본성의 깊이를 헤아리는 대지의 눈이다.'[63]

그리고 우리들은 다시 한 번, 무한과 깊이의 변증법이 약동함을 보게 된다. 우리들은 너무 많이 보는 눈의 과장과, 잠든 듯이 움직임 없는 제 호수 물의 무거운 눈꺼풀 밑으로 스스로를 어렴풋이 보고 있는 풍경의 과장, 이 두 과장의 시발점이 어디에 있는지 알지 못한다. 어쨌든 상상적인 것에 대한 학설은 어떤 것이나 필연적으로 '너무'의 철학이 된다. 어떤 이미지나 확대의 운명을 가지게 된다.

어느 현대 시인은 한결 조심스럽게 말하고 있지만, 역시 똑같은 말이다:

나는 나뭇잎들의 평온함에 거(居)하고,

---

63) 소로,《월든》, 불역판, p.158.

여름은 커간다

고 장 레스퀴르는 쓰고 있다.

　정녕 거할 수 있는 평온한 나뭇잎, 더할 수 없이 미천한 눈에서 뜻밖에 발견한 평온한 시선, 이런 것들은 무한의 조작자들이다. 이런 이미지들은 세계를 크게 하고, 여름을 크게 한다. 어떤 시간들에 있어서 시는 평정의 파동을 퍼뜨린다. 평정은 상상되는 것이었다가 그로부터 존재의 표출로,――존재의 부수적인 상태에도 불구하고, 혼돈스러운 세계에도 불구하고 지배력을 행사하는 가치로, 스스로를 정립한다. 무한은 정관에 의해서 커진다. 그리고 정관적인 태도는 너무나 큰 인간적인 가치이므로, 심리학자가 덧없고 별스러운 것일 뿐이라고 언명할 온갖 근거가 있을, 그러한 인상에 그것은 무한을 부여한다. 그러나 시 작품들은 인간적인 실재(實在)들이다. 그것들을 설명하기 위해 '인상'을 참조하는 것으로는 충분치 않다. 그것들을 그것들의 시적 무한 가운데 살아야(體驗) 하는 것이다.

제9장

안과 밖의 변증법

'인간의 한계의 장중한 지리(地理)……'
—— 폴 엘뤼아르,
《비옥한 눈(眠) *Les Yeux fertiles*》, p.42.

'왜냐하면 우리들은 우리들이 없는 곳에 있기 때
문이다.'
—— 피에르 장 주브, 《서정 *Lyrique*》, p.59.

'내 어린 시절을 지배한 훈육적인 준칙의 하나:
입을 열고 먹지 말 것.'
—— 콜레트,
《감옥과 천국 *Prison et paradis*》, Ferenczi, p.238.

I

안과 밖은 분단(分斷)의 변증법을 이룬다고 하겠는데, 이 변증법의 명
백한 기하학적인 성격 때문에 우리들은 그것을 메타포의 영역에서 작
용시킬 때, 대뜸 사태의 진상에 맹목이 된다. 그것은 모든 것을 결정하
는, **예**와 **아니오**의 변증법의 자르듯하는 분명성을 가지고 있다. 사람들
은 그것을, 긍정적인 것과 부정적인 것에 관한 모든 사상들을 지배하
는 이미지들의 토대이게끔 하는데, 그들 스스로 이 점에 주의하지도 못
한다. 논리학자들은 원들을 그어서, 그것들이 서로 걸치게 하거나 밀어
내게 하고, 그러자 곧 그들의 모든 규칙들은 명료해진다. 철학자는 안
과 밖을 가지고 존재와 비존재를 사유한다. 가장 심오한 형이상학이라

도 이와 같이 암묵리의 기하학에, 사람들이 바라든 바라지 않든 사상을 공간화하는 기하학에 뿌리박고 있다. 형이상학자가 선을 긋지 않는다면, 그는 사유하겠는가? 열려 있음과 닫혀 있음은 그에게는 바로 사상들인 것이다. 열려 있음과 닫혀 있음은, 그가 모든 것에, 그 의학적 체계에까지도 결부시키는 메타포들이다. 장 이폴리트Jean Hyppolite가 부정négation의 단순한 구조와는 아주 다른, 부인dénégation의 미묘한 구조를 연구, 발표한 한 강연에서, 그는 바로 '안과 밖의 최초의 신화'에 관해 말할 수 있었던 것이다.[1] 이폴리트는 이렇게 덧붙이고 있다: '안과 밖의 형성이라는 그 신화가 어떤 중요성을 가지고 있는지, 여러분들은 감지할 것입니다: 안과 밖의 형성은 바로 그 두 항에 토대를 둔 정신착란의 형성입니다. 그 둘의 형태상의 대립에 표현되어 있는 것은, 그 너머에서는 정신착란이 되고, 둘 사이의 적의(敵意)가 됩니다.' 이리하여 단순한 기하학적인 대립은 공격성으로 물들게 된다. 형태상의 대립은 평온하게 머물러 있을 수 없는 것이다. 신화가 거기에 작용을 가하는 것이다. 그러므로 그 신화의 작용을, 상상력과 표현의 엄청난 영역을 통해 연구함에 있어서, 거기에 기하학적인 직관의 그릇된 빛을 비춰서는 안 된다.[2]

이승과 저승도 안과 밖의 변증법을 암암리에 되풀이한다: 모든 것이, 심지어 무한까지도 그려지는 것이다. 사람들은 존재를 확정하고 싶어하고, 존재를 확정함으로써 모든 상황들을 초월하여 모든 상황들의

---

1) 장 이폴리트, 〈프로이트의 부인(否認)에 대한 논평 강연 Commentaire parlé sur la Verneinung de Freud〉, 《정신분석 La Psychanalyse》지(誌), 제1호, 1956, p.35.
2) 이폴리트는 부인 속에서의 부정의 깊은 심리적 전도(顚倒)를 밝히고 있다. 우리는 다음에 단순히 이미지의 차원에서 이 전도의 예들을 제시하려고 한다.

상황을 제시하고 싶어한다. 그러면 마치 원초성에 쉽게 접하기라도 하듯 인간의 존재와 세계의 존재를 대면시킨다. **여기**와 **저기**의 변증법은 절대의 반열로 올려진다. 이 두 보잘것없는 장소의 부사에, 잘 통제되지 않은, 존재 결정의 힘이 주어진다. 많은 형이상학들에 지도제도법(地圖製圖法)이 요구될 것이다. 그러나 철학에 있어서는 모든 안이함들은 대가를 요구하며, 철학적인 지식은 도식화된 경험들로부터는 잘 전개되지 못한다.

2

현대 철학의 언어 조직이 보이는 이와 같은 기하학적인 암성(癌性) 변화[3]를 좀더 가까이 살펴보기로 하자.

사실 인위적인 통사법이 부사와 동사들을 땜질하듯이 붙여서 암성 혹들을 형성시키는 것 같지 않은가? 그런 통사법은 연결부호들을 마구 사용하여 문장·낱말들을 만들어 낸다. 이 경우 단어의 외양이 내부와 혼용된다. 철학 용어는 이리하여 교착적(膠着的)인 언어가 된다.

때로, 이와 반대로 낱말들은 서로 접합되는 대신에 내밀한 차원에서 분리되기도 한다. 접두사와 접미사가 —— 특히 접두사가 —— 떨어지는 것이다. 그것들은 홀로 사유하려고 한다. 이 사실로 하여, 때로 낱말들은 균형을 잃는다. 현존재être-là[4]라는 낱말의 무게의 큰 부분은 어디에 있는가? être〔존재〕에 있는가, là〔현상황〕에 있는가? 우선 là〔現←

---

3) 〔역주〕 기하학적인 명징된 직관에 그르침을 당하는 현대 철학이, 그 직관을 표현하기 위해 그릇되게 합성한 언어 표현이라는 뜻인 듯.

4) 〔역주〕 제7장 각주 50)을 참조할 것.

彼)에서 —— 그 là는 차라리 ici(此)라고 부르는 게 더 나을 터인데[5] —— 나의 존재를 찾아야 할 것인가? 아니면 먼저 나의 être에서, 구체적인 현상황 속에서의 나의 정착에 대한 확신을 발견할 것인가? 어쨌든 그 두 말의 하나는 언제나 다른 것을 약화시킨다. 흔히 là가 너무나 힘주어 말해지기 때문에, 기하학적인 위치 획정이 문제의 존재적인 국면을 거칠게 요약해 버린다. 이로부터 철학적 주장philosophème들이 표현의 단계에 들어서자마자 독단화하는 결과가 나타난다. 불어의 전체적인 인상 가운데 là는 너무나 힘차게 느껴지기 때문에 존재를 être-là로 지칭한다는 것은 억센 집게손가락을 쳐들어 한 장소를 지적하는 것과도 같아서, 그로써 내밀한 존재는 쉽사리 외부화된 장소에 들어가게 될 것 같은 것이다.

하지만 어째서 기본적인 명칭들의 부여에 있어서 그토록 서둘러야 하는가? 형이상학자는 이젠 사유할 시간을 가지려 하지 않는다고나 하겠다. 우리가 생각하기에는, 존재의 연구를 위해서는 존재 차원의 여러 경험들이 이루는 모든, 존재의 에움길들을 따라가 봄이 더 나을 것 같다. 기실 '기하학적인' 표현에 걸맞을 수 있는 존재 차원의 경험들이란 가장 빈약한 것들에 드는 것이다……. 불어로 être-là에 관해 말하기에 앞서 재차 숙고해 보아야 한다. 존재에 갇혔다가는 언제나 빠져나와야 할 것이다. 존재에서 빠져나왔으면, 그러자마자 언제나 되들어가야 할 것이다. 이리하여 존재에 있어서는 일체가 순환이며, 일체가 둘러감이고 돌아옴이고 계속되는 담론이며, 일체가 이어지는 체재(滯在)들이며, 일체가 끝없는 노래의 후렴이다.[6]

---

5) [역주] là와 ici는 각각 저기(彼), 여기(此)를 뜻하는 장소의 부사. 현존재의 뜻으로 본다면, là보다는 ici를 씀이 낫겠다는 뜻.

그러니 인간 존재는 얼마나 긴 나선인가![7] 이 나선 속에 역전하고 역전하는 얼마나 많은 힘들이 있는가! 우리들은 우리들이 중심으로 달려가고 있는지, 빠져나가고 있는지, 곧 알지 못한다. 이와 같은 존재의 망설임이라는 것의 존재를 시인들은 잘 알고 있다. 장 타르디외Jean Tardieu는 이렇게 쓰지 않았던가!:

나는 부동(不動)이 살고[居] 있는 회오리바람
나아가기 위해 제자리에서 돌고 있다네.[8]

다른 한 시편에서 타르디외는 이렇게도 쓴 바 있다:

그러나 안에는 경계가 없다![9]

이리하여 나선상의 존재는 외부적으로는 잘 둘러싸진 중심으로 지적되지만, 결코 제 중심에 다다르지 못할 것이다. 인간 존재는 정착되지 않은 존재이다. 일체의 표현은 인간 존재로 하여금 정착을 잃게 한다. 상상력의 영역에서는 하나의 표현이 제시되자마자 존재는 다른 하나의 표현을 필요로 하며, 존재는 다른 하나의 표현의 존재가 되어야 한다.

우리의 견해로는 말의 집성물(集成物)은 회피되어야 한다. 형이상학

---

6) 〔역주〕 인간 존재의 상황의 애매성을 암시하는 듯.

7) 〔역주〕 나선이라니? 철학적인 직관에서 기하학적인 것을 좇아 보라. 그것은 달려서 되돌아온다.

8) 장 타르디외, 《보이지 않는 증인들 *Les Temoins invisibles*》, p.36.

9) 위의 책, p.34.

은 언어의 화석 속에서 사상을 형성시킴으로써는 이득을 보지 못한다. 형이상학은 바로 참된 시인들의 습관을 따라, 모국어의 균질성에 머물러 있으면서도 현대 언어의 극단적인 가변성을 이용해야 한다.

현대 심리학의 모든 가르침과, 인간 존재에 관해 정신분석이 획득한 지식들을 이용하기 위해서는, 형이상학은 따라서 단호히 산만하게[10] 되어야 한다. 형이상학은 기하학적인 직관에 속하는 특권적인 명증을 불신해야 한다. 시각은 한꺼번에 너무 많은 것들을 말한다. 그런데 존재는 보이는 게 아니다. 아마 그것은 들리는 것일 것이다. 존재는 그려지는 게 아니다. 그것은 무(無)와 **경계선으로 인접**하고 있지 않다. 우리들은 존재의 중심에 다가가면서 그것을 확고한 것으로 발견하고 되발견할 것을 결코 확신할 수 없다. 그리고 우리들이 확정하려고 하는 것이 인간존재라면, 우리들은 우리들 자신 속으로 '되들어감'으로써, 나선의 중심을 향해 감으로써 우리들 자신에 더 가까이 있게 된다고 결코 확신할 수 없다. 흔히, 바로 존재의 중심에서 존재는 방황하는 것이다. 때로 자신의 밖에 있으면서 존재는 확고함을 경험하기도 한다. 또한 때로 그것은——이렇게 말할 수 있을지 모르겠는데——외부에 갇혀 있기도 한다. 우리는 나중에, 감옥이 외부에 있다는 시 텍스트를 제시하려고 한다.

만약 빛과 소리, 열과 한냉의 영역들에서 많은 이미지들을 취해 온다면, 우리는 한결 시간을 요하는 존재론을, 그러나 아마도 기하학적인 이미지들에 근거하는 존재론보다는 더 확실한 존재론을 마련하게 될 것이다.

---

10) 〔역주〕 명징된 기하학적 직관, 그에 따른 화석 같은 언어 표현 등에 대립되는 듯.

우리는 이상과 같은 일반적인 고찰을 반드시 해야 한다고 생각했는데, 왜냐하면 기하학적인 표현의 관점에서 볼 때에 안과 밖의 변증법은, 경계가 방책(防柵)일 정도에 이르러 있는 강화된 기하학주의에 의거하고 있기 때문이다. 만약 우리가, 우리를 내밀함의 미묘한 경험들로 인도하는, 상상력을 통한 '만유(漫遊)'[11]로 인도하는 시인들의 대담성을 따르려고 한다면——앞으로 그리할 것처럼——, 우리는 일체의 **확정적인** 직관에 사로잡히지 말아야 한다. 그리고 기하학주의야말로 확정적인 직관들을 담고 있는 것이다.

무엇보다도, 안과 밖이라는 이 두 말은 형이상학적 인류학[12]에 있어서 서로 대칭적인 문제들을 제기하지 않는다는 것을 확인해야 한다. 안을 구체적인 것으로, 밖을 드넓은 것으로 만드는 것은, 상상력의 인류학의 원초적인 작업, 최초의 문제인 듯이 보인다. 구체적임과 드넓음 사이에 대립은 뚜렷하지 못하다. 그 둘 사이의 관계를 약간만 다치기만 해도, 비대칭성이 나타난다. 그리고 사정은 언제나 다음과 같다: 안과 밖은 형용어들을——그것들은 바로 사물들에 대한 우리들의 애착의 척도인데——같은 방식으로 받아들이지 않는다. 우리들은 안과 밖에 붙어 있는 형용어들을 같은 방식으로 **살**[體驗] 수 없는 것이다. 일체

---

11) [역주] 각주 10)의 대상이 된 '산만하게'와 같은 선상의 표현임과 동시에, 뒤이어 나오는 '확정적인[직관]'에 대립되는 표현일 듯.

12) [역주] 제2장 각주 29)에서 질베르 뒤랑의 저서 《상상적인 것의 인류학적 구조》가 언급된 바 있는데, 그 제목에 나오는 '인류학'의 뜻과 같은 뜻인 듯. 바슐라르의 연구 대상이 된 상상 현상은, 단적으로 원형으로 대표되는 인류 전체의 보편적인 차원을 핵심적인 요소로서 가지고 있으므로 상상 현상은 인류학적 현상이라고도 할 수 있겠다. 그러므로 여기서 인류학이라고 한 것은 이미지들에 대한 연구를 두고 한 말일 것이고, 형이상학적이라는 형용사는 그 이미지들이 이 경우 형이상학적인 성찰에 맞닿아 있기 때문에 쓴 것일 것이다.

가, 심지어 크기까지 인간적인 가치이며, 우리는 앞에 나온 한 장에서, 세미화도 크기를 담을 줄 안다는 것을 드러낸 바 있다. 그것은 제 나름으로 **드넓은** 것이다.

어쨌든 상상력에 의해 살아[體驗]진 안과 밖은 그 둘의 단순한 상호성 가운데서 파악될 수 없는 것이다. 그렇다면 그 순간부터 우리들은 존재의 최초의 표현들을 말하기 위해 이젠 기하학적인 것을 입에 올리지 않고, 한결 구체적이고 또 한결 현상학적으로 정확한 출발점을 선택하면서, 안과 밖의 변증법이 수많아지고 수없는 뉘앙스들로 다양화한다는 것을 깨닫게 된다.

우리의 습관적인 방법을 따라, 구체적인 시학[13]의 한 예를 두고 우리의 주장을 논의해 보기로 하자. 즉 우리들에게 이미지의 존재의 증폭에 관한 가르침을 줄 만큼 그 **존재적 뉘앙스**에 있어서 충분히 새로운 이미지를 한 시인에게 구해 보기로 하자. 이미지의 새로움에 의해서, 또 그 증폭에 의해서 우리들은 합리적인 확실성을 넘어서서, 혹은 그 변두리에서 울림을 얻을 것을 확신하게 될 것이다.

3

한 산문시편 〈그늘 있는 공간 L'Espace aux ombres〉에서 앙리 미쇼 Henri Michaux는 이렇게 쓰고 있다:

　　공간 —— 하지만 당신들은 생각할 수도 없을 것이다 —— 그 지긋지긋

---

13) [역주] 구체적인 예들을 통해 시를 이야기한다는 뜻으로 쓴 표현인 듯.

한 안·밖, 그것이 참된 공간이라면.

특히 어떤 것들(그림자들)은 마지막으로 팽팽하게 긴장하여, '그들의 유일한 통일성에 들어가 있기' 위해 절망적인 노력을 한다. 결과적으로 그들은 어려운 상태에 처한다. 나는 그들 가운데 하나를 만났다.

그것은 벌을 받아 사멸되어 이젠 하나의 소리, 그러나 엄청난 소리에 지나지 않았다.

거대한 세계가 그것을 아직도 듣고 있었지만, 그러나 그것은 오직 그리고 다만 하나의 소리로만 되어 이젠 존재하지 않았다. 그리고 그 소리는 아직도 수세기 동안 우르릉댈 것이었지만, 그러나 마치 결코 존재한 적이 없었던 것처럼 완전히 스러져 버리게끔 운명지어져 있었다.[14]

시인이 우리들에게 주는 철학적인 교훈 전체를 받아들여 보자. 이와 같은 글에서 문제되어 있는 것은 무엇인가? 문제되어 있는 것은, 제 '현존재'를 잃어버린 영혼,──제 그림자의 존재에서도 실추하여 헛된 소리처럼, 들리는 장소를 알 수 없는 소음처럼 존재의 뜬소문들 속으로 빠져 들어가기까지에 이르는 그러한 영혼이다. 그는 존재했던 것일까? 그는 지금 그리된 것과 같은 소리에 지나지 않았던 게 아닐까? 그의 벌은, 원초의 그의 실상이었던 그 헛되고 소용 없는 소리의 메아리일 뿐인 것이 되는 게 아닐까? 그는 전에도, 지금의 그와 같은 것,──지옥의 궁륭에서 나는 울림이 아니었을까? 그는 그의 나쁜 의도의 말을, 존재 속에 기입되어 존재를 뒤엎어 버린 말을 되풀이하게끔 단죄되어 있다.[15] 왜냐하면 앙리 미쇼의 존재는 죄지은, 존재하는 죄를 지은 존

---

14) 앙리 미쇼, 《이방인의 소식 *Nouvelles de l'étranger*》, Mercure de France, 1952, p.91.

재이기 때문이다. 그리고 우리들은 나쁜 의도들의 세계에 갇혀 지옥에
있는 것이다. 우리들의 한 부분은 언제나 지옥에 있다. 어떤 소박한 직
관을 가졌기에, 우리들은 한계 없는 악을 지옥에 있는 것으로 국한시키
는가? 그 영혼, 그 그림자, 제 통일성을 바라는──시인은 그렇게 말
하고 있는데──그림자의 그 소리, 그것을 사람들은 밖에서부터 들으
면서도, 그것이 안에 있다고 확신할 수는 없다. 표현되지 않은 말들의,
완성되지 않고자 하는 의도의 그 '지긋지긋한 안·밖' 속에서, 존재는
자신의 내부에서 제 허무를 서서히 소화한다. 그의 무화(無化)는 '수세
기 동안' 지속할 것이다. 뜬소문들에서 들리는 존재의 소음은 공간과
시간 속에서 멀리 퍼져 나간다. 영혼은 마지막 남은 힘을 긴장시키지
만, 헛된 일이다. 그는 종말에 이른 존재의 소용돌이가 된 것이다. 존재
는 차례차례 파열하여 분산되는 응집이기도 하고, 중심으로 역류하는
분산이기도 하다. 안과 밖은 둘 다 내밀하다. 그 둘은 언제나, 서로 도
치되고 서로의 적의를 교환할 준비가 되어 있다. 만약 어떤 안과 어떤
밖 사이에 경계가 되는 면이 있다면, 그 경계면은 양쪽으로 고통스러울
것이다. 앙리 미쇼의 글을 살[體驗]면서 우리들은 존재와 무의 혼합물
을 집어삼킨다. '현존재'의 중심점이 흔들거리고 떨린다. 내밀의 공간
은 일체의 밝음을 잃어버리고, 외부 공간은 그것의 공백을 잃어버린다.
공백, 그, 존재 가능성의 질료를! 우리들은 가능성의 영역에서 추방된
것이다.

　　이 내밀한 기하학의 드라마 가운데, 어디에서 살아야 할 것인가? '현

───────────

15) 다른 한 시인은 이렇게 말하고 있다: '단순한 한마디 말, 명사 하나가 네 힘의 격
벽(隔壁)을 뒤흔들기에 충분하다는 것을 생각하라.' 피에르 르베르디Pierre Reverdy,
《모험과 위험 *Risques et perils*》, p.23.

존재être-là라는 더할 수 없이 유연한 이미지를 우리들이 시인의 존재 차원의 악몽을 따라서 방금 살아(體驗) 본 다음에야, 실존 가운데 자리 잡기 위해서는 제 자신 속으로 되들어가라는 철학자의 권고는 그 가치를, 그 의미까지도 잃어버리지 않겠는가? 그런데 그 악몽은 큰 공포가 되풀이해 들이닥치면서 펼쳐져 나가는 게 아님을 잘 주목하기로 하자. 무서움은 외부에서 오는 게 아니다. 또한 옛 추억들로 이루어져 있는 것도 아니다. 그것은 과거를 가지고 있지 않다. 또한 생리학과도 관계가 없다. 숨막힘의 철학과도 어떤 공통점도 없다. 무서움은 이 경우 존재 자체인 것이다. 그렇다면 어디로 도망할 것인가, 어디로 피할 것인가? 어떤 '밖'으로 도망할 수 있을 것인가? 어떤 피난처로 피할 수 있을 것인가? 공간은 '지긋지긋한 안-밖'일 뿐이다.

그리고 그 악몽은 단순하다. 왜냐하면 근본적이기 때문이다. 그 경험을 다음과 같이 지적(知的)으로 설명할 수 있을지 모른다: 그 악몽은 안의 확실성과 밖의 분명성에 대한 갑작스러운 의념으로 이루어진다고. 앙리 미쇼가 우리들에게 존재의 선험체로서 제시하는 것은, 모호한 존재의 전 시공(時空)이다. 그 모호한 공간에서 정신은 그의 기하학적인[16] 조국을 잃어버렸고, 영혼은 떠도는 것이다.

물론 우리들은 그러한 시 작품의 좁은 문으로 들어가기를 피할 수도 있다. 불안의 철학들은 한결 덜 단순한 원리들을 가지려고 한다. 그 철학들은 덧없는 상상력의 활동에 주의하지 않는다. 왜냐하면 그 철학들은 이미지들이 존재의 마음에 불안을 불러일으키기에 훨씬 앞서, 불안을 기록해 놓았기 때문이다. 철학자들은 불안을 이미 스스로 가지고

---

16) (역주) 공간적으로 획정할 수 있다는 뜻인 듯.

있고, 이미지에서는 그 불안의 원인성의 발현밖에 보지 않는다. 그들은 이미지의 존재를 살아[體驗] 본다는 것에는 거의 괘념치 않는다. 상상력의 현상학은 덧없는 존재를 파악하는 일을 떠맡아야 한다. 바로 현상학은 이미지의 간결성 자체에서 배움을 얻는다. 이 경우 놀라운 것은, 형이상학적인 국면이 바로 이미지의 차원에서 태어난다는 사실이다. 공간성은 일반적으로, 불안을 감소시킬 수 있는 것으로, 또 갈등의 위치를 확정할 의무가 없는 공간 앞에서 정신을 무관심한 상태로 되돌려 줄 수 있는 것으로 간주되지만, 이 공간성의 관념들을 혼란시키는 이미지의 차원에서 형이상학적인 국면은 태어나는 것이다.

나로서는 시인의 이미지를 하나의 실험적인 작은 광증으로서, 그것의 도움만으로써만 우리들이 상상력의 영역에 들어갈 수 있는 잠재적인 한 알의 하시시 알약으로서 받아들인다. 그리고 과장된 이미지를 받아들임에 있어서, 그것을 약간 더 과장하지 않고, 과장을 제 나름으로 새롭히지 않고 어떻게 그리하겠는가? 그러자 곧 현상학적인 이득이 나타난다: **과장됨**을 연장함으로써 우리들은 아닌 게 아니라 **환원**의 습관에서 벗어날 얼마간의 요행을 얻을 수 있다. 공간의 이미지들을 두고 말할 것 같으면, 우리들은 바로 환원이 쉽고 흔한 영역에 들어와 있다. 공간을 말하자마자——비유적으로 말하든 그렇지 않든 간에——우리들로 하여금 안과 밖의 대립에서부터 출발하도록 강요하고, 그렇게 일체의 복잡함을 지워 버리는 그런 사람이 언제나 발견될 것이다. 그러나 환원이 쉽게 되는 경우라면, 과장은 그 때문에 오히려 현상학적으로 더 흥미로워질 뿐이다. 우리가 검토하고 있는 문제는, 우리가 생각하기에는, 반성적인 환원[17]과 순수한 상상력의 대립을 뚜렷하게 드러내기에 아주 알맞은 것이다. 정신분석의 해석 방향은——정신분석의 해석은 고전적인 문학 비평보다는 더 너그러운데 —— 그래도 환원의 도식을 따르고 있다. 오직 현상학만이 그 원칙에 의해, 이미지의 심리적 존재를 검토하고 경험적으로 확인하는 데 있어서 일체의 환원에 앞서 자리하고 있는 것이다. 환원의 힘과 과장의 힘 사이의 변증법은 정신분석과 현상학 사이의 변증법을 밝혀 줄 수 있다. 말할 나위 없이 우리들에게 이미지의 정신적psychique인 확실성을 주는 것은 현상학이다. 그러니 우리들이 느끼는 경이를 찬양으로 바꾸기로 하자. 찬양함으로써 시작하기로 하자. 그런 다음에야 비평으로써, 환원으로써 우리들의 실망[18]을 체계적으로 개진해야 할 것인지를 살펴볼 것이다. 그 능동적인 찬양, 즉각적인 찬양의 이득을 보기 위해서는 과장의 긍정적인 충동을 따르는 것으로 충분하다. 그래 나는 앙리 미쇼의 위의 글을 내부 공간에 대한 하나의 공포증을 나타내는 것으로 받아들이면서 읽고, 또 읽는 것이다, 마치 적대적인 원방(遠方)이 아주 조그만 골방 같은 내밀의 공간 속에서 이미 억압적인 힘을 행사하고 있는 것처럼. 위의 시편으로써 앙리 미쇼는 우리들의 내부에 밀실공포증과 광장공포증을 나란히 붙여 놓았다. 그는 안과 밖의 경계를 격발(激發)시켜 놓았다. 그러나 그 사실로 하여 그는 심리적 관점에서 볼 때, 심리학자에게 내밀성의 공간을 좌지우지할 수 있게 하는 기하학적인 직관의 게으른 확신을 파괴해 버렸다. 심지어 문채(文彩)로라도 내밀성에 관한 한, 언제나 느

---

17) [역주] 추상적인 관념으로의 환원을 뜻하는 듯. 예컨대 바로 위에서 말해진 대로 '안'과 '밖'은 추상적으로는 기하학적 공간의 대립상으로서만 나타난다.

18) [역주] 실망스러운 작품의 경우야말로 정녕 환원적인, 실증적인 연구의 대상일 것이다. 왜냐하면 실망스럽다는 것은 그것이 순수한 승화의 차원에 도달하지 못한 작품이라는 뜻이고, 따라서 현상학적인 접근의 대상이 될 국면을 결하고 있다는 뜻이기 때문이다.

덧없이 솟아오르는 인상의 깊이를 지적하기 위해 무엇이 갇혀 있다거나 차곡차곡 포개져 들어 있다고들 말하지는 않는다: 어느 상징 시인의 다음과 같은 단순한 문장에서 얼마나 아름다운 현상학적인 표현을 발견할 수 있는가!: '사상은 화관(花冠)으로 떠오름으로써 생동한다……' [19]

상상력의 철학은 그러므로 시인의 이미지들의 극단에 이르기까지, 시적 도약의 현상 자체인 그 극단성을 결코 환원하지 말고, 시인을 따라가야 한다. 릴케는 클라라 릴케에게 보낸 한 편지에서 이렇게 쓰고 있다: '예술 작품은 언제나, 위험을 감연히 맞선 사람,—— 경험의 끝까지, 어떤 인간도 넘어서지 못하는 곳까지 가본 사람에게서 태어나는 법이지. 더 멀리 가면 갈수록 그 삶은 더 고유하고, 더 개성적이고, 더 유일한 것이 되지.' [20] 하지만 그 '위험'을 글쓰기의 위험, 표현의 위험 밖으로 찾아갈 필요가 있을까? 시인은 혀를 위험에 두는 게 아닌가? 그는 위험한 말을 발하는 게 아닌가? 내밀한 드라마의 메아리였기로, 시는 극적인 것의 순수한 음조를 받은 게 아닌가? 하나의 시적 이미지를 산다〔體驗〕는 것, 정녕 산다는 것은, 그것의 조그만 섬유 하나 속에서, **존재의 동요**에 대한 의식 자체인 존재의 생성을 체험한다는 것이다. 이 경우 존재는 너무나 예민하기 때문에 한마디 말이 그것을 뒤흔드는 것이다. 위의 편지에서 릴케는 이렇게도 말하고 있다: '우리들에게 고유한 이와 같은, 미망(迷妄)과 같은 것도 우리들의 작업에 삽입되어야 한다.'

이미지의 과장은 게다가 너무나 **자연스러운** 것이기 때문에, 한 시인

---

19) 앙드레 퐁테나André Fontainas, 《고독의 장식 L'Ornement de la solitude》, Mercure de France, 1899, p.22.

20) 릴케, 《서한집 Lettres》, 불역판, Stock, p.167.

의 전적인 독창성을 부인할 수 없더라도 다른 한 시인에게서도 똑같은 충동을 발견하게 되는 것이 드물지 않다. 여기서 쥘 쉬페르비엘의 이미지들을, 우리들이 방금 미쇼에게서 살펴본 바 있는 이미지에 근접시킬 수 있다. 쉬페르비엘 역시 다음과 같이 말할 때에 밀실공포증과 광장공포증을 나란히 붙여 놓고 있는 것이다:

　너무나 넓은 공간은, 공간이 충분히 있지 않을 때보다 우리들을 훨씬 더 질식시킨다.[21]

또 쉬페르비엘 역시 '외부에서의 현기증'[22]을 체험한다. 또 다른 곳에서는 '내부의 무한'을 말하고 있다. 그리하여 안과 밖의 두 공간은 서로의 현기증을 교환하는 것이다.

쉬페르비엘에 관한 그의 훌륭한 저서《감옥은 외부에 있다 *La Prison est à l'exterieur*》에서 크리스티앙 세네샬Christian Senechal이 바로 강조하고 있는, 쉬페르비엘의 한 다른 텍스트를 살펴보자. 남미(南美)의 대초원에서 말로 끝없이 질주한 다음에 그는 이렇게 쓰고 있다: '바로 과도한 질주와 과도한 자유, 또 그럼에도 변함없는 그 지평선 때문에 우리들이 절망적으로 달렸음에도 불구하고 그 넓은 초원은 내게는, 다른 감옥들보다 크기는 해도 감옥의 모습을 띠었다.'

4

---

21) 쥘 쉬페르비엘,《인력》, p.19.
22) 위의 책, p.21.

만약 우리들이 시를 통해 언어의 활동에 자유로운 표현의 장(場)을 돌려 준다면, 우리들은 화석화된 메타포들의 사용에 경계하게 된다. 예컨대 열림과 닫힘이 메타포로 작용할 때, 우리들은 그 메타포를 경직시켜야 할 것인가, 아니면 유연하게 해야 할 것인가? 논리학자식으로 우리들은, 문은 열려 있거나 닫혀 있거나 해야 한다고 따라 말할 것인가? 그리고 우리들은 이 판정문에서, 인간의 열정에 대한 정녕 효과적인 분석 도구를 발견할 것인가? 어쨌든 그런 분석의 연장들은 매 경우마다 벼려(鍊磨)져야 한다. 어떤 메타포라도 그 표면적 존재[23]로 되돌려 주어 표현의 습관에서 표현의 현행성으로 되떠오르게 해야 한다. 스스로를 표현할 때, '뿌리로써 일한다'는 것은 위험하다.

바로 시적 상상력의 현상학은 우리들로 하여금 인간 존재를 **표면**──같은 것의 영역과 다른 것의 영역을 분리하는 표면──의 존재[24]로서 탐구할 수 있게 한다. 이 예민화된 표면 지대에서는 존재하기에 앞서 말해야 한다는 것을 잊지 말도록 하자. 다른 사람들에게는 아닐지언정, 적어도 제 자신에게는 말해야 한다는 것을. 그리고 언제나 앞으로

---

23) 〔역주〕 메타포의 '표면적 존재'란 메타포로 쓰인 말의 전의적(轉義的) 뜻이 아니라 그 고유의 뜻, 즉 그 말에 의해 환기되는 이미지가 간접적으로 암시하는 것이 아니라 그 이미지 자체를 가리키겠다.

24) 〔역주〕 이미지를 그 자체의 존재로 파악하는 현상학의 입장에서는, 따라서 각각의 이미지는 그 하나하나가 모두 독자적인 것이 된다. 한걸음 더 나아가, 언어 표현 자체까지 독자적인 존재를 가지는 것으로 파악된다. 그러므로 같은 뜻을 나타내더라도 표현이 다르면, 그 다른 표현들은 각각 다른 존재인 것이다. 바로 위에서 메타포의 '표면적 존재'가 메타포의 이미지 자체를 뜻했던 것과 마찬가지로, 그 자체로 파악된 표현도 뜻의 '표면'이라고 할 수 있겠다. 그런데 바슐라르에게 있어서 상상력은, 이미지는, 언어 표현은 그 자체가 바로 인간 존재를 지배한다(소개 논문 pp.14-18을 참조할 것). 따라서 인간 존재는 '표면의 존재'인 것이다.

나아가야 한다는 것을. 이와 같은 방향 설정 밑에서는 말의 세계가 모든 존재의 현상들을 —— 물론 새로운 현상들을 두고 하는 말이지만 —— 지배한다. 시적 언어에 의해 새로움의 물결이 존재의 표면 위로 흘러 퍼진다. 이리하여 언어는 열림과 닫힘의 변증법을 자체 내부에 지니고 있는 것이다. 뜻으로써 그것은 가두고, 시적 표현으로써 열린다.

우리의 연구를 근본적으로 척결하는 식의 표현으로 요약한다는 것은 —— 예컨대 인간 존재를 애매성의 존재로 정의하는 식으로 —— 그 연구의 성격 자체에 어긋나는 것일 것이다. 우리는 세부의 철학에 말고는 힘을 기울일 줄 모르는 것이다. 그렇다면 존재의 표면에서는, 존재가 스스로 나타나기를 **바라고** 스스로 숨기를 **바라는** 그 영역에서는, 열림과 닫힘의 움직임은 너무나 다양하고 너무나 자주 역전되며, 또한 너무나 주저로움으로 차 있기 때문에 우리는 인간은 반쯤 열린 존재이다라는 표현으로 결론지을 수 있을 것이다.

5

그러므로 '문'이라는 그 단순한 언급 밑에서 얼마나 많은 몽상들을 분석해야 할 것인가! 문은 '반개(半開)'라는 한 우주 전체인 것이다. 적어도 그것은 그 우주의 한 원초적인 이미지이며, 존재를 그 밑바탕에서 열고 싶은 유혹, 응답 없는 모든 존재들을 정복하고 싶은 욕망, 그런 욕망과 유혹들이 쌓이고 쌓이는 몽상의 시원(始原) 자체이다. 문은 두 가지 유형의 몽상을 분명히 구분하는 두 가지의 강한 가능성을 도식적으로 보여준다. 그것은 때로 빗장으로, 맹꽁이 자물쇠로 잘 닫혀 있고, 때로 열려, 즉 활짝 열려 있다.

그러나 상상하는 감수성이 한결 더 풍부한 시간이 있다. 오월의 밤, 많고많은 문들이 닫혀 있을 때, 방긋이 열려 있는 듯 마는 듯한 그런 문이 하나 있다. 더할 수 없이 가볍게 밀기만 해도 충분할 것이다! 돌쩌귀들에 기름이 잘 쳐져 있는 것이다. 그리하여 하나의 운명이 그려진다.

그리고 얼마나 많은 문들이 주저로움의 문들이었던가! 《귀환의 연가 *La Romance du retour*》에서, 섬세하고 정감 있는 시인이었던 장 펠르랭 Jean Pellerin은 이렇게 썼던 것이다:

문이 나를 냄새 맡고 주저로워하네.[25]

이 단 하나의 시행에는 너무나 많은 심리 현상psychisme이 문이라는 대상에 전이되어 있어서, 객관성에 집착하는 독자라면 거기에서 단순한 재치놀이밖에 보지 못할 것이다. 만약 이런 자료가 어느 오랜 신화에서 온 것이라면, 사람들은 그것을 더 쉽게 받아들일 것이다. 하지만 어찌 시인의 시행을 자발적인 신화의 한 조그만 요소로 보지 않겠는가? 어찌 문에 조그만, 입구의 신(神)이 구현되어 있음을 느끼지 못하겠는가? 입구를 신성화하기 위해 먼 과거, 우리들의 과거를 넘어서는 과거로까지 올라갈 필요가 있겠는가? 포르피르Porphyre는 바로 이렇게 말했던 것이다: '입구는 신성한 것이다.'[26] 이와 같은 박학에 의한 신성화를 참조하지 않더라도 시에 의한——아마도 기상(奇想)에 물들어 있기는 해도 근본적인 가치와 일치하는, 우리 시대의 시에 의한——신성화에 어찌 울림을 체험하지 못하겠는가?

---

25) 장 펠르랭, 《귀환의 연가》, N. R. F., 1921, p.18.
26) 포르피르, 《님프의 동굴 *L'Antre des nymphes*》, p.27.

다른 한 시인은 제우스 신을 생각함이 없이 스스로의 내부에 입구의 장중함을 발견하고, 이렇게 쓸 수 있는 것이다:

나는 문득 깨달았지, 내가 입구를
'하느님 아버지'의 '집'을 출입하는
기하학적인 장소로
정의하고 있음을.[27]

아무것도 아닌 것을, 공허를, 상상까지도 되지 않는 미지의 것을 만나게 할 뿐이었는데도 존재를 유혹했던, 그 모든 단순한 호기심의 문들!

열지 말았어야 했을, 반쯤이라도 열지 말았어야 했을, 아니면——상상력의 수위성(首位性)을 주장하는 철학으로서는, 똑같은 말이지만——열려 있는 것으로는, 반쯤 열릴 수 있는 것으로는 상상하지도 말았어야 했을, 그런 푸른 수염[28]의 방을, 어느 누가 기억 속에 지니고 있지 않겠는가? 하나의 대상이, 하나의 단순한 문이 주저의, 유혹의, 욕망의, 안전의, 자유로운 응접(應接)의, 존경의 이미지들을 환기시킬 때, 영혼의 세계에서는 일체의 것이 얼마나 구체적이 되는가! 만약 스스로 열고 닫았던 모든 문들, 스스로 되열고 싶은 모든 문들의 이야기를 한다고 한다면, 사람들은 스스로의 전 생애를 이야기하게 될 것이다.

그런데 문을 여는 사람과 문을 닫는 사람은 똑같은 존재인가? 안전

---

27) 미셸 바로Michel Barrault, 《주일 설교 *Dominicale*》, I, p.11.

28) 〔역주〕 페로의 동명의 제목을 가진 작품의 주인공. 여섯 아내를 죽이고 일곱번째 아내의 남자 형제들에게 죽임을 당한다. 인간의 운명의 비밀을 앎은 죽음의 대가를 요구한다는 것을 상징하는 작품.

과 자유를 의식케 하는 동작들은 존재의 얼마나 깊은 곳까지 내려갈 수 있는 것이겠는가? 그 동작들이 그토록 정상적으로 상징적인 것이 되는 것은, 바로 그 '깊이' 때문이 아닐까? 그래 르네 샤르는 대(大) 알베르토 성인(聖人)[29]의 다음과 같은 말을 그의 한 시편의 모티프로 삼고 있다: '독일에 두 쌍둥이 아이가 있었는데, 그 한 아이는 그의 오른팔을 문에 대어 문을 열고, 다른 아이는 그의 왼팔을 문에 대어 문을 닫곤 했다.' 이와 같은 전설은 시인의 붓 밑에서는, 말할 나위 없이 단순한 참고 자료가 아니다. 그것은 시인이 비근한 세계를 예민화하는 것을, 통상적인 삶의 상징들을 섬세하게 하는 것을 도와준다. 그 오래된 전설은 전혀 새로워진다. 시인은 그것을 제 자신의 것으로 취한다. 문에는 두 '존재'가 있으며, 문은 우리들의 내부에 두 방향의 꿈을 일깨우고, 두 번 상징적이라는 것을 그는 아는 것이다.

다음, 문이 열리면 누가 있고, 무엇이 있는가? 문이 열리면, 인간들의 세계가 있는가, 혹은 고독의 세계가 있는가? 라몬 고메즈 데 라 세르나 Ramón Gómez de la Serna는 이렇게 쓴 바 있다: '들판으로 열리는 문은 세계의 등뒤의 자유를 주는 것 같다.'[30]

6

'……속(안)에서 dans'라는 낱말이 한 표현에 나타나자마자 우리들은 그 **표현의 현실성**을 글자 그대로는 거의 받아들이지 않는다. 비유적인 언어라고 생각하는 것을 합리적인 언어로 옮겨 이해하는 것이다. 예컨

---

29) [역주] 1200-1280, 독일의 철학자·신학자. 토마스 아퀴나스 성인의 스승.
30) 라몬 고메즈 데 라 세르나, 《표본 *Echantillons*》, Cahiers verts, Grasset, p.167.

대 과거의 집이 제 자신의 머릿속에 살아 있다고 말하는 시인을——
이런 예들을 제시하게 되겠지만—— 그대로 따라가기는 우리들에게
힘들고, 또 하찮게 보인다. 곧 우리들은 이렇게 해석해 버린다: 시인이
뜻하려고 하는 것은 단순히 오랜 추억이 그의 기억 **속에** 간직되어 있
다는 것이다. 내용물(內容物)과 용기(容器)의 관계를 뒤집으려고 하는
이런 극단적인 이미지의 경우, 우리들은 이미지의 정신착란이라고나
할 수 있는 현상 앞에서 뒷걸음질치고 마는 것이다. 열병에 의한 자기
환각증(自己幻覺症)의 경우, 우리들은 더 너그러울 수 있을 것이다. 우
리들의 몸 속에서 뻗어 나가는 열의 미로를 따라가 봄으로써 '열의 병소
(病巢)'를, 뻥 뚫린 이빨에 자리잡은 고통을 탐진(探診)해 봄으로써, 우
리들은 상상력이 아픈 곳의 위치를 획정하고 상상적인 해부를 하고
또 한다는 것을 알게 될 것이다. 그러나 우리는 이 저서에서, 정신의(精
神醫)들에게서 얻을 수 있는 수많은 자료들을 사용하지는 않겠다. 우
리는 차라리 일체의 유기체적인 인과관계를 물리침으로써, 인과론에
대한 우리의 결별을 강조하려고 한다. 우리의 문제는, 유기체적인 자
극과는 어떤 관계도 없는 자유롭고 자유롭게 하는 상상력, 순수한 상
상력의 이미지들을 논의하는 것이다.

이와 같은 절대적 시학의 자료들은 존재한다. 시인으로 말하자면, 서
로 끼워진 것들이 전도되는 현상 앞에서 뒷걸음질치지 않는다. 그는
합리적인 인간에게 빈축을 산다는 것을 생각지도 못하고, 단순한 양식
(良識)을 거슬러서 차원의 전도, 안과 밖의 전망의 뒤집음을 사는〔體驗〕
것이다.

이미지의 비정상적인 성격은, 그것이 인위적으로 조작된 것이라는
것을 뜻하지 않는다. 상상력은 있을 수 있는 가장 자연적인 기능인 것

이다. 아마도 우리가 이제 살펴보려고 하는 이미지들은 투기(投企)pro-jet의 심리학—— 설사 그것이 **상상적인 투기**라고 할지라도—— 에 자리잡을 수 없는 것일 것이다. 투기란 어떤 것이나 현실에 대한 지배력을 전제하는 이미지들과 생각들의 조직이다. 그러므로 우리는 순수한 상상력의 이론에서 그것을 다룰 필요가 없다. 이미지를 **계속**시키고 **유지**시키는 것은 쓸데없는 일이기까지 하다. 우리에게는 그것이 존재하는 것만으로 충분하다.[31]

그러니 시인들이 제공하는 자료들을 전적인 현상학적 단순성[32] 가운데 살펴보기로 하자. 《이리들이 술 마시는 곳 *Où boivent les loups*》이라는 시집에서 트리스탄 차라Tristan Tzara는 이렇게 쓰고 있다:

내 내부에서 휴식의 손바닥 속에 살고 있는 방 안으로

느린 겸손이 스며든다.[33]

---

31) [역주] '이미지를 계속한다'는 표현은 바슐라르 텍스트에서 상관주관성의 문맥에서도 나오는데, 그 경우에는 시인의 이미지를 독자가 계속한다는 것으로, 그것은 이미지의 변용, 즉 상상 속에서의 이미지의 생성이 시인의 상상력에 연이어 독서의 상상력을 통해 계속된다는 뜻이다. 반면, 이 경우에는 현실을 지배할 때까지 단순히 이미지를 지니고 있다는 뜻인 듯. 즉 이 경우에 '계속하다' '유지하다'는 상상력의 작용태를 설명하는 표현이 아닌 듯. 순수한 상상력의 이미지는 현실적인 목적과는 관계 없이 '존재하는 것만으로 충분'한 것이므로, 그렇게 투기를 위해 계속시키고 유지시키는 이미지와는 다른 것이다.

32) [역주] '단순성'은 제2장 각주 25)에서 설명된 적이 있는데, 그때에는 특히 이미지의 표상성으로부터의 해방이라는 맥락에서 이해되었다. 이 경우에는 '그러니'에 의해 윗부분에서 이어진 문맥에서 볼 때 투기, 즉 현실적인 목적에서 해방되었다는 뜻에서 쓰인 듯. 그러나 전후자의 경우는, 이미지의 현상학이 이미지를 어디에서라도 해방시켜 그 자체로 파악하려 한다는 점에서 필경 일치한다고 하겠다.

33) 트리스탄 차라, 《이리들이 술 마시는 곳》, p.24.

이와 같은 이미지의 몽상에서 이득을 얻기 위해서는 아마도 우선 '휴식의 손바닥 속에' 들어가야,── 즉 스스로를 한덩어리로 뭉쳐, 힘들이지 않고 '손 가까이 가질 수 있는' 재물인 휴식의 존재 속에 스스로를 응집해야 할 것이다. 그러면 조용한 방 안에 있는 소박한 겸손의 큰 샘물이 우리들의 내부로 흘러 들어온다. 방의 내밀함이 우리들 자신의 내밀함이 되는 것이다. 상관적으로 내밀의 공간은 너무나 평온하고 소박한 것이 되어, 그 안에 방의 평온함 전부가 자리잡고 집중된다. 방은 심층적으로 우리들 자신의 방이며, 우리들 내부에 있는 것이다. 그것을 우리들은 더이상 보지 못한다. 그것은 더이상 우리들을 **한계짓지** 않는다. 왜냐하면 우리들은 그것의 휴식 바로 밑바닥에, 그것이 우리들에게 준 휴식 속에 있기 때문이다. 그리고 옛날의 모든 방들이 이 방 속에 들어와 끼이게 된다. 모든 것이 얼마나 단순한가!

합리적인 정신에게는 더욱 수수께끼 같으나 장소분석적으로 본, 이미지들의 역전에 민감할 수 있는 사람에게는 위의 예와 마찬가지로 명백한, 다른 한 시편에서 트리스탄 차라는 이렇게도 쓰고 있다:

태양의 시장(市場)이 방 안으로 들어왔고
방은 웅웅대는 머릿속으로 들어왔다.

이 이미지를 받아들이기 위해서는, 이 이미지를 듣기 위해서는, 시인이 홀로 있는 방 안으로 들어오는 태양의 그 기이한 웅웅거림을 살아야(體驗) 한다. 왜냐하면── 그것은 하나의 사실인데── 최초의 햇빛은 벽을 두드리기 때문이다. 이 소리를, 햇빛 줄기마다 벌들을 실어온다는 것을 알고 있는 사람 역시── 사실을 넘어서서── 들을 것이다. 그리하여 모든 것이 웅웅대고, 머리는 벌통, 태양의 소리의 벌통이다.

차라의 이 이미지는 우선 보기에는 초현실주의적인 성격으로 가득차 있었다. 그러나 거기에 더욱더 많은 것을 채워넣으면, 그것의 이미지적인 짐의 양을 더욱 늘리면 말할 나위 없는 것이지만 비평, **일체의 비평**의 장벽을 넘어서면, 그러면 정녕 우리들은 순수한 이미지의 초현실주의적인 활동 속에 들어가 보게 된다. 이와 같이 극단적인 이미지가 그렇게 활동적이고 교감 가능한 것으로 드러나게 되는 것은, 그 시발이 좋았기 때문이다: 햇빛이 비쳐든 방이 몽상가의 **머릿속에서** 웅웅댄다.

심리학자는 말하리라: 우리의 분석은 대담한, 너무나 대담한 '연상'들을 상술한 것에 지나지 않는다고. 정신분석가는 아마도 그 대담성을 '분석'하기를 —— 그는 습관이 그렇다 —— 받아들일 것이다. 전자나 후자나 그들은 이미지를 '증상적인 것'으로 간주하므로, 이미지에 이유와 원인들을 찾아 주려고 애쓸 것이다. 현상학자는 사태를 달리 대한다. 한결 정확히 말하자면, 그는 이미지를 있는 그대로 시인이 그것을 창조한 대로 대하는 것이다. 그리고 그것을 자신의 재물로 만들려 하고, 그 희귀한 열매를 자양으로 삼으려 한다. 그는 이미지를, 그가 상상할 수 있는 바의 바로 경계에까지 가지고 간다. 그는 시인이 되기에는 능력이 너무 모자라나, 제 자신을 위해 창조를 되풀이하고 가능하다면 이미지의 과장을 더욱 밀고 나가려고 한다. 그러면 연상은 이젠 단순히 시인의 작품을 통해 마주치거나 받아들여지는 게 아니다. 그것은 추구되고 희구되는 것이 된다. 그것은 시적인, 특유하게 시적인 구성이다. 그것은 시인이 해방되려고 했던 유기체적인, 혹은 심적(心的)

인psychique 인과관계의 무게에서 전적으로 자유로워진 승화이며, 간단히 말해, 우리가 머리말에서 순수한 승화라고 불렀던 것에 대응되는 것이다. 말할 나위 없이 이와 같은 이미지는 언제나 똑같은 방식으로 받아들여지지 않는다. 그것은 결코—— 심적으로psychiquement 말해 —— 객관적이지 않다. 다른 주해(註解)들로써 또 새롭게 될 수 있을 것이다. 그것을 잘 받아들이기 위해서는 또한 과잉 상상력의 행복한 시간들을 가지기도 해야 한다.

한 번 과잉 상상력의 은총을 입기만 하면, 우리들은 그것을 한결 단순한 이미지들 앞에서도 느끼게 되며, 그리하여 그런 단순한 이미지들을 통해서도 외부 세계는 우리들의 존재의 빈 곳에, 잘 채색된 잠재적인 공간들을 가져오는 것이다. 예컨대 피에르 장 주브가 그의 은밀한 존재를 **구성하는** 이미지가 그렇다. 그는 그의 그 은밀한 존재를 내밀한 독방 속에 둔다:

> 나 자신의 독방은 내 비밀의 석회로
> 칠해진 벽을 경이로 채운다.[34)]

시인이 이런 꿈을 이끌어 가고 있는 방은 필시 '석회로 칠해'져 있지는 않을 것이다. 그러나 그 방, 시인이 글을 쓰고 있는 방은 너무나 평온하고, '고독한' 방이라는 그 이름에 너무나 의당하다! 시인은 마치 '상상력 속에' 있는 이미지에서 살 듯이, 이미지의 덕택으로 그 방에서 산다. 《혼례》의 시인은 이 경우 **독방의 이미지**에서 사는 것이다. 이 이

---

34) 피에르 장 주브, 《혼례 Les Noces》, p.5o.

미지는 현실을 전치하는 게 아니다. 몽상가에게 그 방의 크기를 물어보는 것은 우스꽝스러운 일일 것이다. 그 이미지는 기하학적인 직관을 따르지 않는다. 그러나 정녕 은밀한 존재를 둘러싸고 있다. 은밀한 존재는 거기에서, 튼튼한 성벽보다도 회반죽의 흰색에 의해 더 지킴을 받고 있는 것처럼 느낀다. 비밀의 독방은 흰 것이다. 단 하나의 가치만으로 많은 꿈들을 통합하기에 충분하다. 그리고 사정은 언제나 그러하다. 시적 이미지는 높게 평가된 한 성질의 지배를 받는 것이다. 벽의 흰색은 그것만으로 몽상가의 독방을 지켜 준다. 그것은 일체의 기하학적인 것보다 더 강하다. 그것은 내밀성의 독방의 구성 요소인 것이다.

이와 같은 이미지들은 불안정하다. 시인이 전적인 자발성 가운데 우리들에게 제공하는 그대로의, 있는 그대로의 표현을 그대로 받아들이지 않자마자 우리들은 평범한 뜻으로 되떨어질 위험이, 이미지의 내밀함을 응집할 줄 모르는 독서로 돌아와 권태로워할 위험이 있다. 예컨대 블랑쇼의 다음의 글을, 그것이 쓰인 때의 그것의 존재적인 색조 가운데 읽기 위해서는, 우리들은 얼마나 깊은 자신의 내면으로 침잠해야 할 것인가?: '더할 수 없이 깊은 밤 속에 빠져 있는 그 방에 대해서 나는 모든 것을 알고 있었다. 나는 그 방 속으로 깊이 들어갔었다. 나는 그 방을 내 내부에 지니고 있었다. 나는 그 방으로 하여금 삶이 아닌 삶, 그러나 삶보다 더 강한 삶, 이 세계의 어떤 힘도 쳐부술 수 없을 삶, 그런 삶으로써 살게 했다.'[35] 시인이 그의 내부에 지니고 있는, 그가 삶 가운데 있지 않은 삶으로써 살게 하는 방의 이미지, 시인이 그 속으로 깊이 들어간 이미지——시인이 깊이 들어간 방이 아니라——를 이

---

35) 모리스 블랑쇼Maurice Blanchot, 《사형 선고 *L'Arrêt de mort*》, p.124.

와 같이 되풀이한 것, 더 정확히 말해 그 이미지를 되풀이하면서 더욱 더 강렬하게 한 것, 거기에서 우리들은 시인이 단순히 그의 **평상의** 거소가 그러하다는 것을 말하려고 하는 게 아니라는 것을 느끼지 못하는가? 아니 —— 그렇다 —— 보지 못하는가? 기억이 이 이미지를 쓸데없는 것들로 **거추장스럽게 채우고** 있을지 모른다. 기억은 그 이미지에, 여러 연륜들에서 오는 **뒤섞인 추억들**을 담아 놓고 있을지 모른다. 그러나 이 경우에는 일체가 더 단순하다, 더 근본적으로 단순하다. 블랑쇼의 방은 내밀의 공간의 거소인 것이다. 그것은 그의 내부의 방인 것이다. 우리들은 정녕 **일반적 이미지**라고 불러야 할 것[36]에 힘입어 시인의 이미지에 참여한다. 그리고 그 참여로 하여 그 일반적 이미지는 **일반적 관념**과 혼동되지 않는다. 그 일반적 이미지를 우리들은 금방 특수하게 한다. 우리들은 그 이미지에 살며〔居〕, 블랑쇼가 그의 이미지 속에 깊이 들어가듯 우리들도 그 속에 깊이 들어간다. 말로써 충분치 않고, 생각으로써도 충분치 않다. 위계적인 차이가 있는 여러 휴식들을 더 잘 살기〔體驗〕 위해서는, 우리들은 시인의 도움을 받아 공간을 전도시켜야 하고, **묘사하고** 싶은 것에서 떨어져 나와야 한다.

흔히 가장 축소된 내밀한 공간 속에서의 응집 자체에 의해, 안과 밖의 변증법은 그 모든 힘을 얻는다. 릴케의 다음의 글을 명상해 보면, 그 힘의 탄력을 느낄 것이다: '여기에는 거의 공간이 없다. 그리고 너는, 너무 큰 어떤 것이 이 좁은 곳에 들어와 있을 수 있기는 불가능하다는 생각에 거의 평정을 얻는다.'[37] 좁은 공간 속에서 스스로가 평정하

---

36) 〔역주〕 원형을 가리키는 듯.
37) 릴케, 《말테의 수기》, 불역판, p.106.

게 있다는 것을 안다는 데에는 위안이 있다. 릴케는 내밀하게——안의 공간 속에서——그 좁은 곳을 실현시키고 있는데, 거기에서는 일체가 내밀한 존재에 맞도록 되어 있는 것이다. 그런 다음, 한 문장 뒤에서 릴케의 글은 안과 밖의 변증법을 산다〔體驗〕: '그러나 밖에서는, 밖에서는 일체가 무한하다. 그리고 밖에서 만상(萬象)의 수위(水位)가 올라갈 때, 네 내부에서도 그것은 올라간다. 부분적으로 네 통제를 받고 있는 내면의 삶이나, 가장 무감각한 기관들의 점액 속에서 그러하다는 게 아니다: 그것은 무한히 분지된 네 생존체의 마지막 가지들에 이르기까지 위로 빨아올려져, 모세혈관들 속에서 부풀어오르는 것이다. 그것이 올라가는 곳은 거기이다. 그것이 네 호흡보다 더 높이 올라가 너로부터 넘쳐흐르는 것은, 거기이다. 그리고 마지막 수단으로서 너는 네 호흡의 끝으로까지 피신하는 듯하다. 아! 그리고 그 다음에는 어디로, 그 다음에는 어디로? 네 심장은 너를 네 자신 밖으로 내쫓는다. 그것은 너를 뒤쫓아간다. 그리고 너는 이미 거의 네 밖에 있다. 너는 더이상 어쩔 수 없는 것이다. 사람이 밟고 지나간 풍뎅이처럼, 너는 네 자신 밖으로 흘러나가고, 너의 대단찮은 견고성과 탄력성은 이젠 의미가 없다.

오, 사물들을 덮어 지워 버린 밤. 오, 밖에 대해서 무심한 창. 오, 빈틈 없이 잠귀진 문. 옛날부터 내려와 전달되고 확인되었으나 결코 완전히 이해된 적이 없는 관습. 오, 계단 곬의 정적. 옆의 방들의 정적. 저 위, 천정의 정적. 오, 어머니, 내가 어린아이였을 때에 그 모든 정적을 그 앞에서 막아 주시던, 단 하나뿐인 어머니.'[38]

---

38) 같은 곳.

우리는 이 긴 글을 중단하지 않고 인용했는데, 왜냐하면 그것은 바로 역동적인 연속성을 가지고 있기 때문이다. 안과 밖은 서로의 기하학적인 대립 상태에 버려져 있지 않다. 무한히 분지된 내부가 어떻게 가득 차 있기에 그로부터 존재의 실체가 흘러나오는가? 외부가 불러내는가? 외부는 기억의 그늘 속에 잃어버린 옛날의 내밀이 아닌가? 계단 곧은 어떤 정적 속에 반향하고 있는가? 그 정적 속에 조심스러운 발걸음 소리: 어머니가 옛날처럼 아이를 돌보러 돌아온다. 그녀는 그 비현실적인 어렴풋한 소리들 모두에 구체적이고도 친숙한 의미를 되돌려 준다. 한없는 밤은 텅 빈 공간이기를 그친다. 릴케의 글은 그토록 많이 무서움에 습격을 받다가 평화를 발견한다. 하지만 거기에 이르는 에움길은 얼마나 먼가! 이미지들의 실재 가운데 그 길을 살기(體驗) 위해서는, 끊임없이 내밀의 공간과 불확정의 공간의 상호 침투를 지켜보아야 할 것으로 보인다.

우리는, 단순한 공간 결정[39]에 속하는 모든 것을 이차적인 위치로 후퇴시키는, 가치들의 상호 작용이 존재함을 드러내기 위해 가능한 한 다양한 예들을 제시했다. 그리하여 안과 밖의 대립은 이젠 그 기하학적인 명백성이 그 계수의 역할을 하지 않는다.

이 장을 끝내기 위해 우리는, 발자크Balzac가 맞대면한 공간 앞에서의 대립의 의지를 정의하는 글을 살펴보겠다. 이 텍스트는, 발자크가 그것을 고쳐야 하겠다고 생각했던 만큼 더욱 흥미로운 것이다.

루이 랑베르Louis Lambert가 규명한 첫 원고에서, 지금 문제되어 있

---

39) [역주] 기하학적인 공간 파악을 가리키는 듯.

는 텍스트는 이렇게 되어 있다: '그가 이렇게 그의 모든 힘을 동원하는 때에는, 그는 이를테면 제 육체적 삶에 대한 의식을 잃어버리고, 그의 내장기관들의 더할 수 없이 강력한 작용에 의해서만——그 작용의 효력을 그는 한결같이 유지했는데——존재하며, 자기 자신의 찬탄할 만한 표현을 따르자면 **제 앞으로 공간을 후퇴시키는** 것이었다.'[40]

그런데 결정고에는 이렇게 되어 있을 뿐이다: '그는 그 자신의 표현을 따르자면, 공간을 제 뒤에 내버렸다.'

이 두 표현의 움직임에는 얼마나 큰 차이가 있는가! 첫째번 형태에서 둘째번 형태로 넘어가면서, 공간을 마주한 존재는 얼마나 큰 힘의 쇠퇴를 보이는가! 발자크는 어떻게 그런 수정을 할 수 있었단 말인가! 그는 요컨대 '무관심한 공간'으로 되돌아온 것이다. 존재에 대한 명상에서 사람들은 대개 공간을 괄호 속에 넣어 버린다. 달리 말하자면, 공간을 '제 뒤에' 내버린다. 존재의 망실적 색조에 대한 징후로서, '찬탄'이 빠뜨려져 버린 것을 주목하기로 하자. 둘째번 표현 방식은 작가 자신의 고백대로, 더이상 **찬탄할 만하지** 못한 것이다. 왜냐하면 명상하는 존재가 그의 사유에 있어서 자유롭기 위해 **공간을 후퇴시키는**, 공간을 밖으로, 일체의 공간을 밖으로 밀어내는 그 힘은, 사실 찬탄할 만했기 때문이다.

---

40) 장 포미에Jean Pommier가 확립한 판본(版本), Corti, p.19.

제10장

원의 현상학

형이상학자들이 간단히 말할 때에 그들은 직접적인 진리, 증거를 댄다면 오히려 낡아 버릴 진리, 그런 진리를 표현하기도 한다. 그러므로 형이상학자들은, 한 행의 시에 내밀한 인간의 진리를 우리들에게 드러내 주는 시인들에게 비교될 수 있고, 그들과 동류로 여겨질 수 있다. 예컨대 야스퍼스의 엄청나게 두꺼운 책 《진리에 관하여 *Von der Wahrheit*》에서 나는 다음의 간단한 선언을 뽑아내 본다: '모든 존재는 그 자체에 있어서 둥근 듯이 보인다. Jedes Dasein scheint in sich rund.'[1] 한 형이상학자의 이 증거 없는 진리에 대한 밑받침으로서, 우리는 형이상학적 사유와는 전혀 다른 방향에서 쓰인 몇몇 텍스트를 제시하려고 한다.

예컨대 반 고흐는 설명 없이 이렇게 쓴 바 있다: '삶은 아마도 둥글 것이다.'

그리고 조에 부스케는 반 고흐의 위 문장을 읽은 적이 없이 이렇게 쓰고 있다: '사람들은 그에게, 삶은 아름다운 것이라고 말했다. 천만에!

---

1) 카를 야스퍼스Karl Jaspers, 《진리에 관하여》, p.5o. 〔역주〕 이 독어 문장 다음에 바슐라르가 병기한 불역문 Tout être semble en soi rond에는 Dasein을 통상적인 역어 être-là(p.358의 각주 50)을 참조할 것)가 아니라, 그냥 être로 옮겨 놓았다. 우리들은 소개 논문에서 바슐라르의 실존주의적인 인간관이 무신론적인 실존주의적 인간의 전적인 우연성, 무질서성, 무규정성을 벗어나며, 그 점, 기독교적 실존주의에 비교될 수 있다는 것을 알아본 바 있다(pp.21-22). 즉 원형은 인간의 본질 같은 것을 보여주는 것이라고 할 수 있는 것이다. 바슐라르가 이 경우 Dasein을 그냥 être로 옮긴 것은 추측건대, 추상화한 둥긂의 이미지가 바로 원형 자체의 하나를 가리키기 때문이 아닐까? 달리 말해 둥긂을 현현함으로써 현존재는 이미 실존을 넘어서, 본질을 체현한 존재에 이르렀기 때문이 아닐까?

삶은 둥근 것이다.'[2]

　마지막으로 나는 라 퐁텐이 어디에서 이렇게 썼던가를 정녕 알고
싶다: '호두는 나를 전혀 둥글게 만든다.'

　아주 다른 기원을 가진(야스퍼스, 반 고흐, 부스케, 라 퐁텐) 이 네 텍스
트와 더불어 우리들은 이제, 분명히 제기된 현상학적 문제를 마주한 듯
하다. 우리들은 이 문제를, 거기에 다른 예들을 풍부히 더 가져옴으로써,
거기에 다른 자료들을 합일시킴으로써, 그 '자료들'에 외부 세계의 지
식과 독립적인 내밀한 자료로서의 성격을 확보시키도록 아주 조심함
으로써 해결해야 할 것이다. 그러한 자료들은 외부 세계로부터는 **장식**
밖에 받을 수 없는 것이다. 심지어는 장식의 너무 번쩍이는 색깔들이
이미지의 존재에 그 원초의 빛을 잃어버리게 하지 않도록 주의하기까
지 해야 한다. 단순한 심리학자는 여기서 아무것도 하지 말 수밖에 없
다. 왜냐하면 심리학적 연구의 관점을 뒤집어야 하기 때문이다. 그런
이미지들을 정당화하는 것은 지각(知覺)이 아니다. 또한 그것들을, 어떤
솔직하고 소박한 사람을 두고 사람들이 그 사람 '참 둥근데'라고 말할
때와 같은 메타포로 생각할 수도 없다. 야스퍼스가 환기시키는 존재의
그 둥긂, 혹은 그 존재적 둥긂은 가장 순수하게 현상학적인 명상을 통
해서만 그 직접적인 진리 가운데 나타날 수 있는 것이다.

　그리고 또한 그런 이미지들은 어떤 의식에라도 옮겨 놓을 수 있는
것도 아니다. 아마도 그것들을 '이해하려고' 할 사람들이 있을 것이다.
이미지는 우선 그 시발에서 파악되어야 하는 것인데도. 특히 자기들은
이해할 수 없노라고 으스대면서 선언할 사람들도 있을 것이다: 그들은

---

2) 조에 부스케, 《달의 인도자 *Le Meneur de lune*》, p.174.

이의를 제기하기를, 삶은 확실히 구형(球形)의 것은 아니라고 할 것이다. 그것의 내밀한 진리 가운데 특징지으려고 하는 그 존재를 그토록 순진하게 기하학자에게, 그 외부에 대한 사유자에게 내맡기는 것을 보고 그들은 놀랄 것이다.[3] 어느 측면으로나 이의들은 쌓여서, 곧 논의를 중단시킨다.

하지만 그럼에도 불구하고 우리가 위에서 인용한 표현들이 거기에 있다. 그것들은 고유한 의미를 함축한 채, 통상의 언어 위로 두드러져서 거기 있는 것이다. 그것들은 언어의 지나침에서 오는 것도, 언어의 서투름에서 오는 것도 아니다. 그것들은 놀라게 하려는 의지에서 태어난 것도 아니다. 그것들은 아무리 야릇하더라도 어쩔 수 없는 것이다: 그것들은 원초성의 흔적을 지니고 있는 것이다. 그것들은 단번에 태어나고, 그러자마자 완성되어 있다. 그렇기 때문에 내가 보기에는 그 표현들은 현상학의 경이들이다. 그것들은 우리들로 하여금 그것들을 판단하고 사랑하기 위해, 그것들을 우리들 자신의 것으로 하기 위해 현상학적 태도를 취하지 않을 수 없도록 한다.

그 이미지들은, 그것들은 세계를 지워 버리고, 과거를 가지지 않는다. 그것들은 어떤 앞선 경험에서도 오는 게 아니다. 우리들은 그것들이 초심리적(超心理的)인 metapsychologique 것임을 정녕 확신할 수 있다. 그것들은 우리들에게 고독의 가르침을 준다. 한순간, 그것들을 제 자신만을 위해 받아들여야 하는 것이다. 만약 우리들이 그것들을 그것들의

---

3) 〔역주〕 이 경우 '기하학자'라는 표현은 이 책에서 '기하학(자)'라는 표현이 나오는 대부분의 경우에 있어서와 같이 비판적인 관점에서 사용된 게 아닐 듯하고, 단순히 '둥글다'라는, 기하학적 대상을 연상시키는 표현을 예거된 텍스트들의 필자들이 썼다는 그런 뜻에서, 그들을 가리키는 메타포로 쓰인 듯.

느닷없음 가운데 파악한다면, 우리들이 그것들만을 생각하며 우리들 전체가 그 표현들의 존재 속에 들어가 있음을 우리들은 깨닫게 된다. 만약 우리들이 그러한 표현들의 최면적인 힘에 복종한다면, 금방 우리들 전체는 존재의 둥긂 속에 들어 있게 되며, 금방 호두 껍질 속에서 둥글어지는 호두처럼 삶의 둥긂 속에서 살게 된다. 철학자와 화가와 시인과 우화작가는 우리들에게 순수한 현상학의 한 자료를 준 것이다. 이젠 우리들이 그것을 이용하여 존재의, 제 중심에서의 응집을 배울 차례이다. 또한 그 자료를, 그것의 변양태들을 수많이 찾아봄으로써 예민하게 할 차례이다.

2

보충적인 예들을 가져오기 전에, 야스퍼스의 문장을 현상학적으로 더 순수하게 하기 위해 거기에서 표현 하나를 고치는 것이 좋을 것으로 생각된다. 그리하여 우리는 이렇게 말하겠다: 현존재는 둥글다Das Dasein ist rund. 왜냐하면 둥근 **듯이 보인다**고 말하는 것은, 존재와 외관의 이중 상태를 지키는 것이기 때문이다. 반면, 여기서 뜻하려고 하는 것은 제 둥긂 속에 있는 존재 전체인 것이다. 아닌 게 아니라 여기서 문제되고 있는 것은, 존재를 관조하는 게 아니라 존재를 그의 직접성 가운데 사는[體驗] 것이다. 관조는 관조하는 존재와 관조되는 존재로 이분화할 것이다. 현상학은, 지금 우리가 그것을 연마하고 있는 제한된 영역에서는 일체의 중개자를, 일체의 덧붙여진 기능을 없애 버려야 한다. 최대한의 현상학적 순수성을 얻기 위해서는, 따라서 야스퍼스의 문장으로부터, 그 표현의 존재적 가치를 가리게 될 일체의 것, 그것의 근본적인 의미를 복잡하게 할 일체의 것을 치워 버려야 한다. 이런 조건 밑에서라야, '존재는 둥글다'라는 표현이 우리들에게 있어서, 우리들로 하여금 존재의 어떤 이미지들의 원초성을 알아보게 할 수 있는 도구가 될 것이다. 다시 한 번 **가득 찬 둥긂**의 이미지들이, 우리들 자신을 응집시키고 우리들 자신에게 최초의 구성을 부여하고 우리들의 존재를 내밀하게, 안을 통해 확립시키는 데에 우리들을 도와주는 것이다. 왜냐하면 존재는 안으로부터, 외부적인 것이 없는 것으로 살아(體驗)질 때, 둥글 수밖에 없을 것이기 때문이다.

여기서 소크라테스 이전의 철학을 환기한다면, 파르메니데스Parmenides적 존재, 파르메니데스의 '구(球)'[4]를 참조해 본다면, 그것은 때맞은 일일까? 한결 일반적으로, 철학적 교양은 현상학에 대한 예비 교육이 될 수 있을까? 그렇게 생각되지 않는다. 철학은 우리들에게 너무 경직되게 체계화되어 있는 관념들을 대면케 하기 때문에, 우리들은, 현상학자가 그리해야 할 것처럼 세부에서 세부로 옮겨가면서 끊임없이 시발의 상황에 자리잡고, 또 자리잡을 수 없는 것이다. 관념들의 연계에 대한 현상학이 가능하겠지만, 그러나 그 현상학은 기초적인 현상학일 수 없다는 것을 인정해야 한다. 기초성의 이득이야말로 바로 상상력의 현상학에서 얻어지는 것이다. 다듬어진 이미지는 그 원초적인 힘을 잃는다. 바로 파르메니데스의 '구(球)'는, 그 이미지가 그 원초성에 머물러 있

---

4) 〔역주〕 파르메니데스(B.C.544-450)는 희랍의 고대 철학자로서 존재론을 서양 철학 사상 최초로 본격적으로 논한 것으로 여겨지고 있는데, 그가 말하는 '구(球)'는 그의 다른 하나의 표현 '일자(一者)un'와 같은 것으로, 그 둘 모두 존재를 뜻한다. 파르메니데스의 '구'도 이미지이지만, 바로 '일자' 자체를 가리키는 것으로 추상화되어 관념화되었기 때문에 현상학적인 향수의 대상이 못된다는 것을 저자는 말하고 싶은 것.

기에는, 그리하여 존재의 이미지들의 원초성에 대한 우리의 연구에 적합한 도구가 되기에는, 너무 큰 운명을 겪은 것이다. 구(球)의 기하학적인 존재가 갖는 완전성으로써 그, 파르메니데스적 존재의 이미지를 풍부하게 하고 싶은 유혹에 우리는 어떻게 저항할 수 있겠는가?

하지만 어째서 우리는 이미지를 풍부하게 한다는 말을 하고 있는가? 우리는 그것을 기하학적인 완전성 속에 결정(結晶)시키고 있었으면서. 구(球)에 부여된 완전성의 가치가 전혀 말만의 것에 지나지 않는 예들이 찾아질 수 있을 것이다. 그런 예 하나가 여기 있는데, 그것은 모든, 이미지의 가치들에 대한 몰인식이 뚜렷이 드러나 있는 것으로서, 우리에게 우리 주장의 반증적인 예로 사용될 것 같다. 알프레드 드 비니의 작중 인물인 한 젊은 법관이 데카르트의《명상 *Méditations*》을 읽으면서 공부하고 있다. 비니는 이렇게 말한다 : '때로 그는 그의 옆에 놓여 있는 공 하나를 잡고, 그것을 손가락으로 오랫동안 굴리면서 과학에 대한 더할 수 없이 깊은 몽상에 빠지는 것이었다.'[5] 그것이 어떤 몽상인지 우리들은 정녕 알고 싶어진다. 작가는 그것을 말하지 않는다. 독자가 공을 손가락으로 오랫동안 굴리기를 바라면, 그것이 데카르트의《명상》을 읽는 데 도움이 된다는 그런 생각을 그는 하는 것인가? 과학 사상은 다른 지평에서 전개되는 것이며, 그리고 데카르트의 철학은 하나의 대상에서——그것이 공일지라도——배워지는 것은 아니다. 알프레드 드 비니의 붓 밑에서 **깊다**는 말은, 그런 경우가 아주 흔한 것처럼 깊이의 부정이다.

게다가 기하학자는 부피를 말하면서 그것을 한계짓는 표면밖에 다

---

5) 알프레드 드 비니, 《생 마르스 *Cinq-Mars*》, 제16장.

루지 않는다는 것을 누가 보지 못하는가? 기하학자의 구(球)는 빈, 본질적으로 빈 구(球)이다. 그것은 가득 찬 둥긂에 대한 우리의 현상학적 연구를 위해서는 우리에게 좋은 상징이 될 수 없는 것이다.

3

이상의 예비적인 고찰은 아마도 거기에 함축되어 있는 철학의 무게가 상당할 것이다. 그러나 우리는 간단하게 그 고찰을 말해 둬야 했는데, 왜냐하면 그것은 우리에게 개인적으로 유용했기 때문이고, 또 현상학자는 모든 것을 말해야 하기 때문이다. 그 고찰은 우리에게, 우리가 '탈철학(脫哲學)se déphilosopher하는' 데에, 교양의 모든 유혹들을 밀쳐 버리는 데에, 과학 사상에 대한 오랜 철학적 검토를 통해 얻어진 확신들을 벗어나는 데에 도움이 되었다. 철학은 우리들을 너무 빨리 성숙케 하여, 성숙의 상태에 결정(結晶)시킨다. 그러므로 존재가 새로운 이미지들,── 언제나 존재의 젊음의 현상들인 이미지들로부터 받아들이는 동요를 어떻게, '탈철학(脫哲學)함'이 없이 살아(體驗) 보기를 희망하겠는가? 상상을 하는 연륜에 있을 때에는, 어떻게 또 어째서 상상하는가를 말할 능력이 없다. 그런가 하면 어떻게 또 어째서 상상하는가를 말할 능력이 있을 때에는 더이상 상상을 하지 않는다. 따라서 우리들은 탈성숙(脫成熟)해야 할 것이다.

그런데 우리가 신조어(新造語) 사용의 열병에 ── 우연이지만 ── 걸려 있는 만큼, 가득 찬 둥긂의 이미지들의 현상학적 검토에 대한 머리말과 같은 것으로서, 또한 다음의 말도 해두기로 하자: 우리는 많은 다른 경우에서처럼 여기서도 '탈정신분석(脫精神分析)할se dépsychanalystiquer' 필요를 느꼈다.

아닌 게 아니라 5년 내지 10년 전쯤이었다면[6] 둥긂의 이미지들, 특히 가득 찬 둥긂의 이미지들에 대한 심리학적 검토에 있어서 우리는 정신분석적 설명을 옳은 것으로 결정했을 것이고, 힘들이지 않고 엄청난 자료들을 모았을 것이다. 왜냐하면 모든 둥근 것은 애무를 부르니까. 그러한 정신분석적인 설명은 확실히, 유효성의 영역을 넓게 가지고 있다. 하지만 그것은 모든 것을 말하고 있는가? 특히 이미지의 존재론적인 결정(決定)[7]의 축에 자리잡을 수 있는가? 우리들에게 존재는 둥글다고 말하면서, 형이상학자는 단번에 모든 심리학적인 결정(決定)들을 치워 버린다. 그는, 우리들을 거추장스럽게 하는 꿈[8]과 상념(想念)들의 과거를 없애 버린다. 그는 우리들을 존재의 현행성으로 불러낸다. 표현의 존재 자체 속에 좁게 에워싸여 있는 그 현행성에, 정신분석가는 거의 괘념치 않는다. 그는 그런 표현을, 바로 그것의 극단적인 희귀성 자체로 하여 인간적으로 무의미하다고 판단한다. 그러나 현상학자의 주의를 일깨우고 그로 하여금, 형이상학자와 시인들에 의해 지적된 존재적인 관점에서 새로운 시선으로 바라보게 하는 것은, 바로 그 희귀성이다.

4

---

6) 〔역주〕 이 책의 초판 간행 연도는 1967년임.

7) 〔역주〕 이미지가 그 자체 아닌 어떤 것에 의해서도 결정되지 않고, 그 자체에 의해서만 결정된다는 뜻.

8) 〔역주〕 물론 이 경우의 꿈은 과거 있는 꿈, 즉 순수한 상상력의 활동으로서의 몽상이 아니라 경험의 반영으로서의 정신psychique 현상이겠다.

일체의 현실적인, 심리적인, 혹은 정신분석적인 의미에서 벗어나 있는 한 이미지의 예를 제시하기로 하자.

미슐레는 앞선 아무런 말도 없이, 바로 말하자면 이미지의 절대성 가운데서, '새는 거의 전적으로 구형(求形)〔이다〕'라고 말한다. 이 표현을 쓸데없이 절제시키고 있는, 그리고 형태에 입각하여 판단하는 관점에 대한 양보가 되는 그 '거의'라는 말을 치워 버리자. 그러면 우리들은 '둥근 존재'라는 야스퍼스의 원리에의 명백한 참여를 얻게 된다. 새는 미슐레에게 있어서 가득 찬 둥긂이다, 둥근 삶이다. 미슐레의 설명은 몇 행의 글로, 새가 가지는 **존재의 모범**으로서의 의미를 보여준다. '새는 거의 전적으로 구형(求形)인데, 확실히 생명의 응집의 숭고하고도 신적인, 최고도의 경지를 이루고 있다. 그보다 더 높은 정도의 통일성은 볼 수도, 상상될 수조차도 없다. 새의 큰 개성적인 힘을 이루고 그것의 극단적인 개체성, 그것의 고립, 박약한 사회성을 함축하는 그 과도한 응집.'[9]

그런데 이 글은 그것 역시 책의 문맥 가운데 전적인 고립 속에서 나타난다. 우리들은 작가 역시 '응집'의 이미지를 따랐으며, 그가 접한 명상의 차원은 그에게 삶의 '온상'을 체험케 한 그런 것이라는 느낌을 받는다. 말할 나위 없이 그는 묘사의 관심을 일체 넘어서 있다. 이 경우에도 기하학자는 놀랄 것이다. 새는 이 경우 그 비상, 그 야외적인 모습 가운데 명상되고 있으며, 따라서 화살의 이미지가 역동성의 상상력과 더불어 활동할 수 있을 경우인 만큼 더욱 그러한 것이다. 그러나 미슐레는 새의 존재를 그것의 우주적인 상황 가운데 삶의 응집으로서 파악했다. 그리고 그 삶이란 생명의 공 속에 에워싸여 사방으로 보호되어 있고,

---

9) 쥘 미슐레, 《새 *L'Oiseau*》, p.291.

따라서 최대한의 **통일성**에 이르러 있는 그런 삶이다. 다른 모든 이미지들은 형태에서 오는 것이든, 색깔에서 오는 것이든, 움직임에서 오는 것이든 간에 절대적인 새, 둥근 삶의 존재라고 불러야 할 것 앞에서 상대성에 떨어져 있다.

미슐레의 글에서 방금 나타난 존재의 이미지——그것은 정녕 존재의 이미지인데——는 범상한 게 아니다. 그리고 바로 그 때문에 그것은 무의미한 것으로 치부될 것이다. 문학비평가나 정신분석가나 똑같이 그것에 중요성을 부여하지 않았다. 하지만 그것은 씌어졌고, 위대한 저서 속에 존재하고 있다. 그것은 만약 우주성의 중심을 찾을 우주적 상상력의 철학이 이루어질 수 있다면, 중요성과 의미를 띠게 될 것이다.

그 중심에서, 그 간략성에서 파악될 때, 그 둥긂은 그 지칭만이라도 얼마나 완전한가! 그 둥긂을 환기하는 시인들은 서로 알지 못함에도 서로 응답한다. 예컨대, 아마도 미슐레의 위의 글을 생각지도 못했을 터이면서도 다음과 같이 쓰고 있는 릴케가 그러하다:

……그 둥근 새 소리
그것을 태어나게 하는 순간 속에 쉬고 있다.
시든 숲 위의 하늘처럼 크다.
모든 것이 그 소리 속에 온순히 질서 있게 자리잡는다.
풍경 전체가 그 속에서 쉬는 듯하다.[10]

이미지의 우주성에 스스로의 몸을 여는 이에게는, 릴케의 이 시편에

---

10) 릴케, 〈불안 Inquiétude〉, 《시 *Poésie*》, p.95.

있어서 본질적으로 중심적인 이미지인 새의 이미지는 미슐레의 위의 글의 새 이미지와 똑같은 이미지인 것으로 드러난다. 다만 그것은 다른 차원에서 표현되었을 따름이다. 둥근 존재의 둥근 소리는 하늘을 둥글게 하여 둥근 천정으로 만든다. 그리고 둥글게 된 풍경 속에서 모든 것이 쉬고 있는 것 같다. 둥근 존재는 그의 둥긂을 전파하고, 모든 둥긂의 평정을 전파한다.

그리고 말의 몽상가에게는 '둥글다rond'는 낱말 속에는 얼마나 큰 평정이 있는가! 그것은 얼마나 평화롭게 입을, 입술을, 숨의 존재를 둥글게 하는가![11] 말parole〔言表〕의 시적 실체를 믿는 철학자는 이런 것 또한 말해 둬야 하는 것이다. 그리고 형이상학 강의를, 모든 **현존재**être-là들과 결별하여 Das Dasein ist rund〔존재는 둥글다〕라고 말하면서 시작한다는 것은, 그리고 그 다음 그 독단적인 말의, 천둥소리 같은 울림이 황홀경에 빠진 제자들 위로 가라앉는 것을 기다리는 것은, 얼마나 큰, 교수로서의 즐거움, 얼마나 큰 소리의 즐거움인가![12] 그러나 한결 겸허한, 한결 촉지될 수 있는 둥긂의 예들로 돌아오기로 하자.

5

---

11) 〔역주〕 아닌 게 아니라 rond〔rɔ̃〕이라는 불어 낱말은 〔ɔ〕음과 비음 때문에 완벽한 둥긂의 인상을 환기하는 듯하다.

12) 아닌 게 아니라 그렇게 세속의 현존재들과 고정된 상황에서 거기에 걸맞게 발해진 Das Dasein ist rund라는 말은, 이 문장이 표현하고 있는 상아탑적인 기쁨을 완결시키는 듯하다. 여기서도 Dasein은 둥근 Dasein으로서 현존재가 아니라 그냥 존재이기 때문이다(각주 1)을 참조할 것). 독어 문장 옆에 병기된 바슐라르의 불역문에는 물론 여전히 Dasein이 그냥 être로 옮겨져 있다.

아닌 게 아니라, 때로 형태가 최초의 몽상을 인도하고 품는 경우들이 있다. 화가에게 있어서 나무는 그것의 둥긂 가운데 구성된다. 그러나 시인은 더 높은 곳에서부터 몽상을 시작한다. 그는 고립되는 것은 둥글어지며, 스스로를 응집시키는 존재의 모습을 띠게 된다는 것을 알고 있다. 릴케의《불어시편(佛語詩篇) Poèmes français》에 나오는 호두나무가 그렇게 살고 그렇게 스스로를 드러내고 있다. 이 경우에도 역시 세계의 한가운데인 홀로 있는 나무 주위에서, 하늘의 천정이 우주적인 시의 규칙에 따라 둥글어진다.《불어시편》, 169페이지에 이렇게 씌어 있다:

나무, 언제나, 스스로를 둘러싸고 있는
모든 것 한가운데 있는 나무
하늘의 둥근 천정
전체를 음미하는 나무.

물론 시인은 눈 아래에, 벌판 가운데 서 있는 나무를 보고 있을 따름이다. 하늘과 땅을 연결함으로써 그 자체만으로 우주 전체를 이루는 것일, 전설적인 이그드라실 나무[13] 같은 것을 그는 생각하고 있는 게 아니다. 그런 게 아니라 둥근 존재에 대한 상상이 제 법칙을 따라간다: 호두나무가 시인이 말하고 있듯이 '자랑스레 둥글어져' 있기에, 그것은 '하늘의 둥근 천정 전체를' 음미할 수 있는 것이다. 세계는 둥근 존재 주위에서는 둥근 것이다.

그리고 한 행, 한 행 넘어가면서 시편은 커지고, 제 존재를 증대시킨

---

13) [역주] 스칸디나비아 신화에 나오는, 세계를 버티고 있다고 하는 생명의 나무.

다. 나무는 사념에 젖어 신을 향해 뻗치면서 살아 있다.

　　신은 나무에게 나타나리니
　　그런데, 그것을 확신하기 위해
　　나무는 제 존재를 둥글게 펼쳐 나가고
　　신에게 제 성숙한 팔들을 뻗는다.

　　아마도 내부에서 사념에
　　젖어 있는 나무.
　　스스로를 제어하며 서서히
　　스스로를 내어주는 나무
　　바람이 만드는 우연한 변화들을
　　제거하는 형태!

　제 둥긂 가운데 자리잡고 동시에 거기에서 스스로를 펼쳐 나가는 존재에 대한 현상학을 위해, 이보다 더 좋은 자료를 도대체 발견할 수 있을까? 릴케의 나무는 부수적인 형태들과, 움직임의 변덕스런 사건들에 승리하여 쟁취한 둥긂을 초록의 원들을 통해 전파한다. 이 경우 생성(生成)은 수많은 형태들, 수많은 나뭇잎들을 담고 있으나, 존재는 어떤 흩뜨림도 당하지 않는다: 만약 언젠가 내가 존재의 모든 이미지들을, 다양하고 변화 많으면서도 존재의 항구성을 보여주는 모든 이미지들을 하나의 큰 이미지군으로 모을 수 있다면, 릴케의 이 나무는 나의 그 구체적인 형이상학집(集)에서 한 중요한 장의 시작을 장식할 것이다.

역자 후기

《空間의 詩學》의 번역을 시작한 지 10년이 넘는 세월이 흐른 이제서야 그 간행을 눈앞에 두고 보니, 약간의 감회를 금할 수 없다.

무엇보다도, 다른 번역은 모르지만, 바슐라르 번역은 앞으로 다시 하지 않으리라는 느낌을 가진다. 이 번역이 겪게 한 고생 때문에 바슐라르 번역이라면 머리를 내흔들게끔 되었다는 마음이다.

그리고 절감하는 것은 나의 무능이다. 이 번역 하나를 붙들고 10여 년을 흘려보냈다는 것은, 무슨 핑계로써도 그렇게 잘 보아줄 수 있는 일일 것 같지 않다. 그러니 민음사 박맹호 사장님이야 그 지지부진의 번역을 보며 어떻게 생각했을까?……끝까지 기다려 준 사장님에게, 말이 나온 참에 고마움을 표한다. 그런 한편, 이 번역이 그렇게 오랜 세월을 끈 것은 특별한 경우라고 할 수 있을지라도, 오늘날 우리나라에서의 번역이 일반적으로 너무 빨리 이루어진다는 비판적인 지적을 할 수도——많이들 해온 바이지만——있을 것이다. 예외들이 있을 수 있지만, 빨리 이루어진 번역이 잘된 것일 확률은 아무래도 낮을 것이다. 내가 접해 본 경험으로는, 특히 불문학 쪽의 이론적인 저작의 번역——독립적인 번역이든, 연구서의 인용 번역이든——에 있어서 많지 않은 예외를 제외하고는 오역이 많고, 또 오역인지 아닌지도 알 수 없는, 즉 역자가 불어 텍스트를 완전히 이해했는지의 여부조차 알 수 없는 전달 불능의 우리말 텍스트가 드물지 않다……. 불문학에 종사하는 학자들의 연구층이 얇고, 또 오늘날 불문학의 신비평 이후 문학 이론 분야가 뒤따라가기조차 힘들 정도로 다기한 만큼 새로운 이론을 소개하는 이가 비판적인 시선을 접할 가능성이 드물고, 따라서 오히려 그러한 비판 부재의 상황을 이용하는 게 아닌가 하는 느낌마저 인다……. 완역이란 없는 법이다. 그러므로 번역의 정확성이란 상대적인 문제이니 웬만큼 이루어진 번역이면 된다고 생각할 게 아니라, 그러니까 더욱더 철저한 노력을 기울여 하나라도 오역을 남기지 않겠다는 마음가짐으로 번역에 임해야 할 것이다. 나 자신 그토록 애를 쓰는데도, 지금까지 그나마 많이 쓰지도 못한 논문, 많이 하지도 못한 번역들에 몇몇 오역이 있는 것을 생각할 때마다 부끄러움을 느낀다. 이 《공간의 시학》도 두 번의 검토를 거쳤지만, 그래도 오역이 있을지 모른다. 관심 있는 독자들의 오역 지적이 있었으면, 고맙겠다. 어쨌든 완역이란 없으니 적당히 하자와, 그러니까 더욱 신중해야 한다의 이 두 태도에서 생산되는 작업 결과에는 엄청난 차이가 날 것이다. 게다가 외국학의 경우, 논문에 실려 있는 **번역된 인용문들을 통해 연구자의 이해가 드러나고 말게 되어 있으므로,** 번역의 오류는 부실한 연구로 곧바로 이어지게 된다…. 이렇게 생각하면, 스스로 범할 수 있는 오역의 가능성에 등 위로 찬 땀이 흘러내림을 느끼게 되지 않겠는가…?

이 번역에 고생을 많이 한 셈이긴 하지만, 공부도 많이 한 셈이고, 역주를 달면서 필경 바슐라르에 대한 내 이해의 틀이 어긋나지 않았고, 그래 그 틀에 비추어 모든 역주들이 집필될 수 있었음을 확인한 것은 상당한 기쁨이었던 것 같기도 하다. 그리고 하나 밝혀두고 싶은 게 있다: 김현 교수의 《몽상의 시학》 역본 〈역자 후기〉에 '내가 《불의 정신분석》에 이어 《몽상의 시학》을 번역하게 된 데에는 이유가 있다. 나와 《바슐라르 연구》를 공저한 郭光秀 교수가 그 책에 대한 호의적인 반응에 힘입어, 그의 만년의 두 권의 시학서를 한 권씩 번역해 보지 않겠느냐는 제의를 해왔고, 그래서 그가 《공간의 시학》을 맡았고 내가 《몽상의 시학》을 맡았다' 라는 언급이 나와 있다. 그 번역이 간행된 것을 간접적으로 알고 우연히 들른 서점에서 책을 훑어보다가 이 언급을 읽었는데, 이것은 김 교수의 조그만 착오일 듯싶다. 내 기억으로는 제의를 한 것은 김 교수 쪽이었고, 그 이후 소식이 없는 중에 민음사에서 제의가 왔고, 그래 내가 김 교수에게 앞서 제의했던 문학과지성의 두 시학 번역·간행 계획이 어찌되었는지 물었던 것이다. 내가 이런 조그만 사정을 밝히는 것을, 내 결벽을 잘 알고 있는 김 교수는 잘 이해해 주리라 믿는다.

마지막으로, 이 책의 간행에 직·간접적으로 도움을 준 두 분께 감사를 표하려고 한다. 내가 우리나라에서 만난 프랑스인들 가운데서는 가장 시적 감수성이 빼어나고 프랑스 상징주의 시인들의 많은 시 작품들을 즐겨 암송하는 질베르 퐁세Gilbert Poncet 신부님이 원문의 애매한 부분들을 설명해 주었고, 바슐라르라면 나보다 더 열정적으로 좋아하는 방송통신대학의 정영란 교수가 교정중의 본문 역문의 많은 부분을 읽고 여러 가지 의견을 들려주었다. 이 두 분께 충심으로 감사를 드린다.

이제 이 번역을 독자들에게 맡긴다. 신랄한 비판들이 있기를 바란다.

1989년 11월 8일 (民音社 간행 후기)

民音社에서 《공간의 시학》의 졸역본이 간행된 지 10여 년이 흘렀다. 이제 판권 관계로 東文選에서 새롭게 간행되어 나간다.

이 기회를 이용하여 역자는 원문과 역문을 다시 한 번 비교하여 역문을 검토했다. 民音社판에서 본질적인 것은 아니나 몇몇 오역을 발견하여 고쳤고, 표현을 몇 개 바꾸기도 했다.

여러 가지 사정으로 그 검토 작업을 1년여 동안 끌었으니, 신성대 사장님께 죄송함을 표한다. 앞으로는 더이상 역문을 새롭게 검토할 기회는 없으리라 생각하고, 홀가분하게 독자들에게 책을 내보낸다.

2002년 4월 26일 (東文選 간행 후기)

찾아보기

東文選 文藝新書 183

공간의 시학

초판 발행 2003년 6월 10일
개정 1쇄 2023년 4월 16일

지 은 이 가스통 바슐라르
옮 긴 이 곽광수

펴 낸 곳 **東文選**
제10-64호, 1978년 12월 16일 등록
서울 종로구 인사동길 40
전화 02-737-2795
팩스 02-733-4901
이메일 dmspub@hanmail.net

ISBN 978-89-8038-947-6
ISBN 978-89-8038-000-8 (세트)

【東文選 文藝新書】

1	저주받은 詩人들	A. 뻬이르 / 최수철 · 김종호	개정 근간
2	민속문화론서설	沈雨晟	40,000원
3	인형극의 기술	A. 훼도토프 / 沈雨晟	8,000원
4	전위연극론	J. 로스 에반스 / 沈雨晟	12,000원
5	남사당패연구	沈雨晟	19,000원
6	현대영미희곡선(전4권)	N. 코워드 外 / 李辰洙	절판
7	행위예술	L. 골드버그 / 沈雨晟	절판
8	문예미학	蔡儀 / 姜慶鎬	절판
9	神의 起源	何新 / 洪熹	16,000원
10	중국예술정신	徐復觀 / 權德周 外	24,000원
11	中國古代書史	錢存訓 / 金允子	14,000원
12	이미지―시각과 미디어	J. 버거 / 편집부	15,000원
13	연극의 역사	P. 하트놀 / 沈雨晟	절판
14	詩論	朱光潛 / 鄭相泓	22,000원
15	탄트라	A. 무케르지 / 金龜山	16,000원
16	조선민족무용기본	최승희	15,000원
17	몽고문화사	D. 마이달 / 金龜山	8,000원
18	신화 미술 제사	張光直 / 李徹	절판
19	아시아 무용의 인류학	宮尾慈良 / 沈雨晟	20,000원
20	아시아 민족음악순례	藤井知昭 / 沈雨晟	5,000원
21	華夏美學	李澤厚 / 權瑚	20,000원
22	道	張立文 / 權瑚	18,000원
23	朝鮮의 占卜과 豫言	村山智順 / 金禧慶	28,000원
24	원시미술	L. 아담 / 金仁煥	16,000원
25	朝鮮民俗誌	秋葉隆 / 沈雨晟	12,000원
26	타자로서 자기 자신	P. 리쾨르 / 김웅권	29,000원
27	原始佛敎	中村元 / 鄭泰爀	8,000원
28	朝鮮女俗考	李能和 / 金尙憶	30,000원
29	朝鮮解語花史(조선기생사)	李能和 / 李在崑	25,000원
30	조선창극사	鄭魯湜	17,000원
31	동양회화미학	崔炳植	19,000원
32	性과 결혼의 민족학	和田正平 / 沈雨晟	9,000원
33	農漁俗談辭典	宋在璇	12,000원
34	朝鮮의 鬼神	村山智順 / 金禧慶	28,000원
35	道敎와 中國文化	葛兆光 / 沈揆昊	15,000원
36	禪宗과 中國文化	葛兆光 / 鄭相泓 · 任炳權	8,000원
37	오페라의 역사	L. 오레이 / 류연희	절판
38	인도종교미술	A. 무케르지 / 崔炳植	14,000원